V&R

Stephan Grätzel

Dasein ohne Schuld

Dimensionen menschlicher Schuld aus philosophischer Perspektive

Vandenhoeck & Ruprecht

Bibliografische Information Der Deutschen Bibliothek

Die Deutsche Bibliothek verzeichnet diese Publikation in der Deutschen Nationalbibliografie; detaillierte bibliografische Daten sind im Internet über <http://dnb.ddb.de> abrufbar.

ISBN 3-525-30144-8

Umschlagabbildung: Masaccio (1401–1428), Die Vertreibung aus dem Paradies. Capella Brancacci, Florenz; Ausschnitt.

Umschlagkonzeption: Groothuis, Lohfert, Consorten; Hamburg
Gesamtherstellung: Hubert & Co., Göttingen

Gedruckt auf alterungsbeständigem Papier.

Inhalt

Meiner Mutter und Schwester zum Gedächtnis

„Und die Männer wandten ihr Angesicht und gingen gen Sodom; aber Abraham blieb stehen vor dem Herren und trat zu ihm und sprach: Willst du denn den Gerechten umbringen mit dem Gottlosen?"

Genesis 18

„Dasein ist als solches schuldig."

Heidegger, Sein und Zeit

„Christ lag in Todesbanden, für unsere Sünd' gegeben."

Luther, Kirchenlied

„Da werden die Wölfe bei den Lämmern wohnen und die Pardel bei den Böcken liegen."

Jesaja 11

Vorwort

Die größte Herausforderung und wichtigste Aufgabe geisteswissenschaftlicher Forschung heute liegt im Aufweisen der Hintergründe, die zum Scheitern der Humanitätsideale und damit auch zum Niedergang der Humanität in der Neuzeit geführt haben. Wie konnte eine aus Renaissance und Aufklärung hervorgegangene Kultur die Kriege und Völkermorde des 20. Jahrhunderts zulassen oder gar ermöglichen? Schon die Reaktionen auf den ersten Weltkrieg zeigen die Verzweiflung und Ratlosigkeit angesichts dieser Frage an. Vom Untergang des Abendlandes bis zum kapitalistischen Imperialismus reichen die Diagnosen, deren Gemeinsamkeiten darin liegen, die anthropologischen Implikationen der Humanitätsideale selbst nicht in Frage zu stellen. Zu den unbezweifelten und deshalb auch unhinterfragten Voraussetzungen gehört seit der Aufklärung das Freiheitsideal. Als nach dem Zweiten Weltkrieg die Bilanz der Inhumanität noch größer zu sein schien, gab es immerhin mit Adornos und Horkheimers *Dialektik der Aufklärung* den Versuch, die Ursachen im Wesen der Aufklärung selbst zu sehen und ihrer Dialektik zuzuschreiben. Damit war eine Richtung geisteswissenschaftlicher Forschung eingeschlagen, der auch das vorliegende Buch folgt: Die Ursachen des „Bösen" sind nicht bei den Feinden der Aufklärung und ihrem Irrationalismus zu suchen, sondern liegen in einem in Folge der Aufklärung falsch verstandenen Begriff von Freiheit.

Die These des vorliegenden Buches, dass Freiheit nicht umsonst zu haben ist – weder angeboren noch geschenkt oder gratis – und doch als Grunderfordernis menschlichen Daseins zu gelten hat, setzt anthropologische Maßstäbe, die nicht auf die westliche oder jüdisch-christliche Kultur reduzierbar sind. Wenn dennoch fast ausschließlich diese Kultur im Blickfeld bleibt, dann ist dies nicht ein verstecktes Eingeständnis an die Relativität dieser Problematik, es zeigt nur die Kompliziertheit der abendländischen Schuldthematik, die in den Kulturkreisen der buddhistischen oder islamischen, speziell schiitischen Welt viel präsenter ist und dort mit großer Selbstverständlichkeit behandelt wird. Die christliche Religion hat mit ihrer „frohen Botschaft" der Vergebung der Schuld zwar eine umfassende Erlösung in Aussicht gestellt, wie dies in solchem Maß noch nie von einer Religion verheißen wurde. Die damit gewonnene Freiheit hat sich aber von ihrer religiösen Wurzel abgelöst und ist autark geworden, auch deshalb, weil die „frohe Botschaft" im Laufe ihrer Dogmengeschichte zunehmend als

Verheißung individuellen Heils und Glückseligkeit für den Einzelnen verstanden wurde.

Dies hat vor allem zu einer Theologie des Auserwähltseins geführt. Nicht die Gemeinschaft aller, sondern nur ein kleiner Kreis weniger Begnadeter sei zum Heil berufen oder habe sich das Heil verdient. Doch wie kann – gerade vom christlichen Verständnis her – ein Mensch heil geworden sein, wenn es Bruder und Schwester nicht geschafft haben? Das christlich Undenkbare, dass der Einzelne allein selig werden kann, ist das Ergebnis einer Theologie, die das Heil vom Egoismus aus konstruiert hat.

Doch das Heil ist nicht für den Einzelnen allein möglich. Ein Einzelner kann nicht einmal allein glücklich sein, geschweige denn heil werden. Heil ist erst erreicht, wenn alle heil geworden sind. Die Vorstellung eines persönlich reservierten Heils widerspricht nicht nur der Botschaft der grenzenlosen Liebe, sie hat auch ein Selbstverständnis des Menschen gefördert, das zur Ablösung der Freiheit vom Heilsverständnis führte. Die Emanzipation des individualistischen, profanen Freiheitsbegriffs von seinem religiösen Ursprung und Kontext ist nur ein kleiner Schritt, wenn das Heil zum persönlichen Verdienst wird. Der ursprüngliche Zusammenhang zwischen Schuld und Freiheit, der den Kern der „frohen Botschaft“ ausmacht, ist dann verloren gegangen.

Deshalb ist die Schuld, wie am heutigen Verständnis der „Erbsünde“ zu sehen, dem modernen Menschen zur abstrusen und ungeheuerlichen Vorstellung geworden. Wenn Herbert Schnädelbach in dem viel diskutierten Artikel *Der Fluch des Christentums. Die sieben Geburtsfehler einer alt gewordenen Weltreligion. Eine kulturelle Bilanz nach zweitausend Jahren* in der ZEIT vom 11. Mai 2000 unter anderem zu dem Ergebnis kommt, dass die Lehre von der Erbsünde „menschenverachtend“ sei, weil sie den Menschen für schuldig halte, nur weil er sterblich sei, dann dokumentiert dieses Beispiel das restlose Verschwinden des – im Zusammenhang mit der Sterblichkeit des Menschen stehenden – Schuldbewusstseins im modernen Intellektualismus. Das Missverständnis geht aus der Einstellung hervor, nach der Schuld durch Strafe gesühnt wird oder verjährt, dass sie also gleichsam magisch verschwindet. Ein Andauern der Schuld sogar über Generationen hinaus erscheint danach absurd und unverständlich, gleichzeitig bleibt diesem Denken die Verarbeitung von Schuld offenbar verborgen. Sowohl das Unverständnis einer übertragenen und sich fortsetzenden Schuld oder „Erbschuld“ als auch der Glaube an ein magisches Verschwinden der Schuld durch juristische Vorgänge zeigen eine Einstellung zur Schuld, die als Folge der Entwicklung des Heilsbegriffes und seiner Individualisierung zu verstehen ist.

Der Zusammenhang von Freiheit und Schuld hat somit gerade in der westlichen Kultur einen undurchsichtigen Charakter bekommen. Die vorliegende Arbeit versucht diesen Zusammenhang wieder zu klären. Dies kann nur gelingen, wenn die Schuld in ihrer umfassenden Form als existentielle Schuld herausgearbeitet wird. Dabei soll nicht die Erbsünde als religiöses Dogma bestärkt werden, vielmehr soll eine Einsicht in das Schuldphänomen vermittelt werden, das die Unschuldigen betrifft und belastet. Diese Schuld gilt es zu erkennen und anzunehmen, um so der verheerenden Einstellung zu begegnen, die Schuld der Vorfahren, gerade auch an den maßlosen Verbrechen im 20. Jahrhundert, habe sich mit ihrem Ableben erledigt.

Dazu ist es notwendig, eine Analyse des Schuldphänomens vorzunehmen, die nicht eine konkrete Schuld, sondern die Entstehung von Schuld im Bewusstwerden ins Auge fasst. Schuld ist keine bloße Idee, Schuld hat überhaupt keinen Inhalt, sondern ist das Gewissen selbst. Jedes Bewusstsein erzeugt Schuld und ist Schuld. In jedem Wissen ist dieses Mitwissen der Schuld genau so präsent wie das der Freiheit; in erster Linie natürlich dort, wo direkt nach Schuld und Ursache gefragt wird. Aber auch dort, wo Schuld und Ursache nicht Ziel des Wissens sind, schwingen sie immer mit und sind das Unbewusste des Bewussten.

Der Rationalismus hat Schuld nur noch in Form formaler Kausalität thematisiert und zugelassen. Dabei wurde einerseits die Kausalität vom Schuldbegriff gesäubert und andererseits der jetzt rein moralische Schuldbegriff vorwiegend auf Täterschuld beschränkt. Eine Schuld, die nicht kausal ist, also eine Schuld, an der jemand nicht vorsätzlich oder fahrlässig mitgewirkt hat, wirkt deshalb ungeheuerlich, monströs und unmenschlich. Sie wird ausgeschlossen. Niemand wird schuldig, der sich nicht schuldig gemacht hat. Für das rationale Denken heute wird ein Mensch unschuldig geboren und bleibt es auch, wenn er sich an die Gesetze hält und wenn er, was aber bereits eine persönliche Angelegenheit bedeutet, vor seinem Gewissen aufrichtig und wahrhaft lebt. Die Rationalisierung des Schuldprinzips hat die Schuld auf die Täterschuld reduziert.

Die westliche Kultur, die keine Kultur der Freiheit aus der Schuld mehr ist, sondern eine Kultur der Freiheit ohne Schuld sein will, geht von der angeborenen oder grundsätzlichen Unschuld aus und erklärt die Schuld aus der persönlichen Verfehlung des Einzelnen heraus. Die daraus erwachsene Moral hat mit dem Problem zu kämpfen, immer die Moral der Guten zu sein und ihre moralisch guten Gründe, die sie gegen das Böse, die Verbrecher und Gestrauchelten richtet, in mühseliger rationalistischer Kleinarbeit aus der Rechtfertigung der eigenen Güte zu erstellen. Die Rechtfertigung jeglicher Eigenverschuldung erfordert einen hohen Aufwand an Legitimation des unschuldigen Selbst, die in den Grundsätzen der Weltanschauungen verankert sein muss.

Die vorliegende Arbeit rekonstruiert aus diesen Legitimationen den darin verborgenen Schuldkomplex, der eine Freiheit ohne Reue, aber mit schlechtem Gewissen lebt. Die Herausarbeitung dieses Komplexes ist keine psychologische Arbeit, sie ist vielmehr ökonomisch-philosophisch, denn die Schuld tritt nur im Rahmen eines Tausches auf und ist die Folge einer nicht geleisteten Rückgabe. Wie in jedem Geschäft wird Schuld durch die Verweigerung des Tausches oder der Bezahlung erzeugt. Über das Geschäftliche hinaus ist sie aber vor allem die Folge eines umfänglichen Tausches, der das Leben selbst darstellt. Hier ist nichts umsonst, sondern alles Gegebene, angefangen beim Leben selbst, erscheint als Gabe, die auf Erwiderung wartet. Wie Georg Simmel richtig bemerkt, ist der Mensch das „tauschende Tier". Tausch ist dabei aber nicht schon der reale Tauschvorgang, sondern zunächst und primär ein Denkvorgang, der die Abschätzung der Werte und Güter vornimmt.

Die Abschätzung und die im Tausch vollzogene Festlegung des Wertes ist der komplexe Vorgang der Wertbestimmung. Werte haften nicht an Dingen wie Preisschilder, sondern werden im Tausch oder durch den Markt ermittelt. Die Entdeckung des „Fetischs der Ware" hat Karl Marx zu einer grundlegenden Neubestimmung des Wertebegriffs geführt. Doch nicht nur die hier entdeckten Sachwerte, sondern auch und gerade die „höheren" Werte wie Personenwerte, Rechtswerte, moralische und heilige Werte sind Tauschwerte. Sie werden nicht durch eine Hierarchie, sei sie kirchlich oder auch weltlich, festgelegt, sondern im Tausch ermittelt. Dieser Tausch vollzieht sich nun weitgehend im Verborgenen, denn er wird symbolisch oder ideell vollzogen. Zunächst einmal wird er dort auffällig, wo kein Tausch, sondern nur ein einseitiges Geben oder Nehmen stattgefunden hat: an der Schuld. Der nicht vollzogene Tausch, die nicht erwiderte Gabe erzeugt diffuse Schuld, diffus, weil der Tauschwert nicht festgelegt wurde und Schuld damit unberechenbar geworden ist. Ihr Ausmaß schwankt zwischen totaler Kollektivschuld und vollständiger Unverbindlichkeit.

Diese Situation ist charakteristisch für die moderne Lebensanschauung, der zufolge das Leben selbst zunächst gratis ist und erst im Zuge des gesellschaftlichen Lebens eine Position und damit einen Wert bekommt. Das Leben selbst ist unbestimmt, wenngleich ihm in gewissen Zusammenhängen in einer ideologisch zu nennenden Form „Heiligkeit" zugesprochen wird. Solche Bestimmungen dienen grundsätzlich der Diskriminierung, was allein daraus ersichtlich ist, dass die Heiligkeit des Lebens nicht allen Lebewesen zugesprochen wird. Die Erschleichung solcher Wertbestimmung und die damit verbundene Abwertung ist nur eine Folge des nicht vollzogenen Tausches. Sie führt zu einer Vertiefung des Schuldkomplexes, dessen Ausmaße in irrationalen und widersprüchlichen Strategien und Fanatismen bestenfalls erahnbar sind.

Solche Strategien weisen indirekt auf ein schuldhaftes Verstricktsein hin. Dieses Verstricktsein in diffuse Schuld lässt aber auch tiefer blicken in die

Gemeinschaft aller Lebewesen, die nicht biologisch, sondern geschichtlich gegründet ist. Die „Sonderstellung“ des Menschen liegt darin, das Leben nicht nur zu leben, sondern es als Geschichte zu erfassen, es weiterzugeben und darin seine eigene, aber stellvertretend auch die Geschichte anderer Lebewesen zu erzählen. Das Leben in Geschichten und als Geschichte ist sowohl die Form wie auch der Anspruch und die Herausforderung an die Lebensführung. Der Mensch ist „in Geschichten verstrickt“, wie Wilhelm Schapp sagt. Geschichten sind kein unterhaltsamer Zusatz zur Realität des Lebens, sondern diese Realität selbst. Das wird aber erst an dem Verstricktsein deutlich, durch welche die eigene Geschichte und Biografie mit anderen zusammenhängt. Hier wird das Netz der Verbindungen und Verbindlichkeiten offenbar. Dieses Netz ist die Realität, von der Mythen und Religionen Zeugnis ablegen, nicht um darin, wie Blumenberg behauptet, einem „Absolutismus der Wirklichkeit“ die Stirn zu bieten, sondern um in den Verstrickungen die Gemeinsamkeit und Solidarität des Lebens aufzuzeigen. „Alle Dinge sind verkettet, verfädelt, verliebt“, sagt schon Nietzsche.

Die vorliegende Arbeit beginnt mit einem einleitenden Kapitel zu einer aktuell zu beobachtenden Verschärfung des moralischen Klimas, die ganz im Gegensatz zu der viel zitierten Säkularisierung des Zeitalters steht. Mag der Befund eines Schwundes an Religiosität in vieler Hinsicht fragwürdig sein, da sich auch in westlichen Kulturen eher eine Verstärkung religiöser Tendenzen feststellen lässt, so versagt er vollständig angesichts der erbitterten Aufrüstung eines moralischen Fundamentalismus, der die politische und kulturelle Landschaft zu beherrschen beginnt. Dahinter steht, so die hier vertretene These, ein Schuldkomplex von ungeheurem Ausmaß, der in beispielhafter Form zunächst eher dargestellt als analysiert wird.

Die Analyse selbst kann insofern auch nicht gradlinig erfolgen, da sie auf der Basis der Kultur stattfindet, die untersucht wird, d.h. der christlich orientierten westlichen Kultur. Die Schwierigkeit, die sich hierbei ergibt, liegt in der schon angedeuteten Loslösung der Heilsbotschaft von ihrem christlichen Ursprung. Indem Freiheit zu einem autonomen Wert geworden ist, bietet sie keine Brücke mehr zu ihrem religiösen Ursprung. Soll dieser Ursprung von Freiheit wieder zugänglich oder nur erkennbar werden, so kann dies nicht durch eine Philosophie der Freiheit – aber auch nicht durch eine Philosophie der Geiselschaft und Verurteilung (Lévinas) – geschehen. Vielmehr müssen die Felder aufgesucht werden, auf denen Freiheit – auch die sich für autonom erklärende Freiheit – nur wachsen kann: die Felder der Geschichte. Denn kein Mensch kann sich frei sprechen vor der Geschichte. Angefangen bei seiner eigenen Familiengeschichte bis hin zur Geschichte seiner Nation lebt jeder Mensch als eigene biografische Geschichte aus der Geschichte heraus und schafft damit neue Geschichte. Das Verstricktsein des Einzelnen in diese Geschichte zeigt deshalb nicht nur unbewusste Verbindlichkeiten, es öffnet den Blick auf den Schuldkomplex, der sich aus angemaßter und selbsternannter Freiheit gebildet hat.

Mit Freilegung dieser Perspektive kann ein grundsätzliches Umdenken in ethischer Hinsicht erfolgen, wie es schon Albert Schweitzer mit seinem Konzept einer „Ehrfurcht vor dem Leben" vor Augen stand. Diese grandiose Vision, der er zu Recht die Bedeutung mystischer Erkenntnis zusprach, muss allerdings um die geschichtliche Dimension bereichert werden. So „will ich zwar leben inmitten von anderen Leben, das leben will", wie Schweitzer erkannte, doch das Bewusstsein von diesem Willen zeigt, dass dies nur um den Preis des Todes geschieht. Im geschichtlichen Verdanktsein der Existenz wird deutlich, dass Leben-wollen nicht nur ein Gebenmüssen erzwingt – woraus der Schuldkomplex erwächst –, sondern selbst in das Geben-wollen übergeht, das sich in der symbolischen oder realen Stellvertretung und dem symbolischen oder realen Tausch ausspricht. Deshalb war es für die vorliegende Untersuchung erforderlich, die Bedeutung des Mythos in seiner Gestalt der Heldengeschichte zu beleuchten. Dabei zeigt sich, dass die Heldengeschichte durchaus nicht nur vom Helden oder Protagonisten lebt, sondern ihre eigene Struktur hat, die an sich den Typus des Heilsgeschehens und der Befreiung darstellt. Sowohl der Held selbst wie seine Geschichte zeigen die befreiende Wirkung des In-Geschichten-seins, indem hier dieses In-Geschichten-sein selbst reflektiert ist.

Die protagonistische und für das Ertragen der Schuld stellvertretende Wirkung der Heldengeschichte führt zu den Bildern, in denen Schuld übertragen wird: den Metaphern der Schuld. Schuld ist eine „lebendige Metapher", weil Schuld eine eigene Bildwelt erzeugt. Schuld, die keinen konkreten Inhalt hat, sondern das Bewusstsein ausmacht, Sein als Verdankt- und Verschuldetsein zu wissen, überträgt sich in Bilder, in denen die Verdoppelung von Wissen und Gewissen wieder zu finden ist. Diese Bilder betreffen die primären Bedürfnisse der Nahrung und Liebe, die nicht ohne Schuld genossen werden können. Die Metaphern der Schuld zeigen an, wie diese nicht abwendbare Schuld dennoch übertragbar wird. Damit Nahrung und Liebe genossen werden können, braucht es eine „Transsubstantiation" des Fleisches und Leibes in ein Lebensmittel. Diese Übertragung der Bedeutung verwandelt mit der Gegengabe, die im symbolischen Tausch den Ausgleich schafft, das Ungenießbare in Genuss. Die Metaphern der Schuld zeigen damit, wie Nahrung und Liebe nicht einseitig genommen werden, sondern nur im gegenseitigen Geben und Nehmen nahrhaft und genussvoll sind.

Die Aufteilung der Arbeit in die Erörterung der kulturellen und mythischen Dimension ist als Versuch zu bewerten, dem komplexen Phänomen der Schuld gerecht zu werden. Es handelt sich dabei keineswegs um verschiedene Arten von Schuld, vielmehr wird deutlich, wie die mythische

Dimension die kulturelle umfasst, ihr Bedeutung gibt und sie bestimmt. Diese Vorstellung einer grundlegenden Wirksamkeit des Mythos steht dem Konzept von Paul Ricoeur nahe, allerdings weniger seiner *Phänomenologie der Schuld*, die gleichwohl im Hintergrund bleibt, als vielmehr seinen Versuchen in *Zeit und Erzählung*, das Ineinandergreifen von Lebenswirklichkeit und erzählter Wirklichkeit aufzuzeigen. Die vorliegende Arbeit konkretisiert diese Zusammenführung am Komplex der Schuld. Die Bedeutung der Metapher und des Mythos liegt in der Wirksamkeit, Schuld zu übertragen und wegzunehmen. Schuld – vereinfacht gesagt – pflanzt sich in der Erzählung fort und wird durch die Erzählung entsühnt. Diese sicher etwas ungewöhnliche Definition der Erbschuld ist mit der Einsicht Ricoeurs zu vergleichen, wonach die Erzählung mit ihrer kathartischen Wirkung das Leben figuriert.

Die Arbeit verdankt den genannten Autoren Schapp und Ricoeur grundsätzliche Einsichten in den geschichtlichen und mythischen Charakter des Lebens. Ihrer Vorarbeit für ein geschichtliches Verständnis sei hier in besonderer Weise gedacht. Am Ende dieses Vorwortes möchte ich aber auch noch persönliche Worte des Dankes aussprechen, allem voran dem Verlag Vandenhoeck & Ruprecht für die gute Betreuung und Drucklegung. Weiterhin möchte ich der Johannes Gutenberg-Universität für ein Freisemester im Winter 2001/2002 danken, das mir die Möglichkeit gab, wesentliche Teile der Arbeit zu erstellen. Wenn die Fertigstellung dann doch noch zwei weitere Jahre in Anspruch nahm, so ist das dem heutigen akademischen Alltag geschuldet, der Forschung in solchen Fächern, die Zurückgezogenheit und Besinnung erfordern, nur noch als Wochenend- und Freizeitbeschäftigung zulässt. Ich danke deshalb an dieser Stelle allen Freunden und Bekannten, die mir auch in diesen Zeiten ihre Treue bewahrt haben.

Kulturelle Dimension

I. Entgrenzung der Schuld nach Großverbrechen

§ 1 Schuld und Betroffenheit bei den „Unschuldigen“

Die Schuldfrage in der deutschen Geschichte

Die vorliegende Arbeit schlägt einen weiten Bogen, um ein archaisches Thema – die Frage der Schuld und die mögliche Vergeltung zur Wiederherstellung von Recht – zu behandeln. Den Anstoß dazu gibt nicht ein archäologisches Interesse an einer Angelegenheit aus kultureller Vorzeit, sondern die verschiedenen Anzeichen des Wiedererwachens eines überwunden geglaubten Komplexes, der Symptome von Schuld bei Menschen auftreten lässt, die in einem modern verstandenen Sinn, sowohl in juristischer als auch in moralischer Hinsicht, unschuldig sind. Ausgelöst durch die maßlosen Verbrechen der Massenvernichtungen im 20. Jahrhundert, die ein gewaltiges Erbe an Schuld hinterlassen haben, ist die Schuld bei den Unschuldigen der späteren Generationen angekommen.

Diese Anzeichen haben die Diskussion um eine mögliche Kollektivschuld für Großverbrechen wieder aufkommen lassen.

Hierfür ist das Buch von Daniel Jonah Goldhagen: *Hitlers willige Vollstrecker*, ein deutliches Beispiel.[1] Zwar lehnt Goldhagen die Vorstellung einer Kollektivschuld „kategorisch“ ab und beschränkt die Schuld auf „justiziable“ Schuld.[2] Seine Studie soll dementsprechend nicht denen, die antisemitisch gedacht haben, sondern dem weiteren Kreis der „Mittäterschaft“[3] gelten. Im Widerspruch dazu behandelt Goldhagen aber den Antisemitismus als eine kulturelle Erscheinung der nicht-jüdischen Kultur, die auch dann noch, und zwar latent, präsent sei, wenn sie verschwunden zu sein scheint.[4] Der europäische Antisemitismus ist für ihn deshalb ein autochthones, konstantes und vom aktuellen Geschehen unabhängiges Element der christlichen Kultur.[5] Die eigentliche Schuld für die Verbrechen liegt damit für Goldhagen nicht bei den Tätern, sondern im Antisemitismus als Kulturerscheinung, der den Nährboden für die Verbrechen vorbereitet.

---

1 Goldhagen [1996] (1998).
2 Goldhagen (1998) 11.
3 Goldhagen (1998) 11.
4 Goldhagen (1998) 58f, 64.
5 Goldhagen (1998) 71ff.

Unterstützt durch Theorien vom kollektiven oder kulturellen Gedächtnis in den Kulturwissenschaften,[6] wird Schuld zu einer Herausforderung des Eingedenkens, das sie über Generationen hinweg und damit unabhängig von individueller Verschuldung fortsetzt. Verbrechen von ungeheuerlichen Ausmaßen scheinen durch ihre juristische und politische Behandlung unabgeschlossen zu bleiben. Am Beispiel der Deutschen, die nicht nur historisch für die Verbrechen der Nazis in irgend einer Weise kollektiv verantwortlich gemacht werden, sondern die, seit der Tod ein „Meister aus Deutschland" (Paul Celan) ist, zum „Volk der Mörder" geworden sind, wird deutlich, wie Schuld noch eine andere Dimension aufweist, die Jaspers einmal die „metaphysische Schuld" genannt hat. Der Unterschied zwischen Jaspers' „Schuldfrage" 1946[7] und heutigen Diskussionen um kollektive Schuld wird nicht nur in der historischen Einschätzung beider Phänomene deutlich, sondern charakterisiert auch das Wachstum des Schuldkomplexes und seine Diffusion seit jener Zeit. Hier scheint ein kritischer Zustand erreicht zu sein.

So können Deutsche nicht einfach zur Normalität zurückkehren, als wäre ihre Vergangenheit auch wirklich vergangen. Nicht als politisches Anschauungsmaterial für kommende Generationen mit der erzieherischen Absicht des „Nie wieder Auschwitz", wie in den Jahren nach dem Krieg, sondern als Stigma eines unauslöschbaren Makels ist deutsche Vergangenheit in zunehmendem Maße und scheinbar im Widerspruch zur zeitlichen Entfernung zur Un-Vergangenheit geworden.

Die mit dieser Verschärfung der Schuldfrage verbundene Diskussion um kollektives Verschulden ist ein metaphysisches, kein rechtliches Phänomen, zumal dann, wenn sie in die zweite und dritte Generation hineinreicht. Hier wird niemand mehr rechtlich angeklagt, dafür aber wächst eine Verantwortung gegenüber der eigenen Geschichte, die das maßlose Elend in seinem ganzen Umfang zum Vorschein kommen lässt. Erst nach der Verurteilung der Mörder wird die Schuld zur geschichtlichen Schuld. Sie ist eine Erbschuld, die überhaupt erst nach der Sanktion der juristischen und politischen Schuld der Täter bei den Kindern und Enkeln zum Tragen kommt. Geschichtliche Schuld ist nicht nur unbegrenzt, sie verjährt auch nicht und muss von den Nachfahren übernommen werden.

Im Unterschied zur Kollektivschuld ist diese geschichtliche Schuld nicht an Täter und ihre Vergehen und Verbrechen gebunden. Sie entspricht der „metaphysischen Schuld" im Sinne von Jaspers.[8] Der Ursprung der Schuld

---

6 Assmann (1999).

7 Jaspers (1946).

8 Eine kritische Würdigung dieses Begriffs und der Schrift von Jaspers findet sich bei Dominic Kaegi: *Was ist metaphysische Schuld.* Kaegi stellt Jaspers' Schuldbegriff aus den Erfahrungen verweigerter Solidarität als „radikalste Kritik an der Idee der existentiellen Kommunikation" und damit als „Selbstkritik" heraus. (1999) 57. Kaegi verkennt dabei die Unausweichlichkeit des

ist hier das bloße Existieren, das In-der-Welt-sein, durch das sich jeder Mensch seiner Herkunft her verpflichtet und verschuldet weiß. Von dieser Schuld sind alle Menschen betroffen, die sich ihrer eigenen Existenz bewusst werden können. Alle persönliche Schuld, die durch Verfehlung aufkommt, ist an dieses Bewusstsein gebunden und letztlich darauf zurückzuführen. Geschichtliche Schuld ist ein Ausdruck dieser metaphysischen Schuld, da sie aus der geschichtlichen Herkunft hervorgeht und, angefangen bei der familiären Situation, über die sprachliche und ethnische Bindung und Verbindlichkeit bis hin zu der Existenzschuld reicht.

Kollektive Schuld und metaphysische Schuld sind unterschiedliche Begriffe, die aber darin übereinstimmen, die Schuld über die Täter hinaus zu suchen und sogar die Schuld der Unschuldigen zu benennen. Was juristisch ungerecht und gleichsam naturrechtlich tabuisiert ist, scheint moralisch nicht nur möglich, sondern legitim und geradezu gefordert. Zu den wenigen Versuchen einer philosophisch-begrifflichen Klärung dieser Problematik gehört Ludger Honnefelders Arbeit zur *Philosophie der Schuld*, die zwar in allen unterschiedlichen Bedeutungen der Schuld die „gleichsam objektive, vom Bezug zum Täter ablösbare Größe" sieht, aber im Widerspruch dazu bei der Verweisung der Schuld auf einem handelnden Subjekt besteht. Honnefelder nennt hier alle Kriterien, die Schuld auf persönliche Schuld einschränken und damit nicht nur die Dimension der Schuld verstellen, sondern sie auch für alle Zeit festschreiben: Subjektivität, Zurechenbarkeit und Irreversibilität: „Schuld als Tat verweist auf das handelnde *Subjekt* selbst, und zwar als den Urheber, der sie übernimmt und dem sie in ihrer Bosheit zuzurechnen ist. Zurechenbarkeit aber setzt die bleibende Identität des Handelnden über die Tat hinaus voraus, kennzeichnet seine *Freiheit* als den (selbst nicht mehr ableitbaren) Ursprung seiner Tat und stellt ihren Vollzug, wenn einmal vollzogen, als etwas Irreversibles heraus. Aufgrund meiner Identität mit dem Vollzug meiner Freiheit (‚*Ich bin* der Schuldige) und meiner Kontinuität über die Tat hinaus erfahre ich Schuld als etwas, was mich in meiner *personalen Geschichte* bleibend und irreversibel prägt."[9]

Die kritische Leistung der juristischen und politischen Schuldsuche bei Straftaten besteht darin, die persönliche Schuld von der metaphysischen Schuld zu trennen. Schuld wird juristisch unter dem Kriterium der Zurechenbarkeit bei dem Schuldigen gesucht, der für die Tat verantwortlich gemacht werden kann. Die Herausstellung persönlicher Schuld und ihre Distanzierung von Unschuld gelingt aber nicht mehr, wenn die Schuld ein Ausmaß angenommen hat, das sie nicht mehr auf die Verfehlung einzelner zurückführen lässt und das mit der Bestrafung der Täter getilgt erscheint. Hier wird die Frage der Mitschuld laut, die dann zu kollektiven Anklagen führt. In solchen Anklagen wird dann bereits die geschichtliche und meta-

„Scheiterns" bei Jaspers, die grundsätzlich zu einem Eingeständnis der Schuld führt. Dazu siehe unten § 3.

9 Honnefelder (1975) 32.

physische Schuld gesucht, die zunächst auf mögliche Mitläufer übertragen wird, letztendlich aber wie in Georg Lukács' Abrechnung *Von Schelling zu Hitler*[10] als angelegtes Übel der gesamten Kultur erkannt wird.

Dieses Stadium ist dann erreicht, wenn auf juristischer und politischer Ebene die Schuld bereits behandelt und geahndet wurde. Hat sich nach diesen Strafen keine Befriedigung eingestellt, dann beginnt die Schuld radikal zu werden. Die ersten Anzeichen zeigen sich in der Moralisierung der Schuld, die kollektive Verurteilungen verhängt. Die Verurteilungen ganzer Kulturen sind Radikalisierungen, die auf die metaphysische Schuld jedes Menschen Bezug nehmen.[11] Ist Schuld aber in dieser Weise entgrenzt, dann ist auch ihre Sühne nicht mehr mit den Mitteln der positiven Rechtsprechung und Politik zu lösen.

Wie Schuld in ihrem Ursprung nicht mehr auf persönliches Verschulden zurückgeht, so ist auch die radikale Sühne überpersönlicher Art: Sie ist eine Rechtfertigung, welche die Gemeinschaft zu vollziehen hat. Analog zur mythischen Schuld, die nur mit mythischer Rechtfertigung zu heilen ist, ist entgrenzte Schuld infolge von Großverbrechen erst entsühnt, wenn alle Seiten, Täter und Opfer, die Sühne vollzogen haben. Sühne zeigt sich hier analog zur mythischen Rechtfertigung als Versöhnung.

Die Schuldfrage bei der Bestimmung der Grenzen des Lebens

Nicht nur vor dem Hintergrund der Aufarbeitung jüngster Vergangenheit ist die Frage nach Schuld dringlich geworden, sie wird auch von anderer Seite her genährt und kündigt sich von dort als erstes Anzeichen eines noch umfassenderen Komplexes an. Dazu gehören die mit äußerster Schärfe geführten Debatten um die Grenzen des Lebens.[12] Durch die Entwicklungen in Medizin und Mikrobiologie sind die natürlichen Grenzen verschoben und können nicht mehr klar definiert werden. Ihre Neubestimmung, die eine Rechtfertigung dessen verlangt, was unter Leben verstanden werden soll, führt zu erbitterten Kontroversen zwischen allen Parteien, wie sie schon einmal in ähnlicher Weise bei der Abtreibungsfrage aufkamen. Im Unterschied dazu haben aber in dieser jüngsten Auseinandersetzung die Tötungsdelikte, die in den Labors und Sterbekliniken legalisiert werden sollen, die Dimension der Massenvernichtung erreicht. Es ist offenbar die Entgrenzung der Schuldfrage, die sich in solchen Diskussionen ankündigt oder schon realisiert hat und die ihre Heftigkeit erklärbar macht. Dabei geht es nicht um die Frage, was der Einzelne und darüber hinaus dann die Gesellschaft zu tun und zu lassen habe, es geht vielmehr um die Frage nach dem Recht

10 Lukács (1955).

11 Grätzel (2004 a).

12 Braun (2002); Gerhardt (2001).

auf Leben und die Überführung dieses Rechts in Gesetze.[13] Wie wird Leben gerechtfertigt, damit es positives und auch einklagbares Recht werden kann? Diese Festlegung hat ein Ausmaß, das über die bloßen Gesetze in die Rechtfertigung des Lebens hineinreicht. In den Festlegungen findet eine gleichsam göttliche Entscheidung über Leben und Tod statt, welche die wissenschaftliche Kompetenz der Forscher und Ärzte weit überschreitet.

Im Zentrum der Auseinandersetzung stehen z.B. die Fragen um das Lebensrecht schwer behinderter Kinder und das persönliche Recht auf Sterben von Schwerkranken, also das Recht auf Leben und das Recht auf Tod. So haben die Thesen Peter Singers in seiner *Praktischen Ethik*[14] heftige Reaktionen hervorgerufen, weil sie, wie Hans Grewel beschwört, „an die Wurzeln des Menschenbildes und der Ethik rühren."[15] Die Provokation Singers liegt in der Ausweitung des Personenbegriffes auf Tiere, die empfindungsfähig und selbstbewusst sind. Seine eigentliche Absicht, den Tieren und Lebewesen, soweit sie empfindungsfähig sind, ein eigenes Recht einzuräumen, scheint dabei, wenigstens im deutschsprachigen Raum, weitgehend untergegangen zu sein. Singer wird hier als Nazi beschimpft, weil er die ethische Vorrangstellung des Menschen vor anderen Lebewesen bezweifelt. In jedem anderen Kontext würde eine solche Begründung absurd erscheinen. Es ist aber kein Zufall, dass seine Thesen gerade in Deutschland auf solche Empfindlichkeiten stoßen, wird doch hier die Feststellung der Grenzen des Lebens vor dem Hintergrund der eigenen Schuldfrage gestellt. Die Neubestimmung der Grenzen und Grundwerte des Lebens und die damit verbundene Problematik wird hier zur eigenen Schuldfrage. Zwar erkennt Singer diesen Zusammenhang, er unterschätzt ihn aber und wundert sich sogar, dass seine Gegner in Deutschland aus dem linken politischen Lager kommen.[16] Singer ist also in erster Linie naiv. Mit seinem Herz für Tiere glaubt er in wohlwollender Einfältigkeit die Personenwerte derart neu bestimmen zu können, dass auch Tiere davon profitieren könnten.

Seine Vermischung von Personenwert und Lebenswert ist aber nicht ihm anzulasten, sondern ist selbst das Erbe christlicher Dogmatik. Singer nimmt sogar die gleiche Begründung vor. Das Personsein wird nämlich an der Fähigkeit zum Selbstbewusstsein festgemacht.[17] Da diese Fähigkeit bei einigen Tieren offenbar vorliegt und wissenschaftlich auch nachgewiesen werden kann, dagegen z.B. bei Schwerstbehinderten nicht, ist die Rangfolge der Lebenswerte von daher klar bestimmbar. Um diese glasklare Logik zu entkräften, bedarf es dann einer geschraubten Argumentation, zumal in der

---

13 Grewel (1990); Grewel (2002).
14 Singer (1994).
15 Grewel (1990) 17.
16 Singer (1994) 444.
17 Singer (1994) 148.

christlichen Ethik die Personenwerte ebenfalls die Basis für die Lebenswerte stellen.[18]

Aus christlicher Sicht ist das Recht auf Leben ein Personenrecht, das nur selbstbewussten Wesen zukommt. Diese Engführung hat aber nicht nur dazu geführt, gegen Positionen wie die von Singer letztlich keine Argumente mehr zu haben, denn Achtung und Anerkennung müsste für alle Lebewesen gelten, nicht nur für Personen. Sie hat auch dazu geführt, Rechte als Vorrechte zu verstehen, die ohne Gegenleistung an sich und autonom bestehen. Im Streit zwischen Singer und seinen Gegnern geht es um diese Vorrechte, die aus der Sicht Singers nicht für Menschen reserviert sind. Damit zielt er auf das Recht auf Dasein und die damit verbundene metaphysische Frage nach Schuld, die aber nicht, wie er es versucht, mit einer auf Tierliebe erweiterten christlichen Nächstenliebe zu behandeln ist.

Die von ihm provozierte Diskussion, für die er zum Prügelknaben geworden ist, kann damit als Indikator entgrenzter Schuld gewertet werden. Hier geht es nicht um haarspalterische Konzepte, was Personen und ihre Kompetenzen bedeuten, hier geht es um die Frage, ob die Gesellschaft die Schuld für dieses Töten übernimmt oder nicht. In der jüngsten Geschichte Deutschlands hat der Tod im Labor eine Rolle gespielt, die auch heute noch nicht bewältigt ist. Insofern kann gerade in diesem Land nicht eine Ethik entwickelt werden, die gleichsam nahtlos an die Praktiken im Nationalsozialismus anschließt. Den Tierfreund Singer mag die Unverhältnismäßigkeit der Reaktionen auf sein Buch gewundert haben, er hat aber nichts weniger als den Schuldkomplex berührt, der vergangene Schuld mit aktueller und sogar künftiger verbindet.

§ 2 Aufarbeitung und Versöhnung

Rechtsphilosophische und politische Aufarbeitung

Die Entgrenzung der Schuld ist also ein Phänomen, das in jüngster Zeit durch die Konfrontation sowohl mit vergangenen als auch mit gegenwärtigen und drohenden Massenvernichtungen auftritt. Vorausgegangen sind Jahrhunderte der Rationalisierung von Schuld, in denen Schuld in unterschiedlichen Formen der Verfehlung erkannt und sanktioniert blieb. Diese Auseinandersetzung mit der Schuld hat sich in der Geschichte der Rechts- und Moralvorstellungen niedergeschlagen. Sie zeigt im Kulturbereich der christlichen Religion ein äußerst komplexes Zusammenspiel von theologischen und juristischen Grundbegriffen, deren gemeinsame Ausrichtung das Heil des Menschen bildet. Seit der Reformation und vor allem mit der Auf-

18 Spaemann (1996).

klärung ist ein deutlicher Trend zu erkennen, das Heil in der Freiheit zu finden. Die Emanzipation des Individuums steht dabei im Zentrum des philosophischen und theologischen Denkens und führt zu einer weit reichenden Veränderung der Wertebegründung.

Die Komplexität dieser Verschiebung liegt aber in der im christlichen Denken selbst schon angelegten Hervorhebung des Individuums als Ebenbild Gottes, die einer breiten, zu Widersprüchen führenden theologischen Auslegung unterzogen wird. Hier ist ein Keim der späteren Säkularisierung schon angelegt, die zu einer reinen Eigenständigkeit der Bildlichkeit in Form des Selbstseins des Ich führt. Freiheit ist dann die an die Person gebundene Freiheit des Willens und der Tat, die keinen Bezug zu dem Ursprung und Vorbild der göttlichen Freiheit mehr hat und auch nicht haben muss. Freiheit steht seitdem für die Selbstursprünglichkeit der Handlung und ihre authentische Verankerung im Individuum.[19]

Mit dieser Befreiung übernimmt das Individuum aber auch die vollständige Verantwortung für sein Tun, was zu einer maßgeblichen Veränderung des Rechtsverständnisses führt. Im modernen Rechtsverständnis wird Recht zumeist gleichgesetzt mit Gesetz, Ordnung, Herrschaft, insgesamt mit der staatlichen Organisation und Verwaltung des Rechts. Die selbstverständlich gewordene Gleichstellung von Recht und Gesetz, für die sich besonders der so genannte Rechtspositivismus einsetzt, hat eine der Emanzipation des Individuums entsprechende Geschichte, deren Analogie im Verzicht auf eine externe Rechtsquelle für das positive Recht liegt. Wie die Freiheit kein Vorbild mehr braucht und als wahre Freiheit sogar darauf verzichten muss, so braucht auch das Recht keine externe, womöglich göttliche Stiftung und ist im Recht des Individuums und der Person auf sich selbst ganz und gar begründet. Das „Recht, ein Mensch zu sein,“[20] leitet sich folglich aus dem Recht auf Freiheit ab, ein Recht, das nicht am Schreibtisch, sondern auf Schlachtfeldern blutig erkämpft worden ist.

Gerade die dramatische Geschichte dieses Sieges, zu dessen Errungenschaften unter anderem immerhin die freiheitlichen westlichen Demokratien gehören, hat die Frage nach dem Ursprung von Recht überhaupt zu einer juristisch überflüssigen Frage werden lassen. Das hat weitgehende Auswirkungen auf die Rechtsphilosophie der letzten Jahrzehnte gehabt. Als eigenständige Disziplin ist sie aus dem wissenschaftlichen und akademischen Bereich fast verschwunden und hat im Zusammenhang mit den Grenzfragen einer ausgiebigen öffentlichen Diskussion Platz gemacht. Das Aufflackern

---

19 Gogarten (1956) 107: „Es gibt aber zweierlei sehr verschiedene Säkularisationen. Beide haben ihren Grund in jener Herauslösung des Menschen aus der Umschlossenheit von Welt, die sich mit dem christlichen Glauben ereignet. Mit der einen aber löst sich der neuzeitliche Mensch auch vom christlichen Glauben.“

20 Hersch (1968).

einer Rechtsbesinnung im engeren Kreis der Juristen und Rechtsphilosophen nach dem Zweiten Weltkrieg blieb ein zeitbedingtes Phänomen der Bewältigung und Aufarbeitung des Nationalsozialismus und von dessen Missbrauch von Recht und Gesetz. Die hierbei wieder angeregte Naturrechtsdebatte war nur die sich als Gegenstück zum Rechtspositivismus aufspielende Moralisierung des Rechts, gegen die selbst Juristen und Rechtsphilosophen wie Gustav Radbruch nicht gefeit blieben. Ähnliche Arten der Rechtsbesinnung hat es erst wieder nach dem Zusammenbruch der östlichen Diktaturen gegeben, wobei im Falle der „Mauerschützen-Prozesse" auf Radbruch und seine „Formel" zurückgegriffen wurde.[21]

Nicht vergleichbar mit der Moralisierung der Rechtsfragen nach dem Zusammenbruch der Naziherrschaft und DDR-Diktatur in juristischen Fachkreisen war die Politisierung der öffentlichen und wissenschaftlichen Diskussion im Zuge der „68er"-Bewegung, die ebenfalls eine Rechtsbesinnung forderte und dabei die privatrechtlich organisierte Bourgeoisie – mit ihrer Verherrlichung des Individuums – insgesamt für die Verbrechen der Nazis mit zur Verantwortung zog. Dadurch war es möglich, die idealistische Philosophie, die das Primat des Subjekts in theoretischer und praktischer Hinsicht begründet hatte, der direkten Vorbereitung des Faschismus zu bezichtigen. In einer breit angelegten Abrechnung klagt Georg Lukács schon 1946 in seiner Schrift über die Zerstörung der Vernunft solche angeblichen Vorläufer von Hitler der Mitschuld an und erstellt damit eine Anklage über den engen und weiten Täterkreis hinaus. Das katastrophale Scheitern eines durchweg kultivierten und moralischen Volkes wie das der Deutschen und ihr Abrutschen in die Barbarei musste in seinen Augen Gründe haben, die nicht allein aus den politischen Gegebenheiten abzuleiten waren. Sie mussten in der kulturellen Vorgeschichte, speziell in der deutschen Philosophie, zu suchen sein.[22]

Eine bloße Korrektur des Rechts durch moralische Ergänzungen, wie bei Radbruch, konnte für das sozialistische Denken nicht ausreichen, die Mitschuld derer erkennen zu lassen, die als ideologische Täter zur Rechenschaft gezogen werden sollten. Das bürgerliche Recht hatte versagt und war zum Instrument der Barbarei geworden, weil es mit seiner Verankerung in den Grundsätzen des freien Subjekts privatrechtlich fundiert ist. Die Lösung

---

21 Radbruch (1990) 89: „Der Konflikt zwischen der Gerechtigkeit und der Rechtssicherheit dürfte dahin zu lösen sein, daß das positive, durch Satzung und Macht gesicherte Recht auch dann den Vorrang hat, wenn es inhaltlich ungerecht und unzweckmäßig ist, es sein denn, daß der Widerspruch des positiven Gesetzes zur Gerechtigkeit ein so unerträgliches Maß erreicht, daß das Gesetz als ‚unrichtiges Recht' der Gerechtigkeit zu weichen hat."

22 Lukács (1955) 6: „Es soll gezeigt, werden, wie dieser reale Gang sich in der Philosophie widerspiegelt, wie philosophische Formulierungen als gedanklicher Widerschein der realen Entwicklung Deutschlands zu Hitler diesen Gang beschleunigen halfen."

dieses Problems konnte nur in einer völligen Veränderung des Menschenbildes und der entsprechenden Umstrukturierung der Gesellschaft gesehen werden. Die neue Gesellschaft sollte nicht mehr privatrechtlich, sondern nach sozialistischem Recht mit Zügen eines archaischen Stammesrechtes organisiert sein.

Im Rückgriff auf ein solches Recht sollte das am idealistisch begründeten Subjekt ausgerichtete bürgerliche Recht als ungerechtes Recht herausgestellt werden. Der als Besitzsicherung einer privilegierten Klasse enttarnte Liberalismus der bürgerlichen Gesinnung wurde so zum offenen Feind einer „gerechten" Denkart, die sich aufgrund dieses Gegensatzes im Rechtsgefühl der sozialistischen Weltanschauung wiederfinden konnte und aus ihrer Ideologie heraus legitimiert schien. So wurde der Sozialismus in der Nachkriegszeit in Europa und auch in Amerika zum Gewissen der Menschheit schlechthin befördert.

Sozialismus als Gewissen

Trotz der eigenen in der Nachkriegszeit schon bekannten und den Nazis in nichts nachstehenden maßlosen Verbrechen an der Menschheit hatte der Sozialismus für gewisse Zeit eine moralische Überlegenheit, die nicht nur auf die antifaschistische Position allein, sondern vor allem auf seine Kritik am Individualismus zurückzuführen ist. Über alle Widersprüche hinweg, die der „real existierende" Sozialismus mit seinem brutalen Verwaltungsapparat an Menschenrechtsverletzungen hervorbrachte, schürte er das schlechte Gewissen individualistischer Ethik und ihrer unterdrückten Schuldfrage, indem er die ideologische Mitschuld beschwor und damit weit über das akademische Geraune um Recht und Gesetz hinausgriff. Die Morde linker Extremisten an hohen Politikern und Funktionären hatten auch für viele Gemäßigte den Glanz gerechter Strafaktionen, die mit „klammheimlicher Freude" (wie nach dem Buback-Mord[23]) und mit Genugtuung aufgenommen wurden. Hinter dem Schutz der Meinungsfreiheit, die immer wieder zur Rechtfertigung der Demontage von Rechtsstaatlichkeit diente, wurde hier das bürgerliche Recht unverhohlen in Frage gestellt.

Damit war eines der effektivsten Machtmittel der Rechtsstaatlichkeit und ihres flankierenden Rechtspositivismus entkräftet, das Recht ganz selbstverständlich in der bloßen Organisation und Verwaltung des Rechts zu sehen. Recht hatte sich vielmehr von einer umfassenden Gerechtigkeit her zu rechtfertigen, was angesichts der Ungerechtigkeit, die von der westlichen Welt mit ihrem Wirtschaftssystem ausgeht, eine unerfüllbare Forderung bleiben musste. Das Pochen auf die „freiheitlich-demokratische Grundordnung" geriet deshalb immer mehr zur Posse, die von Kabarettisten dankbar

23 http://www.mzee.com/forum/archiv/11/2001/02/2/5805.html.

aufgegriffen wurde. Die Rechtsstaatlichkeit nährte also mit ihrer Gleichsetzung von Recht und Gesetz, die nichts anderes zu sein schien als eine Tautologie zur Verherrlichung des Verwaltungsapparates, diese kritische Opposition und hatte ihr letztlich nichts anderes entgegenzusetzen als bloße Gewalt.

Erst der Niedergang des Sozialismus und der damit erbrachte Beweis der Undurchführbarkeit sozialistischen Rechts hat diese Phase beendet. Jetzt war es keineswegs mehr das bessere Recht, im Gegenteil erwies es sich als noch größeres Unrecht, weil es vor allem die Freiheit, diese größte Errungenschaft neuzeitlicher Kultur, einer archaischen Vision geopfert hatte. Diese blutigen Opfer ohne Sieg und Vergeltung werden erst jetzt in ihrer ganzen Vergeblichkeit offenbar. Das Ausmaß ist noch unüberschaubar, da neben den zahllosen Menschenopfern auch der rechtliche und moralische Betrug des Sozialismus seiner Aufarbeitung erst entgegensieht.

Der einstige Anspruch, das Gewissen der Menschheit zu sein und die kritische Instanz zur kapitalistischen Selbstherrlichkeit darzustellen, ist nicht nur verschwunden, er holt die sozialistische Idee im Nachhinein selbst ein und klagt sie an. Die von Marx an der Bourgeoisie kritisierte Doppelmoral potenzierte der Sozialismus mit seinem ausgeklügelten Spitzelapparat und seiner Denunziation zum System. Diese Systematisierung und Normalisierung des Terrors im alltäglichen Miteinander führte zu einer neuen Variante des Verbrechens an der Menschheit und Mitmenschlichkeit, die das Ausmaß eines Großverbrechens erreichte.

Gerechtigkeit im Tausch der Schuld

Schuld, wie sie durch Großverbrechen hinterlassen wird, ist juristisch und moralisch nicht zu bewältigen. Sie ist unfasslich, entsetzlich und unpersönlich. Schuld ohne Sühne greift aber alle an, die an dem Geschehen beteiligt waren, nicht zuletzt das Vermächtnis und Gedenken der Opfer selbst. Moralisierung, die nur die Verbrechen anklagt, aber keinen Weg zur Sühne und Tilgung kennt, die Täter oder Kollektive anklagt und bestraft, um an ihnen die Schuld festzumachen, ohne Wechselseitigkeit die Schuld zu erkennen und anzuerkennen, führt im Versuch, alle Schuldigen zu finden, zur Weiterführung und Vererbung der Schuld über die Generationen hinweg.

Der Grund dafür liegt in der Moral selbst, soweit sie grundsätzlich vom Prinzip der Selbstverantwortung ausgeht. Hier bleibt die Schuld beim Täter, der auch bei aller Strafe einen Makel zurückbehält. Eine Tat, bei der nicht alle ihre Schuld sehen, kann nicht gesühnt werden. Auch durch die Gnade und nach der Begnadigung bleibt der Täter der einstige Böse.

Die Hartnäckigkeit ungesühnter Schuld geht auf die Autonomie und die damit verbundene Rechtfertigung des freien individuellen Willens zurück, der prinzipiell ohne Vorbelastung aus reiner Unschuld heraus handelt. Das

Böse seiner Handlung ist danach grundsätzlich aus eigenem Willen und eigener Absicht heraus entwickelt und deshalb nur ihm anzulasten. Hier versammelt sich alle Schuld auf dem Täter, der erst im zweiten Schritt auf Zurechenbarkeit hin befragt wird. Die dabei vorgenommenen Abstriche sowie die verfügte Strafe können aber den Makel nie ganz beseitigen, zumal dann, wenn Strafe, wie im modernen Strafrecht, keine Vergeltung mehr leisten soll, sondern ausschließlich sozialen Zwecken unterstellt wird. Diese Zwecke, die eher die Aufgabe haben, die Gemeinschaft und Gesellschaft von ihrer Mitschuld zu befreien und ihr die Rolle des Gönners vermitteln, lösen das Schuldproblem nicht und lassen den Täter mit seiner Schuld zurück.

Ohne Vergeltung bleibt Schuld an der Tat haften, sowohl für die Gemeinschaft, als auch für den Täter selbst. Vergeltung kann auch nicht durch „Lossagen" von der Vergangenheit ersetzt werden, wie Bernhard Schlink in seiner Studie zur *Vergangenheitsschuld* fordert.[24] Mit der Unterstellung, mit Schuld könne in „freier Entscheidung"[25] umgegangen werden, wird sie und ihre Bewältigung in ähnlicher Weise verharmlost, wie bei der Begnadigung. Schuld muss vergolten und gesühnt werden, damit Täter, Opfer und die mitschuldige Gemeinschaft von ihr befreit werden. Lossagung und Ausgrenzung sind keine Mittel dagegen. Wie Schlink aber richtig feststellt, besteht der „rationale Kern" der Kollektivschuld in der „Solidarität mit dem Täter", die in dessen Schuld verstrickt,[26] doch wird diese Solidarität nicht in einem „bestimmten Verhalten" der übrigen Gemeinschaft geübt, wie er behauptet,[27] sondern ist durch die Gemeinschaft immer schon zugrunde gelegt. Deshalb ist die Verstrickung auch nicht in der dritten Generation gelöst, wie er weiterhin behauptet,[28] sondern beginnt erst dann ihre unüberschaubare Wirkung.[29]

Ein Sühnerecht fordert, dass nicht nur der Täter bestraft wird, sondern dass alle ihre Mitschuld erkennen und bekennen und auf diese Weise zur Vergeltung beitragen. In einem modernen Strafrecht ist dies allein wegen des Ausmaßes und der Anonymität der Strafgerichtsbarkeit nicht durchführbar. Doch gerade in den besagten Fällen, die keine Täter kennen oder sie nicht mehr erfassen können, die aber zu einer massiven Entgrenzung der Schuld geführt haben, muss die Möglichkeit und Bedeutung eines Sühnerechts erwogen werden. Eingeständnis der Schuld, ihre solidarische Übernahme und Vergeltung wären dabei die notwendigen Schritte. Statt einer

24 Schlink (2002) 27-37.
25 Schlink (2002) 88.
26 Schlink (2002) 97.
27 Schlink (2002) 98.
28 Schlink (2002) 98.
29 Pyper (2002).

Abwiegelung durch verlogene und absurde Rechtfertigungen würde die von den Vorfahren hinterlassene oder durch die Forschung und Wissenschaft ständig neu erwiesene Schuld gesühnt.

Doch solche Erwägungen verlangen eine Abklärung dessen, was Vergeltung und Sühne bedeuten und wie sie geleistet werden können. Dazu ist es auch notwendig, die damit zusammenhängende Opferbereitschaft in den Blick zu nehmen, die sich im Falle der Entgrenzung von Schuld in den Dienst von politischen und religiösen Fanatismen stellen kann. Die nicht gesühnte diffuse Schuld verlangt diffuse Opfer, die nur auf den ersten Blick irrational erscheinen. Bei näherer Betrachtung zeigen sich fanatische Opfer als klare Zeichen der Vergeltung. Hier handelt es sich um Wiederherstellung von Recht durch Vergeltung und Sühne.

So ist der religiöse Kern des Schiitischen Islam die aus einem Schuldkomplex, dem Versäumnis von Kerbela, entstandene Opferbereitschaft, die immer wieder zu politischen Fanatismen missbraucht wird. Den für modernes Denken unverständlichen religiösen Brauch hat Heinz Halm in einer einschlägigen Arbeit herausgestellt.[30] Auch die Möglichkeit seines Missbrauchs hat Halm dabei behandelt: „Der Schiit vergießt sein eigenes Blut und riskiert sein Leben, um das einst bei Kerbela Versäumte nachzuholen. [...] Während der Islamischen Revolution im Iran 1979 und vor allem während des Ersten Golfkrieges zwischen Iran und Irak ist das Aschura–Ritual von den Ideologen in den Dienst der revolutionären Ziele gestellt und damit entscheidend verändert worden.“[31]

Ein Sühnerecht, das auf einem Schuldtausch aufbaut, ist ein dem modernen Denken schwer verständliches Phänomen. Dieses Problem des unverständlich gewordenen Schuldphänomens zeigt sich auch in dem sonst beachtlichen Versuch von Giorgio Agamben in seinem Buch *Homo sacer,* die Ambivalenz des Heiligen zu verstehen und sie auf den rechtsfreien Status des unantastbaren und tabuisierten *homo sacer* zurückzuführen. Sie muss als grandiose Verkennung und Verzerrung des Schuldkomplexes gewertet werden. Dabei sind aber die Fortschritte in der Analyse des Phänomens des Heiligen seit Rudolf Ottos *Das Heilige* von 1917[32] nicht zu übersehen. So gelingt es Agamben, die Quelle von Macht und Souveränität aus dem rechtsfreien Raum des vogelfreien *homo sacer* überhaupt deutlich zu machen. Da er aber den für diese Macht maßgeblichen Schuldtausch ignoriert, entgleitet ihm seine Analyse zu monströsen Schlussfolgerungen, in denen er die Macht Hitlers aus der Entrechtung der Lagerhäftlinge und sonstiger, zu „unwertem Leben“ erklärter Vogelfreier legitimiert sieht. Die Analogie von

30 Halm (1988).
31 Halm (1999) 162.
32 Otto (1991).

homini sacri und Lagerhäftlingen bringt Agamben dann dazu, den im Holocaust ermordeten Juden die „Aura des Opfers" abzusprechen, weil ihr Tod als *homini sacri* – entsprechend seiner Definition des Heiligen – kein Opfer sei.[33] Schon seine Auslegung der griechischen *zoé* ist problematisch.

Zoé wird von Agamben beschrieben als „einfache Tatsache des Lebens, die allen Lebewesen gemein ist (Tieren, Menschen und Göttern), *Bios* dagegen bezeichnet die Form oder Art und Weise des Lebens, die einem einzelnen oder einer Gruppe eigen ist."[34] Diese Differenzierung des Lebensbegriffes umfasst nur einen unterschiedlichen Definitionsbereich und ist in ihrer quantitativ-formalen Form der Grund für seine irreführende Auslegung des „nackten Lebens". Der Begriff *zoé* ist aber von *bios* grundsätzlich zu unterscheiden, wie Karl Kerényi herausgestellt hat: „Die griechische Sprache hielt an einem näher nicht charakterisierten ‚Leben' fest, das jedem bios zugrunde liegt, und in einem ganz anderen Verhältnis zum Tode steht, als ein ‚Leben', zu dessen Charakteristiken der Tod gehört. [...] Die Erfahrung des Lebens ohne Charakteristik – eben dessen, was zoé für die Griechen ‚tönt' – ist hingegen unbeschreiblich. Es ist nicht das Ergebnis von Abstraktionen."[35]

Für Agamben bedeutet *zoé* die bloße Tatsache zu leben, was dem griechischen Gebrauch des Wortes *zoé* als dem unendlichen, nicht vom Tod betroffenen Leben geradezu widerspricht. Von einem falsch verstandenen Lebensbegriff ausgehend, hat sich sein offenbar an Foucault geschulter Blick in einer Auslegung verfangen, die zwar die Rechtlosigkeit des „nackten Lebens" erfasst, die aber ihre Bedeutung des symbolischen Tausches der Schuld verkennt. Der „Aussätzige" oder „Repräsentant des Ausnahmezustandes" ist nicht ohne weiteres ein homo sacer, wie Agamben behauptet. Der *homo sacer* ist Stellvertreter des nackten und todlosen Lebens, der *zoé* also, und ist damit Träger und Vermittler der Schuld oder Erbschuld. Als Stellvertreter hat er die Rolle des Erlösers inne, weil er als Todloser den Schuldtausch vollziehen kann. Bei diesem Schuldtausch ist er rechtsfreies Leben, welches das Recht auf Leben begründet. Die Hinrichtung des *homo sacer* ist ein symbolischer Tausch der Schuld, der im rituellen Nachvollzug des Gedenkens und Gedächtnisses zur Opferhandlung schlechthin wird.[36] Die Lagerhäftlinge aber sind keine *sacri*, weil ihre Entrechtung auf das nackte Leben und ihre Abschlachtung kein Schuldausgleich mit der todlosen *zoé* war, sondern im Gegenteil ein einseitiges Vergehen ungeheuren Ausmaßes darstellt, das im Unterschied zum Stellvertreter, der durch sein

33 Agamben (2002) 124.
34 Agamben (2002)11.
35 Kerényi (1998) 14.
36 Siehe unten § 14.

Opfer die Schuld auf sich nimmt, eine Schuld ungeheuren Ausmaßes über Generationen wirft.

Am *homo sacer* lässt sich die Logik der Schuld ablesen, die auf einen Ausgleich zwischen Lebenden und Toten hinwirkt. Der Ausgleich verlangt eine Vermittlung, die dem Stellvertreter des todlosen und unendlichen Lebens zukommt. Sein Opfer begründet das Recht auf Leben für diejenigen, die das Leben als empfangenes erkennen, annehmen und weitergeben. Dieses Recht kann nicht auf der Ebene der Gesetzgebung oder gar der Rechtsprechung gefunden werden. Es ergibt sich aus der Rechtfertigung der Schuld, die auf das nackte Existieren zurückgeht. Zur Gerechtigkeit kommt es erst mit der Begrenzung der Schuld durch Tausch. Gerechtigkeit bleibt ohne diese Wurzel der nicht gerechtfertigte, einseitige Anspruch des Individuums, das im ständigen schlechten Gewissen lebt.

II. Leben in der Schuld

§ 3 Existentielle Schuld

Existentielle Schuld und christliche Botschaft

Existentielle Schuld ist keine aus persönlichen Vergehen hervorgehende Schuld, die ein Mensch allein oder mit Hilfe anderer als eigene Schuld bewältigt, verarbeitet oder sühnt. Sie ist die Schuld, die alle betrifft, die als lebendige Wesen Bewusstsein von diesem Leben haben, eine Schuld, die aus der bloßen Tatsache entsteht, zu existieren. Diese Schuld ist nicht aus eigener Kraft, auch nicht mit Hilfe der anderen zu sühnen. Sie kann nur im „symbolischen Tausch", in einer die Schranken der Generationen, aber auch der Spezies überschreitenden symbolischen Rückgabe gesühnt werden.

Die Daseinsschuld oder Existenzschuld ist in der Philosophie der Gegenwart vor allem von der Existenzphilosophie behandelt worden. Für Heidegger ist das Dasein „als solches schuldig",[1] weil es nicht durch sich selbst gegründet, sondern „geworfen" und nicht von ihm selbst in sein Da gebracht wurde. Hierin unterscheidet er sich von Jaspers, der die Schuld aus dem grundsätzlichen „Scheitern der Existenz" ableitet: „Wenn ich in der Freiheit aus dem Dasein zur Seinsgewißheit komme, so muß ich gerade bei der hellsten Entschiedenheit des Selbstseins im Tun auch dessen Scheitern erfahren. Denn die Unmöglichkeit, absolut auf sich zu stehen, erwächst nicht erst aus der Daseinsgebundenheit, die faktisch zerstört, sondern aus der Freiheit selbst. Ich werde durch sie in jedem Falle schuldig; ich kann nicht ganz werden."[2] Während bei Jaspers die Schuld aus der Freiheit, die über alle Entschiedenheit hinausgeht, erwächst, ist es für Heidegger gerade die Gebundenheit und Verstrickung in die Geworfenheit. Selbst seiend ist das Dasein für Heidegger doch nicht durch sich selbst hervorgebracht und muss sich selbst erst in seinem „Entwurf" gründen, entspringen und hervorgehen lassen. Das Dasein ist also in den entscheidenden Fragen, die den Sinn von Sein nicht nur klären, sondern überhaupt begründen, den Fragen nach dem Woher und Wohin, vom Nicht und Nichts durchsetzt. Es bleibt für Heidegger dem Dasein keine andere Wahl, als sich von dieser bedrängenden, aber nicht lösbaren Schuld abzuwenden, sich ihr zu „verschließen" und sich ganz dem Alltäglichen „zuzudrehen".[3] In der Unmöglichkeit der Selbstgründung und dem notwendigen Verschließen vor den existentiellen Fragen mitsamt der Hinwendung zum Alltäglichen ist für Heidegger das ursprüngliche Schuldigsein des Daseins angelegt. Es ist und bleibt sich selbst gegenüber schuldig.

---

1 Heidegger (1967) 285.
2 Jaspers (1973) 221.
3 Heidegger (1994) 288.

Kein Mensch kann sein Leben erhalten, kann essen, trinken, wohnen und überhaupt leben, ohne das Bewusstsein dafür zu haben oder zu entwickeln, dabei etwas für sich in Anspruch oder in Besitz zu nehmen und für die Besitznahme schuldig zu werden. Die Selbsterhaltung und Selbstbehauptung ist verbunden mit dem Gewissen des Empfangenhabens, das als Mitwissen oder *conscientia* (Bewusstsein) alles Wissen begleitet. Als Unbewusstes thematisiert es alle Ursprünge und Gründe, denen es verdankt ist. Angefangen bei den leiblichen Eltern bis hin zu den Vorfahren und der gesamten Natur weiß sich das Ich im Mitwissen in einen komplexen Zusammenhang eingebunden, der weit über die Zeit- und Raumgrenzen hinausreicht. Wird dieses ursprüngliche Wissen, das ein Wissen um die Ursprünge ist, aus der Mitwisserschaft entbunden und verdrängt, dann entwickelt sich die unkontrollierbare Dynamik eines Schuldkomplexes grundsätzlicher Art, in dem das Mitwissen zum Gegenwissen geworden ist.

Für Jean Baudrillard wird dieser Komplex zum Kern seiner Auseinandersetzung in *Der symbolische Tausch und der Tod.* Baudrillard zeigt hier, dass der symbolische Tausch auch dort weitergeht, wo er im kulturellen Leben nicht mehr vollzogen wird: „Der symbolische Tausch hat kein Ende, weder unter den Lebenden noch mit den Toten (noch mit den Steinen oder den Tieren). Er ist ein absolutes Gesetz: Verpflichtung und Reziprozität. [...] Wir tauschen weiterhin mit den verleugneten und nicht geduldeten Toten – den Bruch des symbolischen Tausches mit ihnen zahlen wir einfach mit unserem eigenen kontinuierlichen Sterben und mit unserer Angst vor dem Tode. Grundsätzlich ist es ebenso mit der unbelebten Natur und den Tieren. Allein eine absurde Idee von Freiheit kann annehmen, wir seien dem entgangen; die Schuld ist universell und nicht endend, wir werden es niemals schaffen, für all die ‚Freiheit', die wir genommen haben, ‚zurückzugeben'."[4] Baudrillard greift damit die These von Jean Ziegler auf, der kurz vorher in *Die Lebenden und der Tod* die „Ausbürgerung" aus der „kapitalistischen Gesellschaft" behandelt hatte.[5] Die linksideologische Behandlung dieser Thematik bei Ziegler und in gemäßigter Form auch bei Baudrillard erweckt den Anschein, durch eine Änderung der Wirtschaftsordnung diese kulturelle Katastrophe rückgängig machen zu können oder sie zu heilen. Die Ausgrenzung der Toten ist aber keine Folge einer kapitalistischen Wirtschaftsordnung, sie ist die Folge eines Gerechtigkeits- und Rechtsverständnisses, das die Toten aus der Rechtsgemeinschaft ausschließt, indem es das Recht auf Leben an die Person und damit an das lebende menschliche Individuum bindet. Die damit verbundene Verschiebung der Werte bringt es mit sich, dass Leben von seiner Produktivität und Leistungsfähigkeit her legitimiert wird, was wiederum, wie Max Weber gezeigt hat,[6] eine Wirtschaftsordnung fördert und begünstigt, die kapitalistisch funktioniert.

---

4 Baudrillard [1976] (1982) 212f.
5 Ziegler [1975] (2000).
6 Weber [1904/05] (1993).

Im Einflussbereich christlicher Religion scheint das Mitwissen um die Schuld aus dem Gewissen der Menschen weitgehend verschwunden zu sein. Entscheidend mitgewirkt hat daran die Moralisierung der Schuld, die Gleichsetzung von Schuld und Sünde. Der vom Judentum übernommene Mythos von „Adams Fall“ (Gen 3) lässt eine Auslegung der Schuld zu, die sie als Ungehorsam gegen Gott und insofern als ein „persönliches“ Vergehen erscheinen lässt. Der Mythos von der Schuld des Menschen wird darin zur Geschichte des „ungehorsamen“ Erzvaters. Adam sündigt jetzt nicht mehr stellvertretend für die Menschheit, sondern ist der erste Verbrecher, dessen Sünde auf die Nachkommen fällt und erst mit der christlichen Heilstat gesühnt ist. Adams Sünde ist sein Vergehen, für das er die Verantwortung und mit der Vertreibung aus dem Paradies auch die Konsequenzen zu tragen hat. Dabei steht die christliche Umdeutung der Schuld des Menschen zur individuellen Tat- und Täterschuld Adams aber im Widerspruch zur überpersonellen Sühne der Erbsünde, die alle Menschen zu tragen haben. Sie wird ebenso zum „Geheimnis des Glaubens“ wie die Heilstat von Jesus, die diese Sünde entsühnen soll. Schuld ist zur Verfehlung einer Verbotsübertretung geworden, deren Sühne von der unberechenbaren Gnade abhängt, die aus dem Opfer Jesu hervorgehen soll. Aus existentieller Schuld ist moralische Schuld geworden.[7]

Damit Schuld aber überhaupt noch als Schuld des Geschlechts und nicht nur als Sünde Adams gelten kann, bedurfte es immer wieder neuer Auslegungen, die den symbolischen Stellvertretercharakter der sündigen Tat in das reale Wesen des menschlichen Geschlechts zu verlegen suchte. Maßgeblich hierfür wurde die Auslegung Augustins, der Adams Sünde zur Sünde des Geschlechts erhob, indem er sie an die biologische Geschlechtlichkeit band.[8] Die Sünde schien somit an der Leiblichkeit festgemacht und über den Geschlechtstrieb vererbt. Mit dem dafür gefundenen Begriff der Erbsünde war es zu einer Vermischung von Sünde und Schuld, von persönlichem Vergehen und überpersönlicher Anklage gekommen. Zwar scheint damit die Schuld wieder über die bloße Täterschuld auf eine Schuld des Menschen schlechthin geführt, jedoch in der hybriden Form der Verallgemeinerung der Täterschuld zu einer Art kollektiver Täterschuld oder Kollektivschuld.

Diese Auslegung der Schuld findet sich im Kern des reformatorischen Sündenbegriffs. So schreibt Melanchthon: „Wie dem Feuer eine angeborene Kraft innewohnt, durch die es in die Höhe steigt, und wie im Magnet eine angeborene Kraft ist, durch die es das Eisen an sich zieht, so ist im Menschen eine angeborene Kraft zu sündigen.

7 Hübner (2001) 73-76.

8 Augustinus (2000) 65ff. Zur Geschichte der Erbsündenlehre vor und bei Augustin, siehe die Einleitung zu diesem Band von Adolar Zumkeller: Augustinus (2000) 19-35.

Die Schrift bezeichnet nicht dieses als Erbsünde und jenes als Tatsünde. Denn auch die Erbsünde ist eine ganz tätige, verkehrte Begierde."[9] Die Erbsünde wird hier als Tatsünde verstanden und geht in dieser Form in das moderne Verständnis ein. In seiner Studie über die *Phänomenologie der Schuld* untersucht Paul Ricoeur die Entwicklung des religiösen Bewusstseins anhand des Schuldbegriffs und seines „Vokabulars der Verfehlung". Für ihn ist die Erbsünde bereits eine Korrektur und sogar eine Revolution der archaischen Schuldauffassung: „vom ‚Makel', der nach Art eines den Menschen von außen her beschmutzenden Fleckens begriffen wird".[10] Die Sünde wird dem gegenüber als „Selbstentfremdung" verstanden. Ricoeur sieht den archaischen Schuldbegriff des Makels und der Verunreinigung entsprechend der reformatorischen Auslegung im moralischen Sündenbegriff der Verfehlung aufgegangen. Diese Genealogie des Schuldbegriffes ist aber irreführend, da sie einen möglichen Verbleib des archaischen Schuldbewusstseins ignoriert. Wenn Schuld und Sünde genealogisch zusammengefügt werden, dann ist diese Auslegung selbst eine christlich-dogmatische Sichtweise im Gefolge der Reformation.

Sowohl die Moralisierung der Schuld wie ihre Entgrenzung zur kollektiven Erbsünde haben zu einschneidenden Folgen für das Schuldbewusstsein geführt. Die Schuld wird hier zur inneren Angelegenheit des Einzelnen erklärt, deren Bewältigung vor dem Übermaß der Anklage von vornherein zum Scheitern verurteilt ist. Der durch sein Geborensein sündhafte Mensch hat die Sünde des durch „Adams Fall verderbten Geschlechts" als persönliche Schuld zu tragen, ohne sie persönlich sühnen zu können. In dieser Ausweglosigkeit der bewussten, aber nicht sühnbaren Sünde übernimmt die christliche Kirche als Stellvertreter Christi, der für „unsere Sünd' gegeben" ist, die Rolle des Vermittlers und Befreiers. Im Unterschied etwa zum schiitischen Islam, für den bis heute existentielle Schuld ein klar empfundenes und beschreibbares Phänomen ist,[11] ist Schuld im christlichen Kulturbereich durch die hybride Form einer persönlichen Erbschuld zum Rätsel geworden.[12]

Die Rechtfertigung des Sünders durch die Kirche, stellvertretend für die Passion Jesu, ist demzufolge in der Geschichte der kirchlichen Lehre nicht einheitlich verstanden worden und hat mit der Reformation zum Bruch innerhalb der Kirche selbst geführt.

---

9 Melanchthon [1521] (1993) 49.

10 Ricoeur [1960] (1971) 14.

11 Halm (1988). Siehe oben: Kap. 1.

12 Jüngel (1999) 98: „Die zwischen den Reformatoren und den Scholastikern kontroverse Problematik ist bis heute strittig – sofern sie überhaupt wahrgenommen wird. Sie hat in der Neuzeit insofern eine neue Aktualität gewonnen, als dem Menschen der so genannten modernen Welt die ganze Erbsündenproblematik schlechthin inaktuell geworden oder gänzlich abhanden gekommen zu sein scheint. Das entsprechende augustinische Erbe scheint schlicht in Wegfall gekommen zu sein."

Das umfassende Werk zur Geschichte des Rechtfertigungsgedankens ist immer noch Albert Ritschls *Die christliche Lehre von der Rechtfertigung und Versöhnung*. Er sieht die entscheidende Veränderung der Rechtfertigung durch die Reformation in der Abwertung der „Lehre von der Genugtuung Christi" zugunsten der Rechtfertigung durch den Glauben als „subjektive religiöse Erfahrung des in der Kirche stehenden Gläubigen, und nicht einen objektiven theologischen Satz der kirchlichen Glaubenslehre."[13] Rechtfertigung ist danach die „Aufnahme von Sündern in die Gemeinschaft mit Gott"[14], eine Definition, wie sie auch heute noch gegeben wird: „Rechtfertigung ist also nichts anderes als der Vorgang, dass Menschen vor ihrem Gott, dem schöpferischen Geber, allgegenwärtig Wirkenden und sie Erhaltenden, sich als im sie selbst zerstörenden und verderbenden Selbst- und Weltvertrauen verloren erfahren, als die, denen sich der Schöpfer als Erlöser, die Sünden vergebend, auf neue Gemeinschaft hin zuwendet."[15] In dieser reformierten Form der Rechtfertigung als wieder hergestellte Gemeinschaft mit Gott ist das Schuldbewusstsein weitgehend getilgt, weil die Schuld die Trennung bewirkt hatte und sie auch weiterhin vertiefen würde: „Die Rechtfertigung ist denkbar als Aufhebung der Schuld und des Schuldbewusstseins in der Beziehung, daß in dem letzteren der in der Sünde vollzogene und in der Schuld ausgedrückte Widerspruch gegen Gott als Misstrauen fortwirkt und die moralische Getrenntheit von Gott herbeiführt."[16] Die Schuld und das Schuldbewusstsein hemmen also die Gemeinschaft mit Gott und dürfen deshalb nur in Form einer „Erinnerung"[17] an die damit verbundene Unlust erhalten bleiben.

Der Streit um die Rechtfertigung des Menschen im Angesicht der Schuld, der bis heute andauert, macht unter anderem deutlich, dass die Vergebung der Schuld durch die „Rechtfertigung des Gottlosen" ein weitreichender und nicht nur theologisch heikler Schritt ist.[18] Sie führt, wie an der alttestamentarischen Geschichte Kains deutlich wird, zur Rechtfertigung des Verbrechers, die Kain nicht nur das Recht auf Leben verleiht, sondern ihn darüber hinaus unter den besonderen Schutz Gottes stellt und durch das „Kainszeichen" unantastbar werden lässt. Die Verfluchung derer, die Kain und seinem Geschlecht etwas zuleide tun,[19] hat ihre Parallele in dem Gebot im Neuen Testament, in dem vorgeschrieben wird, wie oft man seinem Bruder vergeben soll.[20] Verfluchung dort und Vergebung hier sollen gren-

---

13 Ritschl (1882) 1/141.
14 Ritschl (1883) 81.
15 Baur (1999) 20.
16 Ritschl (1883) 81.
17 Ritschl (1883) 81.
18 Jüngel (1999) 12: „Wegen dieses ihres eminent kritischen Charakters hat die Wahrheit des Evangeliums von der Rechtfertigung des Gottlosen von Anfang an Anstoß erregt. Und sie tut das bis heute. [...] Insofern galt von den ersten Anfängen des Christentums an und gilt noch immer: am Bekenntnis zum den Sünder rechtfertigenden Gott scheiden sich die Geister."
19 „Kain soll siebenmal gerächt werden, aber Lamech siebenundsiebzigmal." (Gen 4, 24).
20 „Da trat Petrus zu ihm, und sprach: Herr wie oft muß ich denn meinem Bruder, der an mir sündigte, vergeben? Ist's genug siebenmal? Jesus sprach zu ihm: Ich sage dir, nicht siebenmal, sondern siebenzigmal siebenmal." (Mt 18, 21-22).

zenlos sein. Damit ist die Vergebung als ein zentraler Punkt der christlichen Lehre eng an die Rechtfertigung und Wiederherstellung des Erzverbrechers im Alten Testament gebunden.

Das Ausmaß dieser Vergebung lässt erkennen, dass es sich sowohl in der Geschichte Kains als auch im christlichen Gebot ursprünglich um die Sühne existentieller Schuld handelt. Vergebung wird hier weit über dasjenige hinaus vorgestellt, was moralisch jemals als gerecht und sühnbar gedacht wurde und überhaupt gedacht werden kann, ganz zu schweigen von der Vergebung für ein einzelnes Vergehen wie im „Fall Adams". Die zunehmende Moralisierung des Schuldbegriffes hat aber zur Unverständlichkeit sowohl der Kainsgeschichte wie des christlichen Gebotes selbst geführt. Aus moralischer Sicht erscheint der Freispruch des Erzverbrechers Kain ebenso skandalös wie das Gebot einer grenzenlosen Vergebung und Verzeihung. Der heutigen Moral ist diese Geschichte deshalb auch ebenso erklärungsbedürftig wie das vergleichbare Gebot aus der Bergpredigt, dem Übel nicht zu widerstreben,[21] das eigentlich den Inbegriff der christlichen Tugend ausmachen sollte.

Mit der Moralisierung des Schuldbegriffes hat sich die christliche Lehre von ihren eigenen Wurzeln entfernt wie an dem Kanon der „evangelischen Räte" „Keuschheit, Armut und Demut" sichtbar wird, die durchweg moralische Räte zur Führung eines selbstgerechten Lebens sind. Dagegen ist die grenzenlose Sühne und Entsühnung als ursprüngliche christliche Lehre heute weder eine „frohe Botschaft" noch eine Anweisung zur Seligkeit, weil sie moralisch unsinnig erscheint und vom Einzelnen mit seiner Selbstgerechtigkeit auch gar nicht zu leisten wäre. Die Entsühnung von existentieller Schuld oder Daseinsschuld, wie sie sowohl in der Kainsgeschichte als auch im christlichen Gebot zu finden sind, ist für die Entschuldung von individuellen Vergehen unbrauchbar.

Schon Rudolf Otto weist in *Das Heilige* auf eine Differenz zwischen heiligem und sittlichem Wert hin, die erst mit der Vorstellung der Sünde verwässert wird. In der Sünde kommt es zu einer Übertragung des heiligen Rechts auf persönlich verschuldete Verfehlungen: „Erst indem der Charakter dieses numinosen Unwertes sich dann auch auf sittliche Verfehlung überträgt, sich in sie hineinsetzt oder sie sich subsumiert, wird die bloße Ungesetzlichkeit zur ‚Sünde'." Besonders deutlich wird die Schwäche dieser Übertragung an der Frage der Erlösung: „Auf sittlicher Grundlage erwächst weder das Bedürfnis nach ‚Erlösung' noch das Bedürfnis nach so sonderbaren Dingen wie ‚Weihe' oder ‚Bedeckung' oder ‚*Entsühnung*'. Solche Dinge, in Wahrheit die tiefsten Mysterien der Religionen selbst, können für Rationalisten und Moralisten nur mythologische Fossile sein." [22]

---

21 Mt 5, 39.
22 Otto [1917] (1991) 69f.

Die Tragweite der unaufhörlichen Rechtfertigung und Wiederherstellung des Verbrechers ist offenbar gerade durch den Erfolg der „frohen Botschaft“ in den Hintergrund geraten. Dafür ist die Vergebung persönlicher Schuld zu einer Art christlicher Abrechnung geworden. Dabei wird die Leidensgeschichte Jesu zum Heilmittel der Vergebung persönlicher Vergehen derer, die sich zu ihm bekennen. Das Unglaubliche, eigentlich aber völlig Unverständliche und auch Unsinnige, Jesus sei für unsere Vergehen, Untaten und Verbrechen gestorben, soll hier geglaubt werden. Die Theologie hat dabei die Heilsgeschichte in eine Art Ablass für menschliche Schurkerei umgedeutet. Wer glaubt, sich bekennt und zahlt, ist seine Schuld los. Die Entsühnung durch das Opfer am Kreuz ist dadurch zur Absurdität und das Absurde zum wahrhaft Glaubhaften geworden. *Credo quia absurdum est*, – nur das Unverständliche und Absurde ist glaubhaft – sagt schon Tertullian und gibt dabei unter anderem die Losung für eine Theologie aus, welche die Schuldproblematik moralisch zu lösen versucht.

Die Erlösung von Daseinsschuld, die sich im christlichen Opfer genau so vollzieht wie in der Stigmatisierung Kains, ist dagegen weder unverständlich noch absurd. Sie ist die Vergewisserung, dass Schuld getragen wird zur Wiederherstellung Aller und das Bewusstsein grenzenloser Schuld ergänzt und überhöht wird durch die Gewissheit grenzenloser Vergebung. Die Vergebung fordert allerdings – statt eines kirchlich verwalteten, kindisch gehaltenen Glaubens ans Unglaubliche – die grenzenlose Öffnung für Gegenseitigkeit und Solidarität.[23]

Die Wiederherstellung Aller (*apokatastasis*) als „Allversöhnung“ oder „Allerlösung“ wird von der Theologie zumeist bekämpft, weil sie von vorn herein und ohne eigene Anstrengung eine Entsühnung auch des Verbrechers in Aussicht stellt.[24] Die Ablehnung des Heilsversprechen der Wiederherstellung verkennt aber das Ausmaß der Mitschuld, das die Gemeinschaft an jedem Vergehen trägt. Deshalb ist das Ziel der Wiederherstellung Aller nicht nur ein „transzendentaltheologisches“ Prinzip, dessen Denkmöglichkeit dem „doppelten Ausgang der Geschichte“ mit der Verwerfung der Verbrecher überlegen ist,[25] es ist das einzige Ziel, das überhaupt Erlösung verheißen kann. Die Verdammung der Sünder spräche auch einen Fluch auf der Gemeinschaft aus, welcher der Sünder angehört. Hier wären also auch die Unschuldigen verflucht.

Die tiefe Gegensätzlichkeit und Feindschaft, die sowohl von Theologie als auch von Philosophie zwischen Glauben und Wissen gelegt wurde, ist auf das schwindende Bewusstsein der Daseinschuld infolge ihrer Moralisierung rückführbar. Von beiden Seiten wird einmütig daran festgehalten, dass die Vergebung der Schuld nur geglaubt, nicht gewusst werden kann. Folgerich-

---

23 Siehe unten § 14, § 15 und § 17.
24 Janowski (2000) 28-138.
25 Rosenau (1993) 420f.

tig braucht das Wissen sich aber nicht mehr mit der Schuldfrage zu befassen und kann sich dem Dasein der Welt und des Ich als schuldlos daseienden Tatsachen zuwenden.

Der Siegeszug des Wissens im neuzeitlichen Wissenschaftsverständnis ist auch nur auf der Grundlage eines schuldfreien Wissens, eines Wissens ohne Gewissen und Reue möglich gewesen. Damit beginnt aber die Problematik der Erbschuld und Erbsünde in den Hintergrund zu treten. Die neuzeitliche Distanzierung in der Renaissance, inspiriert von Menschenbildern der Antike, rückt das menschliche Sein demiurgisch in den Bereich der Verfügbarkeit und Gestaltbarkeit.[26] Damit wird der Schuld von anderer Seite her der Boden entzogen. So liest sich eine zentrale Stelle von Giovanni Picos Schrift *Über die Würde des Menschen* wie eine Ergänzung zum Mythos vom Sündenfall, die sich auch direkt an Genesis 3, 24 anschließen ließe.[8] Die Vertreibung aus dem Paradies wird hier zum glücklichen Anfang eines neuen Lebens, das ganz im Zeichen der Eigengestaltung steht. Mit der bloßen Umdeutung der Verfluchung in einen Segen ist der verfluchte Acker „Jenseits von Eden“, den der Mensch zu bestellen hat, um im „Schweiße seines Angesichts“[27] sein Brot zu essen, zur Mitte der Welt geworden, aus der heraus der Mensch sich nun völlig neu und auf sich gestellt entwerfen kann.

Als die Aufklärung dann die menschliche Vernunft in den Mittelpunkt des kulturellen Lebens stellte, konnte der befreiende Aspekt der frohen Botschaft zur Freiheit der Vernunft selbst erklärt und säkularisiert werden. Die Ablösung der Schuld war jetzt nicht mehr vom Opfer Jesu oder einer unkalkulierbaren Gnadentheologie abhängig, sie konnte vollständig von der Vernunft selbst übernommen werden. Die Selbstbestimmung der Vernunft und ihr moralisches Gesetz legen eine neue Rechtsordnung fest, in der über Schuld autonom, also vom urteilenden Subjekt selbst, entschieden werden kann.

Dieses in der Kulturgeschichte einzigartige und völlig neue Phänomen konstruierte den Menschen als schuldfreie Existenz. Was zunächst nur im Glauben an das Unglaubliche des christlichen Opfers möglich schien, war

---

26 Pico della Mirandola [1496] (1990) 7: „Im Menschen sind bei seiner Geburt vielerlei Samen und Keime für jede Lebensform angelegt; welche ein jeder hegt und pflegt, sie werden heranwachsen und ihre Früchte in ihm tragen.“

27 Pico dela Mirandola [1496] (1990) 7: „Wir haben dir keinen Wohnsitz gegeben, Adam, kein eigenes Aussehen noch irgend eine besondere Gabe, damit du dir den Wohnsitz, das Aussehen und die Gaben, die du dir selbst ausersiehst, entsprechend deinem Wunsch und Entschluß habest und besitzt. [...] Ich habe dich in die Mitte der Welt gestellt, damit du dich bequemer umsehen kannst. Weder haben wir dich himmlisch noch irdisch, weder sterblich noch unsterblich geschaffen, damit du wie dein eigener, in Ehre frei entscheidender schöpferischer Bildhauer sich selbst zur Gestalt ausformst, die du bevorzugst.“

28 Gen 3, 17-19.

jetzt allein durch die Leistung der Vernunft erreichbar. Schon die Reformation und ihre Kritik an der kirchlichen Stellvertretung des Menschen vor Gott hatte mit ihrer Vorstellung der Unmittelbarkeit des Menschen zu Gott die Erlösung durch die individuelle Bewährung im Glauben eingeleitet. Damit war die Selbstverantwortung des Menschen angesprochen, die neben der religiösen schnell eine säkulare Gestalt mit wachsender Bedeutung bekam.

So schreibt Friedrich Gogarten: „Es gibt aber zweierlei sehr verschiedene Säkularisationen. Beide haben ihren Grund in jener Herauslösung des Menschen aus der Umschlossenheit von Welt, die sich mit dem christlichen Glauben ereignet. Mit der einen aber löst sich der neuzeitliche Mensch auch vom christlichen Glauben."[29] Unklarer, aber in dieselbe Richtung eines Säkularisationsverständnisses weist Blumenberg, dem aber die befreiende Kraft der Rechtfertigungslehre und ihre Verwandlung zu einem absoluten Freiheitsbegriff verborgen bleiben. Er spricht daher eher von einem Wandel der Ideologien: „Säkularisation ist nicht als ein einfacher Prozeß der Auflösung traditioneller Religion zu verstehen, sondern als eine Verwandlung der Werteordnung in verschiedene institutionelle ‚Ideologien', die immer nur noch die Faktizität der institutseigenen Wirkungszusammenhänge unterbauen. Dies nicht als verbindliche Definition zitiert, sondern als Beispiel für die Präzisierung, die zwischen den Bestimmungen ‚Auflösung' einerseits und ‚Verwandlung' andererseits liegt. Für einen derart präzisierten Gebrauch wird nicht nur Verrechnung quantitativer Anteilsverhältnisse, Bilanzierung von Gewichtsverteilungen oder der Vergleich zeitdifferenter Gesamtzustände gefordert, sondern der Aufweis von Umwandlung, Verformung, Überführung in neue Funktionen bei Identität einer sich durchhaltenden Substanz."[30] Obwohl nun Blumenberg diese einzelnen Schritte der Präzisierung in seinem umfänglichen Werk ausführt, entgeht ihm doch der eigentliche Kern der Säkularisation, der in der Lösung des Schuldproblems liegt. Nicht die an Hegel orientierte Formel von der Verwandlung „einer sich durchhaltenden Substanz", sondern die neue Dimension der Rechtfertigung bestimmt die Säkularisation des christlichen Freiheitsbegriffes. Mit der reformatorischen „Rechtfertigung des Gottlosen" allein aus Gnade verbindet Luther noch die Voraussetzung des Bekenntnisses unausweichlicher Schuld durch den reuigen Sünder, doch tritt diese Voraussetzung in den Hintergrund vor dem Übermaß einer Verheißung, die nicht durch Werke verdient werden kann, sondern nur durch Gnade geschenkt ist. Zwar bleiben bei den Reformatoren die Werke und damit die Eigenleistung des Subjekts Spiegel der Gnade, sie bewirken aber keine Erlösung. So kommt es zu einer immensen Verschiebung im Bewusstsein von Freiheit mit der entsprechenden anthropologischen Wende.[31]

---

29 Gogarten (1956) 107.

30 Blumenberg (1999) 23f.

31 Peters (1984) 33: „Die *theologische Kategorie* der Rechtfertigung erschließt bis dahin verhüllte Abgründe menschlicher Existenz. Sie ermöglicht deshalb auch [...] eine *Freisetzung* ihrer *anthropologischen Implikationen*; diese wurden in der Neuzeit aus dem christozentrischen Kontext herausgelöst und ins Säkulare transportiert."

Die Selbstverantwortung ist nicht mehr die Verantwortung für den eigenen Glauben an die Unmittelbarkeit der menschlichen Existenz zu Gott, sie wird zur Verantwortung für das eigene Geschick, wenn sie sich von der Gnade als Wurzel der Freiheit ablöst und „säkularisiert". Unter diesem Gesichtspunkt erschien den Aufklärern und allen nachfolgenden kritischen Denkern die christliche Stellvertretung der Schuld im Opfer und ihre Übernahme und Ablösung als beschämende Erniedrigung der Selbständigkeit und Freiheit der Vernunft. Freiheit hatte sich endgültig von ihrer Herkunft aus dem „fröhlichen Tausch" emanzipiert.

Eberhard Jüngel sieht in dieser Entwicklung eine Paradoxie: „Der dargestellte Sachverhalt ist nun insofern nicht ohne geschichtliche Paradoxie, als es ja gerade die *Reformation* mit der von ihr so vehement zur Geltung gebrachten *Rechtfertigungslehre* war, die jenes spezifische neuzeitliche *Freiheits*bewusstsein begründet oder zumindest mitbegründet hat, an dem dieselbe Rechtfertigungslehre dann – und heute vollends – angeblich scheitern soll."[32] Die Befreiung durch die Rechtfertigungslehre ist aber folgerichtig auch eine Befreiung von der Rechtfertigungslehre, wenn sie, wie im Falle der „Freiheit eines Christenmenschen", Freiheit zur persönlichen und individuellen Angelegenheit herausbildet. Insofern drückt die augenscheinliche Paradoxie eine konsequente Umsetzung eines veränderten Schuldbewusstseins aus.

Die ungeheure Leistung der Loslösung und Emanzipation der Selbstgewissheit von ihren religiösen Vorraussetzungen ist prinzipiell bei Descartes in seinen *Meditationes*[33] durchgeführt und formalisiert worden, in denen er dem Denken einen seit der Antike nicht mehr gekannten Freiraum schuf. Zwar hatte schon die Renaissance der menschlichen Freiheit die neue Bedeutung gegeben, nicht mehr bloß Spiegel der göttlichen Freiheit zu sein, sondern ganz und gar eigene Freiheit, in welcher der Mensch seine Würde und seinen Adel finden kann. Mit Descartes wird diese Verklärung für das formale Denken erfahrbar gemacht, da die Zuerkennung der Freiheit nun im Nachdenken des Ich-denke (cogito) gleichsam experimentell und unmittelbar als Sein (sum) nachvollzogen werden kann. Aus dieser Selbstgewissheit kann sogar Gott als derjenige erkennbar werden, mit dem das Denken über sich hinausweist und dabei stets bei sich bleibt. Fast selbst schon Gott, ist so das denkende Ich zu Gottes Stegreif geworden, das ganz auf du-und-du mit der Unendlichkeit und Vollkommenheit steht.

Der generelle Freispruch, der seit der Renaissance und besonders mit Descartes dem Ich gegenüber ausgesprochen ist, lässt keine Hinterfragung seiner Unschuld mehr zu, da das Ich als Selbstgewissheit nicht nur wie eine Neuschöpfung erscheint, sondern den Schöpfungsvorgang bis hin zu dem Schöpfer selbst aus dem Denken rekonstruierbar macht. Verbindlichkeit

---

32 Jüngel (1999) 36.
33 Descartes [1641] (1977).

oder gar Schuld scheinen hier vollständig aus dem Wissen getilgt. Das Ich ist das unschuldige Geschöpf, das mit seinem Sein keine weitere Verpflichtung übernommen hat als diese, sich selbst und seiner Freiheit treu zu bleiben.

Wiederkehr der Schuld in der westlichen Kultur

Schuld in ihrer archaischen Form könnte heute aus diesen Gründen im westlichen Kulturkreis als verschwunden gelten und grundsätzlich bezweifelt werden, gäbe es nicht die Ausnahmen, in denen sie doch in Erscheinung tritt und für Befremden und Verunsicherung sorgt. Dabei handelt es sich aktuell um die Bewältigung und Aufarbeitung von Völkermorden, die als kapitale Schuld verstärkt erst in den nachfolgenden Generationen hervortreten. Die Kinder und Enkel müssen dabei erfahren, wie die Schuld aus den Verbrechen ihrer Vorfahren, auch längst verstorbener Generationen, zur Belastung für die Gruppe, die Gemeinschaft oder die Nation wird.

So entschuldigte sich der amerikanische Präsident Clinton bei seiner Afrikareise 1998 für die Sklavenfängerei, was allerdings zur Folge hatte, dass eine afrikanische Kommission, die „African World Reparation and Repatriation Trust Commisson" eine Entschädigungssumme von 777 Billionen Dollar stellte. Hermann Lübbe stellt in seinem die Schuld- und Entschuldigungsproblematik behandelnden Buch: *Ich entschuldige mich; Das neue politische Bußritual* die Absurdität dieser Forderung als „adäquaten symbolischen Ausdruck für die Inkoinzidenz von Schuld und Sühne"[34] heraus. Lübbe sieht hier, gestützt auf weitere Beispiele aus Japan, Australien und Kanada, zu Recht eine neue Form der Diplomatie und Politik, die er „Zivilbuße" nennt. Davon zu unterscheiden, aber dem gleichen Bewusstsein der Kollektivverschuldung zuzurechnen, ist die von Papst Johannes Paul am 12. März 2000 öffentlich ausgesprochene Bitte um Vergebung für die Ungerechtigkeiten und Leiden, die von der christlichen Kirche im Laufe ihrer Geschichte ausgegangen sind. Lübbe sieht in der zunehmenden Bußbereitschaft eine Verschärfung des Schuldkomplexes: „Der neue, inzwischen international etablierte Ritus demonstriert uns: Die Aufdringlichkeit schlimmer Vergangenheiten nimmt sogar über den Tod der Täter hinaus noch zu, weil die Erinnerung an die Leiden ihrer Opfer für die Gemeinschaften der Nachfahren dieser Opfer konstitutiv wird."[35]

Schuld scheint hier die Form der Kollektivschuld angenommen zu haben, die zum Teil juristisch, in jedem Fall aber politisch zu behandeln ist. Diese „Bußrituale" richten sich aber nicht an eine kollektive Schuld, noch führen sie zur Entsühnung. Sie sind hilflose, allenfalls politisch effektvolle Versuche, die von den Kindern und Enkeln empfundene Schuld aufzugreifen und zu behandeln. Bußrituale dieser Art führen nicht zur Entsühnung, weil sie nicht das Schuldbewusstsein erreichen, aus dem diese Schuld hervorgeht.

34 Lübbe (2001) 55.
35 Lübbe (2001) 9.

Völkermorde und ihre kulturelle Aufarbeitung und Verarbeitung stimulieren die archaische Schuld, die den Einzelnen in seiner Rechtlosigkeit zu existieren erfasst. Diese latente Schuld wird akut, wenn die Verbrechen ein Ausmaß haben, das eine konkrete Schuldzuweisung auf einzelne Täter nicht mehr zulässt.

In der Psychopathologie ist diese Form der latenten Schuld von Victor v. Gebsattel im Zusammenhang mit depressiver Verstimmung beschrieben worden: „Normalerweise steht jedes Leben mehr oder minder unter einem gewissen Druck von Schuld. Dass dieser Druck vom Gesunden kaum gespürt, vom Depressiven aber, je nach seinem Typus, oft in so zwingender, ja übersteigerter Weise erfahren wird, ist das Problem. Normalerweise reinigt sich eben der Mensch von seinen Fehlhandlungen oder Unterlassungen nicht so sehr, indem er an den Ort seiner jeweiligen Unterlassung oder Fehlhandlung zurückkehrt, sondern indem er die besondere Einzelschuld hinter sich lässt, um in die Zukunft hinein weiterschreitend, in gesteigerter Tat- Werk-, und Liebesgestaltung die allgemeine Schuld des Daseins abzutragen. Ist dieses Hineinschreiten in die Zukunft durch die depressive Störung des Werdens unmöglich gemacht, so ändert sich die determinierende Bedeutung der vergangenen Schuld. Sie nimmt den Charakter des Unwiderruflichen, des Unkorrigierbaren und Endgültigen an und wird zum beherrschenden Faktor des depressiven Schuldgefühls."[36] Gebsattel beschreibt hier einen Funktionszusammenhang, in dem die Schuld nur durch die aktive Gestaltung des Daseins latent bleibt. Ihr Akutwerden zeigt dagegen alle Formen der Vergangenheitsfixierung mit ihrer Verstärkung und Zementierung alter Schuld. Die Wiederholung von alter Schuld ohne ihre Bewältigung und Aufarbeitung ist damit das Symptom depressiver Verstimmung, das nicht nur an Einzelnen feststellbar ist, wie Gebsattel zeigt, sondern in den „Bußritualen" zur Stimmung von Völkern, Nationen und Gruppen wird.

Die fehlende persönliche Verschuldung an Völkermorden früherer Generationen führt zu unterschiedlichen und kontroversen Rechtfertigungen, die in jedem Fall an der Verdrängung, nicht aber an der Aufarbeitung oder gar dem Verschwinden dieser Schuld mitwirken. Von der persönlichen Distanzierung, verbunden mit einem inneren Freispruch bis hin zur tiefen Betroffenheit und Anklage, bleiben die Reaktionen auf individuelle Gefühle beschränkt und geben zu erkennen, dass ihre Behandlung in heutiger Zeit darin liegt, sie unbewältigt zu lassen. Es gibt keine solidarische Bewältigung der solidarischen existentiellen Schuld, sie ist dem Einzelnen und seinem religiösen, moralischen oder rechtlichen Gewissen überlassen, der aber mit dieser Aufgabe überfordert ist.

Eine weitere schwere Herausforderung für das Gewissen heute lebender und eigentlich von existentieller Schuld befreiter Menschen bildet die Grenzfrage des Lebens. Geburt und Tod können durch die Erfolge der grenzüberschreitenden Intensivmedizin nicht mehr als natürliche Grenzen

---

36 Gebsattel (1954) 141f.

des Lebens gelten oder müssen neu definiert werden. Dies begann mit der Neubestimmung des Todes nach der geglückten Herztransplantation von Christian Barnard im Jahre 1967. Mit dem Erfolg dieser Transplantation wurde die Organspende zum Problem, weil sie von – nach herkömmlicher Definition – noch lebenden Menschen erforderlich war. Der Zeitpunkt des Todes musste definitorisch verlegt und neu bestimmt werden.[37] Diese Neubestimmung des Todes ist allerdings voller Widersprüche und führt zu einer bis heute andauernden Diskussion um den „Wert des Lebens" und seiner Begründung. Die gleiche Problematik ergibt sich aus dem Wegfall der Geburt als Bestimmung für den Anfang von rechtlich geschütztem Leben infolge der Möglichkeit einer Befruchtung im Reagenzglas und die durch Präimplantationsdiagnose (PID) gebotene Selektion der Föten. In beiden Fällen ist es zu einer Konfrontation zwischen der traditionellen und einer „neuen" Ethik gekommen.

Die Notwendigkeit einer solchen Ethik hat vor allem der schon erwähnte Peter Singer gefordert. Er sieht dabei in der medizinischen Revolution eine „kopernikanische Wende", die entsprechend zu dem historischen Vorgang eine Umwertung der Werte erforderlich macht.[38]

So werden von traditionell orientierter Seite abendländisch-christliche Werte beschworen, die es als solche nie gegeben hat.[39] Die Mystifikation des Lebens im Umfeld theologischer Lebensdeutungen, für die mit wenigen Ausnahmen der Wert des Lebens bisher keinen besonderen Rang eingenommen hatte, ist aber nur dann erstaunlich, wenn die damit verbundene Gewissensfrage nach dem Recht auf Leben nicht bedacht wird. Da die Grenzen des beseelten Lebens mit denen des Lebens überhaupt zusammengefallen zu sein scheinen, ist die Vernichtung von Leben zugleich auch schon die Vernichtung menschlicher Existenz. In den Kliniken und Labors findet nach dieser Neubewertung des Lebens offensichtlich ein Massenmord statt, der das Gewissen belastet.

Im Unterschied dazu werden von der utilitaristischen „neuen" Ethik die Grenzen des Lebens an der Leistungsfähigkeit der Lebewesen festgemacht. Grundlage hierfür bietet die Fähigkeit zum Bewusstsein und Selbstbewusstsein, das Leben überhaupt als Wert erkennen zu können. Lebenswertes Leben ist hier im begründeten Leben gesehen, wobei nur die Fähigkeit zum Begründen überhaupt, nicht aber die konkreten Gründe ausschlaggebend sind.[40] Das bloße Leben ist damit von sich aus kein Wert mehr.

---

37 Die für die Neubestimmung eingesetzte „Harvard-Kommission" definierte 1968 den Tod als irreversiblen Stillstand der Hirnfunktion. Damit war der so genannte „Hirntod" erfunden.

38 Singer (1998) 189ff.

39 Gerhardt (2001) 28.

40 Harris (1995) 45: „Wenn wir gelten lassen, daß der Wert des Lebens für jedes Individuum einfach aus Gründen besteht, die eine Person dazu bringen, ihr Leben als wertvoll anzusehen und

Im Zuge der Gleichsetzung von Leben mit Leistung ist der Begriff der „Person" wieder zu neuer Bedeutung gekommen. Eine Ausnahme in dieser Diskussion bildet Ronald Dworkin, für den der Begriff der Person für die Rechtsfrage irrelevant ist: „Man könnte nämlich durchaus der Meinung sein, daß Schweine im philosophischen Sinn Personen sind, daß aber menschliche Wesen keinen Grund haben, sie so zu behandeln [...] oder man könnte im Gegenteil zu dem Schluß kommen, daß Schweine nach unserem besten Verständnis dieses komplexen Begriffs zwar keine Personen sind, daß ihre Fähigkeiten sie aber dennoch zu der Behandlung berechtigen, die Personen einander zukommen lassen. Aus demselben Grund wäre es klug, die Frage, ob ein Fötus eine Person ist, auszuklammern."[41] Personen sind die Lebewesen, welche die Fähigkeit zur bewussten Wertschätzung des Lebens haben. Dazu gehören auch Lebewesen anderer Spezies, also etwa Affen. Das entsprechende Ausschlusskriterium, dass nicht alle Menschen Personen sind, also etwa schwer Debile, wird von der Gegenseite moniert, da diese Verwendung des Personenbegriffs missbräuchlich und ideologisch sei. Hier würde die speziesistische Diskriminierung durch eine personifizistische ersetzt, um die Forderung zu legitimieren, lebensunwertes Leben gewissenlos vernichten zu können. Dagegen sei der Personenbegriff von seiner Herkunft her religiös: „Was wir heute Person nennen, wäre ohne die christliche Theologie unbenennbar geblieben und – da Personen ja nicht einfach natürliche Vorkommnisse sind – nicht in der Welt."[42].

Während die traditionell orientierte Richtung ein schlechtes Gewissen als Reaktion auf den Massenmord in Kliniken und Labors zum Ausdruck bringt, reagiert die neue Ethik mit einer Absage an das Gewissen und ersetzt es durch einen Rationalismus des lebenswerten Lebens als begründetes Leben. Die Neubewertung des Lebens durch die Verschiebung oder Auflösung der Grenzen des Lebens wird so zu einer Auseinandersetzung mit diffuser Schuld für ein gesellschaftlich oder gar kulturell zu verantwortendes Töten. Für die einen ist jede Manipulation im Grenzbereich des Lebens schuldhaft, wobei das Problem des nichtmenschlichen Lebens verdrängt wird. Das Recht auf Leben wird hier für ein Personensein im ursprünglich christlichen Verständnis reserviert. Für die anderen haben ebenfalls nur Personen ein Recht auf Leben, wobei Personen als bewertungsfähige Bewusstseinsträger verstanden werden. Das Personsein ist für beide Seiten das legitimierende Merkmal, um die Schuldfrage für das Töten in Kliniken und Labors auf verantwortbare Gründe zu beschränken. Ethik dient in beiden Fällen einer Legitimierung der Täter und ihres Handelns, nicht einer Behandlung der Opfer. Da es in einer Ethik des schlechten Gewissens oder einer Ethik ohne Gewissen keine Opfer geben darf, werden sie ignoriert.

Eine Ausnahme bildet Emmanuel Lévinas, der die existentielle Schuld zum Grundthema seiner späten Philosophie erhebt. Es ist kein Zufall, wenn

---

es fortsetzen zu wollen, *was immer das für Gründe sein mögen*, dann müssen wir nicht wissen, was das für Gründe sind."

41 Dworkin [1993] (1994) 35f.

42 Spaemann (1998) 27.

er seine Ethik der Stellvertretung, der „Substitution“, die er in seinem Spätwerk *Autrement qu'être ou au dela de l'essence* entwickelt hat, den Angehörigen der Opfer des Holocaust und darüber hinaus aller Opfer des gleichen Hasses widmet. Lévinas hat in diesem Werk die Verbindlichkeit, die der Andere für mich hat und die er als „Spur“ im Antlitz des Anderen erkennt, zur Geiselnahme und Verhaftung auswachsen lassen. Die Selbstanklage verfolgt Lévinas bis in den Akkusativ des „Ich erkenne mich“ hinein: „Das Subjekt ist Geisel. Insofern sie von Verantwortung besessen ist, die nicht auf Entscheidungen eines ‚frei nachsinnenden‘ Subjektes zurückgehen, als folglich *schuldlos angeklagte*, ist die Subjektivität im Sich ein Auf-sich-zurückgeworfenwerden, was konkret meint: angeklagt für das, was die anderen tun oder erleiden. Die Einzigkeit des Sich besteht genau darin: die Schuld der Anderen zu tragen.“[43] Die Verantwortung für die Schuld des Anderen ist die existentielle Schuld, die in Anbetracht der ungeheuren Verbrechen real geworden ist. Indem das Subjekt sich selbst anklagt aufgrund seiner bloßen akkusativen Selbstbezogenheit, hat es die Daseinsschuld auf sich herabgezogen und lebt in der ständigen Selbstverurteilung.

Es ist aber nicht der Akkusativ, der anklagt, sondern die Daseinsschuld, die durch den Akkusativ hindurchtönt. Die Ethik von Lévinas ist damit eher ein Dokument der Wiederkehr archaischer Schuld, provoziert durch die ungeheuren Verbrechen, die auf den Völkern lasten. Sie ist die Ethik eines Zeitalters, das sich bei der Aufarbeitung von Großverbrechen seiner Schuld bewusst zu werden beginnt und sie als reale Schuld zu übernehmen fordert. Insofern ist sie eine wichtige Alternative zu der dominierenden Ethik der selbstverliehenen Unschuld und ihrer ständigen Rechtfertigung. Sie bietet aber keine Lösung, da sie noch nicht einmal eine Anweisung der Stellvertretung und Geiselnahme gibt. Ist das Subjekt sich selbst zur Anklage geworden, zu „Anklage ohne Grund“[44] und damit von sich selbst her zur Stellvertretung vorgeladen, wie in Lévinas' Analyse, dann gibt es kein Entkommen aus der Anklage, keine Erlösung. Es kommt noch nicht einmal zu einem Prozess, es bleibt bei der Vorladung. Diese diffuse, kafkaeske Schuld ist Ausdruck akuter Daseinsschuld ohne Sühne und Erlösung, eine Schuld, die nicht aufhört.

Schuld ohne Sühne treibt aber zu dem Fanatismus an, den Lévinas eigentlich bekämpfen und verhindern will. Das in seine Selbsterkenntnis eingeschlossene, angeklagte und damit völlig in sich und seine Schuld verkapselte Ich, das Lévinas entwirft, ist zu keiner Liebe und Hingabe bereit, höchstens zum Selbstopfer, mit dem es sich von der Unerträglichkeit einer solchen Verschuldung befreit.

---

43 Lévinas (1992) 248 [Hervorhebung zugefügt]
44 Lévinas (1992) 244.

Die Ethik der Geiselnahme und Stellvertretung ist abgründig wie die Daseinsschuld selbst, die von Menschen weder getragen noch gesühnt werden kann. Stellvertretungen von Schuld sind aber nur in solchen religiösen Zusammenhängen möglich, in denen nicht Fakten, sondern Geschichten zugrunde gelegt werden.

Das Akutwerden der Schuld in Folge von politisch oder medizinisch verursachter Massenvernichtung wird also auf sehr unterschiedliche und geradezu gegensätzliche Weise deutlich. Nicht alte und neue Ethik stehen sich hier gegenüber, da beide einem nur unterschiedlich verstandenen Personenbegriff frönen. Vielmehr sind Gegensätze zwischen einer täterzentrierten Personenethik und einer opferzentrierten Ethik der Geiselschaft zu sehen, die beide in extremer Weise auf die Schuldproblematik reagieren. Beide dokumentierten die ungelöste und unerlöste Schuld.

§ 4 Wissen und Gewissen

Rationalisierung des Gewissens

Der Kern der christlichen Leidensgeschichte, die Übernahme und Vergeltung der Schuld im Opfer, ist, wie jedes andere sakramentale oder heilige Opfer, ohne Auslegung und Philosophie an sich einsichtig und erschlossen. Indem es eine Vergeltung für die empfangene Gabe des Lebens darstellt, steht es im Verhältnis zur Heiligkeit des Lebens und ist ein Ausgleich für die Daseinsschuld. Mit der Verwandlung des Schuldbegriffes im Zuge der theologischen Auslegung der christlichen Leidensgeschichte zu einem moralischen Schuldbegriff wird dieser Bezug des Opfers zum Leben wesentlich verändert. Die Bedeutung des Opfers ist jetzt nicht mehr ohne weiteres erkennbar und verlangt eine Auslegung, die den Bezug zur moralischen Schuld herstellt. Die Wirksamkeit des christlichen Opfers wird damit zu einer komplizierten philosophischen Problematik. Kern der Problematik ist das Zeitphänomen, das für die moralische, aus Untaten hervorgehende Schuld wesentlich ist. Die Frage nach dem historischen Jesus wird dabei immer vordringlicher, da für tatsächliche Schuld auch ein tatsächlicher Freispruch notwendig ist. Die historische Wirklichkeit steht aber im Widerspruch zur Überzeitlichkeit der Opferwirkung, wie sie im Opfer als Vergeltung der Daseinsschuld angelegt ist. Mit der Datierung der Opferung wird außerdem eine Problematik ganz anderer Art angeschnitten: Wie ist ein Freispruch vor dem Begehen der Tat möglich und wie können diejenigen freigesprochen werden, die vor der historischen Erlösungstat lebten?

Hier kommt es entsprechend der Konfusion der Schuldbegriffe zu einer Vermischung der Heilswirkung. Das Mysterium wird zum historischen Ereignis umgedeutet. Wirklichkeit und Symbolik konkurrieren um den eigentlichen Wesensgehalt der Leidensgeschichte. Dies drückt sich in besonderer Weise in der Frage zur Leiblichkeit Jesu aus, die zur Mischung aus göttlichem Geist und endlicher Materie wird. Mit dieser Frage wird auch die Bedeutung der Stellvertretung im Opfer in der christlichen Theologie zu einer semiotischen Angelegenheit, die allerdings um die semiotisch nicht lösbare Frage kreist,[45] wie und in welcher Form Jesus im Sakrament anwesend und gegenwärtig ist.

Bis ins 9. Jahrhundert hinein war diese Frage aber zunächst nicht von zentraler Bedeutung. Um das Jahr 840 kommt es dann zum ersten Abendmahlstreit, bei dem die in der christlichen Lehre von Anfang an im Hintergrund schwelende erkenntnistheoretische Problematik, wie ein überzeitliches Heilmittel aktuell präsent ist oder vergegenwärtigt wird, durchbricht. Damit war die fraglose mythische Gegenwart der Heilstat im Sakrament zu einer fragwürdigen Gegenwart einer „Substanz" geworden.

Auslöser des ersten Abendmahlstreites war die Schrift von Paschasius Radbertus: *De corpere et sanguine Domini* (832), der darin die sog. Realpräsenz, die leibliche Wirklichkeit des Gekreuzigten in den Sakramenten vertrat. Damit wurde erstmals die „Wandlung", also die Verwandlung von Brot und Wein zu Fleisch und Blut während der Messe, zum Problem. Die Gegner dieser realistischen Deutung, karolingische Gelehrte und Geistliche wie Hrabanus Maurus, Johannes Scottus Eriugena und vor allem Ratramnus, hielten an der symbolischen Präsenz des Leibes in den Sakramenten fest, doch verliert diese Position zunehmend an Bedeutung. Dies zeigt sich bereits 200 Jahre später im zweiten Abendmahlstreit, in dem Berengar von Tours auf der Synode 1059 in Rom wegen seiner symbolischen Deutung des Abendmahles verurteilt und zur Widerrufung gezwungen wurde. Auf dem 4. Lateranskonzil 1215 wurde dann die „Transsubstantiation" zur gültigen Lehre erklärt. Sie geht von einer Realpräsenz des gekreuzigten Leibes aus, der durch göttliche Macht wesenverwandelt, „transsubstantiiert" im Abendmahlritus erscheint. Damit war allerdings die Auseinandersetzung um diese Frage nicht beendet, sondern vielmehr vertieft, da die Bedeutung der Wesensverwandlung von den zugrunde gelegten Substanz- und Zeichenbegriffen abhängt. Der Streit um die Realpräsenz setzt sich dann auch in der reformierten Kirche zwischen Luther und Zwingli fort.

Die substanzialistisch gefärbte Suche nach Spuren und Zeichen einer geschichtlichen, aber zugleich überzeitlichen Heilstat ist eine Folge der Moralisierung von Schuld, die für die aktuellen Sünden immer wieder die Erneuerung der Vergebung braucht. Die Aktualität der Sünden braucht die Aktua-

---

45 So hat Derrida herausgestellt, wie durch die verschiebenden Funktionen des Zeichens es selbst immer auch Zeichen seines Erlöschens, „Spur der Spur" ist und damit gerade nicht Substanz sein kann: Derrida (1988) 49: „Da die Spur kein Anwesen ist, sondern das Simulacrum eines Anwesens, das sich auflöst, verschiebt, verweist, eigentlich nicht stattfindet, gehört das Erlöschen zu ihrer Struktur. Nicht nur jedes Erlöschen, dem sie stets muß unterliegen können, sonst wäre sie nicht Spur, sondern unzerstörbare und monumentale Substanz, vielmehr jenes Erlöschen, welches sie von Anfang an als Spur konstituiert."

lität der Vergebung. Deshalb wird nicht nur die historische Wirklichkeit der Leidensgeschichte immer wichtiger. Auch die Aktualisierung und Vergegenwärtigung der Heilstat im Sakrament des Abendmahles gewinnt Bedeutung. Doch die historische und realistische Vergegenwärtigung eines Mythos ist von höchster Problematik. Eine mythische Gegenwärtigkeit, wie sie im „fröhlichen Tausch" gegeben ist, kann keine substanzielle werden, schon gar nicht dadurch, dass sie auf eine historisch-kritische Basis gestellt wird. Indem die Frage gestellt wird, wie Brot und Wein den geopferten historischen Jesus darstellen können, verliert sich die Bedeutung des Opfers als Tausch zugunsten des Problems, wie die leibliche Gegenwart Jesu im Zeichen möglich ist. Die Stellvertreterfrage in der Erlösung von der Schuld wird zu einem semiologischen Problem des Bezugs von Zeichen zu Bezeichnetem.

Karl-Heinz Menke sieht in seiner Arbeit über die *Stellvertretung* den Grund für die Substanzproblematik des Abendmahlstreites im Zerbrechen der Einheit von Bild und Wirklichkeit, die im griechischen Denken noch gegeben sei.[46] So zutreffend sein Ergebnis ist, so reicht es doch nicht aus, die veränderte Wahrnehmung des Opfers im Mittelalter zu erklären. Auch bei Menke bleibt es das semiologische Problem, inwieweit die Eucharistiefeier das wirkliche Kreuzopfer Jesu vergegenwärtigt. Die Bedeutung des Opfers und seiner Wirkung liegt aber nicht in der Art der Performation und der theatralen Wiederholung in der Messe, sie ist überzeitlich wirksam und damit unabhängig vom Effekt der Vergegenwärtigung, der ja gelingen oder misslingen kann. Mit der semiologischen Problematisierung werden aber genau diese Fragen der Vergegenwärtigung in den Vordergrund gerückt. Die Entsühnung von Schuld wird damit von dem historischen Jesu abhängig und verliert ihre Wirksamkeit als mythisches Ereignis oder Mysterium.[47] Deshalb wirkt Menkes Hypothese, Luther hätte die Spaltung der Kirche vielleicht vermieden, wenn er in seiner Kritik an der „Perversion des Meßopfers"[48] gründlicher gewesen wäre, nicht überzeugend.

Als erkenntnistheoretisches Problem, wie ein geschichtliches Ereignis im Hier und Jetzt präsent sein kann, hat die philosophierende Theologie die stellvertretende Erlösung von der Schuld aus den Augen verloren. Zur Erlösung der Schuld wäre nicht die leibliche Anwesenheit, in welcher zeichenhaften oder wirklichen Form auch immer, notwendig, sondern die Erfahrung des Tausches von Leben und Tod, des „fröhlichen Tausches", wie er in der Passion erzählt wird. Sie allein schafft die Einsicht in die mögliche Vergebung einer persönlich nicht abtragbaren Schuld, der Erbschuld. Dagegen ist die Frage nach der Realpräsenz im Zeichen ebenso wie etwa die Frage nach dem historischen Jesus überhaupt nicht mit der Schuldproblematik befasst, sondern mit wissenschaftlichen Problemen der

46 Menke (1997) 56ff.
47 Siehe unten § 14.
48 Menke (1997) 57f.

matik befasst, sondern mit wissenschaftlichen Problemen der Semiose und möglicher historischer Quellen.

Nicht zuletzt deshalb ist Schuld unter dem Einfluss christlicher Dogmatik diffuser geworden, und zwar in dem Maß, in dem Religion immer mehr zu Philosophie und damit zur Lösung solcher spezieller Erkenntnisfragen wurde. Die Gewissheit des Opfers, die eine Gewissheit des Gewissens ist, ist hier der Ungewissheit einer Substanz im Zeichen, die ein Problem des Wissens ist, gewichen.

Gewissenloses Wissen

Mit dem Verblassen christlicher Heilswirkung beginnt eine neue Phase der Rechfertigung, in der nun nicht mehr die überzeitliche Heilstat mit der zeitlichen Gegenwart verbunden und diese dabei erlöst wird, sondern in der die Gegenwart als ganz neue und eigene Welt konstruiert wird. Die gnostisch inspirierte Theologie übersprang die Welt im metaphysischen Sprung in den Urgrund, bei dem die Natur immerhin als Abbild des göttlichen Geschaffenseins erhalten blieb. Die technisch inspirierte Wissenschaft überspringt die Welt im kalkulierten Sprung in die Kunstwelt, in der die Produkte den Produzenten als Schöpfer widerspiegeln. Im Spiegel der Theorie nimmt der Mensch nur noch sich und seine Produkte wahr.

Mit den wissenschaftlichen und technischen Entwicklungen und Erfolgen seit dem 19. Jahrhundert bekommt die Natur also eine völlig neue Rolle. Sie ist nicht mehr Bild des Geschaffenseins, sondern leerer Spiegel, in dem der Produzent Mensch sich selbst und seine evolutionär-kreative Schöpfung und Produktion anschaut. Natur ist in dieser Hinsicht durchsichtig geworden und verschwunden.[49] Daraus ergeben sich Veränderungen in der Art und Bedeutung von Erkenntnis. War Erkenntnis für die gnostisch inspirierte christliche Theologie immer zugleich auch Rechtfertigung der dunklen Welt durch eine lichte Überwelt und deren Schöpfer in Form einer Theodizee, so dient Erkenntnis in der technisch inspirierten Wissenschaft ganz der Rekonstruktion und Produktion von Natur und kann auf Rechtfertigung mehr und mehr verzichten.

Damit hat sich auch die Bedeutung von Geschichte als Heilsweg erledigt. Geschichte ist fortan entweder – naturalistisch-evolutionistisch gedeutet – das Räderwerk der Natur oder – marxistisch-evolutionistisch gedeutet – das Räderwerk der Produktion.[50] Ganz im Sinne eines „ideologiefreien" Den-

---

49 Grätzel (1997).

50 Die Parallelität beider Deutungsweisen zeigt sich auch am historischen Datum des Jahres 1859 als Erscheinungsjahr von Darwins *Origin of spezies* und Marx' *Kritik der politischen Ökonomie*. „Man kann das Werk von Marx in dieser Hinsicht am besten mit dem berühmten Werke Darwins über den ‚Ursprung der Arten' vergleichen. Wie Darwin das Gesetz der Entwicklung der organischen Natur entdeckt hat, so hat Marx das Entwicklungsgesetz der menschlichen Geschichte auf-

kens ist die menschliche Geschichte aufgespaltet in zwei unterschiedliche Geschichten, deren Gemeinsamkeit darin besteht, wissenschaftlich entdeckt zu sein.[51]

Schon das Grundkonzept und Paradigma der in Natur- und Kulturgeschichte gespaltenen Geschichte, erst recht aber die geschichtslose Produktion ermöglicht nicht mehr Geschichte als Gedächtnis und Gedenken der Ursprünge zu verstehen, die sich von diesen Ursprüngen her rechtfertigt. Sie ist nicht mehr Erzählung im Sinne einer Rechtfertigung des Lebens, sondern nur noch Dokumentation der Entwicklung. Das Leben wird nun aus sich selbst und seiner Vitalität gerechtfertigt. Die Theologie und die Geisteswissenschaften geraten dabei zunehmend in die Schwierigkeit, die Bedeutung des freiheitlich-selbstbestimmten Humanum vor einer Reduktion auf biologische und mikrobiologische Modelle zu bewahren.

Mit dem Verlust der als Selbstbestimmung verstandenen Freiheit verliert der Mensch wieder seine „Sonderstellung im Kosmos" und damit das Sonderrecht, der Natur gegenüber gewissenlos handeln zu können. So sind es gerade die von den Geisteswissenschaften geschmähten Naturwissenschaften, die eine neue Gewissensregung provozieren und eine neue, nicht mehr auf das Verständnis von Freiheit gestützte Rechtfertigung des Lebens erforderlich machen. Dies führt unter anderem dazu, die Bedeutung und Geltung der Menschenrechte in Grenzfragen neu zu definieren.[52]

---

gedeckt. [...] Dass dieser Vergleich keineswegs bloß auf ein äußerliches Zusammentreffen zweier geschichtlicher Daten gegründet ist (der ‚Ursprung der Arten' und der erste Teil des Marxschen Kapitalwerkes: ‚Zur Kritik der politischen Ökonomie', erscheinen beide im Jahre 1859), sondern einen tieferen Zusammenhang ausdrückt, ist von Friedrich Engels in seiner Rede am Grabe des toten Freundes ausgesprochen, und auch von Marx selbst nahegelegt." Korsch (1969) VII.

[51] Der Jurist und Rechtsphilosoph Hans Kelsen sieht in der Trennung der Sozialgeschichte von der Naturgeschichte den entscheidenden Schritt einer „Entideologisierung" der Geschichte: Kelsen (1982) 281. (Siehe auch unten Kap. III). Durch die jüngsten Erfolge in der Genmanipulation zeigt sich aber der eigentliche Kern dieser „Entideologisierung", Natur in die Kultur zu integrieren und sie zum Teil der Produktion zu machen. Die Trennung von Natur- und Kulturgeschichte läuft also in den Labors der Mikrobiologen wieder zusammen und wird dort zur Vorgeschichte der nun anstehenden Zukunft eines naturwissenschaftlichen Gesamtkunstwerkes.

52 So wird in der Abtreibungsdebatte das Recht auf Leben mittlerweile auch von den Menschenrechten abgekoppelt: Gerhardt (2001) 74: „Wenn von der Kernverschmelzung des Samens mit dem Ei bis zur Geburt bereits alles gleichermaßen personales menschliches Leben ist, dann muß jede Unterscheidung zwischen den verschiedenen Stadien der embryonalen Entwicklung wie ein Vorschlag zur Aufteilung der unteilbaren Menschenrechte wirken. Aber der Fehler ist, hier überhaupt mit dem Menschenrecht zu operieren. Muß man erst an den Schutz des Eigentums erinnern, um ins Bewußtsein zu heben, daß es starke Rechtsmittel sogar zur Absicherung lebloser Dinge gibt?" Gerhardt setzt sich hier mit der problematischen Rechtsprechung des Verfassungsgerichts zum §218 auseinander, dass die Verletzung eines Grundrechtes straffrei bleiben könne. Demgegenüber protestiert Ernst Benda in einer Reaktion auf diese Tendenzen, dass „das oberste Prinzip des Grundgesetzes nicht zur Disposition steht, es ist nicht einer beliebigen Auslegung zugänglich." NJW 2001, Heft 30, 2148.

Werden religiöse und ethische Fragen sachlich und naturwissenschaftlich beantwortet, dann können gute oder böse Taten sachlich begründet und korrigiert werden. Mag es als Fortschritt in der Liberalisierung des Lebens erscheinen, so ist diese Entwicklung für die Bewältigung der Schuldfrage verheerend, da Schuld und Erlösung damit eine Frage der wissenschaftlich-technischen Manipulation geworden zu sein scheinen. Die Schuldfrage ist von einem Substanzproblem zu einem Funktionsproblem geworden. Damit hat sich die Möglichkeit der Heilung wesentlich verändert. Erlösend wirkt nicht mehr die Übertragung auf eine wie immer zu verstehende mythische Substanz, sondern die Korrektur einer Fehlfunktion. Doch damit ist die Schuldfrage auf ein für die Erlösung unerreichbares Feld verschoben.

Die Verschiebung der Parameter im wissenschaftlichen Denken vom Substanz- zum Funktionsbegriff[53] hat für die Erkenntnis geschichtlicher Zusammenhänge weit gehende Folgen, indem Handlungen und ihr geschichtlicher, also auf Geschichten und ihre Bedeutungen zurückgehender Bezug im System formaler Relationen und ihrer naturalistischen Grundlage erfasst werden. Dabei wird ein Methodenfehler begangen, der im normalen Alltag, in dem Funktion und Bedeutung klar getrennt werden, sofort auffallen würde. Wer etwa eine Reise mit dem Auto plant und vorbereitet, geht wahrscheinlich nicht in eine Werkstatt, um dort die Einzelheiten des Reisezieles zu besprechen. Die Funktion der Maschine wird hier von der Bedeutung des Reisezieles getrennt, wobei beides in der Frage der Durchführbarkeit durchaus wieder in Zusammenhang gebracht werden kann. Im Blickfeld funktionalistischer Deutungen ist das anders. Hier gibt es keine Eigenständigkeit der Handlungsvorgänge gegenüber den Funktionsvorgängen, vielmehr sind Handlungen der direkte Ausdruck oder sogar die Folge physiologischer Vorgänge und Funktionen. Umgedreht bekommen dafür aber Zusammenhänge funktioneller Art eine handlungsorientierte Dramaturgie übergestülpt. In mittlerweile verbreiteten Vorstellungen werden dabei Gene zu „Egoisten",[54] eine Dramatisierung, die nicht nur zur Veranschaulichung von Funktionen durch lebensweltlich handlungsorientierte Beschreibung dient, sondern ganz realistisch Funktion und Dramaturgie in eins setzt. Hier wird menschliche Geschichte auf die mikroskopische Bühne verschoben und dem Ereignis biologischer Kräfte unterstellt. In der Identifikation von Drama und Funktion ist das kulturell verankerte Handlungskonzept im Funktionszusammenhang verschwunden und selbst zu einer biologischen Funktion geworden. Gene können grundsätzlich nie Egoisten werden, auch wenn sie egoistisch erscheinen. Egoisten können nur Akteure sein, aber

53 Cassirer (1910).
54 Dawkins [1976] (1996).

auch nicht Akteure überhaupt, sondern in einem bestimmten kulturellen Umfeld, in dem so etwas wie Egoismus auffällig wird.

Hatten nun im 19. Jahrhundert die Geistes- und Kulturwissenschaften für den Unterschied zwischen Handlung und Funktion eine gewisse Sensibilisierung geschaffen, so geht diese Differenzierung im Zuge der fortschreitenden Funktionalisierung der Lebenswelt wieder verloren. Für die Ethik und das Handeln hat dies schwer wiegende Folgen, da das Gewissen sich vorwiegend auf die Gegenwart, womöglich noch auf die unmittelbare Gegenwart des Selbst und seines Bewusstseins zu beziehen hat. Die Ethik der Präsenz scheint damit zwar überkommene Schuld und zukünftige Verantwortung dem Gewissen vorzuenthalten, sie fördert aber in Wirklichkeit einen Schuldkomplex diffuser Art, der Schuld nicht mehr als reale, geschichtlich überkommene und weiter zu reichende nimmt, sondern als absurde, kafkaeske Schuld in Erscheinung treten lässt. Wissen und Gewissen sind hier auseinander getreten. Das Gewissen als Bewusstsein existentieller Schuld oder Daseinsschuld hat, abgehängt vom Wissen, das ausschließlich auf relationale Bezüge vertraut, ein Eigenleben entwickelt, das in den schon erwähnten Erscheinungen entgrenzter Schuld zutage tritt, aber auch bereits in alltäglichen Formen etwa eines peinlich exerzierten Umweltbewusstseins oder Vegetarismus sich in Ritualen der Buße verfangen hat, die ähnlich wie die politischen Bußrituale nur das Symptom des Schuldkomplexes zu erkennen geben, aber keine erlösende Wirkung haben.

Rechtfertigung der gewissenlosen Vernunft

Schuld als religiöses, rechtliches oder moralisches Phänomen tritt meist im Zusammenhang mit einer Rechtfertigung auf oder zeigt sich überhaupt nur im Spiegel von Rechtfertigungen. Die allgemeine Bedeutung von Rechtfertigung liegt dabei – unabhängig von den dabei angestrebten konkreten Absichten und Zielen – in ihrer Strategie, auf die Schuld zu reagieren und mithilfe von Gegengründen Argumente oder Fakten zu liefern, die eine Wiederherstellung des Rechts bewirken. Rechtfertigung besteht deshalb gegenüber anderen und ist damit immer an eine Gemeinschaft gerichtet, der gegenüber eine Schuld entstanden ist und die Entlastung und Legitimation, aber auch Zustimmung erteilt. Eine Rechtfertigung bloß durch sich und vor sich selbst ist denkbar, doch verfehlt sie ihren Zweck, die vorgetragene und angetragene Schuld zu beseitigen. Auch Kants Kategorischer Imperativ ist keine Rechtfertigung vor sich, sondern vor der Vernunft, die als gemeinschaftlicher Geist oder als Reich der Geister vorgestellt werden muss.[55]

55 Dazu die eigenartige Bemerkung Kants aus der Vorrede zu seiner *Grundlegung zur Metaphysik der Sitten*, dass moralische Gesetze „nicht etwa bloß für Menschen" zu gelten hätten, weil sie „nicht in der Natur des Menschen", sondern „a priori lediglich in Begriffen der reinen Vernunft" gegründet seien.

Schuld kann nicht durch den Schuldigen selbst aufgehoben werden, der Schuldige kann sich nur rechtfertigen und damit einen Gegengrund gegen die Schuld geben. Jede Rechtfertigung impliziert also einen wirklichen oder imaginären Gerichtshof, der die in der Rechtfertigung getroffene Aussage prüft.

Die argumentativen Implikationen von Rechtfertigungen sind besonders Gegenstand der schon erwähnten Diskursethik Apels und Habermas'. Aussagen und Argumente dürfen danach nicht allein nur von ihrer informativen Seite her verstanden werden, sondern von ihrer Geltung, die Anerkennung und Bejahung der Information impliziert. Diese Geltungsabsicht eröffnet einen performativen Raum, der einen möglichen Selbstwiderspruch des Arguments vermeidet. Aussagen und Argumente beanspruchen mit ihrer Geltungsabsicht daher immer die prinzipielle Zustimmung der übrigen Teilnehmer der Kommunikationsgemeinschaft.

Habermas sagt dazu in seiner *Erläuterung zur Diskursethik*: „Jeder, der ernsthaft den Versuch unternimmt, an einer Argumentation teilzunehmen, lässt sich implizit auf allgemeine pragmatische Voraussetzungen ein, die einen normativen Gehalt haben; das Moralprinzip lässt sich dann aus dem Gehalt dieser Argumentationsvoraussetzungen ableiten, sofern man nur weiß, was es heißt, eine Handlungsnorm zu rechtfertigen."[56] Dieser performative Rahmen braucht dabei durchaus nicht, wie Habermas kritisch zu Apel anmerkt, den Charakter einer philosophischen Letztbegründung zu haben. Hier ist eher die „Sozialisation der Lebensform" ausschlaggebend.[57] Die Frage der Rechtfertigung ist damit nicht nur ein theologisches Problem, das die Wiederherstellung des sündigen Menschen betrifft, es ist auch ein ethisches und rechtliches Problem, das den formalen Geltungsanspruch des Menschen in Betracht zieht, indem nur gerechtfertigtes Sein mit der Macht des Faktischen ausgestattet ist. Rechtfertigung in dieser allgemeinen Form steht im Schnittpunkt zwischen Religion, Moral und Recht und leistet die Wiederherstellung, ja überhaupt die Garantie, dass etwas, das ist, auch sein darf und soll.

Habermas versteht im Rückgriff auf Émile Durkheim die Verschmelzung von Faktizität und Geltung in „heiligen Objekten" als eine „Einebnung der Spannung" zwischen Faktizität und Geltung in „archaischen Institutionen", die zu einem „unanfechtbaren Autoritätsanspruch" führt.[58] Damit wird ein Seinsbegriff begründet, der mit seiner Bedeutung zusammen fließt: „Anhand des empirischen Materials sieht sich Durkheim freilich genötigt, den symbolischen Status der heiligen Objekte deutlich herauszuarbeiten. Bei Totemtieren oder -pflanzen drängt sich der symbolische Charakter ohne-

56 Habermas (1992) 12.
57 Habermas (1992) 189.
58 Habermas (1994) 39f.

hin auf: sie sind, was sie bedeuten."[59] Für Habermas hat dieser Spannungsabfall zwischen Faktizität und Geltung eine negative bis bedrohliche Seite, weil hier der Legitimationshintergrund ausgeschaltet ist. Habermas verkennt aber den auch dazu notwendigen Legitimationsbedarf, der bei heiligen Objekten schon erfüllt ist. Dies darf nicht mit einem magischen Hokuspokus verwechselt werden: „Alle sakralen Gegenstände, ob nun Fahnen, Embleme, Schmuck, Tätowierungen, Ornamente, Abbildungen, Idole oder natürliche Objekte und Ereignisse, teilen diesen symbolischen Status. [...] Sie repräsentieren die Macht des Heiligen."[60] Durkheim wie Habermas gehen von einem positivistischen Objektbegriff aus, dem unter anderem die Prädikatisierung „heilig" zugeordnet werden könnte. Ein solcher Objektbegriff setzt aber eine moderne Weltanschauung voraus, die in den hier untersuchten Fällen nicht vorliegt. Die Macht beruht deshalb nicht auf dem Zeichen, sondern auf der dieses Zeichen vertretenden Rechtfertigung der Schuld und Wiederherstellung des Heils. Nur aufgrund dieser Leistung ist Sein als gerechtes Sein erkannt und gerechtfertigt.

So unterschiedlich die hier gefundenen Ansprüche der Rechtfertigung auf den ersten Blick aussehen, so scheinen sie doch die Gemeinsamkeit darin zu haben, in der Rechtfertigung den Einzelnen als Teil eines kommunikativen Geschehens zu sehen, der seine Unvollkommenheit und Unfertigkeit als Individuum zum Ausgang und zur Notwendigkeit sowohl der religiösen wie der sozialen Integration nimmt. Der Integrationsvorgang ist in beiden Fällen ein implizierter Anspruch von Geltung. In der ethischen und rechtlichen Argumentation impliziert die Geltung die Anerkennung der Wahrhaftigkeit des Argumentes durch Sitte und Recht, die theologische sieht in der Geltung das göttliche Angenommensein und damit die Wiederherstellung des Heilsstandes. Geltung muss sich in allen Fällen als ein integratives Geschehen erweisen, in dem der Anspruch auf Wahrheit und Wahrhaftigkeit durch eine Norm gesichert und bestätigt ist. Diese Norm ist durch ein paradigmatisches Heilsgeschehen oder durch sittliche und rechtliche Festlegungen vorgegeben. Die Integration wird auf dem Wege der Rechtfertigung gesucht, wobei ein Ereignis oder auch die gesamte menschliche Existenz der Norm zugeordnet wird.

Der Einzelne kann sich nicht von sich aus als selbständig erklären, er ist abhängig von der Anerkennung dieser Selbständigkeit. Insofern ist Rechtfertigung immer in ein Geschehen und einen Handlungsrahmen gestellt. Dieser dramaturgische Rahmen ist weiter gespannt, als die interpersonale und interaktive Situation. Er zeigt an, dass immer schon eine bestimmte Situation vorliegt, welche die Gemeinschaft zu übernehmen hat. Interpersonale Prozesse beginnen genauso wenig wie individuelle Welterzeugungen an einem Nullpunkt und können auch nicht ideell angenommen werden. Sie

59 Habermas (1981) 82.
60 Habermas (1982) 82.

übernehmen schon ein Paket an Sinnvorgaben, die in den Anerkennungsprozess der Geltung mit einfließen.

Die Verkürzung der Diskursethik liegt darin, diesen Geltungsanspruch nur gegenüber der Kommunikationsgemeinschaft zu behandeln, ihn aber gegenüber der Geschichte auszublenden. Sie ist damit eine Rechtfertigung der gewissenlosen Vernunft, die sich nur auf „gute Gründe" beruft. Weder die Legitimationskraft von Letztbegründungen noch die diskursethische Bedeutung der Sozialisation sind Rechtfertigungen eines auf sich und seine Situation bezogenen Individuums, das hinter Kants Konzeption einer Zeit und Raum übergreifenden Vernunft zurückfällt.

Für Habermas soll der Imperativ bei Kant durch „moralische Diskurse" ersetzt werden, weil nur in ihnen diese Art der Einsicht in gute Gründe gewährleistet ist: „Obwohl Kant die Imperativform wählt [...], übernimmt der kategorische Imperativ die Rolle eines Rechtfertigungsprinzips, welches verallgemeinerungsfähige Handlungsnormen als gültig auszeichnet: was im moralischen Sinne gerechtfertigt ist, müssen alle vernünftigen Wesen wollen können. [...] In der Diskursethik tritt an Stelle des kategorischen Imperativs das Verfahren der moralischen Argumentation."[61] Hierbei handelt es sich um Strategien der Rechtfertigung, die, wie Habermas an anderer Stelle einräumt, den Rechtfertigungsbedarf der „nachmetaphysischen Zeit" decken: „Zugleich wächst der Rechtfertigungsbedarf, der unter Bedingungen nachmetaphysischen Denkens nur noch durch *moralische Diskurse* gedeckt werden kann."[62] Habermas ignoriert den verpflichtenden Anspruch in Kants Imperativ, der über eine gute Begründung auf den universellen Anspruch der Vernunft in „allen vernünftigen Wesen" hinausgeht. Im Lichte dieser Einschränkung Habermas' auf Argumentation erweisen sich seine „moralischen Diskurse" als gewissenlos.

Apel und Habermas kann die Geschichtslosigkeit und damit die Gewissenlosigkeit ihrer Rechtfertigung vorgehalten werden. Sie gehen vom Nullpunkt des Handlungsbeginns aus und ignorieren die Last des Überkommenen. Die Rechtfertigung bewegt sich nicht in einem geschichtslosen Feld, sondern ist immer schon die Antwort auf ein geschichtliches Vorleben oder gar eine Anklage.

Die Rechtfertigung entspringt aus dem Bedürfnis, zu etwas Vergangenem oder etwas noch Ausstehendem Bezug zu nehmen und ist von dieser Vorgabe wesentlich geprägt. Diese zeitliche Struktur einer immer noch präsenten Gegenwart von Vergangenheit oder einer schon präsenten Gegenwart von Zukunft bestimmt die Strategie der Rechtfertigung, die sie immer schon zu einer Reaktion macht. Sie vermittelt zwischen unterschiedlichen und zeitlich differenzierten Ansprüchen und stellt einen Kompromiss, eine Zustimmung oder gar einen Heilszustand her. Die Gültigkeit und Geltung

---

61 Habermas (1992) 11f.
62 Habermas (1994) 127.

der Rechtfertigung bezieht sie dabei grundsätzlich aus dieser Wirkung der Wiederherstellung. Die gelungene Rechtfertigung zeigt sich in der wiederhergestellten Ganzheit von Sitte, Recht und Heil, eine Ganzheit, die nicht nur durch eine falsche Handlung oder ein Verbrechen, sondern auch durch die endliche Begrenztheit des Individuums und seiner zur Selbsterhaltung notwendigen Ansprüche verletzt erscheint. Während die sittliche und rechtliche Wiederherstellung die individuell erzeugte Schuld durch Strafen ausgleicht und aufhebt, greift die existentielle Wiederherstellung auf die gesamte Geschichte der Menschheit und des Lebens, um hier einen Ausgleich der Schuld und eine Integration zu finden. Wiederherstellung ist hier mythisch – geschichtlich verankert.

Die Geschichtlichkeit lässt die Rechtfertigung prinzipiell auf einen Anfang zurückgehen, der die Situation des Lebens insgesamt rechtfertigt. Sie ist auch darin immer schon eine Antwort auf ein Urteil, auf ein Vorurteil, einen Vorwurf oder eine Anklage und manifestiert den zureichenden oder nicht zureichenden Gegengrund gegen die Faktizität, die das Individuum in seine geschichtliche Situation hineinstellt. Damit stellt sich die Rechtfertigung gegen die Macht des Faktischen und deren Unveränderbarkeit des Vergangenen.

Die menschliche Existenz ist nicht voraussetzungslos, sie entwirft und gestaltet sich nicht ins Blaue hinein. Die Existenz ist zunächst geschichtlich gegründet, sie ist aus einer Geschichte hervorgegangen und hat damit eine lange Vorgeschichte, die nicht einfach vergangen ist, sondern als Geschichte aktuell lebt. Vergangen sind die Fakten, die Geschichte selbst ist aber nicht dem Zeitschema ihrer Fakten unterworfen. Sie lebt als Gegenwart des Vergangenen in jenen Ereignissen, die nicht zu Fakten wurden und damit unabgeschlossen blieben. Nicht die Abgeschlossenheit der Fakten, sondern die Unabgeschlossenheit der Geschichten lebt aus dem Vergangenen als Unvergangenes fort und beeinflusst das Jetzt und die aktuelle Existenz.

§ 5 Geschichte und Gedächtnis

Kulturelles Gedächtnis als Gewissen

In der kulturwissenschaftlichen Forschung des 20. Jahrhunderts hat der Begriff des Gedächtnisses eine weite Verbreitung gefunden. Im Brennpunkt des Interesses steht dabei seit den Arbeiten von Carl Gustav Jung, Maurice Halbwachs und Walter Benjamin das „kulturelle Gedächtnis“, das in der Darstellung von Jan Assmann eine Art „Zwischenspeicher kulturellen Sinns“[63] bedeutet. Der Zwischenspeicher hat die Aufgabe einer „Auslage-

63 Assmann (1999) 22.

rung, Speicherung und Wiedereinschaltung kulturellen Sinns“[64] und leistet damit den entscheidenden Beitrag zur kulturellen Regeneration. Das Gedächtnis bildet als Herz die lebendige Mitte einer Kultur, die den Kreislauf des kulturellen Lebens aufrechterhält.

Assmanns Verwendung vorwiegend systemtheoretischer und kommunikationstechnischer Begriffe täuscht nicht darüber hinweg, dass es auch für ihn beim kulturellen Gedächtnis nicht um einen beliebigen und obendrein auswechselbaren Speicher geht, sondern zentral und ursprünglich um das Totengedenken: „Wir haben das Phänomen des Totengedenkens schon dort kurz gestreift, wo es hingehört, nämlich am Anfang. Denn es handelt sich hier sicher um Ursprung und Mitte dessen, was Erinnerungskultur heißen soll. Wenn Erinnerungskultur vor allem Vergangenheitsbezug ist, und wenn Vergangenheit entsteht, wo eine Differenz zwischen Gestern und Heute bewusst wird, dann ist der Tod die Ur-Erfahrung solcher Differenz und die an den Toten sich knüpfende Erinnerung die Urform kultureller Erinnerung.“[65] Das Gedenken der Toten belebt nicht nur, sondern stiftet die Gemeinschaft, indem sie sich aus der speziellen Form dieser Zuwendung gestaltet.

Assmann hat damit, wie auch schon in seinem Buch über die *Ma'at,*[66] eine auf Herbert Spencer zurückgehende, religionswissenschaftlich allerdings umstrittene These vom „Ahnenkult als Wurzel jeder Religion“[67] neu belebt, indem er sie in das Zentrum seiner Betrachtung und Begründung eines solchen kulturellen Gedächtnisses stellt. Religion leitet sich danach nicht von der abstrakten Beziehung zu einer Hinterwelt oder zu einem oder mehreren anonymen Schöpfern ab, sondern ist in erster Linie von dem Verhältnis zu den Ahnen bestimmt, zu denen im Gedenken und Gedächtnis eine lebendige Gemeinschaft aufgebaut wird. Angefangen bei den nahe stehenden Verwandten bis hin zu den entfernten und doch in diesem Sinn dann eng verbundenen „Brüdern“ und „Schwestern“ von Glaubensgemeinschaften ist Religion ein Gedenken, in dem eine intensive Form des Andenkens und der Zwiesprache gepflegt wird. Aus diesem Andenken und der Zwiesprache wird die Gemeinschaft gegründet, das Totengedenken gibt ihr die spezifische Verankerung und Gestaltung. Die Toten sind damit nicht nur der biologische, in der Vergangenheit liegende Ursprung der Lebenden, sondern der mythische und religiöse Ursprung der Gemeinschaft, der seine lebendige Gegenwart im Gedächtnis findet.

---

64 Assmann (1999) 22.
65 Assmann (1999) 60f.
66 Assmann (1995).
67 Spencer (1877-1896).

Das Vergessen der Toten ist dementsprechend ein bedrohlicher Gedächtnisverlust, von dem die Wurzeln der Gemeinschaft selbst betroffen sind. Die primäre und fundamentale Aufgabe der Kultur liegt damit in der Bewahrung und Erhaltung des Gedenkens der Toten. Angefangen bei den „Gedächtnishilfen“ durch rituelle Feste setzt sich dieses Motiv in der Schriftkultur fort. Die Bewahrung des Gedenkens dient der Kontinuität von Leben und ist keine Frage der Reproduktionstechnik und ihres gelingenden oder misslingenden Wiederholungseffektes, wie sie etwa in modernen Theorien des Gedächtnisses eine Rolle spielt. Die hier gestiftete Gemeinschaft mit den Toten ist – und auch darauf hat Assmann hingewiesen – eine fest gefügte Rechtsgemeinschaft, die er als „Solidaritätsgemeinschaft“ herausstellt. Das kulturelle Gedächtnis solidarisiert die Rechtsgemeinschaft im Sinne der „konnektiven Gerechtigkeit“ (*iustitia connectiva* in Ergänzung, aber auch als Gründung der *iustitia distributiva* und *iustitia commutativa*): „Die Grundidee des Rechts – in der archaischen Welt – ist die Herstellung der Konnektivität, d.h. von Bindung und Verbindlichkeit. Das Prinzip Ma’at begründet eine Sphäre der Geltung von Normen, die die Menschen miteinander und die Folgen mit dem Handeln verbinden. [...] Ma’at erscheint hier als das Prinzip der Bindung: Es bindet das Heute ans Gestern und das Morgen an das Heute, d.h. stellt sicher, dass heute gilt, was gestern galt, und morgen gelten wird, was heute gilt: die Institution der sozialen Zeit aus dem Prinzip der Selbstbindung, aus dem auch Nietzsche ‚Schuld, schlechtes Gewissen und Verwandtes‘ abgeleitet hatte.“[68] Dabei wird der „kategorische Imperativ der Ma’at“ praktiziert: „‚Handle stets so, daß du das Netz des Füreinander-Handelns nicht zerreißt‘ oder kürzer: ‚Handle solidarisch‘.“[69] Dieses Netz der Solidarität umspannt nicht nur die Gemeinschaft der Zeitgenossen, sondern primär die Gemeinschaft mit den Vorfahren im Totengedenken.

Mit dem Vergessen und Ausgrenzen der Toten, wie dies in den modernen westlichen Kulturen praktiziert wird, ist deshalb ein tief greifender Wandel verbunden, der die Kultur insgesamt bedroht. Er betrifft das Netz der Solidarität, das weit über nahe liegende Bekanntschaften zwischen Zeitgenossen hinausgeht. Davon ist auch die ethische Qualität des Wissens überhaupt betroffen, das nicht mehr der Gesamtheit, sondern dem Einzelnen dient und zu seiner Macht verhilft. Mag dieses Wissen in seiner heutigen Form in diesen westlichen Gemeinschaften auch sehr umfänglich und wissenschaftlich sein, so ist es durch seine Beschränkung auf die Gegenwart

68 Assmann (1995) 283f: Der Hinweis auf Nietzsche ist hier insofern problematisch, als Schuld bei ihm keine Folge konnektiver Gerechtigkeit, sondern im Gegenteil die Folge einer massiven Störung dieses Gerechtigkeitsgefühls zugunsten einer – in seinen Augen – christlich-moralischen Ungerechtigkeit ist.
69 Assmann (1995) 77.

sehr begrenzt und dadurch dem kollektiven und kulturellen Gedächtnis ethisch unterlegen. Darauf weist Ziegler in *Die Lebenden und der Tod* hin: „Hat man schon einmal über die äußerste Bedürftigkeit des abendländischen Menschen nachgedacht, der in seiner versteinerten Einsamkeit die meiste Zeit nichts über die existentiellen Erfahrungen weiß, die diejenigen gesammelt haben, die ihm vorangegangen sind?“[70] Der Mangel an existentiellem Wissen wird durch die Fülle an sachlichem Wissen nicht wettgemacht, was sich an der Angst des modernen Menschen vor seinem Tod zeigt. Hier versagt alle Sachlichkeit, auf der anderen Seite nimmt das existentielle Wissen weitgehend alle Todesangst, da es als durch die Ahnen vermittelt erscheint.[71]

Da sachliches von existentiellem Wissen zu trennen ist, ist Assmanns Begriff des „Zwischenspeichers“ irreführend. Speicher wird als Reservoir vorgestellt, der selbst aber inaktiv ist. So hat Assmann diese Vorstellung auch an besagter Stelle am Anfang seines Werkes über *Das kulturelle Gedächtnis* eingeführt: „Wir sagen, daß der Tote in der Erinnerung der Nachwelt ‚weiterlebt‘, so als handele es sich um eine fast natürliche Fortexistenz aus eigener Kraft. In Wirklichkeit handelt es sich aber um einen Akt der Belebung, den der Tote dem entschlossenen Willen der Gruppe verdankt, ihn nicht dem Verschwinden preiszugeben, sondern kraft der Erinnerung als Mitglied der Gemeinschaft festzuhalten und in die fortschreitende Gegenwart mitzunehmen.“ Assmann kennt offenbar nur eine Form der Erinnerung, die willkürliche, die er hier sogar einem entschlossenen Willen unterstellt. Doch der „Speicher“ für das Totengedenken ist selbst aktiv. Deshalb ist die für das kulturelle Gedächtnis wichtigere Form die unwillkürliche Erinnerung, die nicht der Willkür und dem Belieben untersteht und ansonsten passiv ist. Denn der entschlossene Wille der Gemeinschaft ist schon eine Reaktion auf die Aktivität des „Speichers“, auf die Präsenz der Toten im Gewissen, wobei es gleichgültig ist, ob diese Präsenz als gespensterartige Wirklichkeit oder eine Einbildung gedacht wird. Entscheidend ist gerade die nicht dem Willen unterstehende und damit gewissermaßen zwanghafte Form der Erinnerung, in der die Daseinsschuld gegenüber den Ahnen zum Ausdruck kommt.

Sigmund Freud hat dieses Phänomen in *Totem und Tabu* unter die psychopathologischen eingereiht und der Schuld gegenüber den Ahnen damit eine neurotische Charakterisierung gegeben. Wie Freud hier insgesamt die Parallele zwischen „primitiven“ Riten und Neurose aufzeigt, so wird besonders am Beispiel des Ahnenkultes das ihm „sonderbar“ erscheinende Phänomen der Dämonisierung gestorbener Familienmitglieder als Zwangserkrankung erklärlich: „Wenn eine Frau ihren Mann, eine Tochter

---

70 Ziegler (2000) 257.
71 Ziegler (2000) 257.

ihre Mutter durch den Tod verloren hat, so ereignet es sich nicht selten, daß die Überlebende von peinigenden Bedenken, die wir ‚Zwangsvorwürfe' heißen, befallen wird, ob sie nicht selbst durch eine Unvorsichtigkeit oder Nachlässigkeit den Tod der geliebten Person verschuldet habe. [...] Wir haben erfahren, daß diese Zwangsvorwürfe in gewissem Sinne berechtigt und nur darum gegen Widerlegung und Einspruch gefeit sind. Nicht als ob die Trauernde den Tod wirklich verschuldet oder die Vernachlässigung wirklich begangen hätte, wie es der Zwangsvorwurf behauptet; aber es war doch etwas in ihr vorhanden, ein ihr selbst unbewußter Wunsch, der mit dem Tode nicht unzufrieden war und der ihn herbeigeführt hätte, wenn er im Besitz der Macht gewesen wäre."[72] Was Freud hier als Versäumnis- und Vernachlässigungsschuld herausstellt, ist die als persönlicher Konflikt mit dem Verstorbenen auftauchende Daseinsschuld, die aber in erster Linie völlig unabhängig von solchen Konflikten, etwa in den kollektiven Schuldkomplexen nach Großverbrechen auftritt und damit eine Verbindlichkeit zeigt, die weit über eine solche Versäumnis- und Vernachlässigungsschuld gegenüber Verwandten und Zugehörigen hinausgeht. Nur so wird auch das tief greifende und in allen Kulturen vorkommende Totentabu erklärlich.

Die von Assmann beschriebene Solidarität ist, wie er ja auch selbst hervorhebt, keine freiwillige und insofern auch beliebig praktizierbare politische Bündnisform, sondern der Anker der Gemeinschaft und Gesellschaft. Der Verlust dieses Gedächtnisses ist damit auch nicht mit dem normalen Vergessen etwa eines Namens oder gar dem Verlust eines elektronischen Speichermediums zu vergleichen. Da es sich hier nicht um ein willkürliches Erinnern handelt, ist auch der Verlust kein bloßes Verschwinden von Information, sondern hat die vollständige Veränderung des Erlebens zur Folge.

Einen solchen Verlust mit der entsprechenden Veränderung hat Walter Benjamin schon in seinen frühen Werken,[73] dann aber zentral am Ende seines Lebens dokumentiert und zu erklären versucht. Für ihn gehört die durch neue Medien wie Fotografie und Film modifizierte Gedächtnisleistung eines – von ihm allerdings nicht so titulierten – kulturellen Gedächtnisses zu einem zentralen Problem modernen kulturellen Lebens. In den Arbeiten dazu spricht er von einer „Zertrümmerung der Aura",[74] die als ein Verlust des Gedächtnisses zu bezeichnen ist.[75] Für Benjamin unterliegt das Gedächtnis nicht der Willkür und ist von der bewusst herbeigeführten Erinnerung ebenso zu unterscheiden, wie von den technischen Möglichkeiten der Dokumentation des Vergangenen durch Foto und Film.[76] Schon das individuelle Gedächtnis verliert herbei zunehmend die Verfügung über die eigene Geschichte. Erst recht aber wird dieser Verlust im kulturellen und öffentli-

72 Freud (1982 d) 350f.
73 Benjamin (1977).
74 Benjamin (1974) 479f.
75 Benjamin (1974) 609ff.
76 Grätzel (1993).

chen Umfeld deutlich. Benjamins Projekt des *Passagen-Werkes*[77] kann als Versuch gesehen werden, gegen diesen Gedächtnisverlust anzugehen, indem eine neue Art des Speichers das kulturelle Leben vor seinem Vergessen bewahrt, das ihm durch die bloße historische, gerade auch fotografische und filmische Dokumentation droht.

Im *Passagenwerk* wird verschiedentlich die Allegorie als Form einer Repräsentation gesehen, die – im Gegensatz zum Symbol – das Andenken zur „toten Habe" verändert und damit das Eingedenken unmöglich macht. In einem aufschlussreichen Aphorismus aus dem *Zentralpark* wird dieser Verlust am Vergleich mit der „Reliquie" deutlich gemacht: „Das Andenken ist die säkularisierte Reliquie. Das Andenken ist das Komplement des ‚Erlebnisses'. In ihm hat die zunehmende Selbstentfremdung des Menschen, der seine Vergangenheit als tote Habe inventarisiert, sich niedergeschlagen. Die Allegorie hat im 19. Jahrhundert die Umwelt geräumt, um sich in der Innenwelt anzusiedeln. Die Reliquie kommt von der Leiche, das Andenken von der abgestorbenen Erfahrung her, welche sich, euphemistisch, Erlebnis nennt."[78] Das Erlebnis wird von Benjamin zur erfahrungslosen und damit gedächtnislosen Lebensform erklärt, weil es sich ganz der Aktualität und Präsenz verschrieben hat und damit ganz zum Ereignis, zum *event*, wie wir sagen würden, geworden ist. Das Andenken hat wie die Reliquie seine Gedächtnisfunktion verloren, denn beide sind zur Allegorie geworden. Die Parallelität von Reliquie und Andenken liegt im Verlust von Vergangenheit, wobei für Benjamin die bedeutungslos gewordene Leiche das Urbild des Verfalls darstellt. In diesem Vergleich sind alle kulturellen Veränderungen von der Veränderung des Ahnenkults her abzulesen und zu verstehen. Der Verlust der Vorwelt, der sich schon in der Reliquie ausspricht, die nur noch totes Andenken und Allegorie ist, beschleunigt sich in der industriellen Aufrüstung der Allegorie zur Ware.[79] Hier ist eine Anschauungs- und Umgangsform mit den Dingen gefunden, in der für Benjamin mit der Vergangenheit auch das Menschliche verloren gegangen ist.[80]

Für Benjamin ist Gedächtnis mithin keine Form des Wissens, sondern die gelebte Verbindung zur Vorwelt, die sich im menschlichen Umgang mit den Dingen ausspricht. Die Technisierung bedroht diesen Umgang und sein Verhältnis zur Welt vor allem dort, wo die technischen Reproduktionsformen auch die Kunst zentral zu beherrschen beginnen. Der Verlust der Vorwelt ist eine Folge der informativen Vergegenwärtigung, die ein neues Wissen ohne Gewissen generiert. Auch die alltäglichen Dinge sind von dieser

77 Benjamin (1982).
78 Benjamin (1974) 681.
79 Siehe unten § 7.
80 Stoessel (1983).

neuen Unverbindlichkeit betroffen. Der gerechte Umgang mit ihnen hat seine vertikale Dimension eingebüßt und wird nur noch im horizontalen Sinne einer Gerechtigkeit der Präsenz praktiziert.

Der Wandel im Verständnis der konnektiven Gerechtigkeit, die ja nach Assmann eine vertikale Gerechtigkeit ist, muss von dieser Veränderung des Wissens her gesehen werden. Das Wissen ist einerseits gewissenloses Wissen geworden, andererseits hat sich das Gewissen ganz auf die Verbindlichkeiten beschränkt, die im Rahmen persönlicher Maximen auftauchen können. Das kulturelle Gedächtnis ist davon ausgegrenzt und wird ohne gewissenhafte Verbindlichkeit geübt und praktiziert. Das Gedenken der Toten ist damit nicht mehr Gegenstand des Gewissens, sondern höchstens fragwürdiger politischer Praktiken.[81]

Die Solidargemeinschaft hat sich verändert zu einer Rechtsgemeinschaft, die sich gegenüber der Vorwelt, aber auch gegenüber der Nachwelt zu nichts verpflichtet fühlt.[82] Sie stützt sich wesentlich auf eine Ethik der Präsenz, die nur Verbindlichkeiten gegenüber den Zeitgenossen kennt. Hier stellt sich nun die Frage nach dem Verbleib des kulturellen Gedächtnisses, soweit es der von Assmann beschriebene Anker archaischer Kulturen war. Verzichten moderne Gesellschaften auf dieses Gedächtnis oder praktizieren sie es in einer hybriden Form, etwa in einem massiven Schuldkomplex, der auf entgrenzte Daseinsschuld verweist?

Gewissen ohne kulturelles Gedenken

Für das moderne Individuum stellt sich die Trennung der Solidargemeinschaft von der kodifizierten Rechtsgemeinschaft als Teilung der Wertewelt in eine moralische und rechtliche mit den daraus entspringenden Konflikten dar. Die auf die Gemeinschaft bezogenen Rechtswerte sind weitgehend amoralisch, sie sind Vorschrift oder Gesetz, die rein moralischen Werte dagegen haben keinen rechtlichen Status und sind dem Gewissen des Einzelnen unterstellt. Das Recht reicht so weit, das Gewissen des Einzelnen in seiner Freiheit zu schützen, es macht dem Gewissen aber keine Vorschriften.[83] Das Gewissen ist also, sogar rechtlich geschützt, sich selbst überlassen und gibt sich die Vorschriften selbst nach Maßgabe moralischer Werte. Die Verbindlichkeit dieser Werte ist aber nicht durch Recht, sondern durch Sitte und Brauch gewährleistet, was zwar nicht den Grad der Verbindlichkeit abschwächt – denn Sitten und Bräuche können von hoher Verbindlichkeit sein –, wohl aber den Verbindlichkeitscharakter verändert. Recht hat

81 Koselleck (1994).

82 Ernst Cassirer behandelt diesen Wandel ausgiebig im VII Kapitel von: *Versuch über den Menschen,* [1944] (1990) 116-170. Er sieht ihn dort als Wandel vom Mythos zur Religion und damit – gemäß seiner Philosophie der symbolischen Formen – als Wandel der symbolischen Umwelt.

83 Brinkmann (1965).

eine andere Verbindlichkeit als Sitte oder Brauch, weil es ein anderes Bewusstsein beansprucht und erzeugt. Im Recht und durch das Recht wird das dem Selbst Zukommende erkannt, gewährleistet, beansprucht und begrenzt, hier wird also überhaupt bewusst, was das Eigene, das Jemeinige ist.

Mit Blick auf Heidegger ließe sich sagen, dass die Hermeneutik des Daseins, dem es „in seinem Sein um dieses Sein geht“ das Bewusstsein von Recht ist, weil dieses Jemeinige sich von etwas her ableitet und weiß und darin Gewissen ist. Der Ruf des Gewissens, dem auch Heidegger die Bedeutung des Rückrufes aus der „Seinsvergessenheit“ zuspricht,[84] würde sich aber von dessen Auslegung darin unterscheiden, dass das Dasein vom Gewissen zwar in sein Eigenstes gerufen wird, dabei aber sein Eigenstes als verliehenes und verdanktes Sein und damit – im Unterschied zu Heidegger – gerade als Uneigentliches erkennt. In dem Bewusstsein des Gewissens weiß das Dasein sich also gerade nicht als selbständiges und autonomes Ich, sondern sieht sich verpflichtet. Umgekehrt ist Freiheit nicht gleichzusetzen mit Gewissensfreiheit.[85] Die Gewissensfreiheit ist vielmehr gekennzeichnet durch die Verpflichtung, die das Gewissen an das Recht bindet. Freiheit ist nur dann gewährleistet, wenn diese Verbindlichkeiten erfüllt sind.

Der Konflikt, der aus der Trennung von Rechtsgemeinschaft und Solidargemeinschaft von Recht und Moral hervorgeht, besteht nun darin, das Gewissen nur durch moralische Werte und Ziele beansprucht zu sehen, während dem Recht durch bloße Befolgung der Regeln Genüge getan zu sein scheint. Die Trennung zeigt die Veräußerlichung des Rechts als bloße Regel, die der Innerlichkeit der Moral gegenübersteht. Sie bewirkt die im modernen Leben geläufige Unterscheidung von Rechtspflichten und sittlichen Verpflichtungen. Mit dieser Trennung ist das Gewissen von seiner Aufgabe entbunden, die eigene Berechtigung in Frage zu stellen oder auch nur angefragt zu wissen. Als ausschließlich moralisches Gewissen ist es nur sich selbst verpflichtet und hat die Verantwortung für den Anderen seiner Selbstverantwortung unterstellt. Verantwortung kann deshalb nur dann erwartet und gefordert werden, wenn das Individuum auch entsprechend zurechnungsfähig ist und ein gewisses Maß an sittlichem Bewusstsein zeigt. Damit wird aber ein Zirkel geschlossen, in dem die Verantwortung auf die sittliche Einsicht und die sittliche Einsicht auf die Verantwortbarkeit durch die Zurechnung verweist. Das Gewissen soll dabei selbstgerecht urteilen

84 Heidegger (1967) §§ 54-60.

85 So sieht es Karl Brinkmann, wenngleich in einem anderen Zusammenhang: „Auch ist es irrig, ‚Gewissensfreiheit‘ und Freiheit identisch zu setzen. Denn während die Freiheit als Freisein gleichfalls zu einer Entscheidung gegen das Gewissen gebraucht werden kann, ist das bei der Gewissensfreiheit, die ja zu einem Handeln gemäß dem Gewissen besteht, ausgeschlossen. Im Gegensatz zur sog. sittlichen Freiheit [...] ist die Gewissensfreiheit damit tatsächlich gebunden wie beschränkt, nämlich in Hinblick auf eine rechtliche Entscheidung.“ Brinkmann (1975) 417.

und moralische Bedenken auch selbstgerecht aussprechen. Das Gewissen wird dabei zur Selbstgerechtigkeit verkürzt. Dies hat entscheidende Auswirkung auf die Solidargemeinschaft.

Einerseits werden die Rechtswerte nicht mehr durch das Rechtsbewusstsein des Gewissens vertreten, sondern, gemäß der Trennung von Legalität und Moralität, durch positives Recht und durch ein das positive Rechtsdenken überschreitendes moralisches Bewusstsein. Für diese sowohl von naturrechtlichen als auch rechtspositivistischen Positionen vertretene Trennung ist Recht nicht mehr an sich schon Recht, sondern zunächst bloße Regelung, die durch eine übergeordnete Regelung korrigiert wird, die entweder einer „Grundnorm“[86] entspringt, oder überrechtlich legitimiert ist.[87] Andererseits werden die moralischen Werte durch das Rechtsbewusstsein des Gewissens vertreten – und nicht durch ein spezifisches Sittenbewusstsein, das die Handlungen danach beurteilt, was gute Sitte ist.

Im neuzeitlichen Denken seit Kant hat die Aufwertung oder Umwertung der Rechtswerte zu moralischen Werten dazu geführt, Moral aus einer rechtlichen Selbstverpflichtung heraus zu begreifen. Bis hin zur Diskursethik wird dabei die Geltung und Legitimität von Handlungen von der möglichen oder wirklichen Zustimmung einer realen oder idealen Kommunikationsgemeinschaft abhängig gemacht. Jede Handlung ist danach anhand ihrer Maximen auf Allgemeingültigkeit und Verträglichkeit nicht nur durch den Einzelnen selbst prüf- und entscheidbar, der Einzelne ist dazu auch durch sich selbst, durch seine Vernunft, durch das „moralische Gesetz“ oder durch den performativen Selbstbezug verpflichtet. Sowohl im kategorischen Imperativ Kants: „Handle so, daß die Maxime deines Willens jederzeit zugleich als Prinzip einer allgemeinen Gesetzgebung gelten könnte“[88] als auch im kategorischen Imperativ der Diskursethik: „Handle so, als ob du Mitglied einer idealen Kommunikationsgemeinschaft wärst“[89] liegt die Verbindlichkeit der Handlung in der Eigenverpflichtung, Aussagen und Handlungen auf das moralische Gesetz oder auf einen möglichen performativen Selbstwiderspruch hin zu prüfen. Die Rechtsfrage nach den aus der Jemeinigkeit hervorgehenden Rechten und Verpflichtungen wird dabei nicht mehr gestellt.

Die Verschiebung der Werte, die sich hinter der Trennung von Moral und Recht zeigt und die zu der Aufgabenteilung zwischen Moralität und Legalität geführt hat, signalisiert die Ablösung der Solidargemeinschaft durch eine Rechtsgemeinschaft, in der das Recht auf das positive Recht re-

---

86 Kelsen (1992) 193.
87 Siehe unten § 9.
88 Kant [1786] 1913.
89 Apel (1990) 358.

duziert und die Solidarität durch die eine selbstgerechte Moralität ersetzt ist. Das ausschließlich moralische Gewissen ist infolge dessen von kulturellen Gedächtnisleistungen weitgehend entlastet. Dies bedeutet aber nicht, dass es sein Gedächtnis verloren hätte, ist doch Gewissen Gedächtnis schlechthin. Das Gewissen ist aber nunmehr ein Gedächtnis, das nicht mehr kulturell, sondern nur noch individuell in den Zusammenhang einer konnektiven Gerechtigkeit gestellt ist. Die konnektive Gerechtigkeit der Solidargemeinschaft wird nur noch als existentielle Anfrage an den Einzelnen und als Infragestellung seines Rechts auf Leben im Ruf des Gewissens bewusst.

Die Veränderung im kulturellen Gedächtnis wirft also den Einzelnen auf sich selbst zurück und bürdet ihm Aufgaben auf, die eigentlich nur von der Solidargemeinschaft getragen werden könnten. Dabei handelt es sich um die aus dem Rechtsbewusstsein stammende Frage nach dem Recht auf Jemeinigkeit, die den Einzelnen in einen uneinholbaren Schuldrückstand gegenüber den Anderen, der Welt und dem Leben bringt. In der Solidargemeinschaft wird diese Schuld gemeinsam getragen, und darin besteht auch die konnektive Gerechtigkeit der Solidarität. In der Rechtsgemeinschaft muss diese Last der Einzelne mit seinem moralischen Gewissen bewältigen, was aber nicht zu leisten ist. So bezahlt das Individuum seine moralische Befreiung mit einem diffusen Schuldbewusstsein, in dem in unabgeklärter Weise seine Existenz infrage gestellt ist und auf dem Spiel steht. Entsprechend ist die Rechtsgemeinschaft nicht mehr mit der solidarischen Übernahme und der Gemeinsamkeit der Schuld befasst, sondern mit der Rechtfertigung des Einzelnen und der Gesellschaft aus lauter Einzelnen, die sich in theoretischen und praktischen Rechtfertigungsstrategien ausdrücken.

Die Rechtfertigung ist zum Grundmerkmal eines modernen Wahrheits- und Rechtsbewusstseins geworden. Sie ist damit das Merkmal eines kulturellen Gedächtnisses, das seine über die Gegenwart hinausgehende Solidarität mit den Lebenden, den Toten und den Ungeborenen aufgekündigt hat und das Andenken und Gedenken der Nicht-Gegenwärtigen nur noch in der rechtfertigenden Abwehr diffuser Schuldgefühle praktiziert.

Dies zeigt sich vor allem in den moralischen und rechtlichen Fragen, in denen die Betroffenen ihr eigenes Recht nicht vertreten können. Dabei handelt es sich um die Frage, welche Rechte den Ungeborenen, Toten, aber auch Tieren, Pflanzen und der Natur überhaupt zukommen. In einer Solidargemeinschaft sind sie Träger von Rechten, in der modernen Rechtsgemeinschaft haben sie bestenfalls einen moralischen Anspruch, der allerdings immer hinter den Rechten der Rechtssubjekte zurückbleibt. Ihnen ist nicht nur das Recht verwehrt, sie haben nicht einmal Anspruch auf den Titel eines Subjektes, der allein den in einer modernen Gesellschaft verbliebenen Mitgliedern der Rechtsgemeinschaft vorbehalten bleibt. Ausgegrenzt aus der Gemeinschaft, führen die Nicht-Lebenden, die Noch-nicht-Lebenden und die ein bloß „vegetierendes“ Leben Lebenden ein recht- und subjektloses Dasein in einer rechtlich isolierten Position. Sie bilden eine Art Sub-Gemeinschaft der Minderwertigen, die vom rechtlichen Standpunkt aus nahe der Ebene der Sachwerte angesiedelt ist. Das Gewissen nimmt diese Existenzen wahr und ruft sie in Erinnerung, doch den rechtlichen Ansprüchen aus der Solidargemeinschaft wird nur mit moralischen Bedenken begegnet, was in den besonderen Fällen des neuen Natur- und Umweltbewusstseins aber durchaus wieder zu rechtlichen Konsequenzen geführt hat. Doch dies sind Ausnahmen, die der umfassenden konnektiven Gerechtigkeit längst nicht entsprechen.

So hat die Ausgrenzung und Isolierung der entrechteten und zu subjektlosen Substanzen verurteilten Glieder der Solidargemeinschaft zu einem umfassenden Schuldkomplex geführt, der das moderne Bewusstsein vollständig durchzieht. In diesem Komplex wird eine Art negatives Andenken praktiziert, bei dem sich der Einzelne gegen sein Gewissen sträubt. Der Ruf des Gewissens, der ein Anruf konnektiver Gerechtigkeit ist, wird durch Recht- und Moralkonzepte erwidert. Das „gute Gewissen“ einer allein auf Verantwortung gegründeten Moral setzt sich gegen das Gedenken, Andenken und „denkende Denken“[90] des Gewissens zur Wehr, indem Subjekte durch Substanzen, Sachen und Funktionen ersetzt werden und sie darin ihr Nicht-Recht, also keinen Anspruch auf Personenrechte haben.

Ist das kulturelle Gedächtnis zum persönlichen Gewissen des Einzelnen geworden, dann zeigt sich, dass es ein Gedächtnis wider Willen ist. Der Einzelne wehrt sich gegen dieses Gedächtnis, weil es eine komplette und durch keine Solidarität abgefangene und getragene Infragestellung seiner selbst als Individuum bedeutet. Dass dies nicht nur eine grundsätzliche, sondern eine politische und alltägliche Auswirkung hat, zeigen die angesprochenen aktuellen Schuldkomplexe. Dabei wird die Schuld für Verbrechen nicht allein bei den Tätern gesucht, sondern in einer nicht endenden Infragestellung in diffuser Form heraufbeschworen. Schuld manifestiert sich hier wegen des Ausmaßes der Verbrechen, die durch die Bestrafung der Täter allein nicht gesühnt zu sein scheinen, als Kollektiv- und Erbschuld. Diese Manifestation ist aber keine Eigenart einer besonderen Schuld für politische oder kulturelle Verbrechen, sondern eine Besonderheit des Gewissens, das mit der kulturell angeordneten Reduktion auf die moralische Verantwortung des persönlichen Gewissens im Angesicht kapitaler Verbrechen wie Völkermord überlastet wird. Das „gute Gewissen“, das auf der Trennung von Rechts- und Moralwerten basiert und dabei nur das persönlich verantwortbare Gewissen sein lässt, kann sich dieser offensichtlich gewordenen maßlosen Entrechtung nicht mehr verschließen. In solchen

90 Heidegger (1997).

Schuldkomplexen dringt also das Rechtsbewusstsein wieder in das Gewissen ein und dominiert als das maßgebliche kulturelle Gedächtnis. Dieser Prozess vollzieht sich aber nicht sofort, sondern erst in der politischen und kulturellen Aufarbeitung der folgenden Generationen.

Was sich aber in der Nachfolge der Großverbrechen zeigt, ist nur die Oberfläche eines größeren Schuldkomplexes, der sich durch die Veränderung des kulturellen Gedächtnisses, durch die Moralisierung des Gewissens entwickelt hat und weiter entwickelt. Dieser umfassende Komplex wird durch den alltäglichen Umgang in einer rationalisierten und moralisch abgegrenzten modernen Rechtsgemeinschaft erzeugt. Hier werden nicht die außerordentlichen historischen Verbrechen einzelner Täter oder Volksgruppen, sondern die alltäglichen Vergehen von jedermann gegenüber der rechtlich nicht mehr anerkannten Solidargemeinschaft „gespeichert". Zwar scheint das persönliche moralische Gewissen, im Unterschied zu der Bewältigung der Schuld nach Großverbrechen, leichtes Spiel zu haben, doch täuscht hier die Langsamkeit einer Schuldreaktion über ihr Ausmaß hinweg. Die maßlosen Verfehlungen, Unterlassungen und Verbrechen an den aus der Rechtsgemeinschaft Ausgegrenzten werden, wie im Falle der Großverbrechen, erst nach und nach dem moralischen Gewissen bewusst und bringen den Schuldkomplex zum Ausbruch. Seit längerem künden sich in verschiedenen politischen und kulturellen Besinnungen erste Anzeichen an. Dazu gehört das sich verändernde Umweltbewusstsein, das naturbezogene Denken, das seinen Ausdruck in Naturschutz, Vegetarismus und dergleichen findet. Daneben lassen die heftigen Debatten um Embryonenschutz, Eugenik und Sterbehilfe auf Gewissensregungen schließen, unabhängig, welche Position in diesen Debatten eingenommen wird. Auch der Ruf nach einer Makroethik im Sinne einer Verantwortung für die Natur und Leben überhaupt, wie er von Hans Jonas ausgeht, deutet ein verändertes moralisches Bewusstsein an, das sich letztlich als kapitulierende Moral zu erkennen gibt.[91] Dementsprechend tritt das Bedürfnis nach religiöser Orientierung wieder stärker hervor, wobei unbeachtet bleibt, dass die Religionen in westlichen Ländern weitgehend moralisiert sind. Von moralischer Seite ist aber das schlechte Gewissen der Schuld nicht zu beruhigen, weil das Gewissen als individualisierte Form des kulturellen Gedächtnisses ein Rechtsbewusstsein ist, das nicht nur die vergangenen und aktuellen politischen Großverbrechen belastet, sondern das gesamte organisierte Vergessen eines selbstgerechten Handelns, das

91 So etwa K. O. Apel über die Wirksamkeit moralischer Verbindlichkeit nach Wegfall des Solidaritätsprinzips: „In der Praxis dürften in der Tat die moralischen Entscheidungen der Einzelnen in der aus archaischen und religiösen Gemeinschaftsbindungen entlassenen modernen Massengesellschaft selten den Solidaritätshorizont der Intimgruppe transzendieren." Apel (1981) 376.

selbstgerechten Handelns, das sich weder der Vergangenheit noch der Zukunft gegenüber verpflichtet weiß.

Pflicht des Gedenkens im Gewissen

Das Gewissen ist die Erinnerung an die Wiederherstellung einer Ordnung, die durch menschliches Handeln gestört wurde. Dieses Handeln muss nicht unbedingt von böser Absicht motiviert sein, es kann auch zur Selbsterhaltung notwendiges Handeln sein. Für das Bewusstwerden von Schuld reicht schon die Störung der Ordnung durch einseitiges Nehmen ohne Geben. Das Gewissen ist also nicht an die moralische Gesinnung des Nehmens gebunden, das Nehmen kann in guter oder böser Absicht geschehen sein, es ist eine Störung des Gleichgewichtes und der Wechselseitigkeit, die durch das Gewissen erinnert wird. Insofern ist das Gewissen eine Instanz, die jenseits von Gut und Böse die durchaus notwendige Einseitigkeit menschlicher Handlung sanktioniert.

Von der Moralisierung der Schuld durch die christliche Vorstellung der Sünde als böser Tat eines Einzelnen sind auch die Bedeutung und das Verständnis des Gewissens betroffen. Die Gewissenregung wird hier an die böse Tat oder Unterlassung gebunden und damit wesentlich geschmälert. So spricht Helmut Kuhn in einer durchaus beachtlichen Auseinandersetzung mit dem Gewissensproblem vom Gewissensruf als Wiederherstellung einer „durch uns verletzten Ordnung", die „über jede einzelne Person hinaus als Grund ihres Daseins, des Daseins aller Personen und ihres Miteinanderseins im weiteren Ordnungszusammenhang der Wirklichkeit" hinausreicht.[92] Obwohl dieser Rahmen etwas anderes vermuten ließe, handelt es sich dabei aber letztlich doch nur um die Ordnung des gesitteten Miteinanders. Hier sind es dann nur die Übeltäter, die diese Ordnung stören. Das Gewissen ist aber von einer ganz anderen Schuld belastet, die aus der unumgänglichen und damit auch unvermeidbaren Verletzung der Lebensordnung herrührt.

Die Einseitigkeit des Nehmen-müssens ohne etwas dagegen geben zu können zeigt sich primär in der zeitlichen Versetzung der Generationen. Nirgends wird das Unvermögen des notwendigen Zurückgebens stärker deutlich als in der durch den Tod abgebrochenen Wechselseitigkeit. Das Gewissen kann hier nicht mehr direkt beruhigt und befriedet werden, es setzt sich deshalb fort in der geschichtlichen Besinnung des Andenkens und Eingedenkens. Diese Besinnung fordert das Andenken an die Herkunft und Hinkunft und ist von daher nicht nur Denken des Ursprungs, sondern zugleich das dem Ursprung Verschuldet- und Verpflichtetsein. Als solche ist die Besinnung eine Grundsuche, die sich von der sachlichen und kausalen Grundsuche wesentlich unterscheidet.[93] Sie ist nicht nur Suche des Grundes, son-

92 Kuhn (1954) 171.

93 Siehe unten § 6.

dern in erster Linie Angerufensein von dem Grund. Dieser Ruf des Grundes zum Eingedenken und Andenken seiner selbst ist ein Imperativ, der weder moralisch noch sittlich ist. Durch ihn wird aber das Denken gezwungen, Grund, Ziel und Sinn zu suchen, er bildet damit die Voraussetzung zu ethischem Handeln. Du sollst, weil du bist und weil du darin dem Grund verpflichtet bist. „Dasein ist Pflicht", weil es von dem Grund angerufen ist, ihn zu suchen.

In diesem Ruf dringt die Schuld durch das Bewusstsein des Seins.[94] Der Ruf des Gewissens, der, wie Heidegger ausführt, in das Man hinein ertönt, ist keine Ermahnung, dies und jenes zu ändern, sondern die Erinnerung des ursprünglichen Seins als Schuldigsein. Die Schuld, die bei Heidegger in der Uneinholbarkeit des Grundes angelegt ist, kommt aus dem Defizit an Sinngebung. Die Sorge, die das Dasein entwirft und gestaltet, ist fest an diese Schuld gekoppelt, indem sie einerseits dieses Defizit auszugleichen sucht, andererseits aber sich gerade dadurch von seinem eigentlichen Sein als „Sein zum Tode" abkehrt. Wenn Dasein als solches schuldig ist, dann nicht deshalb, weil es gegenüber anderem Dasein etwas schuldig geblieben wäre, sondern weil es sich selbst gegenüber immer im Verzug ist und sich verfehlt.

Paul Ricoeur spricht in seiner Kritik an Heideggers Schuldbegriff von einer „Demoralisierung des Gewissens".[95] Ricoeur stellt hier heraus, dass Heideggers Konzept des Gewissens als Bezeugung der *Wahrheit* des Daseins den Anderen völlig ausblendet. Damit sei der Ruf aber so unbestimmt wie die Entschlossenheit, die auf den Ruf antwortet: „Da sie [die Wahrheit] aber vom Anspruch des Anderen und von jeder eigentlichen moralischen Bestimmung abgeschnitten ist, bleibt die Entschlossenheit ebenso unbestimmt wie der Ruf, auf den sie zu antworten scheint."[96] Diese Kritik kann aber irreführend sein. Der Ruf des Gewissens ist nicht unbestimmt, wie Ricoeur zurecht kritisiert, er ist aber auch nicht primär moralisch auf die Verfehlung des Handelnden bezogen. Er ruft aus dem Bewusstwerden der eigenen Existenz als geschöpfte und geschaffene und ist insofern existentiell.

Der Ruf des Gewissens ist nicht anonym, wie Heidegger meint, sondern hat einen klaren Ursprung, der die Herkunft des Einzelnen und seine Geschichte bezeichnet.[97] Der Ruf ist der Aufruf, die Herkunft des Seins bewusst zu machen und bewusst zu halten, dem Sein in dieser Hinsicht nach-

94 Kuhn hat diese Dimension durchaus erfasst, wenn er auf den Titel seiner Untersuchung anspielend sagt: „Im Gewissen kündigt sich eine letzte Realität an – es vermittelt eine ‚Begegnung mit dem Sein'". Dieses Sein bleibt aber im „Wirkungsbereich zwischenmenschlicher Liebe" und ist damit an eine nicht weiter definierte Gegenwart gebunden. Kuhn (1954) 172

95 Ricoeur (1996) 421.

96 Ricoeur (1996) 420.

97 Hübner (2001) 126-133

zuforschen. Im Soll des Grundes wird das Ist aufgehoben und die Substanz durchbrochen.

Vergangenheit meldet sich im Ruf von selbst als Grundsuche, ohne von der Willkür bestellt zu sein. Die Dokumentation des Vergangenen ist aber keine Garantie für die Erinnerung oder das Gedächtnis. Nicht alles, was sich der Vergangenheit zuwendet, wird auch von der Vergangenheit angesprochen. Umgekehrt ergeht der Ruf aus der Vergangenheit nicht als eigener Zuruf des Willens und der Willkür, zumal dann, wenn sie der Selektion und Zensur untersteht. Die Erinnerung, die als Seinsbewusstsein auftritt, ist unabhängig davon, ob gerade erinnert werden soll oder nicht. Es ist jene „Suche nach der verlorenen Zeit“, die nicht im Bereich persönlich gemachter Erfahrungen bleibt, sondern über die persönliche Geschichte und Biografie hinaus geht und die entsetzende Tatsache der Daseinsschuld erinnert, der Unvordenklichkeit dieses Ursprungs verbunden und verdankt zu sein. Hier wird etwas Ereignis, was längst nicht mehr Ereignis ist und für das Individuum nie Ereignis war.

In diesen Erinnerungen tritt das Leben als verdanktes und verschuldetes gegenüber den Vorfahren und Nachkommen auf. Leben bekommt darin die Bedeutung, als vollständiger Einsatz der zureichende Grund für weiteres Leben zu sein. Das Worauf und Wofür des vergangenen Einsatzes ist das Jetzt, ist Sein geworden, das ich bin. Sein ist deshalb kein bloßes Faktum, sondern die Wirklichkeit dieses Grundes, die zugleich und ohne Weiteres Eingedenken ist. Die Wirklichkeit ist dieses Eingedenken, weil es die Wirklichkeit eines Opfers, einer Hingabe ist. Es ist die Wirklichkeit einer gewesenen Zukunft, die gestiftet, hingegeben und geopfert, für die gestorben wurde. Ist diese gewesene Zukunft meine Gegenwart, so wird sie im Eingedenken zur Pflicht der Übernahme und Weitergabe, denn das Jetzt bekommt die Bedeutung des Wird-gewesen-seins (Futur II),[98] das aber erst dann erlöst ist, wenn es sich gegenwärtig als diese Vergangenheit des Futurs erweist und sich darin auch wirklich als Hingabe gegeben hat. Die Erinnerung des Gewissens greift damit weit über ein persönliches Gedächtnis hinaus, sie ist Erinnerung des Seins und als solche die Kontinuität der Geschichte, die jetzt schon in der Gegenwart die Vergangenheit mit der Zukunft in der Vergangenheit, dem Wird-gewesen-sein des Futur II zusammenschließt.

Das Jetzt der Gegenwart ist also schon an die Vergangenheit des Futurs gebunden und zum Einsatz und zur Hingabe aufgerufen, es kann nicht als freier oder gar leerer Augenblick bewusst werden. Immer ist die Verbundenheit mit dem Gewesenen als Eingabe und Hingabe mit Blick auf die Zukunft gewiss. Diese Verbindlichkeit zwingt, des Gewesenen zu gedenken

---

98 Zur Bedeutung der „Futur II-Perspektive“ für die Erschließung von Krankheiten aus der Lebensgeschichte des Patienten: Blankenburg (1990).

und zu erinnern, um sich selbst in die Vergangenheit der Zukunft entwerfen zu können. Der bewusst erlebte Augenblick ist nicht das bloße, sondern das in diesen Zeiträumen erlebte Jetzt. In ihm ist alles gelebte Leben als Natur gegeben. Hier bildet sich das Bewusstsein, „Leben zu wollen inmitten von Leben, das leben will", wie Albert Schweitzer sagt. Jedoch ist dieses Leben-wollen im Jetzt vom Bewusstsein begleitet, dass es um den Preis des Todes geschieht. Denn Leben-wollen des Einen korrespondiert einem Geben-müssen des anderen und führt zur Ungerechtigkeit des Lebens, das erst in der Solidarität des Lebens insgesamt ausgeglichen ist. Die Solidarität zwingt deshalb zum Eingedenken an die Übernahme und Weitergabe der Schuld. Als Schuldbewusstsein ist sie die ungewollte und nicht zu verdrängende Erinnerung, die alles Leben auszugleichen fordert. Ungewollt und nicht zu verdrängen ist diese Erinnerung, weil jeder Moment Teil einer Geschichte ist, die immer im Ganzen erscheint, auch wenn sie nicht vollständig vorgestellt wird. Zwar entwirft sich der Einzelne und gestaltet Geschichte, er ist aber dabei immer schon Teil einer anderen Geschichte, die er als seine Vorgeschichte übernimmt und weiterführt.

III. Schuld und Freiheit

§ 6 Umwertung der Werte

Von der Stellvertretung zum Ersatz

Das Verschwinden der Schuld in modernen Gesellschaften und Kulturen ist ein nur indirekt zu beobachtendes Phänomen. Schuld ist nicht einer direkten Verdrängung anheim gefallen, sondern ist durch grundsätzliche Änderungen der Parameter verschwunden, die das Leben legitimieren. Sein und Leben werden danach auf die sachliche und dingliche Präsenz gegründet. Auch wenn die Präsenz als Augenblick nicht zu fassen und zu umreißen ist, so ist dieses imaginäre Jetzt doch zum Grund des Seins geworden. Die Idealität dieser Zeitgründung in der Präsenz wird durch die Lust am Augenblick einer Realisierung zugeführt, deren Scheitern im „faustischen Menschen" den Auftakt gibt zu einer unübersehbaren Reihe des Missglückens, den Augenblick zu fassen, zu bewahren oder auch nur im Abenteuer zu erspüren. Trotz dieser Misserfolge hat sich das neue Lebensgefühl auf grundsätzliche Weise etabliert, weil es in einer anderen Richtung erfolgreich zu nennen ist, nämlich der Etablierung einer Unverbindlichkeit gegenüber der Geschichte, die es in dieser Form in den Kulturen wahrscheinlich noch nie gegeben hat. Sie kann deshalb als neue Unverbindlichkeit bezeichnet werden. Ihre Stärke liegt in der Modellierung eines neuen Typus Mensch, des freien, auf sich gestellten Individuums, das nur sich und seinen Werken gegenüber verantwortlich ist. Solidarität wird hier nicht mehr in Form einer *jus connectiva* gefordert, sondern ist zur generösen Herablassung oder – gleichsam als Zerrbild davon – zur verbissenen Mitleidsattitüde geworden.

Der freie, selbstverantwortliche Mensch gründet seine neuen Rechte auf eine neue Form des Reichtums und Besitzes. Reichtum ist nicht mehr das Leben, soweit es von der Vergangenheit her überbracht und geschenkt ist, Reichtum ist jetzt das Leben, das nach den Gesetzen der Produktivität und Kreativität selbst gestaltet wird. Arbeit und Kunst sind die sich ergänzenden Gestaltungsprinzipien der neuen Unverbindlichkeit geworden. Mit Produktivität und Kreativität wird das Jetzt gestaltet und damit ein Realismus geschaffen, der als Realismus der Präsenz gelten kann. Die einzelnen Schritte zu dieser Umgestaltung der Welt zeigen bei aller Verschiedenheit einen Einklang in der Zielrichtung, die Vergangenheit vom Jetzt zu lösen und zu einer sachlichen Vorgeschichte zu degradieren. Das am Faktischen festgemachte Realitätsprinzip lässt nur so viel Verbindlichkeit zu, wie aus den eigenen Werken zu verantworten ist. Eine Verbindlichkeit gegenüber den

Werken der Vorfahren ist damit ebenso ausgeschlossen wie die gegenüber den Werken der Zeitgenossen, an denen das Individuum nicht mitgewirkt hat.

Damit hat sich die Rechtsform der Stellvertretung geändert. Mit wenigen Ausnahmen, zu denen die Bürgschaft zählt, ist Schuld weder moralisch noch rechtlich abtretbar und übertragbar. Außer in theologischen Zusammenhängen, und auch hier umstritten, hat Stellvertretung der „Repräsentation", dem „Ersatz" oder der „Rolle im Alltag" Platz gemacht. Damit sind Formen der Vertretung und des Spiels gemeint, denen bei allen Unterschieden, die sie als rechtliche, politische und theatrale Begriffe haben, eine prinzipielle Austauschbarkeit zukommt.

Die Bedeutung der Stellvertretung ist philosophisch bisher fast ausschließlich in semiotischer, in gewissem Maß auch in rechtsphilosophischer Hinsicht behandelt worden. Christof Gestrich spricht von einer „faszinierenden Kategorie", die philosophisch bisher wenig wahrgenommen wurde.[1] Die zeichentheoretische und rechtliche Erörterung eines Vorganges, bei dem „etwas für etwas" steht oder „jemand für jemand" an dessen Stelle tritt, ist unter dem gemeinsamen Begriff der „Repräsentation" erfasst. Damit ist aber nur die Oberfläche oder das Ergebnis eines Vorganges beschrieben oder festgelegt, der auf die komplizierte Dramaturgie des Tausches zurückgeht, die den Ausgleich der Schuld zum Ziel hat. Stellvertretung ist dann kein bloßes An-die-Stelle-treten oder Ersetzen, sie ist der Vollzug desjenigen Tausches, der das Dasein sühnt und entsühnt, des Tausches der Schuld, bei dem Schuld übernommen und übertragen wird. Da dieser Tausch nie direkt oder „realistisch" vollzogen werden kann, tritt die symbolische Form an ihre Stelle. Eine wichtige Anregung zu diesem Thema gab Dorothee Sölle mit ihrem Buch von 1965 zur *Stellvertretung*,[2] das in der katholischen und evangelischen Theologie zu ausgiebigen Untersuchungen geführt hat. So haben auch Christof Gestrich, Karl-Heinz Menke,[3] Bernd Janowski[4] gründliche, bis in die Geistes- und Kulturgeschichte hineinragende Studien zu diesem Komplex vorgelegt. Auch die juristisch ausgerichtete Arbeit von Hofmann zur Repräsentation[5] muss hier hinzugerechnet werden. Die unterschiedlichen Versuche, Stellvertretung entweder semiotisch – als Zeichen für etwas – juristisch – als Repräsentation staatlicher Macht oder theologisch – als Opfer oder Sündenbock – zu verstehen, zeigen die Vielfalt dieses Komplexes.

Während juristische und politische Stellvertreter austauschbar und ersetzbar sind und ihre Vertretung in Rollen übernehmen, die das eigene Sein und Selbst nicht tangieren, aufheben oder ersetzen, letztlich also immer Nebenrollen bleiben oder bleiben sollten, spielen Stellvertreter Hauptrollen, die zwar übertragbar sind, denn darin besteht ja gerade die Stellvertretung, die

1 Gestrich (2001) 77ff.
2 Sölle [1965] 1982.
3 Menke (1997).
4 Janowski (1997).
5 Hofmann [1974] (1998).

aber keine Rolle sind unter anderen Rollen. Die Hauptrolle des Stellvertreters ist nicht austauschbar, wie die Rolle im Theater oder im sozialen Leben. Die Stellvertreterrolle ist nur eine einzige, und sie ist unaustauschbar: Es ist die Rolle der Schuldübernahme.

Wie Dorothee Sölle herausgestellt hat, liegt hier der wesentliche Unterschied zwischen „Stellvertretung" und „Ersatz". Für sie ist der Mensch „unersetzlich, aber vertretbar".[6] Während Ersatz die Ersetzbarkeit anzeigt, zeigt die Vertretung die Unersetzlichkeit des Menschen. „Wo immer der Leistungshorizont der einzig mögliche ist, da ist auch Ersatz im Spiel. Der unersetzliche Mensch muß anders begründet werden. Unersetzlich bin ich einzig denen, die mich lieben."[7] Es bleibt allerdings offen, warum der Mensch (vor Gott) vertreten werden muss und nicht für sich selbst stehen kann. Die „Liebe" und „Hingabe", die für Sölle allein nur vertretbar und unersetzlich ist, wäre auch ohne Stellvertreter und damit ohne Christus realisierbar. Stellvertretung ist damit nicht allein durch die Unersetzlichkeit bezeichnet, sie hat auch eine konkrete Aufgabe, das Opfer. Hier macht sich der konkrete Inhalt der Stellvertretung in der allgemeinen Solidarität des Seins deutlich. Für Max Scheler zeigt sich hier sogar das Prinzip der Entwicklung alles Lebendigen: „*Liebe, Tod, Schmerz, Verbandsbildung und Steigen der Organisationshöhe* (echte ‚Entwicklung') durch Differenzierung und Integrierung – sie bilden also schon in der Sphäre des rein vitalen Seins eine *notwendig* und *untrennbar* zusammengehörige Gruppe von Vorgängen und Zuständen. Es ist schwer zu denken. Aber wir müssen in einer *einfachen* Intuition die ganz innige und notwendige *Einheit* dieser großen, elementaren Lebenserscheinung erfassen. [...] Und sucht man einen Namen der identischen Einheit in diesem Ganzen zusammengehöriger Geschehnisse und Zustände, so gibt es nur einen Namen, der sie eint: *Opfer*. Ein Niedrigeres wird hingegeben für ein Höheres; der hingebende oder hingegebene Teil leidet und stirbt ‚stellvertretend' für das Ganze, auf daß das Ganze gerettet, erhalten werde – je nachdem gefördert und gesteigert. *Alles* Leiden ist ‚stellvertretend' und zuvorkommend, damit das Ganze weniger leide. *Aller* Tod des Individuums ist stellvertretend für den sonst erfolgenden Artentod und dient eben damit dem Leben, das seine starr gewordene Organisation abwirft und über seine gegebene Organisation hinaus will. *Alle* Liebe ist Opferliebe – subjektives Opferecho eines Teiles für ein sich umformendes Ganzes im Bewußtsein."[8]

Wo keine Schuld mehr zu übernehmen ist, gibt es auch keine Stellvertretung. Stellvertretung ist nur im Angesicht und unter der Anklage der Schuld möglich, und hier hat sie auch ihre einzige Aufgabe, die Schuld zu übertragen auf den Unschuldigen. In der Stellvertretung hat der Unschuldige die Schuld des Schuldigen übernommen und trägt sie. Erlösung ist nur möglich, wenn der Schuldige seine Schuld auf den Unschuldigen übertragen kann. Schuld ist hierbei nicht die Schuld für ein Vergehen, denn diese Schuld ist individuell und an eine Tat gebunden, Schuld ist die Daseinsschuld, die alle

6 Sölle [1965] (1982) 25.
7 Sölle [1965] (1982) 48.
8 Scheler (1986) 45f.

betrifft und bedroht, die existieren und ein Bewusstsein dieser Existenz haben. Von der Möglichkeit und Übertragung dieser Schuld hängt das Gelingen oder Misslingen des Lebens ab.

Im neuzeitlichen Denken hat sich dies grundsätzlich geändert. Gelingende Identität wird von den Werken her gewährleistet. Die Selbstgestaltung und Selbstmodellierung der neuzeitlichen und modernen Existenz vollzieht sich dementsprechend über die Arbeit, die im erfolgreichen Beruf zum Zeichen der Gnade wird. Im Zuge der Abwertung durch die Industriearbeit beginnt eine erneute Ideologisierung der Arbeit, die sie zum biologischen Faktor der Menschenrasse erhebt. Gleichzeitig wird ein neues Genre des „Werktätigen" entwickelt, der Künstler als Genie, dem im Unterschied zum Arbeiter allein die Fähigkeit zugesprochen wird, die Authentizität des Produkts und damit der Identität zu wahren. Wer auch immer letztlich zum wahren Schöpfer erklärt wird, ob Arbeiter oder Künstler, ausschlaggebend ist das Produkt und seine Symbolkraft, um aus der Entfremdung und dem inneren Zwiespalt des Menschen herauszuführen. Die „Hälftenhaftigkeit", die dem Menschen angeboren (Plessner) oder zugefügt (Marx) wird, soll überwunden werden, sei es durch Übernahme der Rolle (Plessner) oder durch Aufhebung der Entfremdung (Marx). Erlösung ist damit zur internen Versöhnung der inneren Dualität geworden. Sie kann und muss auch als gesellschaftlicher Prozess gesehen werden, doch das Ziel ist die persönliche Erlösung des Menschen durch seine Produkte.

Das über seine Produkte und Werke sich realisierende Individuum kann sich aber nicht über diese Werke erlösen, auch wenn es einmalige Werke und Produkte schafft. Weder können sie zu Stellvertretern werden, noch kommt ihnen die Bedeutung zu, Ankläger zu sein. Vielmehr sollen sie das Individuum in seiner Individualität rechtfertigen. Aus den Werken als Reflex menschlicher Kreativität ist alle Schuld verschwunden, sie sind Zeugnisse blühender Selbstgerechtigkeit. Deshalb ist der Mensch, im Gegensatz zu Sölles These, ersetzbar, wenn er sich auf seine Werke stützt. Die Unersetzlichkeit, die Dorothee Sölle meint, ist nur dem Stellvertreter zuzusprechen, soweit er Schuld trägt, überträgt und tauscht. Denn darin liegt der Ausweg zur Erlösung. Ein Mensch als bloße Person ist immer ersetzbar.

Von der Vergeltung zur Kausalität

Moderne Gesellschaften und Kulturen sind nicht mehr geschichtlich oder gar mythisch begründet, obwohl sie sich auf ihre jeweilige Geschichte, aus der sie hervorgegangen sind, beziehen. Ihre konkrete Zeitgeschichte hat nur noch eine begrenzte Verbindlichkeit für die Gegenwart. Die Verbindlichkeiten können zwar rechtlicher und moralischer Natur sein, sie haben aber keine Gründungs- und Legitimationsbedeutung mehr. Das kulturelle Gedächtnis ist zu einer persönlichen Gewissensangelegenheit geworden. Der

Grund für diese Verschiebung liegt in der Auflösung der Rechtsgemeinschaft mit der Natur und der Gründung des Rechts auf das Personenrecht. Wie gezeigt wurde, hat sich dabei das Schuldverständnis grundlegend verändert.

Schuld ist zu einer persönlichen Angelegenheit geworden, die auch vorwiegend persönlich zu verantworten ist.

Heidegger begreift den Wandel des Schuldverständnisses im Rahmen einer kulturgeschichtlichen Veränderung. In seinem berühmten Aufsatz *Die Frage nach der Technik* zeigt er, wie das moderne Verständnis von Kausalität die Frage nach dem Verschulden nicht mehr aufkommen lässt: „Wir Heutigen sind leicht geneigt, das Verschulden entweder moralisch als Verfehlung zu verstehen oder aber als eine Art des Wirkens zu deuten. In beiden Fällen versperren wir uns den Weg zum anfänglichen Sinn dessen, was man später Kausalität nennt."[9] Damit wird aber der Weg frei für ein modernes „technisches" Aushorchen und Ausplündern der Natur, für das Heidegger den Kunstausdruck des „Gestells"[10] gebildet hat. In diesem Zusammenkommen von Vorstellung, Feststellung, Bestellung und Nachstellung haben sich alle Möglichkeiten des menschlichen Gestaltens und Machens zur „Machenschaft" versammelt, die das Wesen der modernen Technik prägt. Heidegger ist aber dem Zusammenhang zwischen dieser Art der modernen Technik und der ihr Gefolgschaft leistenden Wissenschaften einerseits und dem Verschwinden des Schuldbewusstseins andererseits nicht weiter nachgegangen. Er sah diese Entwicklung vielmehr als „Geschick" der metaphysisch – an der Auslegung des Seins durch das Seiende – orientierten abendländischen Kultur.[11]

Die Rationalisierung der Schuld in den modernen Rechtsgemeinschaften wird von Hans Kelsen als „Entideologisierung" begriffen und auf das sich verändernde Verständnis der Ursache zurückgeführt.[12] Wie er zeigt, habe dabei ein Paradigmenwechsel in der Weltanschauung stattgefunden. Ursprünglich bildeten Natur und Gesellschaft einen gemeinsamen Handlungszusammenhang, in dem es noch keine klare Abgrenzung von biologischen und sozialen Vorgängen gegeben habe. Diese Einheit von Naturgeschehen und menschlicher Geschichte sei durch den Handlungsrahmen der Mythen ermöglicht gewesen. Die moderne Natur dagegen sei zu einer biologischen und physikalischen Sache geworden und habe dabei ihren sozialen Charakter verloren. Sie sei nicht mehr Teil der Gemeinschaft und Rechtsgemeinschaft des Menschen. Grund dafür sei die Ablösung des Bewusstseins von der Vergeltung durch das Bewusstsein der Kausalität. Naturvorgänge seien

9 Heidegger [1954] (2000) 14.
10 Heidegger (200) 23.
11 Heidegger [1954] (2000) 72ff.
12 Kelsen [1941] 1982.

nicht mehr als soziale Vorgänge und als interaktionistisches Handlungsgeschehen zu verstehen, das Naturgeschehen sei ein physikalischer Vorgang geworden.

Kelsen gibt mit seiner Darstellung des Verständniswandels von Schuld indirekt und ungewollt eine Anamnese des modernen Schuldkomplexes. Mit der Abtrennung und Ausgliederung physikalischer Vorgänge aus dem gesamten Geschehen ist Schuld nicht mehr in der Natur vorfindbar und damit kein Naturgesetz mehr, sondern nur noch Kausalität. Wenn im Sinne des Kausalverstehens eine Ursache an einer bestimmten Wirkung „schuld" ist, dann ist diese Zuordnung eines zureichenden Grundes nicht mehr vom Schuldbegriff geleitet, sondern von Erwartungen, Berechnungen oder Erfahrung. Ob der Kausalbegriff dabei assoziativ – im Sinne Humes – oder apriorisch – im Sinne Kants – begründet wird, ist im Hinblick auf Schuld unerheblich, da beides, und gerade auch das apriorische Verständnis der Kausalität, die Schuldthematik umgeht.

Mit dem Kausalbegriff ist Schuld ausschließlich auf persönliche Verschuldung eingeschränkt, jede andere „Verschuldung" ist sachliche Kausalität ohne Schuld geworden. Kelsens Bedeutung liegt nun darin, dem Grund für den Wandel des Schuldbegriffes nachgegangen zu sein und ihn nicht nur für ein Phänomen eines allgemeinen Kulturwandels zu halten. Wie Kelsen herausstellt, liegt das Motiv für das Verschwinden von Schuld und für die damit erfolgte Entschuldung der Welt in der Abkehr von der Ahnenverehrung.

Für Kelsen ist diese Differenzierung von Schuld und Kausalität der wesentliche Schritt zur Entideologisierung der Weltanschauung, weil erst dadurch die Ur-Sache als Sache und nicht als Person in den Blick gerät. Die „primitive" Weltanschauung, die alle Vorgänge noch als Teile eines dramatischen Geschehens begreift, sucht nicht nach Ursachen für ein Ereignis, sondern nach Urhebern: „Es ist nicht eigentlich so, dass der Primitive, befangen in seinem Glauben an Magie, eine falsche, eine ‚mystische' Ursache annimmt; sondern so, dass ihn gar nicht interessiert, was den Tod verursacht hat, sondern nur, wer für den Tod seines Angehörigen verantwortlich ist."[13] Den Hintergrund für die personale Sichtweise der Verursachung sieht Kelsen in der „primitiven" Ahnenverehrung, die auf der Grundlage des Vergeltungsdenkens beruht: „Die Furcht vor den Totenseelen und zwar die Furcht vor der Rache, die sie an denen üben, die die soziale Ordnung verletzen, sowie die Hoffnung auf Schutz und Förderung im Falle ordnungsgemäßen Verhaltens, kurz der Glaube an die Vergeltungsfunktion der Totenseelen, ist die Grundlage der bei den Frühmenschen so verbreiteten Ahnenverehrung."[14] Die Angst vor Vergeltung ist nach Kelsen durch die Ahnenverehrung geschürt und führt zu einer „Herrschaft der Toten über die Lebenden", zu einer „Heilighaltung der Vergangenheit" und zu einem starren „Konservati-

13 Kelsen (1982) 10f.
14 Kelsen (1982) 12.

vismus".[15] Hieran knüpft sich die Frage, wie es zu der Furcht der Lebenden vor den Toten kommt, eine Furcht, die es im Tierreich nicht gibt. Die Totenfurcht ist „nicht eine instinktive Reaktion, sondern schon das Ergebnis irgendeiner Reflexion".[16] Für Kelsen ist „die Furcht vor dem toten Angehörigen der eigenen Gruppe, insbesondere vor dem toten Ahnen" das „Kernstück" des „Totenseelenglaubens",[17] durch das das „Recht der älteren Generation gegen die jüngere" geschützt wird.[18] Hier tritt die „Rechtsfunktion dieser unterirdischen Mächte deutlich in Erscheinung."[19] Die Entwicklung von der Vergeltung zur Kausalität ist damit eine Entwicklung des Rechts, die zur Ausgrenzung der Toten und des unterirdischen Reiches aus der Rechtsgemeinschaft führt. Die einzelnen Schritte hierzu sind von Kelsen nachvollzogen. Zunächst kommt es in der Mythologie zu einer Abschwächung des Vergeltungsrechts, die Rachegötter werden zu untergeordneten Hilfsgöttern von Zeus, der das Recht jetzt übernimmt: „Es ist nicht mehr die Seele des Toten, die nur ein an ihr oder an ihrem Vorgänger im Leben begangenes Unrecht rächt, es ist eine olympische Gottheit, es ist Zeus, der nunmehr jedes Unrecht straft und dem dabei die Erinnyen als untergeordnete Hilfsgötter dienen. [...] Der vorhomerische Dämon hätte sich selbst gerächt. Die homerische Totenseele ist auf die Rache der Götter angewiesen."[20]

Kelsens Fehler liegt in seiner Annahme einer ursprünglichen Angst des Menschen vor dem Toten. Hier wird gerade das Symptom, das es zu erkennen gilt, in den Gegenstand der Untersuchung hineinprojiziert. Ursprünglich ist nicht Angst, sondern die Solidarität in einer archaischen Gemeinschaft von Lebenden und Toten, in denen dem Toten Respekt entgegengebracht wird.[21] Erst mit der Aufhebung dieser Gemeinschaft durch ein verändertes Rechtverständnis wird aus dem auch rechtlich empfundenen Respekt die Angst vor dem Toten. Die Angst ist deshalb die Folge der Ausgrenzung der Toten aus der Rechtsgemeinschaft, nicht ihre Ursache.[22]

Die Reduktion der Natur auf Tatsachen steht parallel zu der Ausgrenzung der Toten aus der Rechtsgemeinschaft. Die Toten – und damit auch die Nachkommen – werden aus der Gemeinschaft ausgegrenzt, um der Natur den Status des Rechtssubjekts zu nehmen und die Rechtsgemeinschaft auf Träger des menschlichen Willens zu reduzieren. Schlug im Schuldbewusstsein das Gewissen für alle Kreaturen, so können sie im modernen

15 Kelsen (1982) 24.
16 Kelsen (1982) 213.
17 Kelsen (1982) 214.
18 Kelsen (1982) 220.
19 Kelsen (1982) 220.
20 Kelsen (1982) 223.
21 Schreuer (1916) 94: „Da der Tote aber bei den Lebenden bleibt, so ist die Beerdigung am Speiseplatz, am Herd, im ‚Hause' der Ausdruck für Gemeinschaft des Toten mit den Lebenden. Daraus ergibt sich für mich, auch von dieser Seite her, als Ausgangspunkt des Totenrechts die Totenpflege, nicht die Totenabwehr, Das Totenrecht quillt zunächst aus dem Totenkult, dem Frieden, der Gemeinschaft mit dem Toten, nicht aus dem Kampf mit dem Toten, der Friedlosigkeit des Toten."
22 Siehe unten Kap. VI.

Gewissen kein Recht mehr geltend machen. Sie sind zum weitgehend rechtlosen Objekt geworden. Schuld ist auf die Selbstgesetzlichkeit des Handelns reduziert. Nur autonome Subjekte sind zurechnungsfähig und können schuldig werden, alle anderen Subjekte sind davon entlastet, genießen damit aber auch einen verminderten Rechtsschutz.

Diese als Humanisierung des Rechts begrüßte Reduktion der Schuld auf persönlich verursachte Schuld ist von Kelsen durchgängig als Fortschritt bewertet worden. Doch die damit verbundene Auflösung des geschichtlichen Bundes führt zu Ausgrenzungen von erheblicher Bedeutung und weitreichendem Umfang. Wo die Schuld der persönlichen Verantwortung unterstellt ist, spaltet sich das Schuldbewusstsein in ein von persönlicher Verschuldung betroffenes Bewusstsein und ein Unterbewusstsein, das sich als Gewissen doch für die nicht zu verantwortende Schuld zuständig fühlt. Die Rationalisierung der Schuld hat zwar die Verantwortung klar begrenzt, damit aber zur Entgrenzung diffuser Schuld geführt. Die rational begrenzte Verantwortung für eigenes Handeln wird damit erkauft durch ein unberechenbares Gewissen, das irrational erscheinende Motive auslöst.

Hierzu sind vor allem die mythologischen Wurzeln nationalistischer Ideologien zu zählen. Als am schwerwiegendsten können die Auswirkungen eines ideologischen Ahnenkults im Nationalsozialismus gelten. Die grundlegende Studie hierzu findet sich bei Nicholas Goodrick-Clarke: *Die okkulten Wurzeln des Nationalsozialismus.*[23] Diese Thematik ist so umfassend, dass sie einer eigenen Untersuchung bedarf, denn hier geht es darum, die konkreten Folgen eines Schuldkomplexes und seines Missbrauches nachzuzeichnen. Aus dem Werk von Goodrick-Clarke und vor allem aus dem ihm folgenden von Rüdiger Sünner: *Schwarze Sonne. Entfesselung und Mißbrauch der Mythen im Nationalsozialismus und rechter Esoterik*, der von der Warnung Ernst Blochs ausgeht, die mythologischen Elemente und die dahinter verborgenen „ernstzunehmenden kollektiven Ängste und Sehnsüchte“ nicht „zu bagatellisieren“,[24] wird deutlich, dass der Nationalsozialismus mit seinem missbräuchlichen Ahnenkult die irrationalen Elemente des Schuldkomplexes, der sich auch politisch in den Rachebedürfnissen für die Folgen des verlorenen Krieges zeigte, benutzt und verstärkt hat. Die daraus zu ziehenden Lehren können deshalb keinesfalls darin bestehen, Ahnenkult generell als nationalsozialistische Blut- und Bodenideologie zu brandmarken. Dies bedeutete nicht nur, den Sachverhalt auf den Kopf zu stellen, sondern diese Ideologien geradezu zu schüren, bestehen doch – unabhängig von ihrer politischen Verwertung – immer schon Bindungen und Verbindlichkeiten zur Vorgeschichte. Sie zu ignorieren bedeutet, zu ihrer unterirdischen und unberechenbaren Macht beizutragen. Die traditionellen Bindungen im weitesten Sinne, die Bindungen an „Blut und Boden“, gehören zu den tiefsten Verbindlichkeiten überhaupt, die auch die stärksten Emotionen auslösen. Sie gilt es vor dem politischen Missbrauch zu schützen und ihnen eine eigene kulturelle Pflege zuzugestehen, die nicht im Bereich

23 Goodrick-Clarke [1982] (2000).
24 Sünner (1999) 15.

der Subkultur liegt. Diese Pflege hat dann allerdings weit über das hinauszugehen, was gegenwärtig Denkmalpflege bedeutet und leistet. Um diesen Schritt vorzubereiten, hat eine wissenschaftliche Mythologie noch viel Arbeit zu verrichten. Das Ziel dabei ist, eine in jeder Hinsicht ideologiefreie Sicht dieser Bindungen und Verbindlichkeiten aufzudecken. Wegweisend dafür ist aber die grundlegende Bedeutung der Schuld als Daseinsschuld.

Mit der Rationalisierung der Daseinsschuld ist das Schuldbewusstsein nicht getilgt, es lebt weiter im schlechten Gewissen und in den paranoiden Ängsten. Die Angst in der Welt, die zur „Arbeit am Mythos“[25] führt, ist kein ursprüngliches Gefühl des In-der-Welt-seins, das vom Tod provoziert ist. Sartre kritisiert Heidegger in diesem zentralen Punkt des vom Tod abhängigen Entwurfes: „Man muß also in jedem Fall die Ergebnisse der Heideggerschen Hermeneutik auf einen noch grundlegenderen Entwurf hin überschreiten. Dieser grundlegende Entwurf darf nicht auf irgendeinen anderen verweisen und muß durch sich selbst begriffen werden. Er kann also weder den Tod noch das Leben noch irgendein anderes einzelnes Merkmal der menschlichen Lage betreffen: der ursprüngliche Entwurf eines Für-sich kann nur auf das Sein zielen.“[26] Heidegger wird hier mit seinen eigenen Waffen geschlagen, was zu einer Radikalisierung des Entwurfskonzepts führt. Mit dem ganz seinem Seinsentwurf zugekehrten Menschen soll auch die Angst vor dem Tod überwunden sein, die ja nur die verdeckte Form der Schuld bilde. Doch von einer Freiheit des Entwurfes in völliger Selbstgestaltung kann keine Rede sein. Diese von Heidegger und Sartre geglaubte Illusion ist die Konstruktion eines von seiner Geschichte gelösten Individuums, das bestenfalls vom (bösen) „Blick“, eigentlich aber vom Wahn seiner Grundlosigkeit heimgesucht wird.

Da für Sartre der Blick nicht das Auge ist, sondern ein Urteil des Blickenden, tritt der Andere im Blick unvermittelt als Richter auf. Das angeblickte Selbst ist dem Anderen zunächst vollständig preisgegeben. Es verdankt seine Begründung diesem Blick des Anderen und ist ihm darin verschuldet. Sartre hat aber diese Preisgabe an den Anderen mitsamt der absoluten Verletzlichkeit nicht als Schuld begriffen, sondern als Scham, die das Leibsein des Selbst als bloßes Fleischsein vor dem Anderen hervorruft: „Die Scham und zumal die Furcht, im Zustand der Nacktheit überrascht zu werden, sind nur eine symbolische Spezifizierung der ursprünglichen Scham: der Körper symbolisiert hier unsere wehrlose Objektheit. Sich bekleiden heißt seine Objektheit verbergen, heißt das Recht beanspruchen, zu sehen, ohne gesehen zu werden, heißt reines Subjekt sein.“[27] Der Angeblickte schämt sich, dieser Leib und dieses Fleisch sein zu müssen. Als Subjekt ist der Angeblickte unendliche Freiheit und damit mehr

25 Blumenberg (1979).
26 Sartre [1943] (1998) 969.
27 Sartre (1998) 516f.

als die bloße Kontingenz des leiblichen Äußeren, auf die er durch den Blick des Anderen festgelegt wird.

Die Phänomenologie des „Für-sich" ohne ein „An-sich" ist selbst schon die Pathologie der Heimsuchung, hinter der sich die offen gebliebene Schuld zu erkennen gibt. Sich schuldig wissen angesichts der schon verwirklichten Faktizität des Leiblichen ist damit gleichzusetzen mit sich erblickt wissen. Das Sichwissen ist darin ein Vorgang, bei dem es im Erblicktwerden um die Rechtfertigung seines Seins geht.

Der nicht zureichende Grund der Selbstgewissheit, die ungenügende Begründung des Selbst durch sich, schafft eine Situation des Erblicktseins, die dem Ertapptwerden gleichkommt. Vor den unsichtbaren Augen derer, denen das Recht auf Leben versagt ist, weil sie nicht mehr leben oder weil ihnen nicht zum Leben verholfen wird, ist die eigene Existenz nicht begründet und wird zum Drama der Rechtfertigung eines im unberechtigten Besitz befindlichen Leibes.

Dieses Drama vollzieht sich, nachdem der Blick sein Urteil gesprochen hat. In dieser Spannung, das bloße Sein rechtfertigen zu müssen, wird das Angeblicktwerden zum Schuldvorwurf. Indem Sartre die Schuld zur Scham macht, verkleinert er nur das Ausmaß dieser durch den Blick gestellten Herausforderung. Weit über die Scham hinaus ist der Seinsmangel, der sich am Leib festmacht und ihn als bloßes Fleisch erscheinen lässt, der Ausdruck einer nicht abzutragenden, weil uneinholbaren Schuld, die sich aus der Faktizität des Leiblichen ergibt. In ihr und durch sie wird der Vorgriff auf das Recht deutlich, hier ist schon Faktum geworden, was eigentlich erst Anspruch und Anfrage ist.

Abwertung der Welt

Das Verschwinden der Schuld aus dem Bewusstsein des modernen Menschen und ihre Verschiebung ins Unbewusste oder zum Unbewussten schlechthin, wie Baudrillard sagt, bedeutet nicht nur vor dem Hintergrund des archaischen Schuldbewusstseins, sondern auch in Anbetracht der tiefen Spaltung im modernen Bewusstsein, das sich frei gesprochen hat von Schuld, eine geistige Umwälzung von ungeheurem Ausmaß. Sonderbarerweise ist diese komplette Umstrukturierung und Umgestaltung immer nur im Sinne einer positiven Entwicklung vom „Mythos zum Logos", vom „Primitiven" zum „Vernünftigen" und damit im Sinne einer Humanisierung des Menschen verstanden worden. Remythisierungen gelten als finstere Rückschläge der Kultur und werden – wie im Falle des Nationalsozialismus – als Gründe für die „Barbarisierung" der Politik genannt. Doch stehen Mythos und Logos weder in einem Gegensatz noch gar in einem Verhältnis der Entwicklung und Rückentwicklung, vielmehr ist eine unterschiedliche

Weltanschauung zu beobachten, die aber nicht auf Mythos und Logos verteilt ist, sondern auf eine grundsätzliche Weltbejahung und -verneinung.

Die Weltbejahung ist gestützt auf ein geschichtliches Bewusstsein, auf das Bewusstsein, in Geschichte und Geschichten zu sein. Daraus ergeben sich eine Reihe von Verpflichtungen, die über das – wie man heute sagen würde – persönliche Verpflichtetsein hinausgehen. Es sind Verpflichtungen gegenüber der Geschichte, die das Woher und Wohin der Gegenwart bestimmt. Die Weltbejahung ergibt sich aus der Bejahung dieser Geschichte. Damit verbunden ist die Bejahung, die Anerkennung und Übernahme nicht nur der „Tradition", sondern der Schuld der Vorfahren sowie die Bejahung der Verantwortung gegenüber der künftigen Generation. Welt, so hat sich herausgestellt, ist der geschichtliche Leib, dessen Gegenwart die Inkarnation des Vergangenen ist mit der Verpflichtung einer Weiterführung der hier übernommenen Schuld.

Im Unterschied dazu ist die Weltverneinung geprägt von einer Ablehnung dieses geschichtlichen Leibes und einer Verneinung und Verleugnung der Schuld. Die Weltanschauung wird zum Kampf gegen die Welt, die als Reich des Todes und der Finsternis gesehen wird. Zwar ist gerade in dieser Verleugnung und Bekämpfung die Vorwelt noch präsent, sie ist aber zur „Materie" erniedrigt, zum bloßen dunklen Stoff, an dem nichts Vergangenes mehr erkennbar ist und der als Widersacher des Geistes und seines Lichtprinzips niedergerungen werden kann und muss. Weltbejahung und -verneinung sind Bezüge zur Geschichte, wobei die Verneinung zur Überwindung der Geschichte und zur Anschauung der Welt als bloßer und vor allem gegenwärtiger Substanz führt.

Der Auseinandersetzung mit der fundamentalen Weltverneinung und ihren ethischen Implikationen hat sich Hans Jonas mit seinem gesamten Schaffen gewidmet. So stehen seine frühen Untersuchungen zu „Gnosis"[28] im direkten Zusammenhang mit seiner Ethik der „Verantwortung",[29] einer Ethik, die über die Verpflichtung gegenüber der Präsenz hinausgeht. Jonas' fundamentale Einsicht besteht darin, die Ethik der Moderne, soweit sie von naturwissenschaftlichem Denken und utilitaristischen Handlungsprinzipien getragen ist, der gnostischen Weltanschauung verwandt zu zeigen. Maßgeblich dafür verantwortlich ist der moderne Weltbegriff, der sich als gnostischer erweist.

Wie Jonas herausgestellt hat, verwendet die Gnosis auch den griechischen Begriff *Kosmos*, der aber für sie keine „Schmuckordnung" mehr ist: „Indem die Gnostiker an diesem Namen für die Welt festhielten, behielten sie auch die Vorstellung von der Ordnung als Hauptkennzeichen bei, zu dessen Abwertung sie sich entschieden hat-

28 Jonas [1934] (1993).
29 Jonas (1979).

ten."[30] Der Kosmos ist jetzt die von den finsteren Mächten festgelegte und deshalb nur schwer zu durchschauende und zu bestimmende Verordnung des Schicksals, dem sich der Einzelne fast machtlos gegenüber findet. „Das griechische Denken hatte das Gefühl der Zugehörigkeit des Menschen zur Welt (wenn nicht uneingeschränkt zum reinen irdischen Leben) auf großartige Weise zum Ausdruck gebracht und durch Erkenntnis, die Liebe erzeugte, danach gestrebt, die Vertrautheit mit dem verwandten Wesen der ganzen Natur zu verstärken. Das gnostische Denken ist von der qualvollen Entdeckung der Einsamkeit des Menschen im Kosmos, der äußersten Andersheit seines Seins gegenüber dem Universum im Ganzen inspiriert."[31] Der Mensch ist Teil einer Ordnung, die als Macht des Schicksals über ihn bestimmt und allein schon deswegen im Gegensatz zu ihm steht. Er kann sich nun diesem Schicksal und damit der Finsternis des Fatums ergeben oder gegen die Finsternis kämpfen und das Licht der Gnade erstreiten. Gerade die vollständige Organisation dieser feindlichen Ordnung stellt das Problem dar, wie Jonas hervorhebt: „Der Makel der Natur liegt nicht in einem Mangel an Ordnung, sondern in ihrer zu großen, alles durchdringenden Vollständigkeit der Ordnung. Die Schöpfung des Demiurgen, jenes Antitypus des Wissens, ist alles andere als Chaos, nämlich ein vom Gesetz beherrschtes System. Aber das kosmische Gesetz, das einst als Ausdruck einer Vernunft galt, mit der die menschliche Vernunft im Akt der Erkenntnis zu kommunizieren und die sie sich in der Gestaltung der Lebensführung anzueignen vermochte, wird nunmehr lediglich unter dem Aspekt des Zwanges betrachtet, der die Freiheit des Menschen durchkreuzt. An Stelle des kosmischen *logos* der Stoiker tritt die *Heimarmene*, das unterdrückende kosmische Schicksal."[32]

Das Leben ist in seiner Todverfallenheit selbst das Reich des Todes und deshalb nur in seiner Überwindung und Vernichtung gerechtfertigt. Der Tod ist als Überwinder und Vernichter des irdischen Lebens willkommen, das gegenwärtige Leben wird entwertet, damit es nicht als Vorrecht gegenüber den Toten und den Ungeborenen erscheinen kann. Es wird so selbst zur Hölle erklärt, damit es kein Vorrecht wird, das die Lebenden gegenüber den Toten haben. Die Entwertung der Welt und des Diesseits ist eine Entgeschichtlichung und Überwindung der Welt und Geschichte, welche die Welt leer räumt von den Toten und ihrem Gedenken. Ihre Gegenwart ist „aufgehoben" in einem Wissen, das ein unverbindliches Gedächtnis ohne Ansprüche und Verpflichtungen zulässt. Ihre Schuld wird nicht erlöst, sondern im Kampf und der Überwindung des irdischen Reiches überwunden und vernichtet.

Auch diesem Kampf ist in den gnostischen Mythen eine Heldengeschichte zugrundegelegt. Der Held befreit aber hier nicht die Toten und damit die Lebenden von dem Los der Schuld, wie der mythische Held, er befreit umgekehrt die Lebenden von den Toten, indem er die ursprünglich schuldlose,

---

30 Jonas [1958] (1999) 297.
31 Jonas (1999) 298.
32 Jonas (1999) 300f.

reine und unsterbliche Seele aus den Klauen des Weltungeheuers, des Demiurgen und unfähigen Weltschöpfers befreit, der sie in das „stählerne Gehäuse“ der Endlichkeit und Vergänglichkeit des Leibes eingesperrt hat. Dabei kann der Held unterschiedliche Rollen und Gestalten annehmen, er kann ein Fremder sein, der die Rettung von außen bringt und als Heiland die Seele aus der weltlichen Verstrickung erlöst, er kann aber auch die Kraft in der Seele selbst sein, die sich mit ihrer Selbstgewissheit, die sie an ihren Ursprung bindet, selbst befreit und erlöst. Der erste Akt der Erweckung liegt in der Zerstörung der weltlichen Verbindungen und Gewohnheiten, der Entlarvung des weltlichen Aufenthaltes als trügerischer Heimat und der Besinnung auf den wahren Wert des Selbst. Platons Höhlengleichnis ist zum Grundmodell dieses durch die Erkenntnis erweckten Geistes geworden. Die gnostische Struktur dieses Kunstmythos zeigt sich an der Verkehrung seiner Inszenierung. Indem die Lebenden zu Höhlenbewohnern unter der Erde erklärt werden, wird ihr Aufenthalt in das Reich der Toten verlegt. Sie übernehmen den Platz der Toten, indem sie gefesselt unter der Erde im Schattenreich dargestellt werden. Damit ist eine doppelte Abwertung angezielt. Einerseits wird die Welt zum Bereich der licht- und erkenntnislosen Höhle und des Reichs der Umnachtung, andererseits verschwinden die Toten selbst und übernehmen die Rolle der schattenhaften und erkenntnislosen Lebenden. Die Tiefenstruktur der Ethik wird dabei völlig verändert. Da die Welt zum Reich des Todes geworden ist, haben die Toten selber kein Reich und damit keine Geschichte mehr. So besteht ihnen gegenüber auch keinerlei Verpflichtung. Platons Höhlengleichnis kann deshalb als Perversion des Mythos bezeichnet werden, weil es die Verpflichtung im mythischen Bund zwischen den Lebenden und den Toten ersetzt durch die pädagogische Verpflichtung, zur Selbsterkenntnis und „Gnosis“ zu kommen.

Indem der gnostische Mythos die Welt entwertet, nichtet und damit zum Ort der Fremde und Leere gemacht hat, ist sie selbst zur Unterwelt geworden, in der nun nicht die Toten, aber der Tod regiert. Der Tod als abstraktes Signum des Lebens macht das Leben selbst zum Verderbnis. Es verliert dabei sein Vorrecht gegenüber den Toten und Ungeborenen. Das Leben ist eine Verdammnis, die Welt die Hölle, in der diese Verfluchung ausgelebt wird, der Tod aber die erwünschte Erlösung, die aus der Hölle befreit und das neue und wahre Leben beginnen lässt. Das Leben rechtfertigt sich hier von seinem Ende und seiner Vernichtung her, um nicht als Gabe, sondern als Verfluchung bewertet zu werden. Weil es verflucht ist, braucht es nicht vergolten zu werden.

Der moderne Begriff des Todes ist von dieser Disposition geprägt. Er ist kein unmittelbares Phänomen, sondern ein Abstraktum, welches das Ergebnis der Verdrängung der Toten aus der Rechtsgemeinschaft ist und zu einer Umwertung des Todes vom ethischen zum faktischen Tod geführt hat. Dieser faktische Tod kann nicht erfahren werden, er ist eine kulturelle Konstruktion. Erfahren werden können nur das eigene Sterben und der Tod der Anderen.

Gerade in dieser ethischen Erfahrung ist der „Tod" zum Zentrum archaischer Kulturen geworden, wie Jan Assmann in *Tod und Jenseits im alten Ägypten* herausstellt. Allerdings geht auch Assmann in seiner „Einführung" zu dieser bedeutenden Arbeit von einer modernen Psychologie des Todes aus, die das Bewusstsein vom Tod für den Menschen reserviert und daraus seine „Sonderstellung" legitimiert. Assmann bezieht sich dabei auf die von der Anthropologie Schelers, Plessners und Gehlens vorgetragene Konzeption des Menschen als „Mängelwesen". Er rückt aber nicht den Mangel, sondern das Zuviel an Wissen und Bewusstsein in den Mittelpunkt.[33] Dass er damit ganz im Sinne der Konzepte der „Weltoffenheit" und der „Entlastung" des „Überschusses" argumentiert, sei dahingestellt. Schwer wiegender anzurechnen ist sein fragloser Ausgang von einem Todesbegriff, der das moderne und damit verdrängende Bewusstsein widerspiegelt. Ein Bewusstsein, das den Tod – als Abstraktum – thematisiert und nicht die Toten oder das Sterben, geht vom modernen Todesbewusstsein aus, das den Tod schon abgewertet und neutralisiert hat.

Im modernen Begriff des Todes kommen keine Toten mehr vor, er ist ein sachliches Faktum. Von einem „Überschuss" an Wissen, das exklusiv für den Menschen reserviert ist, wie Assmann meint, kann deshalb nicht die Rede sein, allein schon deshalb, weil auch das Tier den „Tod" – natürlich nicht den abstrakten, sondern den wirklichen – kennt, seine Nähe spürt und sich ihm auch wissentlich und willkürlich ergibt oder ihn flieht. Solche allgemein verbreiteten Erfahrungen werden nur von einer Wissenschaft bestritten, die die Exklusivität des Todes als Legitimation eines Rechts auf Leben zugrundelegt, das für die Menschheit reserviert ist. Darüber hinaus aber – und hier kommt ein anderes „Zuviel" zum Vorschein – führt die Neutralisierung des Transzendenzbezuges zu den Toten, wie sie im abstrakten Begriff des Todes geschieht, zur Entgrenzung der Schuld und damit zur Heimsuchung durch das Gewissen. Dabei wird eine andere Form der Kultur des Todes entwickelt, die, wie die Moderne, den Tod ausgrenzt, indem sie ihn (in der Unterhaltungsindustrie etwa) paradoxerweise ständig zeigt. Es ist also bei der Kultur des Todes zu unterscheiden, ob nur die individuelle Unsterblichkeit (in einer Art Entfristung des Daseins) wie im modernen Todesverständnis oder die Unsterblichkeit des Lebens selbst im Zentrum steht. Im ersten Fall wird der Tod als Faktum verstanden, bei dem die ethischen Bezüge zur Transzendenz der Vorfahren und Nachfahren abgeschnitten sind. Dabei ist der Tod entweder ganz verschwunden oder verbleibt in Form einer Bedrohung.

---

33 Assmann (2001) 3-11.

Im Kampf gegen den Leib als Sitz der Schuld ist der Versuch der Überwindung von Schuld zu sehen, die sich aus der Isolierung und Einschränkung des Seins auf das leibliche Dasein ergibt. Diese scheinbare Paradoxie einhüllt sich als schlechtes Gewissen einer Besitzerklärung, die den Leib in eine dem Selbst gehörige Sache verwandelt und dabei seine Geschichte ausgrenzt. Die Reduktion des Leibes auf eine Sache führt, wie schon Sartre ausführlich gezeigt hat, zur Leibverachtung und -misshandlung, da diese Sache dem durch sie dargestellten Selbst nicht entsprechen kann.[34]

Die Leibverachtung drückt sich in einer weitgehenden Einschränkung aller natürlichen Bedürfnisse aus. Da Nahrung und Fortpflanzung die Lebensmittel des Leibes und seiner Schuld sind, werden sie verachtet und auf ein Minimum reduziert. Nahrung wird dabei ohne Genuss und mit Abscheu eingenommen. Die Fortpflanzung wird unterdrückt und alle geschlechtlichen Phantasien als Versuchungen des Reiches der Finsternis und seines Fürsten bekämpft. Das irdische Leben wird so zum vollständigen Ekel, den zu überwinden in Erinnerung an die ursprüngliche Reinheit eine Lust bedeutet. Der Ekel vor dem Fleisch, der sich im Ekel vor dem Fleischessen und den daran anschließenden Formen des Vegetarismus fortsetzt, offenbart damit den gesamten Schuldkomplex in seiner Dramaturgie. Die Abscheu vor der Welt drückt im Ekel die nicht gesühnte Schuld aus, die gegenüber der Welt und allem Irdischen bei aller Verachtung erhalten bleibt. Die Verdrängung der Schuld und der Verzicht auf Sühne werden mit dem Ekel vor dem Fleischessen und der Scham vor dem nackten Leib erkauft. Im Ekel und der Scham lebt die Schuld als Komplex weiter, weil sie nicht im Andenken und Tausch gesühnt wird. Die Vereinnahmung des Leibes als Selbstbesitz, die den Leib zur Sache degradiert und damit seine Geschichte, Produkt der Vorfahren zu sein und auf diese Weise in Verbindung und Verbindlichkeit zu stehen, vernichtet, ist damit kein befreiender Akt eines autonomen Ich, es büßt die Verweigerung der Verbindlichkeit und Verpflichtung durch Scham gegenüber dem eigenen Fleisch und Schuld gegenüber dem Fleisch der Kreatur, das gegessen wird.

Georges Bataille hat herausgestellt, dass die Erscheinung des Fleisches nicht nur ekelhaft, sondern auch faszinierend sei. In der Faszination kommt für ihn die Erfahrung der „Diskontinuität des Lebens“ zum Vorschein, die er zugleich als berauschend und gefährlich einstuft. Mit seiner Analyse dieser Ambivalenz trifft er den modernen Schuldkomplex im Kern. „Das Schlachten und Ausnehmen des Viehs ekelt heute ganz allgemein den Menschen an: in den angerichteten Speisen darf nichts daran erinnern. So kann man sagen, daß die zeitgenössische Erfahrung das fromme Verhalten beim Opfer *umkehrt*. Diese Umkehrung ist von großer Bedeutung, wenn wir die Ähn-

34 Sartre (1998) 633ff.

lichkeit des Liebesaktes mit dem Opfer ins Auge fassen. Der Liebesakt und das Opfer decken beide dasselbe auf: *das Fleisch*."[35]

Da die Aufdeckung des Fleisches eine Aufdeckung der Schuld bedeutet, gehört sie zu den ambivalenten Erfahrungen, die aus dem Schuldkomplex hervorgehen. Die Weltverneinung stößt hier an ihre Grenzen, denn die Überwindung dieser Welt mit dem Ziel der Überwindung ihrer Geschichte wird von der Aktualisierung der Geschichte in der Aufdeckung des Fleisches heimgesucht. Die unterschiedlichen gnostischen Lehren zeigen, dass diese Verachtung nicht nur durch die Askese, sondern auch durch Libertinismus ausgelebt wird. Dies ist gerade auch im Hinblick auf die Neuzeit und Moderne von Bedeutung. Lebensverachtung drückt sich sowohl in der Enthaltsamkeit als auch im Konsum aus, der ein Konsum ohne Reue ist. Die Früchte der Erde erscheinen als verfluchte und verführende Auswüchse der Hölle, die bedenkenlos und gewissenlos verbraucht werden sollten. Nur in einer verachtenden Haltung werden ihre Verlockungen gerecht behandelt.

Der große Erfolg des Protestantismus und vor allem des Calvinismus beruht auf dieser nihilistischen Ethik. Hier vollendet sich weltanschaulich die Heilbotschaft der überwundenen Welt. Max Weber hat in seiner berühmten Studie *Die protestantische Ethik und der Geist des Kapitalismus* eine Verbindung gesehen zwischen der nihilistischen Weltverneinung und dem rastlosen Ausüben des Berufes, der als Berufung die asketische Übung in und durch die Arbeit fordert und damit die profane Nachfolge christlicher Askese antritt.

Die Askese übernimmt die „systematisch durchgebildete Methode rationaler Lebensführung" mit dem Ziel, „den status naturae zu überwinden, den Menschen der Macht irrationaler Triebe und der Abhängigkeit von Welt und Natur zu entziehen."[36] Das Leben erhält eine neue Ordnung, die ganz der Überwindung des natürlichen gewidmet ist und in dieser Überwindung das Heil verspricht: „Alle diese entscheidenden Gesichtspunkte finden sich in den Regeln des katholischen Mönchtums ganz ebenso ausgeprägt wie in den Grundsätzen der Lebensführung des Calvinisten. Auf dieser methodischen Erfassung des ganzen Menschen beruht bei beiden ihre ungeheure weltüberwindende Macht."[37]

Max Weber hat damit zu erkennen gegeben, dass die Weltverneinung zu einem Wirtschaftsfaktor von unüberschaubarem Ausmaß geworden ist. Weil die Arbeit zur innerweltlichen, systematischen Askese geworden ist, wird der durch die Arbeit erwirtschaftete Reichtum nicht mehr verausgabt, sondern reinvestiert. Diese Haltung wird noch verstärkt durch den Glauben,

35 Bataille [1957] (1994) 89f.
36 Weber [1904/05] (1993) 78.
37 Weber (1993) 79.

der Reichtum sei Zeichen der göttlichen Gnade und damit Vorzeichen eines künftigen reichen Lebens im Paradies.

Aufwertung der Arbeit

Die Arbeit ist ursprünglich ein Fluch (Gen 3,19) und bekommt die positive Bedeutung erst mit der reformatorischen Aufwertung, die sie zur Berufung und zum Beruf erhebt. Die von Max Weber als „innerweltliche Askese" bezeichnete Arbeit ist damit zum profanierten Heilsmittel geworden, das die Verfluchung aus eigenen Kräften und Möglichkeiten ablöst und ins Gegenteil verkehrt. Hegel und Marx greifen dieses reformatorische Heilmittel zur Erlösung auf, indem sie in der Arbeit das Moment der Selbstfindung des Menschen sehen. Die Arbeit mache den Menschen zum Menschen und sei deshalb auch der entscheidende Faktor, der über Entfremdung oder Erlösung entscheidet. Eine entfremdende Arbeit entfremde auch den Menschen von sich selbst, eine nichtentfremdende Arbeit aber führe zum Heil der Selbstfindung. Die protestantische Heilsvorstellung der Arbeit als Berufung ist hierbei wesentlich modifiziert, indem nicht Arbeit schlechthin, sondern nur besondere Arbeit, eben jene, die nicht entfremdet und den Menschen zum Menschen macht, heilbringend sei.

Die Kriterien der heilbringenden Arbeit werden abgeleitet von dem Maß an Freiheit, das durch die Arbeit erreicht ist. Diese Freiheit zeigt sich in der Ablösung und Emanzipation der Produkte von der Welt. Sie müssen sich als selbstständige und gleichsam freie Produkte ohne Vorbild und Vorgabe erweisen. Nicht die Reproduktion, sondern die freie Produktion wird Zeichen der an den Produkten erkennbaren Selbstfindung des Menschen und seiner Freiheit.

Für Hegel und das sozialistische Denken ist die Arbeit der Faktor der Selbsterschaffung des Menschen, bei der sich nicht nur die Verfluchung in Erlösung verkehrt, sondern durch die sich auch ihre Überlegenheit über die Muße zeigt. Hegel, für den der Geist sich erst in seiner geschichtlichen Entfaltung enthüllt, nicht schon in seiner bloßen Selbstbetrachtung, sieht in der Arbeit das Medium, durch das der „Knecht" mit der Begnadigung durch den „Herrn" und die Aufschiebung des Todes eine Frist bekommt, in der er für den Herrn arbeitet. In dieser wieder gewonnenen und künstlichen Zeit entwickelt sich eine neue Form des Schaffens, das gesellschaftliche Schaffen der Arbeit, das dem natürlichen Schaffen überlegen ist. Der Knecht und sein Gegenstand, den er bearbeitet, schließen sich dabei so eng zusammen, daß der Knecht zum neuen Schöpfer an den Dingen wird. In der Bearbeitung des Dinges zeigt er seine Überlegenheit über den Herrn an, der durch die Arbeit vom Knecht abhängig geworden ist. „Die *Wahrheit* des selbständigen Bewußtseins ist demnach das *knechtische Bewußtsein*."[38] Damit ist aber auch zugleich die Überlegenheit der künstlichen Produktion (für den Anderen und die Gesellschaft) über die natürliche Tätigkeit (für sich selbst)

38 Hegel [1807] (1964) 155.

erwiesen. Die natürliche Tätigkeit war von der Selbsterhaltung und ihrem Kampf abhängig, in ihr war der Herr siegreich. Die künstliche Produktion steht unter dem Schutz des Herrn und der durch ihn erlassenen Aufschiebung des Todes, in ihr ist der Knecht durch seine Beherrschung des Dinges siegreich. Der Herr war der Held, der im Kampf seinen Tod riskiert hat, aber der Knecht wird zum Herrn über den Herrn, weil er arbeitet. Der Herr liefert sich in seinem Genuss des Bedientwerdens der Arbeit des Knechtes aus und wird dadurch unselbständig: „Der Herr aber, der den Knecht zwischen es [das Ding] und sich eingeschoben, schließt sich dadurch nur mit der Unselbständigkeit des Dinges zusammen, und genießt es rein; die Seite der Selbstständigkeit aber überläßt er dem Knechte, der es bearbeitet."[39]

Die Arbeit erschafft einen neuen Helden, den Knecht, der über alle früheren Helden triumphiert. Der Knecht war dem Herrn zwar im Kampfe unterlegen gewesen, für Hegel erreicht aber der Knecht als arbeitendes Wesen letztlich Überlegenheit über den Herrn, der nur noch seinen Sieg genießen kann. Der neue Held ist nun nicht mehr nur der gehorsame Knecht, seine Hingabe an den Herrn tritt in den Hintergrund zugunsten der Produkte, die diese Leistung durch die Arbeit hervorgebracht hat. Das Opfer hat damit eine Wende genommen, es ist nicht mehr selbstlos und verschwenderisch, sondern produktiv. Die Früchte des Opfers, die Produkte der Arbeit, schaffen eine neue Welt, die sich ganz von der alten gelöst hat. Es ist die aus dem Opfer der Arbeit entstandene Welt der Produkte.

Der alte Held geht unter, weil sein Sieg ein erkämpfter, kein erarbeiteter war. Er verharrt im bloßen Genuss der frohen Botschaft, die aber als Genuss keine Garantie für Erlösung mehr gibt. Genuss und Freude sind verdächtig geworden, weil sie die Welt so nehmen wie sie ist, anstatt sie zu verändern. Die unbearbeitete Welt ist noch die böse, mindestens aber die unvollkommene Welt, die nicht durch Botschaften, sondern durch Umgestaltung erlöst wird.

Arbeit ist das neue Prinzip der Schöpfung, durch das ein neues Reich in Freiheit errichtet wird. Schuldig wird der Mensch nicht mehr gegenüber der Welt, die leer geräumt ist, sondern gegenüber der Arbeit, die nicht geleistet wird. Die Arbeit ist zum neuen Schuldprinzip geworden. Arbeit ist Erlösung und verflucht ihrerseits nun den Müßiggang zum Laster. Schuldig ist, wer nicht arbeitet, der Arbeitende aber kann durch seine Arbeit erlöst werden.

Die Erlösung ist aber trotzdem keine automatische Folge der Arbeit, das Heil kann also nicht einfach erarbeitet werden. Die Produkte aus dem Opfer der Arbeit sind nicht alle gleich, es gibt auch faule Früchte. Wie Max Weber herausgestellt hat, ist die Umwertung der Arbeit die Angel eines neuen Rechtfertigungsdenkens, das den Menschen in der göttlichen Gnadenwahl,

---

39 Hegel (1964) 154.

die im Beruf die Berufung zeigt, erlöst sieht. Das Wiedererkennen der Erwählten an ihren Werken macht die Produkte zu Spiegeln, in denen die Gnade ersichtlich ist. Die Arbeit ist damit nicht nur das neue Zeichen der Berufung, sie auch das Zeichen der Gnade an denen, die durch die Arbeit schon auf Erden reich werden. Der Reichtum der Welt wird so zu einem Spiegel des Erwähltseins. Zwar ist die Welt immer noch das dunkle Reich des Todes und der Hölle, doch schimmert im irdischen Reichtum bereits der Glanz des überirdischen Reiches. An den „Früchten" der Arbeit wird nunmehr das göttliche Erwähltsein für die Erlösung von der Schuld und damit die neue Form des Herrentums und der Herrschaft erkennbar.

Der Sozialismus hat die Unterscheidung zwischen verfluchter und gesegneter Arbeit am Maß der Entfremdung festgemacht, deren Aufhebung zur Verwirklichung der Gattung führt. Während das Tier einseitig „unter der Herrschaft des unmittelbaren physischen Bedürfnisses" produziert, ist der Mensch in seiner Produktion frei davon und produziert deshalb überhaupt erst „wahrhaft". In dieser Wahrheit reproduziert der Mensch die „ganze Natur", er schafft also eine neue und eigene Welt, in der er seine Natur erschafft: „Eben in der Bearbeitung der gegenständlichen Welt bewährt sich der Mensch daher erst wirklich als ein Gattungswesen. Diese Produktion ist sein werktätiges Gattungserleben. Durch sie erscheint die Natur als sein Werk und seine Wirklichkeit."[40] Indem die Arbeit zum Schöpfungsprozess wird, ist sie selbst schon als kreative Leistung zu sehen und zu bewahren. Die Verfluchung der Entfremdung dient somit der Erhaltung des Schöpfungsprinzips selbst. Ist die Arbeit bei Hegel schon als tiefere Wahrheit der Selbständigkeit des Selbstbewusstseins verklärt, so erfährt sie bei Marx und noch deutlicher bei Engels, der ihr den maßgeblichen Anteil an der Menschwerdung des Affen zuspricht, ihre pseudobiologische Apotheose: „Sie ist die erste Grundbedingung alles menschlichen Lebens, und zwar in einem solchen Grade, daß wir in gewissem Sinn sagen müssen: Sie hat den Menschen selbst geschaffen."[41] Dabei wird, nach dem Prinzip der selbstgenerierenden Ursache die Hand als „Organ der Arbeit" zugleich auch ihr „Produkt": „Das Bedürfnis schuf sich sein Organ."[42] In der Arbeit spiegelt sich die Selbsttätigkeit der Natur wider als eigene und neue Welt der Produktion. Mit und in der Produktion entwickelt sich die Natur über sich hinaus und schafft den Menschen und seine Welt.

Die Arbeit ist nun einerseits *imago dei,* der Spiegel Gottes, in dem sich die Freiheit der Selbsterschaffung reflektiert, sie ist aber andererseits auch, wie die Freiheit selbst, das Prinzip zur Vereigenständigung und Ablösung von Gott und birgt damit das satanische Element Luzifers und seines Falles. Diese Ablösung geschieht in und mit der Produktion um der bloßen Produktion willen, wie sie der Kapitalismus entwickelt hat. Der Kapitalismus wird damit zur Erscheinung des Bösen inmitten des Heils der Arbeit.

40 Marx [1844] (1962) 568.
41 Engels [1925] (1972) 444.
42 Engels (1972) 446.

In der kapitalistischen Produktion verliert nach Marx und Engels die Arbeit ihre ursprüngliche Bestimmung, Schöpfungsprinzip und Bild Gottes zu sein, und wird zum Mittel bloßer Anhäufung von Privateigentum. Dabei wird der durch die Arbeit erzeugte Wert der Selbsterschaffung, der den Kern der Schöpfung bildet und eigentlich heiliger Wert ist, in den Produktionsprozess zum Zweck der Akkumulation reinvestiert und damit vernichtet. Der Wert ist danach nicht mehr Gegenwert der „heiligen" Produktion und damit reale Repräsentation des Reichtums, sondern zirkulierender Wert, ein Gespenst seiner selbst.

Anstelle des realen Tauschwertes und Geldwertes als Gegenwert für die Arbeit habe sich in der kapitalistischen Zirkulation des Tausches das Kapital verselbständigt und damit die Stelle des Schöpfungsprinzips eingenommen: „Die einzige Bestimmtheit, in der das Kapital im Unterschied vom unmittelbaren Tauschwert und vom Geld ersetzt ist, ist *die des in der Zirkulation und durch die Zirkulation sich erhaltenden und verewigenden Tauschwerts*."[43] Als Kapital repräsentiert der Wert nicht mehr die Arbeit und damit die Schöpfung, sondern nur noch den bloßen Zirkulationsprozess, der ein Verwertungs- und eben auch Entwertungsprozess ist, da er sich aus den Gewinnen des durch die Arbeitsteilung erwirtschafteten „Surplus" ergibt.

Das Kapital schafft somit zwar eine neue Welt der freien Selbsterschaffung, sie fällt aber, um Privateigentum anzureichern, der missbräuchlichen Verwendung von Freiheit in der Zirkulation des Tausches anheim. Da Arbeit aber, wie schon Hegel gezeigt hat, keine natürliche Tätigkeit des Individuums ist, sondern die neue Herrschaft der Produktion begründet, gehört der durch Arbeit erzeugte Reichtum nicht dem Einzelnen, sondern der Gesellschaft.

Das Kapital ist deshalb auch nicht an sich böse, sondern nur in seiner Form der „Aneignung fremder Arbeit": „Der Ton wird gelegt nicht auf das *Vergegenständlichtsein*, sondern das *Entfremdet*-, Entäußert-, Veräußertsein, das Nicht-dem-Arbeiter-, sondern den personifizierten Produktionsbedingungen-, i.e. dem Kapital-Zugehören der ungeheuren gegenständlichen Macht, die die gesellschaftliche Arbeit selbst sich als ein ihrer Momente gegenübergestellt hat."[44] Die Finsternis der Welt ist also nur eine vorübergehende und durch die gesellschaftliche Revolution zu beseitigende Verdunklung, die sich aus dem Missbrauch der Arbeit und ihrer schöpferischen Kraft ergibt. Im Grunde ist aber durch den Kapitalismus schon eine neue Welt geschaffen, die nach der „Abstreifung der Entfremdung"[45] in vollem Glanze erstrahlen wird.

Im gesellschaftlichen Reichtum ist die menschliche Freiheit nicht mehr der Spiegel Gottes im Individuum, sondern der Spiegel der Produktion, die durch das neue Schöpfungsprinzip der Arbeit ermöglicht wird. Die göttliche

43 Marx [1939/41] (1974) 173.
44 Marx (1974) 716.
45 Marx (1974) 716.

Reflexion im Individuum ist nur eine reproduktive, in der Arbeit aber ist sie eine produktive, die auch in der finsteren Welt des Kapitalismus ihren Segen durchscheinen lässt. Als „organischer gesellschaftlicher Leib“[46] kann der Mensch das Produktionsprinzip vollständig übernehmen und sich aneignen. Nur die individuelle Aneignung von Arbeit ist teuflisch und verfinstert die neue Schöpfung der rasenden Zirkulation der Werte.

Mit der Bestimmung der Arbeit zum gesellschaftlichen Eigentum hat Marx das Solidarprinzip wieder zur Grundlage des Heils gemacht. Nicht der Einzelne allein, sondern nur die Gesellschaft insgesamt kann erlöst werden, weil die Gesellschaft der eigentliche Besitzer der Produktivkräfte und damit des Reichtums ist. Die Aneignung des Reichtums durch einzelne Individuen, die Kapitalisten, ist ungerecht. Sie verstößt gegen das Recht, dass Reichtum nur allen gemeinsam, nicht Einzelnen gehören kann, weil er in den verschiedenen konkreten Werten und Gütern nur repräsentiert ist und hier stellvertretend für den ganzen Reichtum der Gesellschaft steht.

Marx belebt damit das archaische Recht des gemeinschaftlichen und solidarischen Eigentums an der Welt und seiner Repräsentation in heiligen Werten, wie es zum Bestand kommunistischer Utopien gehört. Er überträgt die archaische Rechtsvorstellung auf die moderne Wirtschaftswelt, indem er allerdings den Wertbegriff grundlegend verändert und ihn von der Arbeit und dem durch die Produktion erzeugten Reichtum ableitet. Allen gemeinsam ist der durch Arbeit gewonnene Reichtum und damit die neue Welt und Schöpfung, die das Werk des Menschen ist und der gegenüber als seiner Welt er allein verantwortlich verbunden ist.

Marx kann den tiefen Eingriff und die Umstürzung bürgerlichen Rechts damit legitimieren, dass schon die bürgerliche Klasse eine Neuordnung der Werte gegenüber dem Ständestaat eingeleitet hat, indem sie den Wertbezug auf die Arbeit abstellte und damit den alleinigen Bezug auf Grund und Boden ablöste. Damit war ein wesentlicher Schritt getan für die Neuordnung des Eigentums überhaupt, die aber erst mit der kommunistischen Ordnung beendet ist, weil erst hier die Arbeit von der Entwürdigung befreit ist, bloße Ware zu sein. Erst mit der Emanzipation des Wertes von der Ware und der Rückbindung an die ursprüngliche schöpferische Macht hat die Arbeit ihre eigentliche Bedeutung bekommen, Schöpfungsprinzip einer neuen Welt zu sein. Durch die Arbeit wird der gesellschaftliche Reichtum und damit das Paradies erschaffen, das allen zugänglich zu sein hat und allen gehört. Die kapitalistische Welt hat hierzu wichtige Schritte unternommen, da sie bereits eine ausschließlich durch Arbeit determinierte Welt erschaffen hat, die nun für alle zugänglich gemacht werden muss.

46 Marx (1974) 716.

Indem der Reichtum der Welt allein auf die Bedeutung reduziert wird, Repräsentation des durch Arbeit erschaffenen Werts zu sein, erscheint die Abschaffung des Privateigentums nicht mehr als Diebstahl, sondern als legitimes Recht. Eigentümer kann nur die Gesellschaft sein, da sie die Arbeit in Wert verwandelt. Umgekehrt wird so jeder Privatbesitz Diebstahl am Eigentum.

Auf diese Weise ist auch der Schuldbegriff neu bestimmt. Schuldig ist der Privatbesitzer, weil er sich am gesellschaftlichen Eigentum und Reichtum vergreift. Das archaische Recht des gemeinschaftlichen und solidarischen Eigentums als Ausdruck des Schuldbewusstseins des Menschen ist hier bezogen auf den durch Arbeit erzeugten Reichtum und nicht auf den Reichtum, den das Leben und die Existenz bedeutet. Der alleinige Bezug auf den produktiven Reichtum grenzt die Solidargemeinschaft auf die Produzenten ein und schließt alles Unproduktive aus der Rechtsgemeinschaft aus. So wird das sozialistische Recht zum neuen Schuldgewissen. Schuld entsteht nun nicht mehr gegenüber dem Reichtum des Lebens, sondern gegenüber dem Reichtum der Produktion. Schuldig wird, wer sich an diesem neuen Reichtum vergreift, der Kapitalist, der den Werktätigen den von ihnen produzierten Reichtum vorenthält. Die alte Schuld gegenüber dem Leben als ursprünglichem Reichtum ist damit aufgehoben.

Die durch die Arbeit ermöglichte Umwertung der Werte führt zu einer von ihrer Geschichte entbundenen Selbstherrlichkeit der neuen Herrenmenschen, deren oberstes Privileg es ist, gewissenloses Gewissen ihrer Zeit zu sein. Auf das archaische Recht der Solidarität gestützt, entbindet dabei die Verpflichtung gegenüber den neuen Werten von der Verpflichtung gegenüber der alten Welt, die, als eine korrupte durchschaut, jetzt zerstört werden kann.

Die schon von der Bourgeoisie und ihrer revolutionären Vereinnahmung aller Werte durch den Markt eingeleitete Umwertung wird konsequent weitergeführt und vollendet, indem im sozialistischen Denken bei Marx und Engels die Arbeit, im individualistischen Denken bei Nietzsche die Kunst zum Mittel der Ablösung von traditionellen Werten wird.

Aufwertung der Kunst

Wie die Ideologisierung der Arbeit zur einer Tätigkeit, die das Leben sinnvoll werden lässt und rechtfertigt, so ist auch die mit Kant beginnende Aufwertung der Kunst eine Strategie der Rechtfertigung von Leben in einem Verstehenskontext, der Kausalität an Assoziation und Sinnfragen nur noch am Zweck festmacht. Noch für Kant zeigt sich in dieser Verengung des Schuldbewusstseins auf Kausalität und Zweck eine Bedrohung der Vernunft, die ihn aus seinem „dogmatischen Schlummer", geweckt hatte. Gegen Hume und dessen Unverbindlichkeitserklärung der kausalen Erkenntnis versuchte Kant, die Verbindlichkeit des Kausalen herauszustellen. Die Vernunft braucht letzte Gründe, um sittlich handeln zu können.

Deshalb hat die Vernunft ein fundamentales Interesse an theoretischen Gründen: „Wir sollen das höchste Gut (welches also doch möglich sein muß) zu befördern suchen. Also wird auch das Dasein einer von der Natur unterschiedenen Ursache der gesamten Natur, welche den Grund dieses Zusammenhanges, nämlich der genauen Übereinstimmung der Glückseligkeit mit der Sittlichkeit, enthalte, postuliert.“[47] Damit ist die Handlung abhängig von der Einsicht in die Gründe (Gott) und Ziele (Unsterblichkeit) des Seins. So sagt er in Bezug auf die Gründe: „Also ist die oberste Ursache der Natur, sofern sie zum höchsten Gute vorausgesetzt werden muß, ein Wesen, das durch *Verstand* und *Willen* die Ursache (folglich der Urherber) der Natur ist, d.i. *Gott.*“[48] Kant bindet das Sollen an die Einsicht in das Sein, jedoch anhand der vorgegebenen transzendentalen Ideen, die einzusehen nun „moralisch notwendig“[49] ist. Damit ist sowohl ihre Auswahl wie auch ihr Status, bloße Hypothesen zu sein, theoretisch aus der Moral gerechtfertigt.

Die eigentliche Verklärung des Kausalen findet sich aber erst im Konzept des Schön-Machenden einer „Zweckmäßigkeit ohne Zweck“. Hier wird der Sinn des Schönen und der Natur erspürt, der zum Symbol des Sittlichen avanciert. Kants Sicherheit in der Behauptung, einen „Newton des Grashalms“[50] ausschließen zu können, weil für die Erklärung der Natur niemals mechanische Gründe würden hinreichen können, zeigt die gleiche Empfindlichkeit gegenüber der Abwertung diesmal des Lebens durch unverbindliche Kausalität. Eine Mechanik des Lebens kann nicht zum Symbol des Höchsten werden. Damit das Einspiegeln des Schöpfungsprinzips und damit der Freiheit in die Natur erkennbar bleibt, „muss“ der Organismus „als ein Produkt einer verständigen Ursache (eines „Gottes“)[51] gedacht werden. Obwohl diese Spiegelungen in ihrem „Als-ob“ nur Vorspiegelungen sind, erfährt die Vernunft in der bloßen Gegebenheit der Dinge allein an der Lust und Bejahung der Erkenntnis schon die schaffende Kraft, ohne diese selbst und ihre Pläne und Zwecke zu kennen.

In der „reflektierenden Urteilskraft“ wird die in logischen Urteilen bestimmende Arbeit des Verstandes auf sich selbst bezogen und erfährt in dieser Umbiegung die Entlastung und Lust des „Spiels der Erkenntniskräfte“: „Das Bewußtsein der bloß formalen Zweckmäßigkeit im Spiel der Erkenntniskräfte des Subjekts, bei einer Vorstellung, wodurch ein Gegenstand gegeben wird, ist die Lust selbst, weil es einen Bestimmungsgrund der Tätigkeit des Subjekts in Ansehung der Belebung der Erkenntniskräfte desselben, also eine innere Kausalität (welche zweckmäßig ist) in An-

47 Kant [1786] (1914) 135.
48 Kant [1786] (1914) 136.
49 Kant [1786] (1914) 136.
50 Kant [1790] (1914) 479.
51 Kant [1790] (1914) 478.

sehung der Erkenntnis überhaupt, aber ohne auf eine bestimmte Erkenntnis eingeschränkt zu sein, mithin eine bloße Form der subjektiven Zweckmäßigkeit einer Vorstellung in einem ästhetischen Urteil enthält."[52] Der ästhetische Selbstbezug des logisch arbeitenden Verstandes enthüllt die eigentliche Freiheit, die in der Arbeit steckt. Diese Freiheit wird dem Verstand bei seiner Arbeit nicht bewusst. In seinen Analysen und Synthesen ist er keineswegs frei, sondern an strenge Gesetze der Logik gebunden. Die Freiheit zeigt sich erst im ästhetischen Urteil, das nicht an die logische Bestimmung gebunden ist. Das logische Geschäft wird dabei insgesamt als zur Freiheit der Vernunft gehörig und nicht, wie Hume behauptet hatte, als Ausdruck assoziativer Denkvorgänge gesehen. Deshalb bekommt das ästhetische Urteil die für die Kantische Philosophie besondere Auszeichnung eines „Symbols der Sittlichkeit": „Wir nennen Gebäude oder Bäume majestätisch und prächtig, oder Gefilde lachend und fröhlich; selbst Farben werden unschuldig, bescheiden, zärtlich genannt, weil sie Empfindungen erregen, die etwas mit dem Bewußtsein eines durch moralische Urteile bewirkten Gemütszustand Analogisches enthalten. Der Verstand macht gleichsam den Übergang vom Sinnenreiz zum habituellen moralischen Interesse, ohne einen gewaltsamen Sprung, möglich, indem er die Einbildungskraft auch in ihrer Freiheit als zweckmäßig für den Verstand bestimmbar vorstellt und sogar an Gegenständen der Sinne auch ohne Sinnenreiz ein freies Wohlgefallen finden lehrt."[53]

Der Zweckfreiheit des ästhetischen Urteils liegt der höhere Zweck zugrunde, die Welt ganz nach den sittlichen Gesetzen auszurichten und auf diese Weise ein „freies Wohlgefallen" an ihr zu finden.

Kants Ästhetisierung der Welt kann als Wendepunkt des Schuldbegriffes angesehen werden. Einerseits findet sich hier noch eine umfassende Anstrengung, die Verbindlichkeit von Verstehen und Handeln aus dem Verständnis des Grundes abzuleiten, andererseits zeigt der fiktionale Charakter des Als-ob selbst schon die Schwäche, der nur in der Besinnung auf die Produktivität der Einbildung und im Beschwören der Kreativität zuzukommen scheint. Dieses allein seinen Produkten verpflichtete Bewusstsein ist aber das der Arbeit, die im Schön-Machenden ihre ideologische Verklärung findet.

Bei Hegel hat die Kunst – als Vorstufe der Wissenschaft – die Aufgabe, eine neue Welt zu schaffen. In der Bearbeitung verliert die Natur ihre Fremdheit und wird zum Spiegel der menschlichen Tätigkeit, für Hegel zum Spiegel des schöpferischen Weltgeistes. Der Geist erkennt sich ausschließlich in seinen Produkten, nicht in der Natur, die das Reich der Täuschung und Finsternis ist: „Der Schein und die Täuschung dieser schlechten, vergänglichen Welt nimmt die Kunst von jenem wahrhaften Gehalt der Erscheinungen fort und gibt ihnen eine höhere, geistgeborene Wirklich-

52 Kant [1790] (1914) 292.
53 Kant [1790] (1914) 431.

keit."[54] Die Finsternis der Welt wird durch die Arbeit erhellt und bekommt durch die Kunst die Verklärung. Die Arbeit wird durch die Kunst als Lichtbringer gerechtfertigt. Sie rechtfertigt die Arbeit als eine Tätigkeit, in der die Selbsttätigkeit des Geistes widerscheint. Als Rechtfertigung der Selbsterschaffung der geistigen Gestalten ist sie damit Selbsterkenntnis des sich in der Produktion wiederfindenden Geistes. Diese Selbsterkenntnis wird zum Genuss, in dem sich der Geist selbst genießt. Schön ist deshalb nur die Selbsttätigkeit des Geistes und der Genuss, den er daran hat: „Der Mensch tut dies, um als freies Subjekt auch der Außenwelt ihre spröde Fremdheit zu nehmen und in der Gestalt der Dinge nur eine äußere Realität seiner selbst zu genießen. Schon der erste Trieb des Kindes trägt die praktische Veränderung der Außendinge in sich; der Knabe wirft Steine in den Strom und bewundert nun die Kreise, die im Wasser sich ziehen, als Werk, worin er die Anschauung des Seinigen gewinnt. Dieses Bedürfnis geht durch die vielgestaltigsten Erscheinungen durch bis zu der Weise der Produktion seiner selbst in den Außendingen, worin sie im Kunstwerk vorhanden ist."[55]

Durch die Kunst, die in ihren Produkten ihre Tätigkeit als reine Selbstanschauung des tätigen Geistes bewertet, wird die Arbeit überhaupt verklärt. Die Kunst vollendet die sinnliche Selbsterfahrung des Menschen als Selbstproduktion. Nach dem Ende der Kunst bleibt bei Hegel für die „Wissenschaft" nur noch die Aufgabe, diese Selbstanschauung in der Produktion „auf den Begriff zu bringen". Die Verschönerung der Welt wird so zur Vorstufe ihrer Wahrheit. Rechtfertigung des Lebens erfährt mit ihrer ästhetischen Verklärung die notwendige Ergänzung, die zur Vorraussetzung der Gleichung wird, bei der das Wahre mit dem Guten und Schönen zusammenfindet.

Das ästhetische Urteil macht also die Welt nicht nur schön, sondern auch gut. Friedrich Nietzsches „ästhetische Rechtfertigung des Lebens" ist hier schon vorweggenommen. Die Arbeit des Verstandes wird verklärt und mit der autonomen Vernunft in Einklang gebracht. Obwohl Nietzsche ein Kritiker dieser Gleichsetzung von wahr, gut und schön ist, führt er sie im Sinne Hegels weiter, da für ihn auch die Produktion als Rechtfertigung des selbstbezogen-tätigen Menschen von zentraler Bedeutung ist. Dies zeigt sich an seiner eigenwilligen Auslegung des Dionysoskultes.[56] Dionysos ist für ihn der maskierte Protagonist der Tragödie und übernimmt die immer gleiche Rolle des Vernichters und Versöhners, des emanzipierenden Prinzips des Menschen von der Natur und seiner Wiedervereinigung mit ihr. Im Unterschied zu den Idealisten und in unmittelbarer Nähe zu der sozialistischen

54 Hegel [1835-38] (1964) 29.
55 Hegel [1835-38] (1964) 58.
56 Siehe unten §14.

Theorie ist dabei die Produktion das Prinzip der Erlösung, weil Dionysos zu seiner eigentlichen Rolle erst als Prometheus findet.

Prometheus ist im griechischen Mythos der Urverbrecher, der den natürlichen Bund zerreißt und die Autonomie zum Gesetz erhebt. Als Vorausschauender hat er sich von der Vergangenheit abgewendet zur Zukunft hin und ist als Urbild der Selbstbezogenheit des Schaffenden der Antagonist aller archaischen Totengötter, die das Leben als Rechtfertigung gegenüber den Toten verstanden haben. In dieser Rolle des Revolutionärs übernimmt Prometheus die Schuld des schaffenden Menschen, die er für Nietzsche – als Bruder des Titanen Atlas – im Tragen und Höherbilden der Individualität rechtfertigt und sühnt.[57]

Prometheus ist deshalb vergleichbar anderen mythischen Figuren, welche die Urschuld des Menschen darstellen, durch ihr eigenständiges Handeln Schuld auf sich zu laden, allen voran Adam. Die Schuld des Prometheus ist die Schuld aller schaffenden, selbstbezogenen Wesen. Auch Nietzsche verleiht ihm die Bedeutung und „Würde" des künstlerisch-schaffenden Menschen. Trotzdem will er diese Schuld von der Erbschuld im biblischen Sündenfallmythos unterschieden wissen. So zeigt sich bei Prometheus „das Beste und Höchste, dessen die Menschheit theilhaftig werden kann",[58] also die schöpferische Eigenheit des Menschen, im Sündenfallmythos sieht Nietzsche dagegen nur „die Neugierde, die lügnerische Vorspiegelung, die Verführbarkeit, die Lüsternheit, kurz eine Reihe vornehmlich weiblicher Affectionen."[59]

Nietzsche will also nicht zugeben, dass gerade vom Gedanken der „Rechtfertigung des menschlichen Übels, und zwar sowohl der menschlichen Schuld als des dadurch verwirkten Leidens"[60] der prometheische Frevel von der Sünde Adams nicht zu unterscheiden ist. Es findet sich aber in beiden Mythen die Begründung menschlicher Schuld aus der Eigenständigkeit. Diese Einseitigkeit ist nun aufschlussreich für sein Geschichtsverständnis. Es geht ihm nicht um die Bewältigung von Schuld, die im Mythos sowohl von Prometheus als auch von Adam behandelt wird, es geht ihm um die Abwertung des Vergangenen durch die Rechtfertigung des Schaffenden und seiner Ausrichtung an der Zukunft. Prometheus ist für Nietzsche das Bild des ganz auf sich gestellten und nach vorn blickenden Schaffenden, während Adam in seiner Verführbarkeit für unselbständig erscheint, weil er Adams Verbindung zum Weiblichen vom Standpunkt einer modernen Paarbeziehung und damit ganz offenbar falsch versteht.

---

57 Nietzsche [1872/1886] (1980) 1/71.
58 Nietzsche (1980) 1/69.
59 Nietzsche (1980) 1/69.
60 Nietzsche (1980) 1/69.

Die Gegenwärtigen sind für Nietzsche krank, weil sich in ihnen viel schlechte Vergangenheit „angeleibt“ hat. Produkt der Vergangenheit ist der Leib, er geht durch die Geschichte und ist ihr Spiegel. Der Leib ist seine eigene Geschichte und zugleich das Produkt dieser Geschichte.

Der Mensch lebt nicht nur in der Geschichte, er schafft und gestaltete seine Geschichte „am Leitfaden des Leibes“, also des sich höher bildenden Leibes: „Aufwärts fliegt unser Sinn: so ist er ein Gleichnis unseres Leibes.[...] Also geht der Leib durch die Geschichte, ein Werdender und ein Kämpfender.[...] Ach, viel Unwissen und Irrtum ist an uns Leib geworden! Nicht nur die Vernunft von Jahrtausenden – auch ihr Wahnsinn bricht an uns aus. Gefährlich ist es, Erbe zu sein.“[61] Deshalb liegt die Erlösung in der Höherbildung des Leibes: „Ziel: Höherbildung der ganzen Leibes und nicht nur des Gehirns.“[62] Die „Höherbildung des Leibes“ ist die Aufgabe des Künstlers, wie Nietzsche in seiner „Physiologie der Kunst“ zum Ausdruck bringen wollte.

Die Gefahr, die dem Leben droht, kommt für Nietzsche aus seiner Vergangenheit. Vergangenheit heißt für Nietzsche, dass eine Geschichte nicht mehr verfügbar und doch nicht verschwunden ist. Vergangenes hat die Form des „Es war“ angenommen, von der aus eine ganz eigene und durchaus aktuelle Bedeutung für die Jetzt-Zeit ausgeht. Diese Vergangenheit lässt sich nicht abschütteln, Zeit heilt keine Wunden, vielmehr muss die Vergangenheit, das „Es war“, schaffend umgedeutet werden in ein „So-wollte-iches“, um damit zugleich auch die Zukunft zu umfassen.[63] Im „Es-war“ droht ein Immer-noch bis zum Wahnsinn, wenn es nicht in ein Selbstgewolltes umgedeutet werden kann. Das Es-war richtig zu verstehen, es nicht zu verdrängen oder aufzustöbern, sondern es umzuschaffen, gibt die Möglichkeit für das erlösende Verstehen des Vergangenen. Der neue Typus Mensch, der prometheische Übermensch, hat die angeleibte Geschichte weggezüchtet.

Nietzsche hat hier weit blickend herausgestellt, dass das Verstehen keine bloß theoretische Leistung ist, auch nicht in diesem erweiterten hermeneutischen Sinn einer das Erklären überschreitenden historischen Erfassung. Verstehen heißt Erlösen im Sinne der Loslösung einer anhängenden und unvergangenen Vergangenheit. Die Geschichte aus der Sicht der Historie bekommt hier eine ganz andere Gewichtung. Sie ist nicht das abgeschlossene Geschehen, sie lastet als unerschlossene, aber dabei höchst präsente Geschichte auf den Individuen. Das geschichtliche Verstehen ist belastend und krank machend, wenn Geschichte nur „wiedergekäut“ wird und nicht künstlerisch-schaffend, eine Neudeutung erfährt. Nietzsche erkennt hier die

61 Nietzsche [1883-85] (1980) 4/98-100.

62 Nietzsche (1980) 10/506.

63 Nietzsche (1980) 4/249: „Das Vergangene am Menschen zu erlösen und alles ‚Es war' umzuschaffen, bis der Wille spricht: ‚Aber so wollte ich es! So werde ich's wollen' – Diess hiess ich ihnen Erlösung, Diess allein lehrte ich sie Erlösung heissen.“

Wirksamkeit von Geschichte im aktuellen Verstehen. Sie kann überwältigend und vernichtend sein, da die Last der Vergangenheit, also ihre Schuld, weitergetragen wird.

Diesem weitblickenden Verständnis von Geschichte steht aber die Fragwürdigkeit von Nietzsches Lösung gegenüber. Er stellt mit der Selbstbejahung das Individuum vor eine unlösbare Aufgabe. So ist die Bejahung des Vergangenen durch ein „So wollte ich es“ ein erster Schritt, die Vergangenheit als Unvergangenheit zu erschließen, der aber zu einer tieferen Verstrickung in dieses Unvergangene führt. Der Einzelne wäre mit dieser Konfrontation von Vergangenheit überfordert. Deshalb ist es auch bei Nietzsche nicht der einfache Mensch, sondern der Held in Form des Künstlers, dem diese Umbildung und Neugestaltung des Vergangenen zu einer völlig neuen Zukunft gelingen kann. Als Zwillingsbruder des Arbeiters verrichtet dieser die gleiche Tätigkeit, eine neue Welt zu schaffen, die nicht mehr der Vorwelt gegenüber, sondern nur noch ihren eigenen Produkten verpflichtet ist. Unter dem Zeichen eines falsch verstandenen Prometheus, der nicht Sinnbild des schuldhaften Handelns des Menschen ist, sondern die schuldlose Freiheit der Menschen darstellen soll, soll die Erlösung von Geschichte nun Ergebnis eines Kraftaktes werden, bei dem das Vergangene einfach abgestemmt wird.

Dieses Verständnis von Kunst als Vergangenheitsbewältigung, das Nietzsche aus seiner Sicht des prometheischen Künstlers herleitet, führt nicht nur zu einer umfassenden Aufwertung der Innovation, es wendet sich auch von der mythischen Funktion von Kunst ab, Sprache der Vergangenheit, des Todes und der Toten zu sein. Kunst ist mit Nietzsche zum Medium der Selbstbespiegelung eines Individuums geworden, das sich um seine geschichtliche Herkunft verkürzt und sich seiner Wurzeln entledigt hat. Hierdurch zeichnet sich ein doppelter Verlust ab, einerseits der Verlust, der sich aus der kulturellen Selbstbestimmung ergibt, die den Tod ausgrenzt, andererseits der Verlust der Erinnerung, durch die das kulturelle Gedächtnis zum Spiegel des einsam gewordenen präsentischen Selbst geworden ist.

Für die Schuldproblematik ist dieser Wandel des Kunstverständnisses der Moderne seit und mit Nietzsche als Potenzierung des Schuldkomplexes zu bewerten. Indem der „entfesselte Prometheus“ sowohl Arbeiter wie Künstler ist, ist die Kunst in die Arbeitswelt eingerückt und zum rechtfertigenden Teil von ihr geworden. Sie ist nicht mehr die Stimme der Vergangenen, die sich kritisch an die Gegenwärtigen richtet, sondern die Stimme der Gegenwärtigen, die sich gegen Vergangenheit, und damit auch gegen Zukunft richtet. Kultur ist ethisch „eindimensional“ zur Selbstgerechtigkeit der Gegenwärtigen geworden.

§ 7 Tausch als Vergeltung

Der Fetisch der Ware

Die Bezahlung durch Geld ist im eigentlichen Sinn kein Tausch, bei dem der Tauschwert erst ermittelt wird, sondern eine Abgleichung, die sich auf Zeichen und Repräsentationen des schon festgestellten Tauschwertes stützt. Diese Form des Vergleichs setzt keine Begegnung im Tauschvorgang voraus und ist damit sowohl freier als auch anonymer geworden. Als liquider Wert stellt der durch Zeichen repräsentierte Tauschwert des Geldes keine spezifische, an konkreten Bedürfnissen ausgerichtete Gabe dar, sondern ist ein anonymes Mittel, das zur Erleichterung des Handels und Geschäfts für alles Kaufbare einlösbar ist. Hier spiegelt sich nicht mehr das Geben und Nehmen in seiner ursprünglichen Form wider, weil Geben und Nehmen zunächst kein Austausch von Substanzen, sondern ein Tausch von Geschichten ist, die von der Auffindung oder der Herstellung der zu tauschenden Dinge, aber auch von der Geschichte dieser Fertigkeiten zeugen. Hierin bezeugen sich nicht nur die Werte von Altertümern, Antiquitäten und dergleichen, vielmehr zeugt jeder Wert von der Geschichte der Herstellung und ist immer Wert des Ursprungs. Diese Geschichten sind es, die den Sachen ihren Wert zuordnen und über Seltenheit und Schwierigkeit oder über Häufigkeit und Reproduzierbarkeit berichten. Der substanzielle Wert ist dann Ausdruck dieses geschichtlichen Hintergrundes des Ursprungswertes.

Wie schon Marx zeigte, „klebt" der Wert nicht an den Dingen fest oder ist ihnen von Natur her gegeben, sondern wird im Ausloten der gesellschaftlichen, genauer der geschichtlichen Dimension einer Sache gefunden. Der reale Tausch ohne Geldzeichen ist der direkte Tausch der Güter, der seine Gerechtigkeit gerade darin findet, daß er Unvergleichbares vergleichbar macht und abschätzt. Diesen Zusammenhang hat Marx im *Kapital* erkannt, indem er den Tausch als gesellschaftliches Phänomen herausstellte und damit ein langes Rätselraten um das Geheimnis des Wertes beendete.[64] In dem berühmten Kapitel des *Kapitals* „Der Fetischcharakter der Ware und sein Geheimnis" zeigt Marx, wie der Wert der Ware erst innerhalb des Tausches ermittelt wird. Zur Grundlage des Tausches dient nicht ein der Ware „anklebender" Wert-Fetisch. Für Marx können unterschiedliche und eigentlich unvergleichbare Produkte nur auf der Grundlage der mit ihnen verbundenen Arbeit getauscht werden.

Die entscheidende Leistung seiner Wertlehre liegt in der Differenzierung des Gebrauchswertes vom Tauschwert. Bisher wurde der Wert einer Sache immer von ihrem Gebrauchswert her verstanden. Der Gebrauchswert schien dann auch die Grundlage zu geben für den Tauschwert. Dieser Irrglaube rührte, wie Marx zu Recht

64 Marx [1890] (1962) 12.

bemerkt, von den Robinsonaden her, die den Ursprung der Gesellschaft vom Individuum ausgehend konstruieren und dabei das Verhältnis des Menschen zu den Dingen als Ausgangpunkt nehmen. Marx zeigt dagegen, dass der Wert eine Spiegelung des gesellschaftlichen Vorganges ist: „Das Geheimnisvolle der Warenform besteht also einfach darin, daß sie den Menschen die gesellschaftlichen Charaktere ihrer eigenen Arbeit als gegenständliche Charaktere der Arbeitsprodukte selbst, als gesellschaftliche Natureigenschaft dieser Dinge zurückspiegelt [...].“[65] Bei der Werterkenntnis wird die Arbeit, die in das Produkt hineingespiegelt ist, wiedererkannt. Die Vergegenständlichung dieser Spiegelung findet dann im Austausch der Waren statt: „Erst innerhalb ihres Austausches erhalten die Arbeitsprodukte eine von ihrer sinnlich verschiedenen Gebrauchsgegenständlichkeit getrennte, gesellschaftlich gleiche Wertgegenständlichkeit.“[66] Im Unterschied dazu hat der Gebrauchswert einen ganz anderen Ursprung und ist an dem Umgang des Einzelnen mit der Sache orientiert. „Was sich hierin bestätigt, ist der sonderbare Umstand, daß der Gebrauchswert der Dinge sich für den Menschen ohne Austausch realisiert, also im unmittelbaren Verhältnis zwischen Ding und Mensch, ihr Wert umgekehrt nur im Austausch, d.h. in einem gesellschaftlichen Prozeß.“[67] Die daraus sich ergebende persönliche Bedeutung hat weder etwas mit dem Wert zu tun, noch ist sie Grundlage dafür. Ein Umgang mit den Dingen, der von der Art des Gebrauchs ist, lässt den Tauschcharakter, der aber für den Wert maßgeblich ist, nicht zum Vorschein kommen. Wie der Wert in den Gebrauchsgegenstand hineinkommt, ist deshalb als Geheimnis magischer Art gesehen worden.

Marx hat damit erstmalig den tieferen Zusammenhang des Tausches aufgedeckt. Der Tausch ist ein gesellschaftlicher Vorgang, in dem nicht die Güter selbst und ihr Gebrauchswert, sondern die für die Güter erbrachte Arbeit verglichen, vergütet und vergolten wird. Da für Marx die Arbeit kein maschineller Herstellungsprozess ist, sondern das menschliche Sein selbst bildet und mit dieser Gestaltung zugleich als gelingendes Leben rechtfertigt, ist der Tausch und die Vergeltung der Arbeit ein Vorgang, der die menschliche Gerechtigkeit selbst zum Ausdruck bringt und an dem deshalb auch Gerechtigkeit ersichtlich wird.

Der Schöpfungs- und Heilscharakter der Arbeit macht sie zum eigentlichen und zugrunde liegenden Wert, an dem alle Produkte und Waren sich spiegeln und damit messen lassen: „Die Waren werden nicht durch das Geld kommensurabel. Umgekehrt: Weil alle Waren als Werte vergegenständlichte menschliche Arbeit, daher an und für sich kommensurabel sind, können sie ihre Werte gemeinschaftlich an derselben spezifischen Ware messen und diese dadurch in ihr gemeinschaftliches Wertmaß oder Geld verwandeln.“[68]

65 Marx (1962) 86.
66 Marx (1962) 87.
67 Marx (1962) 98.
68 Marx (1962) 109.

Die Arbeit ist die Grundlage und damit die eigentliche Währung des Tausches, der ohne sie keinen Anhaltspunkt hätte. Deshalb hat die in den Dienst der Akkumulation des Kapitals gestellte Arbeit eine verheerende Auswirkung, weil sie diese Rolle des fundierenden Wertmaßes für den Tausch verliert. Der Mensch verliert für Marx mit diesem Wertmaß auch den Spiegel für sein Selbst, der sich aus der Arbeit und ihrer gesellschaftlichen Einschätzung und Anerkennung im Tausch ergibt. Der Tausch von Waren, der als Tausch der Arbeit ersichtlich wird, reflektiert damit den gesamten anthropologischen Prozess der Selbstwerdung des Menschen.

Indem Marx nun im Tauschwert und seiner Gerechtigkeit die Grundlage für das Wertmaß erkennt, lüftet er das Geheimnis, aber, wie hier kritisiert werden muss, nur zu einem Teil. Die Heiligsprechung der Arbeit lässt Marx nicht erkennen, dass er eigentlich einen tieferen Zusammenhang entdeckt hat, der über die Arbeit hinausgeht. Der Tausch ist nämlich nicht an der Arbeit als physikalisch-biologischer Leistung festzumachen.

Schon Georg Simmel hat in seiner *Philosophie des Geldes* auf die Analogie zwischen Marx' Begriff der Arbeit und dem physikalischen Begriff der Energie hingewiesen, die „in quantitativer Unveränderlichkeit, bald als Wärme, bald als Elektrizität, bald als mechanische Bewegung auftreten kann."[69] Damit sei „aber nur der allgemeine Begriff der Arbeit maßgebend geworden und die Theorie beruht insoweit auf einer sehr künstlichen Abstraktion."[70]

Die Arbeit ist selbst Spiegel des Nehmens und Gebens und damit der Hingabe, wie sie auch im Opfer zu finden ist. Sie repräsentiert einen geschichtlichen Wert, der auch über den gesellschaftlichen hinausgeht. Die Arbeit ist kein Schöpfungsakt aus dem Nichts, sie ist eine Darstellung der Geschichte, aus der sie hervorgegangen und der sie verpflichtend verbunden ist. Arbeit steht im Zeichen der Her- und Hinkunft, weil sie als Wissen übernommen und weiter gegeben wird. Sie ist also nicht nur eine kreative und zweckmäßige Leistung im Rahmen der Evolution oder gesellschaftlichen Entwicklung, sie ist auch Dienst an der Geschichte, bei dem sie mit dem kulturellen Wissen, z.B. in der handwerklichen Fertigkeit, nicht nur diese Fertigkeit übt, sondern sie als Geschichte und damit als Wert einbringt. Die Fertigkeit und das Wissen bilden die Voraussetzung für die Arbeit. Arbeit wird hier zum Gedächtnis, indem das in ihr gewonnene Wissen der Vorfahren erworben und umgesetzt wird. So wird das geschichtliche Vermächtnis unmittelbar gegenwärtig. Es ermöglicht den Lebenden zu überleben und zwingt sie zur Verpflichtung, es als Schuld zu vergelten, indem es erworben und weitergereicht wird.

---

69 Simmel [1900] (1989) 575.
70 Simmel (1989) 574.

Jeder Tausch ist damit auch ein Schuldtausch, bei dem nicht nur die Arbeit als gesellschaftliche Leistung, sondern Arbeit als Geschichte getauscht wird. Die Erkenntnis von Marx zum „Fetisch der Ware“ ist also um die Dimension der Geschichte zu erweitern. Wie Marx gesehen hat, klebt der Wert nicht an der Sache, sondern wird im Tausch aus der jeweils benötigten Arbeit ermittelt. Dabei wird aber nicht nur die Leistung der Arbeit verglichen, sondern auch die Leistung der Vor-Arbeit, welche die Arbeit überhaupt ermöglicht hat. Marx hat nicht mehr erkannt, dass die Arbeit, die im Tausch den Wert festlegt, nicht durch die Produktion allein wertvoll ist, sondern durch ihren geschichtlichen Hintergrund, der die „Weisheit“ dieser Produktion darstellt.[71] Die Produktion selbst ist damit zwar nicht entwertet, sie stellt aber nur den exekutiven Anteil an der Wertbildung und ist die Ausführung und Umsetzung des Wissens und Gewissens der Arbeit.

Arbeit ist von daher bereits ein Tausch, der sich grundsätzlich von einer bloßen Produktion oder Schöpfung aus dem Nichts, einer *creatio ex nihilo* unterscheidet. Sie ist keineswegs die eigentliche Substanz, die getauscht wird, wie Marx behauptet, sie ist selbst das Zeichen einer Leistung, die im Tausch der Schuld den Beitrag zur Herstellung oder Wiederherstellung von Gerechtigkeit erbringt. Die Arbeit ist damit kein sich selbst genügender Wert, sondern erscheint in den verschiedenen Formen des Dienstes als konkrete Gabe im gesellschaftlichen Prozess. Die Produktion und Herstellung bildet dabei nur einen Aspekt, der unmittelbar dem Werk und Produkt selbst gewidmet ist und durch diese Gestaltung hindurch erst als gesellschaftliches Produkt erscheint. Darüber hinaus ist aber jede Arbeit ein unmittelbarer Dienst am Vermächtnis, das jede Tätigkeit zur innigen Verbindung mit der Geschichte werden lassen kann. Hier tritt Gesellschaft nicht nur als das abstrakte Gemeinwesen auf, das aktuell unter einer politischen Form organisiert ist, sie wird zur geschichtlichen Verbindung mit den Vorfahren und ihrem Vermächtnis. Der gesellschaftliche Tausch findet also nicht erst über die Produkte statt, sondern ist bereits in der Tätigkeit der Arbeit vollzogen.

Die Arbeit ist damit primär ein symbolischer Tausch, der in einem konkreten Tausch der Güter weitergeführt wird. Auf diesen ursprünglichen symbolischen Tausch ist auch der „Fetischcharakter der Ware“ zurückzuführen. Die Ware repräsentiert nicht nur die durch die Arbeit erbrachte Leistung des Herstellers oder eines ganzen Herstellungsprozesses, sie repräsentiert auch den damit verbundenen geschichtlichen Prozess, der die Besonderheit der Leistung anhand ihrer kulturellen Werte heraushebt. So ist

71 Dies gilt nicht nur für traditionelle Berufe, sondern zeigt sich auch gerade bei modernen technischen Berufen, wie schon Oswald Spengler kritisch gegen Marx feststellte: „Der Erfinder der Dampfmaschine ist maßgeblich, nicht der Heizer.“ Spengler [1918/1923] (1972) 1178.

jedes Arbeitsprodukt ein Kulturprodukt, in dem das Wie der Herstellung in seiner geschichtlichen Dimension ersichtlich wird. Jede Ware hat damit ein „kulturelles Gedächtnis“, in dem sein Herstellungsprozess auch als geschichtlicher Prozess gespeichert ist.

Symbolischer und allegorischer Tausch

Hatte Marx den Tausch als einen wirtschaftlichen Vorgang angesehen, bei dem letztlich Arbeit getauscht wird, so versucht schon Georg Simmel eine wesentliche Erweiterung des Tauschbegriffes, indem er im Tausch die Grundform der menschlichen Interaktion sieht.[72] Er geht sogar soweit, den Mensch anthropologisch zum „tauschenden Tier“ zu erklären.[73] Damit wird der wirtschaftliche Tausch nur zu einer Spezialform der allgemeinen Lebensform des Tausches, wobei der Wert durch das erforderliche Opfer eingebracht wird.[74] Simmel hat dabei den Grundgedanken von Marx, dass der Wert nicht per se gegeben wird, auf eine allgemeinere Basis gestellt, die den Einsatz und die Hingabe, die Marx nur in der Arbeit sah, zum grundsätzlichen Kriterium macht. Arbeit ist danach nur eine Form der Opfers, wenngleich die wichtigste. In der Zurücksetzung oder gar dem „Ausgeschaltetwerden“ des Gebrauchswertes zugunsten des Tauschwertes sieht Simmel deshalb auch nicht das fundamentale Problem, das Marx darin gesehen hat.[75] Vielmehr vollendet sich in der vollständigen Tauschbarkeit, für die das Geld steht, die menschliche Lebensform, für die der Tausch höher steht als der Gebrauch. Wenngleich Simmel sich noch nicht zu der Position bekennen konnte, die dann Georges Batailles in Anlehnung an Marcel Mauss vertreten hat, dass der Tausch überhaupt nur als Mittel der Hingabe gilt, letztlich auch um den anderen zu demütigen, so ist er doch in der Höhersetzung des Tausches über den Gebrauch einen entscheidenden Schritt über Marx, für den der Gebrauch und Nutzen das Maß des Tausches abgibt, hinaus gegangen.

Auch Walter Benjamin hat versucht, die Entdeckung von Marx für eine Kulturtheorie geltend zu machen, welche die Umwertung der Werte im Kapitalismus verständlich machen soll. Im Tausch spiegelt sich für ihn immer Arbeit und damit Geschichte wider. Die Arbeit und ihre Wiedererkennbarkeit im getauschten Produkt erfüllt die Aufgabe eines Gedächtnisses, das

---

72 Simmel (1989) 59: „Man muß sich klarmachen, daß die Mehrzahl der Beziehungen von Menschen untereinander als Tausch gelten kann; er ist die zugleich reinste und gesteigertste Wechselwirkung, die ihrerseits menschliches Leben ausmacht [...]. Jede Wechselwirkung ist aber als ein Tausch zu betrachten, jede Unterhaltung, jede Liebe (auch wo sie mit andersartigen Gefühlen erwidert wird), jedes Spiel, jedes Sichanblicken.“

73 Simmel (1989) 385.

74 Simmel (1989) 67.

75 Simmel (1989) 138.

ganz im Sinne des heute so verstandenen kulturellen Gedächtnisses gesehen werden kann. Am Beispiel moderner Waren und Konsumartikel wird nun der Verfall dieses Gedächtnisses in bedrohlichem Maß deutlich. Hier vollzieht sich ein ähnlicher Verfall, wie ihn Benjamin im Symbol- und Zeichensystem diagnostiziert hat. Diese Analogie bringt ihn zum Vergleich des modernen Warenwertes mit der „Allegorie".

Im Unterschied zum Symbol tendiert die Allegorie zur Scheinlosigkeit und beleuchtet Geschichte vom Verfall her. Bei seiner Deutung des Ursprungs des deutschen Trauerspiels als Allegorie erkennt Benjamin das Pendant dieser *facies hippocratica*[76] in der modernen Konsumware wieder, in der auch jede geschichtliche Spur seiner Herstellung ausgelöscht ist. Marx hatte schon den scheinbar den Waren anklebenden Fetisch als Täuschung entlarvt. Benjamin sieht über dem gesellschaftlichen Tausch auch die geschichtliche Dimension der Wertbildung. Sie wird gerade dort auffällig, wo sie ausgelöscht wird, in der modernen Form der Herstellung, die dem Prinzip der Reproduktion untersteht. Reproduktionen, so resümiert Benjamin im Anschluss an Baudelaire und Proust, verflüchtigen das einstige Erlebnis und Geschehen. Benjamins Skepsis gegenüber den Möglichkeiten der Reproduktion durch Foto oder Kino nährt sich aus dieser Erkenntnis.[77] Das zum Faktum gewordene Geschehen hat alle Erinnerbarkeit abgelegt, es ist zum leeren Objekt des Augenblicks geworden. Mit dem Verwischen dieser Spuren ist das Geschehen dann unwiederbringlich Vergangenheit geworden.[78] Benjamin hat hier die Verbindung von Erinnerung und Geschichte herausgestellt und damit, bei aller Fragwürdigkeit seiner Bemerkungen zu Foto und Kino, das Verwischen der geschichtlichen Spur durch neue Produktionstechniken hervorgehoben.

Die Auslöschung dieser Spur soll aber durch Reklame wettgemacht werden. Reklame hat die Aufgabe, den Warencharakter der Dinge, also ihre Reproduzierbarkeit, zu überblenden und einen Schein von Einmaligkeit und Authentizität zu erzeugen. Dabei kommt es zu einem inneren Widerspruch zwischen dem falschen Schein der Reklame und der „allegorischen" Form der Ware: „Der trügerischen Verklärung der Warenwelt widersetzt sich ihre Entstellung ins Allegorische."[79] In dieser Widersetzung verschafft sich der wirkliche – geradezu heilige – Wert der Ware Ausdruck, die Arbeit. Benjamin bezieht sich in der Hochschätzung dieses Wertes wieder auf Marx, obwohl er sonst Simmel zu folgen scheint. Der Wert ist aber nicht nur die aktuelle Leistung der Arbeit, sondern auch ihr Gedächtnis, das im Produkt verinnerlicht, im Konsumartikel aber zur „Reliquie" und zum „Andenken" degradiert ist. Damit vollzieht sich für Benjamin ein Gedächtnisverlust, der zu einem paradigmatischen Wechsel im Zeitver-

---

76 Benjamin (1974) 343.
77 Benjamin (1974) 471ff.
78 Grätzel (2004 b).
79 Benjamin 1974, 671.

ständnis führt. Vergangenheit kann nur als tote Habe inventarisiert werden, die Gegenwart dagegen ist vom geschichtslosen Jetzt bestimmt: „Das Andenken ist das Komplement des ‚Erlebnisses'. In ihm hat die zunehmende Selbstentfremdung des Menschen, der seine Vergangenheit als tote Habe inventarisiert, sich niedergeschlagen. Die Allegorie hat im neunzehnten Jahrhundert die Umwelt ausgeräumt, um sich in der Innenwelt anzusiedeln. Die Reliquie kommt von der Leiche, das Andenken von der abgestorbenen Erfahrung her, welche sich, euphemistisch, Erlebnis nennt."[80] Mit der Ablösung von der Vergangenheit verlieren die Gegenstände ihre Wertquelle und werden zur bloßen Materie, die für Benjamin „gescheitert" erscheint: „Gescheiterte Materie: das ist die Erhebung der Ware in den Stand der Allegorie. Fetischcharakter der Ware und Allegorie."[81] Die Ware führt dem kulturellen Gedächtnis seinen Gedächtnisschwund vor Augen.

Der „Verlust der Aura", der für Benjamin der Verlust des Gedächtnisses und damit der Vergangenheit ist, wird gerade durch die kulturelle Umwälzung im Konsumzeitalter befördert. In diesem Punkt geht Benjamin über Marx und dessen abstrakten Begriff der Arbeit, aber auch über Simmel hinaus, der die Beliebigkeit des Tausches im Geld nicht als Verfall erkennt, sondern zur Quelle moderner Kulturwerte werden lässt. Für Benjamin ist Materie als Erscheinung und Produkt der Arbeit das Gedächtnis schlechthin, das alles vergangene Geschehen in sich versammelt. Die moderne Konsumware, die dieses Gedächtnis ausschaltet, muss ihre Trostlosigkeit nicht nur mit Reklame wettmachen und in der Art übertünchen, wie auch Leichen geschminkt werden, sie beschleunigt obendrein mit ihrer Versessenheit auf das Aktuelle und Modische diesen bedrohlichen Gedächtnisschwund. Die Materie wird zum toten Stoff und Rohstoff und ist hierin als Materie auch im geschichtlichen Sinn gescheitert, als dieser Stoff selbst nach seiner Bearbeitung nicht mehr der Spiegel ist, in dem der Mensch sich und seine Geschichte betrachten kann.

Benjamin hat die schon bei Marx angelegte Abgründigkeit der Repräsentation, welche die Ware als Spiegel der Arbeit zeigt, aufgegriffen und weitergeführt, indem er die Selbstentfremdung des Menschen nicht an der entfremdeten Arbeit und dem zerbrochenen Spiegel ihres Widerscheins menschlicher Selbstbildung, sondern am Verfall des Gedächtnisses festmacht. Dieser Verfall ist an der Ware und ihrer Veränderung des Fetischcharakters ablesbar. Die Allegorie als neue und gleichsam perfekte Form des Fetischs löst die Ware vollständig aus dem organischen Zusammenhang der Herstellung heraus und bewertet die zur reinen Ware gewordene tote und eigentlich wertlose Gegenständlichkeit auf eine diesen Verfall überdeckende Weise durch Reklame.

80 Benjamin 1974, 681.
81 Benjamin (1982) 274.

Der Fetischcharakter der Ware und ihre Veränderung zur Allegorie löst den Menschen aus dem geschichtlichen Zusammenhang heraus und schafft eine Isolation, die Benjamin in ihrer Bedrohlichkeit nur angedeutet, nicht aber begründet hat. Obwohl er immer wieder auf die von Marx aufgeworfene Frage der Gerechtigkeit zurückkommt, die im Tausch angestrebt wird,[82] bezieht er sie nicht in die Problematik dieses Verfalls und Gedächtnisverlustes ein. Gerechtigkeit ist für ihn, wie schon für Marx, keine Frage des Gedächtnisses, sondern des bloßen Vergleichs. Doch verglichen werden können keine Substanzen, sondern nur die Arbeit, wie Marx und er selbst erkannt haben. Arbeit ist der Inbegriff des Geschichtlichen und damit des Gedächtnisses und steht im Widerspruch zum substanzialistischen Erfassen ihres Wertes.

Benjamins Ausführungen zur Ware und Allegorie bleiben aus diesem Grund in den Anfängen stecken, weil er das Gedächtnis nur als Speicher sieht, der zwar intim, aber gewissenlos die Materie und ihr Gewesensein repräsentiert. Jedes Gedenken führt aber in Verstrickungen hinein, die nicht bloß gespeichert oder verdrängt werden, sondern als Herausforderungen und Ansprüche bestehen bleiben und damit aktuell oder gar akut sind. Da nun kein Tausch gerecht ist, sondern immer ein Schuldüberstand bleibt, wird mit jedem Tausch ein Verdankt- und Verpflichtetsein deutlich, das Vergebung und Solidarität beansprucht, um zur Vergeltung zu kommen.

Damit steht jeder Tausch im Zeichen des fröhlichen Tausches. In der Unvergleichbarkeit der Tauschgüter zeigt sich die Unabgegoltenheit des Tausches, der nie zur vollständigen Deckung gebracht werden kann. Indem von beiden Seiten immer etwas unabgegolten bleibt, wird die Ungleichheit darin aufgewogen und zur Gerechtigkeit gebracht, dass jeder Tausch auch eine Gabe und ein Geschenk ist. Jeder Tausch ist so ein Teil des großen Tausches, der seine Gerechtigkeit aus der Gnade bezieht, welche die Unvollständigkeit des Tausches und die damit bleibende Schuld aufhebt.

Jeder Wert steht stellvertretend für seine Geschichte und ist Zeichen der Herkunft. Im Fetischcharakter der Ware ist diese Stellvertretung verloren gegangen. In seiner scheinbaren Substanzialisierung soll das Ding selbst den Wert darstellen, nicht mehr repräsentieren. Marx durchschaut diese Gleichsetzung und rückt mit seiner Theorie der Arbeit von dieser Substanzialisierung des Wertes ab. Während seine Sicht des Tausches nicht weit genug geht, weil er seine geschichtliche Dimension nicht sieht, geht Simmel zu weit, weil er die Beliebigkeit des Tausches vertritt. Die Mittelstellung zwischen beiden Positionen, die Benjamin einnimmt, verdeutlicht die Bedeutung des Tausches allerdings nur noch an ihrem Zerfall. Eine über die Gleichsetzung von Wert und Ding hinausgehende Stellvertretung des Wer-

82 Benjamin (1982), 800ff.

tes in Form der Arbeit oder Gedächtnisses, wie sie von Marx und Benjamin gefordert wird, ist erst möglich, wenn diese Leistungen als Gabe verstanden werden, die über die Grenzen der Generation und der Spezies Mensch hinweg weitergereicht werden.

Die Befreiung von Scham durch Mode

Als Besonderheit der Ware kann die Mode angesehen werden, da sie direkt daraufhin angelegt ist, Vergangenheit ab- und die Gegenwart im Zeichen ihrer Zukünftigkeit aufzuwerten. In den kritischen Untersuchungen von Georg Simmel, Walter Benjamin, Roland Barthes und Jean Baudrillard ist dieser Zeitaspekt der Mode, die Tradition bewusst zu bekämpfen, immer wieder herausgestellt worden.[83] Simmel sieht die Funktion der Mode in der Differenzierung eines Nacheinander, die zusammen mit der Differenzierung eines Nebeneinanders den Objektivierungsprozess der Kultur ausmacht. Das „Ziel" dieses Prozesses liegt darin, die „natürliche Verwachsung" des Subjekts mit seiner Welt und Umwelt zu stören oder ganz zu verhindern: „Der Wechsel der Mode unterbricht jenen inneren Aneignungs- und Einwurzelungsprozess zwischen Subjekt und Objekt. [...] Solange die Moden – und es handelt sich hier keineswegs nur um Kleidermoden – noch relativ längere Zeit dauerten und relativ enge Kreise zusammenhielten, mochte es zu einem sozusagen persönlichen Verhältnis zwischen dem Subjekt und den einzelnen Inhalten der Mode kommen. Die Schnelligkeit ihres Wechsels – also die Differenzierung im Nacheinander – und der Umfang ihrer Verbreitung lösen diesen Konnex, und wie es mit manchen anderen sozialen Palladien in der Neuzeit geht, so auch hier: die Mode ist weniger auf den Einzelnen, der Einzelne weniger auf die Mode angewiesen, ihre Inhalte entwickeln sich wie eine evolutionistische Welt für sich."[84]

Die Mode gibt zu erkennen, was an der Zeit ist, sie setzt sich dabei in erster Linie von dem ab, was vergangen ist. Das Altmodische wird lächerlich, weil es der Mode gelingt, dem Vergangenen die erotische Faszination zu nehmen.[85] Sie hat damit die Macht bekommen, über Zeit und Vergänglichkeit zu bestimmen und damit die Inhalte des kulturellen Gedächtnisses neu zu ordnen.

Diese eigentümliche Macht ist in den ausgiebigen Analysen zur Mode nicht gründlich untersucht worden. Dies hängt damit zusammen, dass Mode hier nur als kulturelles, gesellschaftliches oder politisches Phänomen be-

---

83 Simmel [1900] (1989); Simmel [1905] (1995); Benjamin (1982) 110-132. Baudrillard [1976] (1982) 131-152.

84 Simmel (1989) 639ff.

85 Benjamin (1982) 113: „ Eine endgültige Perspektive auf die Mode ergibt sich nur aus der Betrachtung, wie jede Generation die gerade verflossene als das gründlichste Antiaphrodisiacum erscheint, das nur denkbar ist."

trachtet wurde. Für Baudrillard ist die Mode das Paradigma der Moderne schlechthin. Ihre Logik durchzieht alle Bereiche der Kultur und bringt ihre Inhalte und Zeichen zum „Flottieren.“[86] Diese Verallgemeinerung verkennt den Ursprung der Mode in der Bekleidung des menschlichen Leibes. Der Leib ist nicht Gegenstand unter anderen Gegenständen, er ist die Gestalt ichhafter Anwesenheit, die, ohne darauf reduziert werden zu wollen, die Abkunft und Herkunft des Leibes zu erkennen gibt. Dabei sind nicht nur die rassischen Merkmale erkennbar, sondern vor allem die familiären und lokalen Eigenheiten. Sie finden in der leiblichen Erscheinung ihren Ausdruck und werden immer wieder zum Anlaß, die Person doch auf diese Merkmale zu reduzieren und sie daran festzumachen. Der Leib bezeugt damit nicht nur die Anwesenheit einer Person, sondern auch die von dessen Geschichte und widerspricht deshalb in doppelter Hinsicht seiner rein faktischen Existenz als Fleisch.

Diese Gegensätzlichkeit und Spannung in Verbindung mit der leiblichen Escheinung greift die Mode auf, um die geschichtliche Herkunft des Leibes und ihre verletzende oder verletzbare und damit schamhafte Beschränkung gegen die Faktizität des Fleisches auszuspielen und dem Fleisch durch die Mode eine neue und immer gerade beginnende Geschichte zu geben.

Eine eindringliche semiologische Analyse dieser Umdeutung gibt Roland Barthes, allerdings ohne die dabei maßgebliche Bedeutung der Scham herauszustellen.[87] Er sieht in der Mode die Strategien der Verführung, die gleichsam magisch, für ihn aber im Grunde rhetorisch eine Welt des Scheins hervorruft und diese Welt des Scheins zur eigentlichen Wirklichkeit macht.[88] Die beiden Strategien der Mode, die Barthes in seinen Analysen unterscheidet, liegen einmal darin, die Zeichen der Mode hinter einer Funktion zu verstecken, um ihre „Arbitrarität“ rhetorisch zu verklären, das andere Mal wird ihre klare Soll-Norm unverblümt vorgetragen. Im ersten Fall (A-Komplex) wird ihrem Diktat der „Anschein eines Naturgesetzes“ gegeben, indem die Normativität mit Gründen versehen und naturalisiert wird.[89] Im zweiten Fall (B-Komplex) ist die Normativität zwar nicht rhetorisch naturalisiert, dafür aber im Gebotsstil vorgetragen und zum Gesetz gemacht, dessen Missachtung die Sanktion zur Folge hat, für vergangen und tot erklärt zu werden.[90]

Die Mode entwickelt eine Autonomie, die sich dem kulturellen Gedächtnis widersetzt. Sie nimmt nichts Altes an, auch dort nicht, wo sie „Altmodisches“ zitiert. Immer wird das Alte nach ihrer eigenen Gesetzlichkeit bestimmt, die zwar rationalisierend, im Grunde aber despotisch ist. Die Autonomie, die, wie Barthes hervorhebt, ein neues Recht, das „Naturrecht der

86 Baudrillard (1982) 140.
87 Barthes [1967] (1985).
88 Barthes (1985) 269.
89 Barthes (1985) 274.
90 Barthes (1985) 274.

Gegenwart über die Vergangenheit"[91] erlässt, dient aber nicht nur einem wirtschaftlichen Interesse. Die durch das Naturrecht der Gegenwart über die Vergangenheit errungene Autonomie inszeniert den Leib als neue Schöpfung, um ihm die Bedeutung zu nehmen, angeleibte Geschichte und damit Schuldträger zu sein. Die Mode wendet sich damit direkt gegen die Schuld und Scham, die am Leib mit seiner Geschichte haftet. Was den kritischen Analysen der genannten Autoren entgeht, ist die eigentliche Funktion der Mode, ohne die sie sich auch nicht als wirtschaftlicher Faktor einsetzen ließe. Die Ausrichtung einer neuen Zeitbemessung und Zeitrechnung aus der Mitte des Diktates heraus, was Mode ist und sein soll, ist nur die Oberfläche des damit verbundenen neuen Leibbewusstsein, das sich von der mit dem Leib verbundenen Schuld zu lösen versucht.

Die das Leibbewusstsein begleitende Scham (oder auch ihr Gegenteil, die Schamlosigkeit) ist eines der rätselhaften Phänomene, die in der Forschung zumeist nur sekundär als kulturelles, gesellschaftlich oder psychologisches Moment gesehen werden. Dabei gibt schon Sören Kierkegaard eine tiefergehende Sicht, die den fundamentalen Schuldzusammenhang erkennen lässt. Für ihn liegt die Scham darin, dass der Geist, der unendlich und unsterblich ist, sich nicht zur Endlichkeit und zur Begrenztheit vor allem durch die geschlechtliche Differenz bekennen kann.[92] Die Scham liegt also nicht in einer kulturell vorgegebenen Triebverdrängung begründet, sondern in der durch die Sexualität zum Ausdruck kommenden Geschlechtlichkeit, die der Grenzenlosigkeit des geistigen Sichwissens vollkommen widerspricht: „Das Sexuelle ist der Ausdruck jenes ungeheuren Widerspruchs, daß der unsterbliche Geist als *genus* bestimmt ist. Dieser Widerspruch äußert sich als die tiefe Scham, die ihn verdeckt und es nicht zu verstehen wagt."[93] Kierkegaard weist damit schon auf den Gegensatz und die Spannung zwischen leiblicher Erscheinung und geistigen Anspruch hin.

Dieser Spur geht Max Scheler weiter nach. Für ihn ist die Scham das „natürliche Seelenkleid" und die „faktischen Kleider nur eine Kristallisation der Scham."[94] In dieser Funktion schützt die Scham, da man sich auch für einen Anderen schämen kann, die Individualität schlechthin, nicht nur das Ich in seinem Bezug auf sich selbst: „Scham ist also ein Schuldgefühl für *das individuelle Selbst überhaupt* – nicht notwendig für mein individuelles Selbst, sondern für ein solches, wo immer es gegeben ist, an mir oder einem anderen."[95] Scham ist für Scheler das Kleid und der Schutz der Individualität, nicht der Person, die je nach Situation und Rolle sowohl schamhaft als

91 Barthes (1985) 279.
92 Kierkegaard [1844] (1984) 72.
93 Kierkegaard (1984) 73.
94 Scheler (1986) 86f.
95 Scheler (1986) 81.

auch schamlos sein kann.[96] Es ist also der Leib in seiner Individualität, in seinem speziellen So-sein, der die Scham als Schutz und „Kleid“ braucht. Scheler ist dieser Eigenart nicht weiter nachgegangen, doch zeigt sie sich keineswegs als unergründbar, wenn die Schuld von der geschichtlichen Verpflichtung her gesehen wird.

Der Leib ist die sichtbare Gegenwart der Geschichte, die durch sein Gezeugt- und Geborenwerden manifest geworden ist. Er ist die aus der Geschichte der Vorfahren hervorgehende Substanz, die konkrete Fleischwerdung der individuellen fleischlichen Erscheinung. Die Kleidung und durch sie hindurch die Scham bedeckt diese Offenbarung von Individualität nach außen hin. Sie ist damit an sich schon eine Verschleierung der fleischlichen Erscheinung und ihrer geschichtlichen Herkunft. Das Individuum gibt sich durch die Kleidung den Anschein, unfleischlich zu sein. Doch die Kleidung „verwächst“ mit dem Fleisch, wie Simmel andeutet. Die Mode lässt diese Verwachsung nicht zu, indem sie das Jetzt und Hier bestimmt und sich vom Altmodischen distanziert. Infolge dieser Diskriminierung schimmert das Fleisch nur in der altmodischen Kleidung durch, sie wird jetzt, schlimmer als die Nacktheit, zum Anlass der Scham. Die Scham, die angesichts unmodischer Kleidung aufkommt, zeigt damit an, dass das Fleisch nicht mehr im Sinne der schützenden Scham bedeckt ist. Die modische Kleidung dagegen bedeckt das Fleisch, weil sie die individuelle Erscheinung in die Uniform der Mode steckt.

Mode ist also immer im Zusammenhang mit Scham und Schuld zu sehen, die sich an die leibliche Erscheinung binden. Sie gewährt eine individuelle Freiheit, wie sie in einer allein auf Tradition und Tracht ausgerichteten Kultur nicht erreicht werden kann. Mit ihrem Zerbrechen der Tradition schafft sie Vergänglichkeit, aber damit auch den Verlust an kulturellem Gedächtnis.

Die Mode ist also in erster Linie als Katalysator einer selbstbestimmten Freiheit zu verstehen. Sie verspricht nicht nur Freiheit, sie gibt sie auch und ist insofern kein „rhetorisches System“, wie Barthes behauptet. Die Mode ermöglicht eine Reinkarnation zu einem schuldlosen Fleisch, für das man sich nicht mehr schämen muss oder das man schamlos präsentieren kann. Die Mode hebt die Scham und damit das mit dem Leib verbundene Schuldbewusstsein auf. Hier ist Nietzsches Traum von der Geburt des neuen Menschen Wirklichkeit geworden, allerdings um den Preis, die Schuld nur aus den Augen verloren zu haben, um sie tiefer ins Unbewusste zu verstoßen.

96 Scheler (1986) 81.

§ 8 Strafe und Entsühnung

Zweck der Strafe

Üblicherweise wird die Befreiung von Schuld in der Strafe gesehen. Der Sinn der Strafe liegt damit in der Vergeltung der Schuld. Mag diese Feststellung noch einhellige Zustimmung hervorrufen, so scheiden sich die Geister an den Bestimmungen dessen, was Schuld und was Vergeltung zu sein hat. So spricht Arthur Kaufmann in seiner maßgeblichen rechtsphilosophischen Studie zum *Schuldprinzip* von der „Unschuld des Bauern", wenn er seinen Knecht bei schönem Wetter aufs Feld schickt und dieser dort durch ein überraschendes Gewitter umkommt.[97] Für die strafrechtlich relevante Betrachtung wird die Schuldfrage auf direkte Schuld und Mitschuld eingegrenzt. In diesem Fall könnte der Bauer erst mitschuldig werden, wenn er den Knecht bei einem drohenden Gewitter aufs Feld geschickt hätte. Schuld ist hier auf die reine Täterschuld reduziert, doch ist diese Reduktion nicht nur in ethischer Hinsicht problematisch. Zwar trifft den Bauern strafrechtlich keine Schuld, das bedeutet aber nicht, dass er keine Schuld trägt, sie vielleicht sogar empfindet und an ihr zerbrechen kann. Dieser Umstand wäre dann keineswegs die Folge eines Schuldkomplexes, sie ist durch das bloße Wissen um den kausalen Zusammenhang des Handlungsverlaufes hervorgerufen. Hier sieht sich der Bauer mit seiner Anweisung im direkten Zusammenhang mit dem Tod des Knechts.

Vergeltung, und dies wäre der zweite Streitpunkt über den Sinn der Strafe, ist keine triebhafte oder primitive Vorstufe einer vernünftigen oder humanen Strafkonzeption, sondern die natürliche Antwort auf Schuld. Sie dient der Sühne und endgültigen Entsühnung im Schuldtausch und ist damit wesentlicher Teil der Wiederherstellung von Recht. Vergeltung findet nicht nur in der Strafe ihren Ausdruck, sondern in allen Formen des Tausches. Schuld geht weit über persönliches Verschulden hinaus und ist im konkreten Fall schwer abzugrenzen. Die schwere Bestimmbarkeit, die immerhin den Berufsstand der Juristen erforderlich macht, kommt von der Mitschuld der anderen, die zur Festlegung der Strafe und des Strafmaßes für den „Schuldigen" klar differenziert werden muss. Diese Differenzierung mag bei Verkehrsdelikten einfach sein, sie wird aber schwerer, wenn sogenannte moralische Mitschuld offenbar wird, wie bei den Massenvernichtungen in Konzentrationslagern, Labors und Sterbekliniken, aber auch bei schweren Jugenddelikten. Die Schwere der Verbrechen, verbunden mit einer Schwierigkeit, Schuldige zur Verantwortung zu ziehen, lässt keine einfache Vergeltung zu und führt zu einem unabgeschlossenen Schuldprozess und -komplex, der sich zur Maßlosigkeit auswächst. Erst in dieser Unabge-

---

97 Kaufmann (1976) 16f.

schlossenheit wird Vergeltung zu Rache, die das Maß des Schuldtausches überschreitet. Die Vergeltung hält dagegen das Maß, wie es schon im *jus talionis* festgelegt ist. Dieses Recht gibt dem Tausch die Beschränkung, Gleiches um Gleiches zu vergelten und gerade nicht in die Maßlosigkeit der Rache zu entgleisen.

Der Psychologismus des ausgehenden 19. und beginnenden 20. Jahrhunderts mit seinem Konzept des Straftriebes hat Vergeltung nicht als Recht, sondern als Rache verstanden. Nicht die Vergeltung als Schuldtausch, sondern die blinde „triebhafte" Reaktion auf einen Reiz soll der auslösende Grund der Strafe sein. Wird Vergeltung als Trieb verstanden, dann wird sie mit anderen Trieben auf eine Stufe gestellt. Doch schon dabei ist diese Unterstellung eines Straftriebs fragwürdig. Im Unterschied zum Nahrungs- und Geschlechtstrieb hätte dieser Trieb keinerlei physiologische Funktion und ist deshalb auch in der Natur nicht zu finden. Er kann schlichtweg als Erfindung der Rechtstheoretiker gelten.

Allen voran hat Franz von Liszt eine für das moderne Strafrecht richtungsweisende Aufstellung gegeben, die Strafe auf eine Art „Straftrieb" zurückführt, den es zweckmäßig zu objektivieren und funktionalisieren gilt. Als Trieb ist die Strafe für ihn blinde Animalität, die sich vor aller Urteilsfähigkeit austobt.[98] Im Unterschied zur Animalität des Straftriebes und der auf ihn zurückgehenden Strafe sind Werturteile Kulturprodukte, die eine lange Entwicklung voraussetzen. Zu diesen Werturteilen gehört auch der Schuldbegriff, der als Kulturprodukt demnach für Liszt später ist als die animalische Strafe: „*Der Schuldbegriff ist das Ergebnis einer langen, allmählichen Entwicklung*. Das sittliche Werturteil ist ohne den Schuldbegriff undenkbar; die Strafe ist *vor* ihm dagewesen. Die Strafe muß daher unabhängig sein von Ethik."[99] Die hier von Liszt vorgenommene Abkoppelung der Strafe von der Schuld hat erhebliche Auswirkungen für ihre Objektivierung und für die Funktionalisierung der Strafe. Sie wird „Mittel zum Zweck"[100] und hat zur „Besserung, Abschreckung, Unschädlichmachung" als „unmittelbare Wirkungen der Strafe" zum „Schutz der Rechtsgüter" zu dienen.[101] Mit der Besserung oder, im Falle ihres Misslingens, dem Schutz der anderen Individuen als Zielsetzung der Strafe soll das „Ideal der strafenden Gerechtigkeit" im „völligen Gebundensein der Strafgewalt durch den Zweckgedanken"[102] erreicht werden. Dieses Ideal ist damit unter Ausschluss der Schuld und ihrer Vergeltung konstruiert. Es fehlt deshalb die Sühne, die eine Entschuldung des Täter und der Gesellschaft anstrebt. Da Schuld für Liszt nicht der Strafe vorausgeht, sondern nur im Sinne der Vergeltung mit Strafe in Verbindung kommt, ist die Lösung von der Schuld für ihn kein Rechtszweck.

98 Liszt (1905) 143.
99 Liszt (1905) 144.
100 Liszt (1905) 161.
101 Liszt (1905) 164.
102 Liszt (1905) 161.

In einem bemerkenswerten „Versuch über Schuld" umreißt sein Autor Hajo Schmidt in prägnanter Weise die geistesgeschichtliche Problematik des modernen Umgangs mit der Schuld und dessen Auswirkungen sowohl im alltäglichen wie im wissenschaftlichen und rechtlichen Leben.[103] Er sieht dabei die Möglichkeiten der Entschuldung durch die Rationalisierung der Schuld wesentlich eingeschränkt.[104] Wenn durch Rationalisierung Schuld nicht einfach beseitigt, sondern womöglich verstärkt wird, dann stellt sich das Vertrauen in die Vernunft weder „als sinnvoll noch als ungefährlich heraus".[105] Die exemplarische Bestrafung der Sündenböcke führt nicht zur Sühne, sondern zu einer Verstärkung unbewusst angenommener eigener Schuld, die, wie Schmidt andeutet, in den Selbstopferungen des modernen Menschen, etwa in einem Berufsleben, das den Einzelnen bis zum Letzten fordert und erschöpft, ihren Ausgleich sucht.[106] Doch die Versuche einer Rechtfertigung der eigenen Unschuld durch Arbeit, Fleiß und Tüchtigkeit verlieren ihre Bedeutung in dem Maß, in dem diese Tugenden den Wert verlieren, Berufung zum Heil zu sein. Unabgelöste Schuld kann durch Arbeitswahn nicht aufgewogen werden, wenngleich ein Zusammenhang in der Heilsbedeutung des Berufs zu Beginn der Neuzeit her besteht.

Die Lösung der Schuldfrage ist eine Aufgabe, die in erster Linie durch die Ethik geleistet werden kann. Schuld kann nur durch Sühne, nicht durch Strafe entsühnt und vergolten werden. Sie geht über die Strafe hinaus, indem sie Täter und Opfer versöhnt. Sühne ist deshalb zunächst Versöhnung und führt erst über die Erlösung von der Schuld zur Entsühnung.

Die Sühne geht über die Strafe hinaus oder negiert sie sogar, wie Heinrich Barth herausgestellt hat: „Unter ‚Sühnung' verstehen wir ja nicht die Beantwortung des Vergehens durch irgendwelche Strafübel, in denen man den Übeltäter sein Tun ‚entgelten' lässt, sondern einen Akt seiner Überwindung und Erledigung, der zur Befreiung von der Last der Schuld führen soll."[107] Barth zeigt in diesem Aufsatz, dass Verfehlungen nicht durch Strafen „ausgemerzt" werden können. Vielmehr kann nur die Versöhnung den durch die Verfehlung entstandenen Makel heilen. Dabei wird ein Tausch vollzogen, der im Wechsel (*katallagé*) die solidarische Übernahme der Schuld durch alle verdeutlicht. Dieser fröhliche Tausch steht im krassen Widerspruch zur „sittlichen Empörung" und Aburteilung, die das Böse nur weiter nährt. Wenn Barth darauf hinweist, dass eine „ungeläuterte, unbeherrschte ‚sittliche Entrüstung' verrät, dass der

---

103 Schmidt (1989) 313-330.

104 Schmidt (1989) 327: „Es wurde deutlich, daß die neuzeitliche Auszeichnung der Rationalität und zuletzt der reinen praktischen Vernunft [...] nur zu leicht verdeckt, daß durch diese die Schuld nicht einfach verschwindet oder bedeutungslos, sondern auf spezifische Weise bearbeitet und gegebenenfalls neu erzeugt wird."

105 Schmidt (1989) 328.

106 Schmidt (1989) 328.

107 Barth (1967) 193.

Entrüstete dem Gegenstande seiner Entrüstung verfallen ist",[108] und damit den Unterschied heraushebt zwischen dem richterlichen Gebaren, „das im Grunde vom Bösen lebt", und der von diesem Gebaren befreiten Versöhnung,[109] dann karikiert er damit die moralische Haltung und deutet ihre eigene Gewaltbereitschaft an. Gleichzeitig zeichnet er ein Bild der Sühne, das für die Beherrschung der durch die entgleiste Schuld drohenden Gewalt wegweisend sein kann. Schuld kann nicht bestraft, sondern nur gesühnt werden. Sühne aber ist Versöhnung. Sie ist nur im Bewusstsein der Mitschuld an der Schuld und der daraus erfolgten Solidarisierung möglich. Barth sieht in der Sühne die durch Christus vorgelebte Stellvertretung, die den Einzelnen zur Übernahme und Vertretung der Schuld Anderer anhält. Peter Noll greift diesen Gedanken auf, indem auch er auf das Missverständnis im Verständnis von und im Umgang mit Sühne hinweist: „Leider werden, ganz zu Unrecht, die beiden Bezeichnungen Sühne und Vergeltung in der strafrechtlichen Literatur fast synonym gebraucht. Dabei ist Sühne ursprünglich [...] Versöhnung des Verbrechers mit sich, mit der verletzten Ordnung, mit der Gemeinschaft."[110]

Mit der Orientierung der Strafe an den Spezialpräventionen wird im modernen Strafrecht die wichtige Aufgabe der Sühne nicht berücksichtigt, sondern an soziale Einrichtungen delegiert. So schreibt Arthur Kaufmann: „In dieser Form der *gerechten Vergeltung* (‚Vergeltung' aber nicht als ‚Rache' verstanden) dient die Strafe zugleich der Entsühnung des Verbrechers, ermöglicht sie ihm die Lösung von seiner Schuld. [...] Eine solche sittliche Sühneleistung kann die Strafe zwar nur ermöglichen, aber wo sie nicht geeignet ist, dem Verbrecher, die Entlastung des Gewissens, Entsühnung und Wiederherstellung des inneren Friedens' zu bringen, hört sie auf, gerechte Strafe zu sein. Es muß daher sehr ernst genommen werden, daß nach dem Urteil vieler der heutige Strafvollzug weitgehend keine entsühnende Funktion mehr besitzt und vor allem der aus der Strafanstalt Entlassene nicht als Entsühnter gilt und darum nicht wieder als vollwertiges Mitglied der Gesellschaft anerkannt wird."[111] Indem Strafe für psychische oder soziale Zwecke nutzbar gemacht wird, bleibt die Schuld ungesühnt und sucht sich ihre Vergeltung in andern Formen, zumeist in der Selbstbestrafung. Dies ist aber nicht nur am Arbeitswahn ersichtlich, wie Hajo Schmidt vermutet, sondern in individuellen und kaum generalisierbaren privaten Strafriten. In der profanierten Individualbeichte in Beratungsstellen und Arztpraxen tritt diese Form der Verarbeitung zutage, sie wird dort aber ebenfalls keiner Sühne oder Entsühnung zugeführt.

Die Instrumentalisierung der Strafzwecke unter Ausschluss der Sühne lässt die Konsequenzen der einseitigen und missverständlichen Auslegung

108 Barth (1967) 197.
109 Barth (1967) 197.
110 Noll (1962) 8.
111 Kaufmann (1976) 206f.

von Vergeltung, die schon in Kelsens Versuch einer Entideologisierung der Schuld zu finden ist, deutlich werden. Wird aber das durch Kausalität abgelöste, angeblich primitive Verständnis des Rechts aus der Vergeltung heraus nicht als Rache, sondern als Sühneforderung verstanden, dann ist auch die rückwirkende Bestrafung möglich, die gerade im modernen Recht tabuisiert ist (*nulla poena sine lege*). Die Aufarbeitung oder Wiederherstellung des Rechts durch rückwirkende Strafe darf aber dann nicht die Angelegenheit des Täters oder der Täter bleiben. Sie kann nur zur Sühne und Entsühnung führen, wenn alle Beteiligten ihre Teilschuld und Mitschuld einbringen und bekennen. Der Sühnezweck der Strafe ist eine Angelegenheit aller, weil Schuld hier nicht allein auf Täterschuld reduzierbar ist.

Im Fall der „rückwirkenden Bestrafung" kommt es zur stärksten Kollision zwischen Moral und Recht. Was moralisch geradezu gefordert scheint, die Bestrafung der Täter, die unter einem verbrecherischen Regime „legal" gehandelt haben, ist vom Standpunkt des Rechts verwerflich. Dieses Problem ist gerade bei der Aufarbeitung des Nationalsozialismus besonders eindringlich diskutiert worden. Eine Lösung, die dann auch nach der rechtlichen Behandlung und Aufarbeitung nach dem Ende der DDR herangezogen wurde, wurde in einer Aussage Gustav Radbruchs gesehen, die als Radbruch-Formel bekannt wurde.[112] Radbruch tendiert hier in Abweichung seiner früheren Position zum Konzept einer übergesetzlichen Rechtsidee. Der englische Rechtsphilosoph Herbert Lionel Adolphus Hart kritisiert ihn dafür heftig. Handlungen, die zu einer Zeit legal sind, können nicht zu einer anderen aus Gründen des „Billigkeits- und Gerechtigkeitsempfindens aller anständig Denkenden" zu illegalen erklärt werden, ohne die Rechtsidee aufzugeben. Statt der verlogenen Moral einer solchen Begründung hätte nach Hart der „Erlaß eines unverhüllt rückwirkenden Gesetzes geschehen müssen."[113] Ähnliche Überlegungen zum Rückwirkungsverbotes für Strafen trifft auch Bernhard Schlink in seiner Studie zur *Vergangenheitsschuld*: „Die Frage der rückwirkenden Bestrafung wäre dann nicht von der Rechtsprechung, sondern vom Gesetzgeber zu beantworten gewesen – mit der politischen Diskussion und Publizität, die verfassungsändernde Gesetzgebung genießt."[114] Schlink kritisiert dabei die Aufarbeitung von nationalsozialistischer und kommunistischer Vergangenheit und die verpasste Chance, die hier das Recht zur Bewältigung von Vergangenheitsschuld gehabt hätte. Durch Verfassungsänderung und die damit verbundene breite Diskussion auf demokratischer Ebene hätte das Recht einen erheblichen Beitrag dazu leisten können, da es als „erinnerndes Recht" ein „Restitutions- und Wiedergutmachungsrecht"[115] sein kann. Dem Vorschlag der Verlagerung des Rückwirkungsverbotes von den Gerichten weg zu einer auf breiter Ebene diskutierten Änderung des Grundrechtes kann aber der gleiche Vorwurf gemacht werden, der an Radbruch ergangen ist. Hier handelt es sich um einen Etikettenschwindel, der das Problem nicht erfasst, sondern verlagert. Denn auch eine auf breiter demokratischer Ebene verfasste

112 Radbruch (1990) 89.
113 Hart (1971) 44.
114 Schlink (2002) 120.
115 Schlink (2002) 113.

Aufhebung des Verbots rückwirkender Strafgesetzgebung wäre ein Rechtsbruch geblieben, wenn nicht die Schuld der anderen Regierungen und Staaten, die Hitler oder die kommunistische Machthaber anerkannt und damit gestützt haben, mit einbezogen worden wäre. Der „Beitrag des Rechts", den Schlink zur Aufarbeitung der Vergangenheitsschuld einklagt,[116] hätte nur solidarisch von allen beteiligten Staaten auf völkerrechtlicher Grundlage geleistet werden können, wie Jaspers dies in seiner *Schuldfrage* nach dem Zusammenbruch des Nazi-Regimes zum Ausdruck gebracht hat. Dies wäre dann eine Sühneleistung gewesen, bei der alle ihre Schuld und Teilschuld anerkannt hätten.

Vergeltung als Sühne müsste auch rückwirkend gelten, da sie sonst als Rache weiterlebt. Vergeltung wird erst zur Rache, wenn Sühne nicht erfolgt ist, wie dies im Bild der Erinnyen in der griechischen Mythologie deutlich wird, die als Rachegeister, die nicht gesuchte Versöhnung mit den Toten heimzahlten.

Strafe ohne Vergeltung, die ausschließlich präventive Zwecke verfolgt, ist Unrecht und erzeugt neues Unrecht. Die Humanisierung der Strafzwecke durch Sicherungs- und Besserungszwecke ist nur dann auch wirklich human, wenn sie die Vergeltung nicht ersetzen, sondern ergänzen. Sie allein sind nicht in der Lage, Gerechtigkeit zu schaffen. Erst mit der Vergeltung wird Gerechtigkeit herbeigeführt, ihr Verzicht oder ihr Ersatz vergrößert das Unrecht.

Ethik der Strafe

Die ethische Begründung der Strafe geht auf Hegel zurück, dem schuldigen Täter mit der Bestrafung „Ehre" zukommen zu lassen.[117] Auch der Verbrecher sei ein vernünftiges Wesen, das Anspruch auf Strafe als Rehabilitation habe. Diese heute unverständliche und lächerlich wirkende Vorstellung ist aber von dem Prinzip einer Schuld gegenüber der Vernunft getragen, die in jedem Fall gesühnt werden muss. Hinter Hegels Allgemeinheit der Vernunft, die letztlich vom Staat repräsentiert wird, steckt die Allgemeinheit der Solidarität, deren Bruch Schuld bedeutet und deren Wiederherstellung die Anerkennung und das Anerkanntsein durch diese Allgemeinheit mit sich bringt. Strafe wird hier schon gesehen als Sühne im Sinne von Versöhnung, die auch das Grundprinzip der Entwicklung des Geistes bei Hegel ist. Versöhnung ist dabei zunächst ein Anspruch auf Tilgung der Schuld, die dem vernünftigen Wesen als Recht und Pflicht zukommt. Hegels Begriff der Strafe ist also im umfangreicheren Sinne Sühne, wenngleich die Strafe

116 Schlink (2002) 122.

117 Hegel [1821] (1964) 156: „[...] auch die formelle Vernünftigkeit, das Wollen des Einzelnen, liegt in der Handlung des Verbrechers. Daß die Strafe darin als sein Recht enthalten angesehen wird, darin wird der Verbrecher als Vernünftiges geehrt."

im Sinne von Sühne keineswegs in Form einer „Verletzung“ durchgeführt werden muss, wie Hegel meint.[118]

Aus ethischer Sicht trägt die Gemeinschaft mit an der Schuld des Täters, indem sie den Verbrecher zum Verbrecher hat werden lassen. Im Verbrecher und seiner Tat sind das Übel der Gemeinschaft und ihre generelle Verfehlung nur ausgebrochen und hervorgetreten, er ist von daher nicht nur Täter, sondern auch Opfer. Er trägt die doppelte Last seines Verbrechens und der Fehler der Gemeinschaft, die an ihm zutage treten. In der ethischen Mitverantwortung der Gesellschaft für die Tat ist dieser Umstand für die Sühne und Versöhnung maßgeblich.

Die Übernahme der Mitverantwortung für die Schuld jedes Schuldiggewordenen ist der notwendige erste Schritt für die Sühneleistung. Peter Noll hat ihre prinzipielle Bedeutung in seiner schon erwähnten Arbeit: *Die ethische Begründung der Strafe* herausgestellt, wobei Vergeltung noch im Sinne des Straftriebes verstanden wird, die für ihn die Beziehung zwischen Schuld und Verantwortung verdeckt: „Nur in der konkret mitmenschlichen Beziehung erklären sich im rechtlich-sozialen Bereich die Phänomene Schuld und Verantwortung. In der Vergeltungsidee wird diese Beziehung nicht sichtbar, sondern gerade verdeckt. Der Mensch wird durch sie zum passiven Objekt einer abstrakten Gerechtigkeit.“[119] Die Mitverantwortung an der Schuld des Täter verlangt, der Strafe neben Repression und Prävention eine ethische Begründung zu geben: „Nur soweit die Strafe für die Aufrechterhaltung der Gemeinschaftsordnung notwendig ist, soll sie vom Gesetzgeber angedroht werden, denn sie ist nicht Selbstzweck, sondern Mittel zur Verwirklichung einer gerechten Ordnung und immer nur gerecht, als die Ordnung, die sie schützt, selbst gerecht ist. Nicht wegen der Schuld wird gestraft, und nicht jede Schuld fordert Strafe.“[120] Dabei soll die Gemeinschaft ihre „sittliche Überlegenheit“ darin zeigen, dass sie die vom Verbrecher verneinte Bindung „bejaht,“ den Verbrecher also nicht ausstößt: Sie [die Gesellschaft] hat nicht das Recht, sich von ihm [dem Verbrecher] zu desolidarisieren, und Strafe und Maßregel dürfen nie Ausstoßung bedeuten, selbst dort, wo sie letzte und strengste Sicherung sein müssen. Je mehr der Verbrecher seine Bindung an die Gemeinschaft verneint, desto mehr muß die Gemeinschaft sie bejahen. Nur dadurch beweist sie ihre sittliche Überlegenheit.“[121]

Noll verkennt aber, dass dieses Einbringen von Gnade nur auf der Basis einer solchen abstrakten Gerechtigkeit möglich ist, die er als inhumanes

---

118 Hegel [1821] (1964) 155.
119 Noll (1962) 14f.
120 Noll (1962) 17.
121 Noll (1962) 25f.

Prinzip der Vergeltung abgelehnt hat. Denn Gnade ist nur möglich, wenn Gerechtigkeit zu Ende gedacht und die Schuld der Gemeinschaft in der Mitverantwortung erkannt wird. Ohne die Erkenntnis der Mitschuld ist Gnade nur eine gönnerhafte Geste, die weder dem Täter noch der Gemeinschaft nutzen. Vergeltung ist dann auch nicht der letzte Rest archaischen oder primitiven Denkens, sondern entsteht aus dem Bewusstsein fundamentaler Abhängigkeit und Solidarität. Als solches ist es auch keineswegs auf bestimmte Racheakte festgelegt, sondern stellt eine Bewusstseinsform dar, die alles Seiende und Lebende unter dem Aspekt des Gerechten betrachtet. Erst wenn ein Bewusstsein der Gerechtigkeit geschaffen ist, kann die Gemeinschaft den Ausgleich auch in Form der Gnade aus sittlicher Überlegenheit leisten.

Eine ethische Begründung von Strafe greift auch Eberhard Schmidhäuser in seinem Buch *Vom Sinn der Strafe* auf. Für ihn ist die Mitverantwortung erbracht, wenn die Gemeinschaft sich mit dem Verbrecher aussöhnt: „Dem Bestraften gegenüber sind wir zur Solidarität aufgerufen; unser aller Mitverantwortung realisieren wir, indem wir uns mit dem Bestraften versöhnt zeigen.“[122] Schmidhäuser sieht aber ebenfalls Vergeltung nicht als Mittel der Versöhnung. Auch für ihn ist sie ein bloßer Drang, welcher der Nächstenliebe widerspricht: „In all unserem Vergeltungsdrang zeigt sich ja nur das Fehlen unserer Liebe zum Nächsten; wenn der Bruder den Bruder erschlägt – würden wir dann als Eltern die Hinrichtung des Sohnes verlangen? Oder würden wir um Gnade bitten, wenn er zehn Jahre seiner Freiheitsstrafe verbüßt hat?“[123] Schmidhäuser versteht aber Vergeltung als blinde und vor allem maßlose Rache. Eine Strafe, die dem Täter die Sühne und Vergeltung erspart, ist weder ein Geschenk noch ein Dienst der Nächstenliebe. Sie führt dazu, dass er unter Umständen sich selbst in irgendeiner Form bestrafen muss, da das Bewusstsein offenbarer Schuld für jeden Menschen unerträglich ist. Die Versöhnung des Täters mit sich und der Gemeinschaft ist deshalb ohne Vergeltung nicht möglich, da nur in der Vergeltung – und nicht schon in der Verzeihung – die Schuld übertragen und übernommen wird. Es nützt nichts, eine Schuld einfach zu vergeben oder sie sogar abzutun, sie ist da und bleibt offen, bis sie gesühnt ist. Die Mitverantwortung spielt dabei eine entscheidende Rolle, aber nicht in der Versöhnungsgeste gegenüber dem Bestraften, wie Schmidhäuser meint, sondern in der Übernahme und dem gemeinsamen Ertragen seiner Schuld. Nicht der Verbrecher allein, sondern die gesamte Gemeinschaft ist durch das Verbrechen beschädigt. Deshalb ist die Sühneleistung von allen zu erbringen, nicht nur vom Verbrecher.

---

122 Schmidhäuser (1971) 108.
123 Schmidhäuser (1971) 109.

Dieses Rechtsbewusstsein gehört auch zum Kern der christlichen Lehre. In dem Gleichnis vom „verlorenen Schaf" (Mt 8, 12-14) wird die Rückkehr des Verlorenen höher gewertet als die Beständigkeit der 99 anderen Schafe, weil die Gesamtheit unter dem Verlust des Einen leidet. Im heutigen moralisch-sittlichen Denken, das die Schuld in erster Linie als individuelle Schuld versteht, ist diese Bewertung umgekehrt, hier wird die Beständigkeit der 99 Schafe höher gewertet als die Wiedergewinnung eines einzigen. Die Beständigkeit ist hier zu einer wesentlichen Voraussetzung für die Sicherheit aller geworden. Deshalb erscheint auch heute das Handeln des Schäfers, der eine ganze Herde im Stich lässt, um ein abtrünniges Schaf zu retten, als unverantwortlich. Aus heutiger moralischer Perspektive ist der Abtrünnige grundsätzlich zunächst einmal selbst Schuld und hat die Konsequenzen seines Verhaltens vollständig zu übernehmen. Der negative Effekt aber, den der Verlust des Einen für die Gesamtheit hat, bleibt bestehen und wird im Schuldkomplex sichtbar, der sich in zwanghafter Fürsorge, aber auch in der Verachtung für die „Gestrandeten" zum Ausdruck bringt.

Das bloße Strafen des Täters, das ihm die ganze Last des Verbrechens auflädt, ohne die Gemeinschaft in Mitschuld und Mitverantwortlichkeit zu sehen, ist aber ein Bruch des Solidarprinzips, der nicht mit Gesten der Mitmenschlichkeit und „Resozialisierungen" wettgemacht werden kann. Mit den Strafzwecken wird deshalb generelle Frustration genährt, die alle zu spüren bekommen, sowohl die Täter, die keine Vergeltung erfahren haben und deshalb trotz Resozialisierung ihre Schuld nie ganz verlieren, als auch die Gemeinschaft, die ihr schlechtes Gewissen an der Mitschuld behält und an den bestraften, aber nicht entsühnten Tätern auslässt.

Die Strafzwecke führen nicht zur Sühne oder machen sie sogar unmöglich, weil sie keine Versöhnung ermöglichen und sowohl Täter als auch Gemeinschaft auf ihrer Schuld sitzen lassen. Versöhnung ist notwendig zur Entsühnung. Auch wenn es in modernen und anonymen Gesellschaften schwierig ist, diese Mitverantwortung zu formulieren, so ist es nicht ausgeschlossen. Als Träger einer konkreten Schuld ist der Täter zum Stellvertreter der Schuld geworden. Schuld ist dabei nicht auf die strafbare Schuld reduzierbar. Sie ist immer umfassender als die durch strafrechtliche Kausalität nachweisbare. Dieses Mehr an Schuld ist durch die Gemeinschaft zu tragen, es ist ihre Pflicht, den durch das Verbrechen zum Träger der Schuld Gewordenen als Stellvertreter zu sehen. Er ist zum Stellvertreter der ganzen Schuld geworden, weil er konkret schuldig geworden ist.

Ob dieses Schuldigwerden absichtlich oder unabsichtlich geschah, ist für die Sühneleistung nicht primär wichtig, nicht nur, weil die Absicht oft nicht feststellbar ist, sondern weil sie nicht allein die Schuld auslöst. Der Auslöser der umfassenden Schuld ist unbekannt. Erkennbar ist nur das Ziel der Sühne, die Überwindung der Schuld in der Wiederherstellung Aller.

Strafe als Sühne

Die archaische Form der Sühne stellt das *jus talionis* dar. Dieses Recht, das heute allgemein als primitive Form der Rache verstanden wird, die „Auge um Auge und Zahn um Zahn“ fordert, ist vom mythischen Verständnis her das Gegenteil. Es beschränkt die niemals zu befriedigende – weil unendlich große – Bringschuld gegenüber dem Leben und dem Sein durch ein symbolisches Äquivalent. Dabei wird das Recht auf Leben durch den symbolischen Tausch von Leben gegen Leben und Tod gegen Tod erwirkt. Das Leben hat zunächst in Form des als Natur verstandenen gelebten Lebens der Vorfahren einen uneinholbaren Vorsprung, der nur durch ein symbolisches Äquivalent, wie es das *jus talionis* darstellt, ausgeglichen werden kann. Erst die Vergeltung macht das beanspruchte Recht zum gültigen Recht.

Vergeltung als Sühne verstanden geht auf diese Form der geregelten Gegengabe für das als Gabe empfangene Leben zurück. Der symbolische Tausch, der das verschuldete Leben, die dem Leben gegenüber schuldige Existenz, in gerechtfertigtes Leben verwandelt, geht auf diesen Ursprung aller Gerechtigkeit zurück. Die Regelung schafft dort ein Recht, wo von der abstrakten Gerechtigkeit her nie ein Recht bestünde, im Recht auf Leben. Die Gabe des Lebens ist von so unendlich großem Ausmaß und Vorsprung, dass sie nur symbolisch ausgeglichen werden kann. Das Gleiches-um-Gleiches ist damit ein symbolischer, kein realer Ausgleich und wird in stellvertretender oder zeichenhafter Form vorgenommen. Das Zeichen oder Symbol ist aber nur dann ein Äquivalent, wenn es Leben gegen Leben aufwiegt und darin die Schuld weiterleitet, wie das an den Symbolen der Stellvertretung gezeigt wurde. Die Symbole sind damit Zeichen einer real untilgbaren und unabtragbaren Schuld, die aber im Tausch zur Wiederherstellung des Rechts führen. Vergeltung schafft auf symbolische Weise Recht und ermöglicht als „fröhlicher Tausch“ die Wiederherstellung des Heils.

Diese primäre Leistung der Vergeltung bleibt auch in der Strafe erhalten, soweit Strafe Sühne bedeutet oder diesen Zweck verfolgt. Auch hier ist die Sühne des Gleiches-um-Gleiches nicht real einlösbar, sondern nur symbolisch oder stellvertretend. Hier findet ein Tausch der Schuld, nicht des durch die Schuld entstandenen Leids statt.

Das Gleiches-um-Gleiches gibt die Schuld zurück, nicht das Leid. Soweit Strafe nur eine Vergeltung des Leids ist, trägt sie die Schuld nicht ab, sondern führt sie weiter. Deshalb ist auch die Bestrafung des Verbrechers durch „Verletzung“, die Hegel noch fordert, nicht gerechtfertigt, sondern vervielfacht nur die Schuld. Die durch die Tat vom Täter erzeugte Schuld ist nicht nur die von der Gemeinschaft nicht vereitelte oder verhinderte Schuld, sie ist obendrein die Schuld, die der Täter symptomatisch und stellvertretend austrägt. Die ausschließliche Schuldzuweisung auf den Täter zeigt sich hier als doppelte Befreiung von der Mitschuld der Anderen, sie befreit einerseits von der realen oder indirekten Mitverantwortung an der Tat und andererseits von der Stellvertreterschaft der Schuld durch den Täter. Der Täter ist dann nur noch schuldiger Täter und wird darin doppelt bestraft, dass er die Mitschuld der Anderen mitträgt und statt einer Sühne im Schuldtausch nur das Leid zurückbekommt, das er erzeugt hat.

Die Strafe kann aber nicht den Zweck haben, die Schuld zu verdoppeln. Das Leid, das durch die Tat geschehen ist, kann durch ein weiteres Leid am Täter weder aufgehoben noch vergolten werden. Auch mit der Verfolgung der anderen Rechtszwecke, die mit dem Ziel der Sicherheit den Täter aus der Gemeinschaft ausschließen, werden zwar legitime Rechte der Gemeinschaft verfolgt, die aber nicht der Vergeltung oder Sühne und damit der Tilgung der Schuld dienen. Im Interesse dieser Zwecke der Gemeinschaft und ihrer Sicherheit bleibt die Schuld bestehen.

Die Aufhebung der Vergeltung kann von daher nicht als Humanisierung des Strafrechtes verstanden werden. Eine ausschließlich moralisch verstandene Menschlichkeit führt hier vielmehr zu einer Belastung der Gemeinschaft einschließlich des Täters selbst. Vergeltung muss als Recht des Täters und der Opfer verstanden werden, Schuld in Form der Übertragung und des Tausches zu tilgen. Übertragung und Tausch werden in einer gegenseitigen Erkennung und Bekennung der Schuld vorgenommen. Die Gegenseitigkeit spielt dabei die Ausschlag gebende Rolle. Es reicht nicht aus, die Schuld des Täters oder der Täter festzustellen. In einer einseitigen Schuldfeststellung kann es zu keinem Tausch und damit zu keiner Gerechtigkeit kommen.

Dem entsprechend kann auch die Strafe nicht einseitig durch Leidzufügung an dem Täter vorgenommen werden, sie muss als Sühne seiner Schuld und der Mitschuld der anderen verstanden werden. In dieser Form wird sie zum Mittel der Entlastung und steht als Strafzweck konträr zur peinigenden Strafe. Der Täter soll nicht nur im Sinne der Sicherung und Besserung bestraft werden, er soll auch das Recht der Sühne erhalten, um die durch die Tat auf ihn gefallene Schuld mithilfe der mitschuldigen Gemeinschaft abzutragen. Dazu muß die Gemeinschaft die Pflicht erkennen und annehmen, die Schuld des Täters mitzutragen.

Die Schuld ist primär Existenzschuld, die sich aus der bloßen Tatsache, zu leben und für dieses Leben den Tod der anderen zu beanspruchen, ergibt. Die Existenzschuld ist latent im Bewusstsein als Gewissheit, aus sich heraus nicht gerechtfertigt und begründet zu sein. Sie ist das mangelnde Ansich oder – mit den Worten Sartres – der „Seinsmangel“[124] und insofern ein negatives Bewusstsein oder Bewusstsein des Negativen. Die Schuld wird

124 Sartre (1998) 969.

akut in der Täterschuld Einzelner oder eines Kollektivs und kristallisiert sich hier zur konkreten Verschuldung.

Ein Sühneverständnis, das nicht von der Täterschuld als alleiniger Wurzel des Übels ausgeht, sondern den Täter als Schwachpunkt der Gemeinschaft erkennt, sucht die Mitschuld, durch deren gleichzeitige Sühne Recht wieder hergestellt werden kann. Dabei wird der Täter nicht ausgegrenzt, sondern die am Täter und durch die Tat akut gewordene Schuld geheilt. Da von dieser Verletzung alle betroffen sind, besteht ein solidarisches Interesse an der Heilung und Wiederherstellung.

Der Täter ist nicht nur „Verbrecher“, sondern er ist auch der Schwachpunkt der Gemeinschaft, an dem die Heilung und Wiederherstellung vollzogen werden muss. Als Schwachpunkt hat er nicht nur sich, sondern die Gemeinschaft mit Schuld befleckt und ist in dieser Rolle der *homo sacer* geworden. Die Sühne kann aber nur vollzogen werden, wenn die Gemeinschaft, die das Ausbrechen der Schuld nicht verhindert hat, durch Übernahme, Stellvertretung und Tausch mitsühnt.

Das moderne Schuldverständnis, das die Schuld dem Täter allein überlässt, verstrickt die Gemeinschaft in weitere Schuld. Wie aber Kant schon gesehen hat, ist Freiheit nur aus der Pflicht heraus zu legitimieren. Sie ist Freiheit zur Selbstverpflichtung, die sich aber nicht im kategorischen Imperativ eines moralischen Gesetzes erschöpft, sondern die von dem kategorischen Imperativ des Sühnerechts bestimmt ist, das Assmann mit der Formel: „Handle solidarisch“ angesprochen hat. Über den moralischen Gerichtshof einer „Kommunikationsgemeinschaft“ hinaus, wird hier das Recht in seiner ursprünglichen Form als Recht auf Leben durch die Übernahme der Schuld gegründet. Schuld ist nur solidarisch zu tragen und zu sühnen, weil sie anonym alle betrifft und nur ausbrechen kann, wenn die Solidarität gebrochen wird. Durch die Verpflichtung aller zur Solidarität ist nicht nur der Täter schuldig geworden, sondern auch die Gemeinschaft. Das Verbrechen ist ein Unglück für alle, da Schuld losgebrochen ist. Hier liegt auch der Kern christlicher Sühne. Der im christlichen Denken verankerte Schuldtausch beschreibt ein symbolisches Opfer, dessen Ziel in der Tilgung der durch den Tod erzeugten Schuld liegt.

Vergeltung ist primär keine Strafe, sondern das Recht zur Tilgung der Schuld. Ohne diese Tilgung ist weder persönliches Heil noch Gesundheit möglich. Wie das existenzielle Recht auf Leben aus der Tilgung existenzieller Schuld hervorgeht und auf die Wiederherstellung der Unschuld hin tendiert, so tendiert auch die Vergeltung persönlicher Schuld auf die Aufhebung durch den Tausch. Der Schuldtausch orientiert sich dabei an der ursprünglichen Vergeltung des Lebens durch den Tod und umgekehrt, also am talionischen Recht.

Schuld entsteht durch den Tod, der die Kontinuität des Lebens bricht und damit alles neu entstandene Leben und Sein zu einem Verschuldetsein verwandelt. Doch der Tod ist zugleich die Frucht des kommenden Lebens. Durch die Ambivalenz dieser Symbolik wird der Tod zugleich zur Vergeltung für das empfangene Leben. Das durch den Tod der Vorfahren verschuldete Leben kann sich durch den eigenen Tod von der Schuld ablösen. Der Schuldtausch ist in seiner primären Form ein Todestausch, der nur symbolisch oder stellvertretend vorgenommen werden kann. Eine reale Rückgabe ist nicht möglich.

Da Schuld nur durch Tod entsteht, ist sie auch nur durch Tod zu sühnen, wobei eine reale Tötung keine Sühne mehr bedeutet. Die Sühne ist im symbolischen Tod gewährleistet, der ein aufgeschobener Tod ist. In diesem Aufschub ist Leben gerechtfertigt. Recht ist in enger Verbindung mit dieser Rechtfertigung des Lebens vor der existenziellen Schuld zu sehen und greift hier weit über positives Recht hinaus auf diese fundamentale Rechtfertigung zurück, durch die das Recht auf Leben gewährleistet ist.

Der Schuldtausch ist im Grunde ein symbolischer Todestausch, durch den die Schuld der Vorfahren übernommen und weitergegeben wird. Schuld ist nur in der Todessymbolik erkennbar, feststellbar und übertragbar. Freiheit ist also nicht allein vor sich selbst und der Vernunft erworben, sondern in der Verpflichtung gegenüber der latenten Schuld und dem Verhindern ihres Akutwerdens. Doch nicht nur Freiheit, sondern auch Glück und Heil sind nur gewährt, wenn sie im fröhlichen Tausch gewonnen wurden.

Mythische Dimension

IV. Geschichtliche Schuld

§ 9 Geschichte und ihre Wirkung

Einbindung des Lebens in Geschichten

Martin Heideggers Verständnis der Schuld zeigt den Versuch, die moralische Engführung dieses Komplexes zu umgehen, um die existentielle Bedeutung herauszustellen. Schuld wird von ihm aber nicht als überkommene, sondern – durch die Verfehlung des Seins zum Tode – als noch ausstehende Schuld verstanden. Der Gewissensruf enthüllt die existentielle Verfehlung und ruft zur Entschlossenheit auf, er enthüllt die Verlorenheit und Uneigentlichkeit des Daseins in seiner Alltäglichkeit: „Das Verstehen des Gewissensrufes enthüllt die Verlorenheit in das Man. Die Entschlossenheit holt das Dasein auf sein eigenstes Selbstseinkönnen zurück. Eigentlich und ganz durchsichtig wird das eigene Seinkönnen im verstehenden Sein zum Tode als der *eigensten* Möglichkeit."[1] Die Schuld wird von Heidegger somit nicht als geschichtliche Schuld verstanden. Sie ist eine Schuld, die aus der existentiellen Verfehlung des Dasein hervortritt, in der sich das Dasein nicht seiner dem Man entgegen gesetzten Einmaligkeit bewusst ist. Der Gewissensruf enthüllt die Verfehlung und ruft zur Entschlossenheit auf: „Das Verstehen des Gewissensrufes enthüllt die Verlorenheit in das Man. Die Entschlossenheit holt das Dasein auf sein eigenstes Selbstseinkönnen zurück. Eigentlich und ganz durchsichtig wird das eigene Seinkönnen im verstehenden Sein zum Tode als der *eigensten* Möglichkeit."[2] Der Gewissensruf, kein Ruf aus der Geschichte, sondern der Ruf, den sich das Dasein selbst von seinem Anspruch, eigenes Sein zu sein, zuruft. Die existentielle Schuld ist damit für Heidegger nicht die überkommene Schuld aus der Vergangenheit, sondern die Schuld der Verfehlung seines eigensten Seinkönnens durch das Man, die sich im „Schuldigseinkönnen" ausspricht: „Die Entschlossenheit wird deshalb erst *als vorlaufende* ein ursprüngliches Sein zum eigensten Seinkönnen des Daseins. Das ‚kann' des Schuldigseinkön-

---

1 Heidegger (1967) 307.
2 Heidegger (1967) 306.

nens versteht Entschlossenheit erst, wenn sie sich als Sein zum Tode ‚qualifiziert'."[3]

Diesen Entwurfscharakter der Schuld hat dann Sartre übernommen, indem für ihn der Mensch das ist, was er aus sich macht: „Wir wollen damit sagen, daß der Mensch erst existiert, das heißt, daß der Mensch erst das ist, was sich in seine Zukunft wirft und was sich bewußt ist, sich in die Zukunft zu werfen."[4] Für Sartre gibt es nichts Wesenhaftes vor dem Entwurf, erst mit und in dem Entwurf macht sich der Mensch zu dem, was er wesenhaft ist.

Im Unterschied zu Heidegger und Sartre geht Heinrich Barths existenzphilosophischer Ansatz vom Geschehen der Gegenwart aus, die als geschichtliches Geschehen und „factum" keinen zeitlichen Nullpunkt kennt: „Was wir als gegenwärtig zu erfahren meinen, kann in der Tat in einem strengen Sinn nicht Gegenwart sein. Es wird uns einsichtig als Konkretion von ‚fiendum, fieri und factum'. Fiendum wird Fieri; und Fieri wird Factum. [...] In allem ‚factum' der Geschichte ist ein ‚facere' vorausgesetzt. Dies ist der Grund, daß wir mit ihm nicht so leicht ins Reine kommen. Vielsagend ist auch der Terminus ‚Tatsache', in seiner eigenartigen Synthese eines existentiellen und eines ontischen Momentes. Es geht beim Vergangenen der Geschichte nie nur um eine ‚Sache'. Mit der ‚Tat-Sache' tritt nicht nur ein ontisches Etwas, sondern eine Aktualisierung der Existenz in unseren Horizont – einer Existenz, die sich mit einem vorgefundenen Sachverhalt in einem bestimmten Sinne auseinandergesetzt hat – es ist die Aktualisierung der Existenz, die als ‚vergangene Geschichte' gedacht wird."[5] Für Barths Begriff der „Erscheinung" ist ein geschichtliches Erscheinen notwendig, nicht die Vorstellung einer Schöpfung aus Nichts, wie sie von Heidegger und Sartre gedacht wird.

Wie es keinen sozialen interaktiven Nullpunkt gibt, von dem gemeinsames und gerechtes Handeln starten kann, so gibt es keinen existentiellen Nullpunkt, von dem aus das Dasein sich entwirft und gestaltet. Vielmehr steht der Einzelne mit seiner Biografie im engen Zusammenhang mit der Geschichte, die diese Existenz hervorgebracht und inkarniert hat. Die leibliche Existenz ist die verleiblichte Geschichte, seine Leib gewordene Vorgeschichte. Existenz lebt damit immer schon in der Auseinandersetzung mit dieser Vorgeschichte, die als verleiblichte zugleich aktuell ist. An dieser Geschichte ist nichts faktisch außer dieser Leiblichkeit selbst, die aber als inkarnierte immer auch ein „Fiendum" ist. Das Faktum der Leiblichkeit ist als Geschichte das Noch-Geschehen seiner Vorgeschichte.

3 Heidegger (1967) 306.
4 Sartre [1945] (2000) 150.
5 Barth (1964) 252-255.

Das In-Erscheinung-treten von Geschichten ist selbst nicht von faktischer Art, es ist auch nicht zum Faktum zu machen, weil es einen faktisch nicht festmachbaren Bezug zur Geschichte bedeutet. Das Faktum drückt bereits das Perfekt aus, hier ist ein Geschehen zu seinem Abschluss gekommen. Das Faktum geht auf diese Geschichte nicht mehr ein, es hat sich davon gelöst. Die Geschichte selbst ist aber nicht abgeschlossen, weil sie unabschließbar ist. Geschichten und Geschichte hören nicht auf, sondern gehen ineinander über. So hat jede Geschichte eine Vorgeschichte, aus der sie stammt, und eine Nachgeschichte, die aus ihr folgt. In dieser Abfolge gehen Geschichten ineinander über, aber nicht faktisch, sondern mythisch.

Nimmt man die Lebensgeschichte eines Menschen, seine Biografie, so lässt sich der Unterschied zwischen faktischer und mythischer Geschichte verdeutlichen. Dabei ist gerade der biologische Beginn naturwissenschaftlich nicht festlegbar, wie sich nicht zuletzt an den Debatten um die Grenzen des Lebens zeigt. Die menschliche Existenz beginnt hier, je nach Definition, zwischen der Befruchtung und der Geburt. Der geschichtliche Anfang liegt weit davor. Er liegt in der ersten Begegnung der Eltern,[6] die selbst wieder eine Vorgeschichte hat. Zwar lassen sich hier Fakten ausmachen, also etwa Tag und Ort der Begegnung, doch sind gerade diese Koordinaten unmaßgeblich für das Geschehen oder zeigen – je nach Interpretation – nur seine Zufälligkeit oder Fügung an. Maßgeblich dagegen ist die Geschichte, die nicht nur zu diesem besonderen Ereignis der Begegnung geführt hat, sondern die in der Gemeinsamkeit der nunmehr einheitlichen Geschichte der Eltern fortlebt. Deshalb ist auch der Tod eines Menschen zwar sein biologisches, aber nicht sein geschichtliches Ende. Er lebt fort, nicht als er selbst, sondern in seinen und als seine Nachfahren, die aus seiner Geschichte hervorgegangen sind.

In dieser Leiblichkeit der Nachfahren zeigt sich die Überlagerung des mythischen Aspekts der Geschichten über den bloß faktischen. In den Kindern berührt sich Leiblichkeit und Geschichtlichkeit des Seins. Die Kinder sind nicht nur die biologische Fortsetzung der Eltern, sondern sie sind die Leib gewordene Geschichte ihrer Begegnung und Gemeinsamkeit. Als Inkarnation dieser Geschichte führen sie das weiter, was die Eltern nicht mehr leben konnten. Sie sind ihre „Verwirklichung des Unmöglichen“[7]. Die Biografie der Kinder ist somit ein Materialisationsprozess, bei dem Geschichte

---

6 So Schopenhauer in seiner Metaphysik der Geschlechtsliebe in Die Welt als Wille und Vorstellung: „Als die allererste Entstehung eines neuen Individuums und das wahre punktum saliens seines Lebens ist wirklich der Augenblick zu betrachten, da die Eltern anfangen einander zu lieben, – to fancy each other nennt es ein sehr treffender englischer Ausdruck, – und, wie gesagt, im Begegnen und Heften ihrer sehnsüchtigen Blicke entsteht der erste Keim des neuen Wesens, der freilich, wie alle Keime, meistens zertreten wird.“ Schopenhauer (1966) 614.
7 Weizsäcker (1956) 249.

in Leben (Inkarnation), aber auch Leben in Geschichte (Erinnerung) übergegangen ist. In dieser Doppeltheit der Berührung von Natur und Geschichte liegt der mythische Aspekt des Daseins wie auch der Kern des Mythos überhaupt.

Die Geschichte des Individuums hat damit gegenüber dem Faktum der Leiblichkeit einen uneinholbaren Vorsprung, sie läuft allem Faktischen unerreichbar vorweg. Die aktuelle Existenz ist immer eine Reaktion, eine Antwort auf dessen Vorgeschichte. In dieser Auseinandersetzung bildet und bewährt sich die individuelle Freiheit und Verantwortung. Das Ich sieht sich hier mit seinem Nicht-Selbstischen konfrontiert, das sein Selbst im hohen Maße betrifft und angeht, weil es sich als der Ursprung des Selbst herausstellt. Die Haltung und Reaktion, die das Ich gegenüber dieser Vorgeschichte einnimmt, ist deshalb von existentieller Betroffenheit geprägt. Darin unterscheidet sich auch die geschichtliche Rückführung auf die Vorgeschichte von allen Reduktionismen, welche die Existenzphilosophie zu Recht angegriffen hat. Die Betroffenheit zwingt jedes Individuum, das sich seiner bloßen Existenz bewusst geworden ist, zu einer Auseinandersetzung mit der Geschichte, die in ihm als Leib faktisch geworden ist.

Die Auseinandersetzung mit Geschichte hat aufgrund des Vorsprungs der Vorgeschichte den Charakter der Defensive und Rechtfertigung. Sichverstehen bedeutet sich rechtfertigen, ohne dass ein konkreter Vorwurf erhoben worden wäre. Sich selbst verstehen heißt, sich vorweg sein in seiner und als seine Vorgeschichte, gegen die Rechtfertigung geschieht. Rechtfertigung ist dabei keine theoretische Betrachtung dieser Vorgeschichte, keine Begründung der Welt oder des Ich, sondern der implizit und explizit erhobene Gegengrund gegen die Vorgeschichte und gegen dasjenige, was in ihr noch nicht abgeschlossen ist.

Der Verstehensprozess, in dem sich die einzelne Existenz in einen Verstehenszusammenhang integriert, fordert die Auseinandersetzung mit prälogischen, vorsprachlichen und unbewussten Inhalten, wie dies von der Theorie des kommunikativen Handelns gezeigt wurde. Der speziell vorgeschichtliche Charakter der Geltung ist damit aber nicht ins Blickfeld gerückt. Im Vorbewussten, Vorsprachlichen und Vorlogischen wird immer noch von Fakten ausgegangen, nicht vom unvergangenen Fiendum der Vorgeschichte in der gegenwärtigen Geschichte. Weiterhin wird nur in der psychoanalytischen Theorie die Auseinandersetzung mit der Vorgeschichte in ihrem pathischen leidenschaftlichen Charakter zum Ausdruck gebracht, wobei die logische Kausalität das Handwerkszeug bleibt. Diese Form des Kausalstils ist aber für die Erfassung und Darstellung der Vernetzung und Verstrickung von Geschichten unbrauchbar.

Die Auseinandersetzung mit Geschichte findet nicht faktisch, sondern dramatisch statt, also in einem Handlungszusammenhang, der aus der Defensive heraus in einen leidenschaftlichen Kampf mit der eigenen Vorgeschichte tritt. Von daher ist das kommunikative Handeln niemals ein gleichberechtigter, unvoreingenommener oder sogar herrschaftsfreier Dialog, in den ein sich frei wissendes, autonomes Ich eintritt. Hier wird ein aus der Vorgeschichte konfliktbeladenes Argumentationsfeld betreten. Rechtfertigung ist also letztlich keine theoretische Leistung einer bloßen Begründung von Welt, sondern die Auseinandersetzung und Abwehr einer schon vorgelebten, nicht nur vorbegründeten Welt, die noch gar nicht faktisch geworden, sondern noch im Status des Unabgeschlossenen gegenwärtig ist. Vor diesem Hintergrund des unabgeschlossenen und ungelebten Lebens formiert sich die Rechtfertigung des individuellen Selbst zur Selbsterhaltung.

Ungelebte Geschichte und schlechthinnige Abhängigkeit

Geschichte ist der Inbegriff des zum Jetzt gewordenen gelebten Lebens. Zu dem gelebten Leben steht das Jetzt im Verhältnis der Verbindlichkeit und Schuld, weil sich am gelebten das ungelebte Leben manifestiert. Zum Phänomen des ungelebten Lebens kommt es in erster Linie und primär durch den Tod des Anderen, der im Blick der Hinterbliebenen nicht nur eine faktische Feststellung, sondern zunächst eine „pathische" Bedeutung bekommt, indem Leben hier im Sinne des Nicht-Könnens oder Nicht-Dürfens in Erscheinung tritt. Das Nichtsein ist damit nicht nur ein Faktum, es ist vor allem eine Vorenthaltung desjenigen, was möglich gewesen wäre. Nicht mehr oder noch nicht leben zu dürfen sind Ansprüche, die über das Faktische hinausgehen und eine eigene Wirkung entfalten, die als geschichtliche bezeichnet werden kann. Über das Faktische hinaus ist seine Wirkungsgeschichte manifest, weil das Leben selbst nicht nur als Faktum, sondern primär als Anspruch und Recht verstanden wird.

Der Begriff des „ungelebten Lebens" von Viktor von Weizsäcker bezieht sich auf die Ansprüche und Erwartungen des Einzelnen. Weizsäcker versteht darunter als „Kernstück" seiner Biografik die Wirkung alles dessen, was in einem Leben nicht verwirklicht wurde: „Es ist die Behauptung, daß nicht das Gelebte, sondern das Ungelebte allein wirksam ist, und zwar nicht das Mögliche, sondern das Unmögliche verwirklicht wird – sowohl im kranken wie im nichtkranken Lebensgeschehen."[8] Das Ungelebte bekommt aber gerade dann eine besondere Brisanz, wenn es nicht der eignen Biographie zurechenbar ist. Hier wird die Stellvertreterfunktion, die Weizsäcker aus der „biographischen Nachbarschaft" herleitete, auf die Familienbiografie erweitert. Zu dieser Erweiterung des Verständnisses von „ungelebtem Leben" hat Rainer Adamaszek einen wichtigen Beitrag geliefert: „Der allgemeinste Zweck des Kindes besteht darin, daß es das Leben, das die Eltern von den Großeltern erhalten haben, fort-

8 Weizsäcker (1956) 249.

setzt. Bei dieser Fortsetzung handelt es sich aber nicht etwa um die Einlösung eines Blankoschecks auf das Leben schlechthin, sondern um die Einlösung von nicht ausgehandelten, primär wirksamen Bindungen, die allesamt als Ausgleichsbewegung im Dienst der Eltern bezeichnet werden können."[9] Adamaszek spricht in diesem Zusammenhang von einer elterlichen „Leibeigenschaft", aus der das Kind als Nachgeborenes nicht herauswachsen kann: „Es bleibt immer ein uneinlösbarer Rest seiner kindlichen ‚Schuld' – darum uneinlösbar und unabgeltbar, weil er in der Vergangenheit hätte erfüllt werden müssen. Das Kind kommt jedoch als Funktionsträger des seinen Eltern Entgangenen, als Stellvertreter der Vergangenheit seiner Eltern immer zu spät, um nach den Kriterien seiner Leiblichkeit unschuldig bleiben zu können."[10]

Das ungelebte Leben ist nicht als verpasstes oder unausgelebtes Leben zu verstehen, sondern als radikales Nicht und Nein, das zum Ja des Augenblicks geworden ist. Dem Ungelebten, dem sich das Jetzt verbunden und verpflichtet weiß, ist nicht ein Was, sondern sein Dass, seine Faktizität entzogen. Die Verbindlichkeit entwickelt sich aus diesem Seinsverständnis des gelebten Lebens, dessen ungelebte Möglichkeit die Wirklichkeit des Jetzt, des Augenblickes ist.

Das Jetzt ist damit kein Zeitpunkt, der auf andere Zeitpunkte folgt. Eine solche Sichtweise versucht, die Gegenwart von ihrer Vergangenheit zu entkernen und den Sog zu dem Vergangenen zu unterbinden, ein Unternehmen, das aber nie gelingen kann.[11] Das Jetzt ist der gelebte Augenblick, durch den das Ungelebte als Hingabe hindurchdringt. Das Ungelebte der Vorfahren ist aufgegangen im und als Jetzt. Das Jetztsein ist ebenso gelebtes Leben, wie und weil es dies gelebte Leben nicht mehr ist. Weil das Gelebte nicht mehr ist, kann Jetzt sein. Das Vergangene ist im Gegenwärtigen aufgegangen, aber als Verzicht und Verzichten-Müssen. Das Jetzt ist der Verzicht des Vergangenen. So wird das Bewusstwerden des Jetzt unmittelbar Bewusstsein von Schuld, unabhängig davon, ob das Vergangene sich freiwillig geopfert hat oder nicht. Sein ist Opfer und Hingabe, weil es der Entzug und Verzicht derer ist, die vergangen sind. Das Bewusstsein von Sein ist Schuld, weil es die unwillkürliche Erinnerung dieses geopferten Vergangenen ist.

Doch nicht nur die Vergangenheit als Opfer wird ersichtlich in dieser Bewusstwerdung, auch die Solidarität des Seins, das Sein als Solidarität tritt bewusst geworden hervor. Denn das im und als Jetzt aufgegangene Vergangene ist das zuinnerst Eigene, die Jemeinigkeit, welches das Ich als Ich-bin erkennt und zu dem es ein exzentrisches Verhältnis hat.

9 Adamaszek (2001) 60.
10 Adamaszek (2001) 61.
11 Grätzel (1993).

Den Begriff der „exzentrischen Form“ hat Helmuth Plessner geprägt, wobei er allerdings ein zeitloses Verhältnis des Ich zu sich selbst annahm: „Als Ich, das die volle Rückwendung des lebendigen Systems zu sich ermöglicht, steht der Mensch nicht mehr im Hier-Jetzt, sondern ‚hinter‘ ihm, hinter sich selbst, ortlos, im Nichts, geht er im Nichts auf, im raumzeithaften Nirgendwo-Nirgendwann. Ortlos-Zeitlos ermöglicht er das Erlebnis seiner selbst und zugleich das Erlebnis seiner Ort- und Zeitlosigkeit als des außerhalb seiner selbst Stehens.“[12] Dieser Präsenzcharakter der Exzentrik muss hier zurückgewiesen werden. Sie ist ein reiner Formalismus, der die eigentliche Wirkung der Exzentrik, dem Einfluss und die Bedeutung der Vergangenheit, nicht zum Ausdruck bringt und geradezu verneint.

Die Solidarität des Ich mit sich selbst erweist sich als ein Verhältnis des Seins zu seiner Geschichte, des Ich-bin zu dem Gelebten und Gewesenen dieses Ich-bin. Hier steht das Ich in der lückenlosen Verkettung des Seins, insofern das Bin des Ich-bin das Nicht-Gelebte des gelebten und überkommenen Seins ist.

Hierdurch kommt es dann zur Verzweiflung, die Kierkegaard in dem vergeblichen Versuch sieht, dieses Sein entweder zu ergreifen und festzumachen oder das Ich daraus abzulösen.[13] Das Ich ist im Sein weder festgemacht noch schwebt es frei, sondern es ist das Nicht des Gewesenen und als solches bewusst. Es ist das Jetzt, Hier und Mein des Seins, das aber gerade nicht mir gehört, das ich auch nicht besitze, sondern das von der Natur, den Vorfahren und allem jemals Lebenden übertragen und geschenkt wurde. Eine synthetische Einheit des Ich ist von daher schlechtweg nicht möglich, es ist auch nicht mit sich identifizierbar. Es ist zugleich sein Innen und Außen, sein Jetzt als Nicht-mehr des Vormals und Noch-nicht des Dereinst. In dieser Zwiesprache mit seinem Sein drückt sich das Verpflichtet- und Verdanktsein aus. Das Ich wird sich seiner Stellvertretung bewusst, die allerdings nur dann zur Verzweiflung führt, wenn die Rollenübernahme in dieser Exzentrik ungeklärt oder unbewusst bleibt. Ist die Rolle geklärt, dann werden andere Probleme herauf beschworen, die sich aus der Übernahme der Schuld ergeben, die an bestimmte Rollen gebunden ist. Dies wird noch im Zusammenhang mit der Bedeutung des „Helden“ und seiner Rolle deutlicher werden.[14]

Führt also der Wille zur Formalisierung und Versachlichung des Selbstverhältnisses, des Verhältnisses des Ich zu sich, zur Verzweiflung und zum Scheitern des Lebens selbst, so öffnet die Stellvertretung die Pforten der

---

12 Plessner (1981) 364.

13 Kierkegaard (1954) 11: „Woher kommt dann also die Verzweiflung? Aus dem Verhältnis, in welchem die Synthesis sich zu sich selbst verhält, indem Gott, der den Menschen zu dem Verhältnis gemacht hat, ihn gleichsam aus seiner Hand losläßt, das heißt, indem das Verhältnis sich zu sich selbst verhält.“

14 Siehe unten Kap. V.

Vergangenheit und lässt die Anwesenheit des Gewesenen zu. Das Ich ist durch seine Leiblichkeit dem von den Vorfahren überlassenen Sein innig verbunden, ohne mit ihm gleich zu sein. Es hat dieses Innige aber noch zu übernehmen, es muss das Sein übernehmen und in diesem Handeln dem Geschehenen verbunden bleiben. Die Rollensituation betrifft also zuerst das Ich selbst in seiner Übernahme des Seins, die nur in einer Handlung geschehen kann. Die Handlung ist damit die Übernahme des angestammten Seins, das Mein-Werden des Seins und die Aneignung dessen, was von jeher gestiftet und gespendet wurde.

Diese Übernahme geschieht immer, auch wenn sie nicht eingestanden ist und das Sein als leere Gleichung des Ich mit sich verstanden wird. In solchen scheinbaren Identitäten ist schon eine Ablehnung der Übernahme erfolgt, die darauf hinweist, dass diese Übernahme ein kritischer Vorgang ist, an dem sich die ganze Ambivalenz der Schuld und Solidarität aufweisen lässt. Das Mein-Werden des Seins ist der Import des Vormals und Einst als Nicht-mehr in das Jetzt und führt damit zur Einheit mit den Vorfahren, ja mit der Natur, aber nicht als Synthesis zweier Fakten oder Substanzen, sondern als Verschmelzung und Ineinandergehen von Geschichten.

Im Unterschied zur Fusion von Substanzen verketten sich Geschichten gerade an dem Nicht, an dem *Un* des Gelebten, dort also, wo eine Geschichte aufhört und die andere beginnt. Das Ineinandergehen von Geschichten hat den kritischen Punkt an diesem Nicht-mehr und dem Nochnicht, also dem Un- des Gelebten. Diese Bruchstelle in den Geschichten, die als Lebensgeschichten durch Abschied, Tod, Ankunft, Geburt markiert sind, sind die intentionalen Bezüge des Selbstbewusstseins, des Bewusstseins von sich, das damit zugleich Bewusstsein der Schuld und des Verpflichtet- und Verdanktseins ist. Soweit Bewusstsein von sich geschichtlich ist – und dies ist es vor aller Sachlichkeit – weiß es sich selbst als eine Geschichte, die aus anderen Geschichten hervorgegangen ist und denen es verpflichtet ist.

„Dasein ist Pflicht", weil es als Geschichte seiner Vorgeschichte verpflichtet ist. In dieser Pflicht ist es nur durch das Opfer einer vollständigen Hingabe und Aufgabe gerechtfertigt. Diese Verpflichtung ist letztlich nicht einzulösen und bleibt abstrakt, auch wenn sie sich als religiöses Bewusstsein in der Demut, Hingabe und Aufopferung zum Ausdruck bringt. Was als Verpflichtung aber nicht eingelöst wird, wird mit Rechtfertigungen ausgeglichen. Rechtfertigungen bilden einen Spiegel der nicht befolgten Pflicht und sind von dem schlechten Gewissen der Ungehorsamkeit und Unachtsamkeit durchsetzt. Dieser Ruf des Gewissens wird schwächer in dem Maß, in dem sich das Ich in seiner gesamten Existenz gerechtfertigt, angenommen und auch geliebt weiß. Hierin wird es aber auch zu der Illusion einer unschuldigen Existenz seines Mein verführt, die letztlich zwar in Hinblick auf Verantwortung berechtigt ist, sich aber durch das Aus-Geschichten-Herkommen des Mein als Selbsttäuschung erweist. Nur sachlich und faktisch ist das Selbst unschuldig und von seinem Herkommen gerechtfertigt, nicht aber geschichtlich. Wie das Geschichtliche das Sachliche überlagert, so überlagert auch die Schuld die bloße Verantwortung und zwingt zu Rechtfertigungen, die über die Sachlichkeit hinausgehen.

Vor dem Hintergrund der nicht vollständig erfüllbaren Pflicht ist die mythische Rechtfertigung die umfassende, weil sie den Einzelnen in den umfassenden Rahmen des kosmischen und natürlichen Geschehens stellt und seine Existenz als geschaffene rechtfertigt. Wie Schleiermacher herausgestellt hat, eröffnet sich dem Menschen erst im Bewusstsein der „schlechthinnigen Abhängigkeit“ vom Geschaffensein die Freiheit, als Geschöpf gewollt und geliebt zu sein.[15] In dieser Einsicht erkennt es die eigene Existenz als unverdiente Gnade des Schöpfers und weiß das Eigene, den Rechtsanspruch der Jemeinigkeit als angenommen. Alle anderen Rechtfertigungen bis hin zu sachlichen beruhen auf einer bloßen und nicht gerechtfertigten Selbstbehauptung des Ich. Sie lassen also den entscheidenden Punkt, die fehlende Rechtfertigung der Selbstbehauptung, offen und erklären den Egoismus zum Naturgesetz. Das Selbst legitimiert sich dann nicht mehr gegenüber seiner Pflicht, sondern nur noch gegenüber moralischen und rechtlichen Auflagen, Regeln und Gesetzen.

Rudolf Otto hat mit seiner Definition des „Heiligen“ diesen Ansatz von Schleiermacher kritisiert, aber dabei präzisiert. Für ihn wird die Hinwendung zum Ursprung eine religiöse Grundhaltung, welche die ambivalente Art dieses Bezugs herausstellt. Im Unterschied zu Schleiermacher, der die „schlechthinnige Abhängigkeit“ als frommes Gefühl herausstellt, ist für Otto der Bezug zum Ursprung auch vom Schrecken und Grauen durchsetzt.[16] Dabei bleibt das religiöse Gefühl nicht auf die Innerlichkeit beschränkt, sondern wendet sich an die „Objekte“, die der Scheu und Faszination korrespondieren.

Otto hat damit die Züge der religiösen Grundhaltung charakterisiert. Die Religiosität ist durchsetzt von einer Ambivalenz, die den tiefen Gegensatz von Faszination und Abscheu gleichursprünglich macht. Was Otto nicht erkannt hat, ist die gleichzeitige Ambivalenz und Gegenseitigkeit von Leben und Tod. Sie ist in dieser Form der Einheit eines Gegensatzes nur dann

---

15 Schleiermacher [1831] (1960) 28: „Allein eben das unsere gesamte Selbsttätigkeit, also auch, weil diese niemals Null ist, unser ganzes Dasein begleitende, schlechthinnige Freiheit verneinende Selbstbewußtsein ist schon an und für sich ein Bewußtsein schlechthinniger Abhängigkeit; denn es ist das Bewußtsein, daß unsere ganze Selbsttätigkeit ebenso von anderwärts her ist.“

16 Otto [1917] (1991) 11: „Das ‚Kreatur-Gefühl‘ ist vielmehr selber erst subjektives Begleitmoment und Wirkung, ist gleichsam der Schatten eines anderen Gefühlsmomentes (nämlich der ‚Scheu‘), welches selber zweifellos zuerst und unmittelbar auf ein Objekt außer mir geht.“

sinnvoll und verständlich, wenn sie aus der geschichtlichen Gründung des Lebens hervorgeht. Denn nur im Gefüge der Geschichten manifestiert sich die Gegensätzlichkeit von Leben und Tod als Gegenseitigkeit. Hier zeigt sich das Leben nicht als Geschehen, das mit dem Tod endet, sondern als Bund, der zwischen den Geschichten besteht und ihre Kontinuität erhält. In diesem Bund kommt die Verpflichtung zur Übernahme und Weiterführung alter Geschichten zum Tragen. Leben wird hier zum Recht, eine individuelle Geschichte leben zu können. Leben als bewusstes Leben ist weder sein physiologischer noch ein psychologischer Vorgang, es ist das Recht zu sein, das sich aus der Verpflichtung gegenüber gewesener und kommender Geschichte versteht.

Krankheit als Entsühnung

Die geschichtliche Schuld und die von ihr ausgehende Wirkungsgeschichte wirft ein Licht auf den biografischen Hintergrund von Erkrankungen, wie er sich aus der Analyse des ungelebten Lebens ergeben hat. Geschichte wird hier im leibhaftigen Sinn zur Wirkungsgeschichte. Sie verwirklicht sich hier nicht nur als Leib, sie wird auch zur konkreten Verfassung des Leibes und seiner Gesundheit.

Ein Leitfaden des sich vom Funktionalismus lösenden Verständnisses von Gesundheit und Krankheit hat Sigmund Freud mit seiner Frage nach dem biografischen Hintergrund von psychischen Krankheiten gegeben. Mit Freuds Einsicht, dass ein Mensch unter bestimmten Umständen lieber erkrankt und stirbt, als eine Scham oder Schuld zugibt, knüpft Freud einerseits an ein altes Vorurteil an, das Krankheit und Schuld in Verbindung bringt, andererseits relativiert er die Bedeutung, welche die Selbsterhaltung für das Leben des Einzelnen einnimmt. Diese Bedeutung hatte ja nicht nur zur Zeit des popularisierten Darwinismus' und seines *survival of the fittest* Konjunktur, sie ist nach wie vor das Dogma der an den „gnadenlosen Selektionsdruck" glaubenden Ideologie in den Lebenswissenschaften. In Freuds Auslegung tritt die Selbsterhaltung in den Dienst der Krankheit, um Scham und Schuld zu verarbeiten.

Freud hat diese Form der Selbsterhaltung unter dem Titel des „sekundären Krankheitsgewinns" beschrieben, eine Form, die sich letztlich schadet: „Der Selbsterhaltungstrieb wird versuchen, sich jede Situation zunutze zu machen, das Ich wird auch das Kranksein zum Vorteil wenden wollen. Man nennt das in der Psychoanalyse den ‚sekundären Krankheitsgewinn'."[17]

Damit wurden Perspektiven geschaffen, Gesundheit und Krankheit nicht nur psychischer Art neu zu verstehen und sie auf die lebensgeschichtliche Situation zu beziehen. Die Krankheit kann auch generell als Übernahme der

---

17 Freud (1982 b) 571; siehe auch: Freud (1982 a) 370-374.

Schuld oder Scham gelten, die das Ich von sich weist. Sie wird stellvertretend von seinem Körper geleistet, der mit der Krankheit und ihren Symptomen die Schuld und Scham übernimmt. Diese Übernahme kann bis zum vollständigen Opfer der eigenen Gesundheit oder gar des Lebens gehen. Diese Erweiterung des biografischen Hintergrundes auf Krankheiten generell ist wesentlich Viktor von Weizsäckers Versuch, das ungelebte Leben in der stellvertretenden Krankheit fortgeführt zu sehen:

> „Dann entdecken wir zunächst nicht Analogien (Ähnlichkeiten), sondern Stellvertretungen, die man mit Analogien freilich gut vergleichen kann. Wir sehen so zum Beispiel, daß jemand, der unglücklich liebt, appetitlos wird, oder daß jemand, statt glücklich ein Kind zu bekommen, eine Lungentuberkulose oder einen Krebs bekommt. Solches ‚anstatt' wird freilich nur bei einer bestimmten Zuwendung überhaupt wahrgenommen und bei einer gewissen Suchrichtung auch akzeptiert. Wenn also die biographische Nachbarschaft als Stellvertretung aufgefaßt und die Stellvertretung als eine Realität akzeptiert ist, dann kann man schließlich auch den Zusammenhang von Glück und Unglück mit Krankheit als eine Wirklichkeit erfahren, die sich vor dem Kausalprinzip nicht mehr zu fürchten braucht. Dann sind wir aber so weit, daß wir uns die Krankheitsarten als Arten der Stellvertretung vorstellen und so auch einteilen." [18]

Mit seiner berühmten Devise: „ja, aber nicht so"[19] brachte Weizsäcker zum Ausdruck, dass eine Heilung demzufolge nicht in Hinblick auf die Symptome, sondern nur im Hinblick auf diese Übernahme geschehen kann. Die Krankheit wird zunächst als positive Leistung des Körpers, nämlich als Stellvertretung und Schuldübernahme, akzeptiert, um dann von einer optimalen Lösung des Problems abgelöst zu werden.

Von Selbsterhaltung kann in solchen Fällen eigentlich nicht gesprochen werden (auch wenn Freud das tut), viel eher geht es dabei um die Erhaltung der Würde, des Ansehens, der Ehre, des Gesichts und dergleichen. Hier ist das Faktische der Lebenssituation durch die Geltung integrierender Werte bestimmt, die das biologische Einzeldasein weit überragen. Diese Werte sind durch die Lebensgeschichte vorgegeben, in die das einzelne Dasein hineingeboren wird. Ihre Geschichte ist hochwertiger als das einzelne Dasein, indem sie das Feld oder den Bereich vorgibt, in den hinein sich das Individuum integrieren kann. Die persönliche Würde hängt maßgeblich von dieser Möglichkeit dieser Integration ab. Zwar ist in einer modernen pluralistischen Gesellschaft und Kultur der Integrationsrahmen sehr weit gesteckt und von daher im Unterschied zu beispielsweise religiös normierten Gesellschaften offen, dies ändert aber nichts an der Vorgabestruktur, auf die in jedem Fall immer nur reagiert werden kann.

---

18 Weizsäcker (1956) 231.

19 Weizsäcker [1951] (1987) 355ff und passim.

In jedem Fall ist das Individuum nicht selbstgenügsam in dem Sinne, dass es seinen eigenen Personenwert aus sich heraus ableiten, konstituieren oder konstruieren könnte. Der Mensch ist sich nicht selbst genug, weil er die Genügsamkeit nur in Bezug auf seine lebensgeschichtliche und aktuelle Situation herstellen kann und bei dieser Integrationsleistung auf Sinnvorgaben reagiert, die er nicht selbst hervorgebracht hat. Damit hängt das Gelingen dieser Integration von vielen Komponenten ab, die der Macht des Individuums und dem Faktischen entzogen sind.

§ 10 Hermeneutik der Schuld

Die Irrealität geschichtlicher Wahrheit

Die Entsühnung von Schuld findet erst statt, wenn sie das Gewissen des Menschen erreicht, wenn er sich frei von Schuld wähnt. Die Vorraussetzung dazu liegt im Verstehen seiner Geschichte, die nicht mit der Geburt beginnt, sondern in die Vorgeschichte hineinragt. Da in der Geschichte Schuld immer schon wirksam ist, führt das Verständnis und Verstehen der Vorgeschichte auch zu einem Verständnis der übernommenen Schuld. Schuld ist ein geschichtliches Phänomen, das nicht faktisch, sondern nur geschichtlich verstanden werden kann. Dieses Verstehen verlangt damit eine Hermeneutik der Schuld.

Die Strategien des modernen wissenschaftlichen Denkens verfolgen andere Ziele, auch dort, wo sie sich als Wissenschaften vom Menschen oder Humanwissenschaften gerieren. Wie sich gerade an den neuesten Entwicklungen ablesen lässt, ist es ihr erklärtes Ziel, die Schuld in jeder Form, also auch strafrechtlich, zum metaphysischen Rest zu erklären. Hier wird das zu Ende geführt, was christliche Theologie mit ihrem Dogma vom erlösten Sünder begonnen hat, die Überwindung des Schuldbewusstseins.

Angefangen bei der neuzeitlichen Aufwertung und Heiligsprechung von Arbeit als Möglichkeit und Weg, auf dem der Mensch ganz zu sich kommt und seine Welt und sein Selbst erschafft, ist das Bewusstsein als Schuldbewusstsein durch eine neue Herrlichkeit, die sich aus der Identität und ihren Selbstbezügen ergibt, in den Hintergrund geraten. Die identitäts- und heilsstiftenden Faktoren haben aber nicht zu einer Ablösung, sondern nur zu einer Verschiebung des Schuldbewusstseins geführt. In den neuzeitlichen Selbstmodellen wird Schuld deshalb nicht mehr direkt wahrgenommen, sie tritt in den kausalen und relationalen Bezügen inkognito auf, wobei die in diesen Relationen unangesprochene und unausgesprochene Schuld als diffuses schlechtes Gewissen grassiert. Die auf so genannte kognitive Akte beschränkte Erfahrung und Selbsterfahrung schwebt dabei über einem Abgrund der Selbstlüge, Unaufrichtigkeit und Verkennung, die schon Nietzsche als Normalität des auf Illusion aufgebauten Selbstmodells schönzureden wusste.

Die Problematik dieser neuzeitlichen selbsternannten Unschuld tritt aber erst in der Folge der kapitalen Verbrechen des 20. Jahrhunderts auf, wobei die Schuldfrage zum geschichtlichen Phänomen wird. Dabei scheint Schuld ihre kausale Beschränkung zu verlassen und wieder zum mythischen Phänomen zu werden. Am Beispiel der „deutschen Schuld" wird deutlich, dass weder die Nachfahren der Opfer noch die der Täter die Geschichte als abgeschlossen betrachten können. Wie gerade immer wieder an Gedenktagen erfahren werden muss, ist die Schuld für diese Verbrechen noch nicht einmal im Ansatz verarbeitet. Die Hilflosigkeit wird nicht nur bei denen sichtbar, die „nicht mehr hinschauen können" wenn an die Gräuel erinnert wird, sie wird auch bei denen sichtbar, die diese Form der Erinnerung betreiben und ritualisieren. Hier wie dort kommt die geschichtliche Schuld in Konflikt mit der herrschenden Verlogenheit des sich unschuldig wähnenden Selbst, das nicht bereit ist, Schuld zu übernehmen und zu übertragen.

Die Schuld, die geschichtlich ist, indem sie die Herkunft in Hinkunft des Menschen bewusst werden lässt, ist also durch geschichtliche Ereignisse von besonderer Schuldhaftigkeit virulent geworden. Die Besonderheit dieser Ereignisse ist aber nicht ausschlaggebend für die Eigenart dieses Schuldbewusstseins, hier handelt es sich um die Schuld, die auch unabhängig von kapitalen Verbrechen auftritt, wie die archaische Schuld oder Erbschuld, die ihren Ursprung nicht in der Tat des Individuums hat.

Da der Begriff der Erbschuld durch die christliche Auslegung völlig entstellt wurde, ist er für das Verständnis dieses nachhaltigen Phänomens irreführend. Es ist deshalb sinnvoller von geschichtlicher Schuld zu sprechen, handelt es sich hierbei auch um eine Schuld, die aus der Geschichte herkommt und sich in zukünftiger Geschichte fortsetzt. Die Schuld ist in dieser Form aber nicht nur eine Folge der Geschichte und ihrer Verbrechen, sie ist auch die Form, in der Geschichte über verständlich und „verstehbar" wird. Schuld ist damit die Grundform geschichtlichen Verstehens.

Dem geschichtlichen Verstehen hatte sich in der Neuzeit vor allem die Hermeneutik zugewandt. Von der Textauslegung in Theologie und Recht herkommend ist sie zu einer umfassenden Methode der Erschließung gelebten Lebens überhaupt geworden. Ihr geht es vor allem um die Erkennbarkeit des Lebens aus seiner Geschichte und Geschichtlichkeit heraus. Zu ihrer Grundanschauung, unabhängig von ihrer eigenen Entwicklung und den damit verbundenen Differenzen, gehört die Einsicht, dass sowohl der einzelne Mensch wie die Menschheit nur von der Geschichte her verständlich werden können. Damit wird die Bedeutung einer faktischen Erschließung des Lebens durch die Naturwissenschaften oder naturwissenschaftlich orientierte Begründungen stark eingeschränkt.

In der einmütigen Ablehnung der Reduktion von Kulturgeschichte auf Naturgeschichte geht es der Hermeneutik darum, für das historische, im Weiteren auch lebensweltliche Verständnis der Welt eine eigene wissenschaftliche Methode zu finden, die der reflexiven Auseinandersetzung des Menschen mit seiner Geschichte Ausdruck verschafft. Diese Methode wurde aus der klassischen Hermeneutik entwickelt, wobei nach dem Vorbild der Auslegung und Interpretation eines Textes das Leben als Geschichte verstanden wird, das erst in der Auslegung bedeutsam wird. Damit sollte zum Ausdruck gebracht werden, dass die bloße biologische Funktion etwa eines Reizes nicht schon selbst bedeutsam ist, sondern ihre Bedeutung erst vor dem geschichtlichen Hintergrund bekommt, in den sie hineingelesen wird. Hier erst wird das Ereignis als menschliche Wirklichkeit verstanden, die Sichtweise als bloße Funktion ist dagegen geradezu dadurch definiert, dass sie diese Wirklichkeit ausgrenzt.

Leben lässt sich nur verstehen in Hinblick auf die Frage, welche Motive, Ziele und Werte eine Biografie und darüber hinaus ihre gesamte Geschichte bestimmen. Das Leben ist danach ein Geschehen, das aus ziel- und wertorientierten Handlungen besteht und erst innerhalb solcher Dramaturgien Fakten entwickelt, die einen realistischen Charakter haben und sich darin über ihre geschichtliche Herkunft hinwegzusetzen scheinen. Zwischen der Hermeneutik und den naturwissenschaftlichen Wissenschaftsvorstellungen hat sich im Laufe der Jahrhunderte, auch infolge des Fortschritts in den exakten Wissenschaften, ein Methodenstreit entwickelt, der bis heute andauert.[20] Dabei geht es nicht nur um die Bedeutung geschichtlicher Fakten und ihre Nachvollziehbarkeit, es geht auch um die Erfassung aktueller Präsenzen, die auf einer Voreinstellung und einem Vorurteil beruht und damit grundsätzlich von außen her im Sinne einer Abspiegelung verstanden werden kann.

Damit geschichtliche Schuld nicht nur im Gewissen, sondern auch im Wissen erscheinen kann, ist das Leben als geschichtlicher Prozess zu verstehen, der eine komplexe Zusammensetzung aus Lebensgeschichten biografischer, familiärer, ethnischer bis letztlich politischer und weltgeschichtlicher Art bildet. In diesen Geschichten spielen nicht nur Fakten eine Rolle, sie sind ein kompliziertes Geflecht aus Erinnerung, Erwartung und Erfahrung, das sich zu einem Komplex nicht präsenter Gegenwart oder nicht realer Gegenwärtigkeit zusammensetzt. Erinnerung, Erfahrung und Erwartung des Individuums greifen auf diesen gesamten dramatischen Hintergrund zurück. Das Leben als Geschichte, als Biografie spielt sich in diesem umfassenden Drama ab und ist von diesem komplexen Geschehen nicht zu trennen. Erst im Zusammenhang eines solchen lebensweltlichen, dramati-

20 Gadamer [1960] (1975).

schen Geschehens werden einzelne Daten und Fakten lesbar, verständlich und informativ.

Hier kommt das zum Tragen, was Heinrich Rickert als „irreale Sinngebilde“ herausgestellt hat. Gegenüber Dilthey und dessen an die Psychologie angelehnten Verstehensbegriff ging es ihm dabei um frei schwebende, über die reale und historische Verankerung hinüberreichende Allgemeinverständlichkeiten individuellen Erlebens. Das Verstehen ergibt sich für Rickert nicht im Nachfühlen und Nacherleben des realen Sinnes einer individuellen Lebensgeschichte, die ebenso wenig wie der fremde Schmerz real rekonstruiert werden kann, es ergibt sich aus dem Erfassen der irrealen Sinngebilde, die als Wertbezug, im Unterschied zu den Fakten, nicht vergangen sind und deshalb die historischen Tatsachen in ihrer Besonderheit auch im Nachhinein erschließbar machen: „Sie müssen als bloß verstandene Sinngebilde, auch hier, ja gerade hier, wo ihre realen Träger, in denen sie einst wirklich lebendig waren, nicht mehr leben, frei schwebend genannt werden, und sie sind insofern noch nicht ‚historisch‘ in der eigentlichen Bedeutung des Wortes, die stets den Gedanken der Realität einschließt.“[21] Rickert versuchte mit dieser Konzeption der irrealen Sinngebilde, die Beschränkung des Geschichtlichen und sein Wirksamkeit auf historische Fakten aufzubrechen und ein geschichtliches Verstehen im überhistorischen Sinn zu erschließen. Er bezieht sich dabei auf die Kulturwerte, die kein reales Sein, sondern nur eine Geltung haben: „Werte sind als Werte nie wirklich, sondern gelten. [...] Ebenso gehört der *Sinn*, den eine Wirklichkeit mit Rücksicht auf einen Wert bekomme, nicht zum wirklichen Sein, sondern besteht nur mit Rücksicht auf einen geltenden Wert und ist insofern selbst unwirklich.“[22] Rickert führt hier einen Ansatz von Dilthey[23] konsequent weiter, um die Einmaligkeit und Individualität des Geschehens und der Geschichte objektiv zu erfassen und zu verstehen. „Nur Irreales können wir in seiner Individualität verstehen, ohne dass wir es als Individuum selbst wirklich *sind*.“[24] Die Geschichte ist nicht von dem her verständlich, was wirklich in ihr stattgefunden hat, sondern vielmehr daraus, welche Werte, Ziele, Motive und Sinnvorstellungen in ihr wirksam waren und sind. Was als Faktum verstanden wird, spiegelt diesen Sinn nicht oder nicht mehr wider. Die Rea-

---

21 Rickert (1929) 590.

22 Rickert (1929) 536.

23 Für Rickert ist Diltheys Methode des Verstehens zwar im Ansatz gut, aber in die falsche Richtung gegangen, weil Dilthey das psychische Erleben in seiner Realität zu erfassen suchte, statt die Irrealität dieser Sinngebilde zu sehen: „Der unwirkliche sinnhafte Gehalt der Kultur, der sich an den geschichtlichen Realitäten findet, wird von Dilthey mit dem wirklichen psychischen Sein verwechselt, das im Seelenleben einzelner Individuen faktisch abläuft.“ Rickert (1929) 543.

24 Rickert (1929) 599.

lität vergangener, historisch gewordener Fakten ist somit unwiederbringlich, nicht aber sind es ihre irrealen Sinngebilde.

So schwierig dieser Begriff der „irrealen Sinngebilde“ sein mag, so deutlich stellt er doch das Arbeitsfeld der Geistes- und Kulturwissenschaften, das Irreale und Nicht-Faktische und seine Bedeutung und Wirkung auf das Reale und Faktische, klar heraus. Konkretisiert auf den Begriff der Geschichte und sein philosophisches Verständnis bedeutet dies die Erforschung des Nicht und des „Un-“ aller geschichtlichen Realität, also dessen, was am Vergangenen und seinen Fakten nicht Realität geworden ist und in welcher Form es als Unvergangenes weiterlebt und hier als „irreales Sinngebilde“ erfassbar wird.

Diese Fragestellung führt zu einer Problematik, die Rickert nicht bedacht hat, zu den Formen und Unterschieden des Gedächtnisses. Schon Hans-Georg Gadamer hatte für die Aufhebung des „abstrakten“ Gegensatzes zwischen „Tradition“ und „Historie“, zwischen Geschichte und ihrer wissenschaftlichen Erfassung plädiert: „Am Anfang aller historischer Hermeneutik muß daher die Auflösung des abstrakten Gegensatzes zwischen Tradition und Historie, zwischen Geschichte und Wissen von ihr stehen. Die Wirkung der fortlebenden Traditionen und die Wirkung der historischen Forschung bilden eine Wirkungseinheit, deren Analyse immer nur ein Geflecht von Wechselwirkungen anzutreffen vermöchte.“[25] Mag diese Absicht Gadamers ein wichtiger Schritt hin zum Verstehen von Geschichte sein, so fehlt in seinem wie auch in Rickerts Konzept der frei schwebenden irrealen Sinngebilde die Einsicht in die Verbindlichkeit der Traditionen und Sinngebilde. Traditionen und Sinngebilde kommen in einem Denken, Andenken und Gedächtnis vor, das seine Inhalte nur äußerst sensibel behandeln kann und im Umgang mit diesen Inhalten nicht frei ist, geht es hier doch um die Grundvoraussetzungen für Sein oder Nichtsein des Einzelnen, der Familie, Sippe und Gemeinschaft. Sie sind machtvolle Erinnerungen, die den Kern des „kulturellen Gedächtnisses“ bilden.

Auch der kulturanthropologische Ansatz von Clifford Geertz mit seiner Methode der „dichten Beschreibung“ ist ein Versuch, auf die Symbolfelder, Rahmenhandlungen und Hintergründe der Fakten zurückzugreifen, um damit das im Irrealen stattfindende kulturelle Geschehen zu erfassen. Was in der „dünnen Beschreibung“ eines Faktums, z.B. einer Körperbewegung, nur das Zucken eines Augenlides ist, erweist sich in der „dichten Beschreibung“ als eine Gebärde, die ein Zeichen, aber auch die Parodie auf ein Zeichen sein kann.[26] Das Ziel, bei der Beschreibung kultureller Vorgänge zu einer möglichst dichten Beschreibung zu kommen, verlangt, über das Faktische

---

25 Gadamer [1960] (1975) 267.
26 Geerts (1997) 10f.

hinauszugehen, um die Bedeutung sozialer Vorgänge und Geschehnisse zu erfassen. Zwischen einer bloßen Körperbewegung und einer Parodie auf eine Gebärde liegt ein Feld detaillierter Aussagen und Bedeutungen, die weit über das Faktische und Gegenwärtige zurück in die Vergangenheit, in die Tradition, die Sitten und Gebräuche zurückgreifen. Zur Beschreibbarkeit solcher Vorgänge ist es notwendig, über die bloße Feststellung der Fakten hinaus in die Geschichte und Tradition hineinzugehen. Dies ist nur möglich, wenn die Fakten nicht nur als Ausdruck und Symbol genommen, sondern auch in der Ausgestaltung durch Mythen, Legenden, Geschichten und Erzählungen verstanden werden. Sie bilden ein Gedächtnis, in dem nicht das Faktische, das Abgeschlossene und Vergangene gespeichert ist, sondern dasjenige, was im Gedenken noch andauert und bedacht wird, was also im Gedächtnis und als Gedächtnis lebt. Der so genannte fiktive Gehalt solcher „Beschreibungen" erweist sich gegenüber faktischen Informationen als weitaus ergiebiger und deshalb auch „dichter", weil er den eigentlichen Gehalt und die Bedeutung sozialer Vorgänge trägt. Nur auf der Ebene dessen, was einer dichten Beschreibung zugänglich ist, wird dann auch gesellschaftliche und kulturelle Macht anschaulich. Das Verstehen einer Gebärde oder anderer Codes ermöglicht den Zugang und die Zugehörigkeit zu einer Gruppe oder einer Gesellschaft.

Über die Macht dieses Gedächtnisses gibt nur ein Geschichtsbegriff Aufschluss, der das menschliche Sein als In-Geschichten-Sein herausstellt.[27] Geschichte ist lebendiges Gedächtnis der „irrealen Sinngebilde", die aus der Vergangenheit in die Zukunft weisen und die Gegenwart und Gegenwärtigen mit der Aufgabe versieht, diese Gebilde in einer „dichten Beschreibung" zu erfassen, zu verstehen und weiter zu tragen. Nur darin kann es wieder zu einer Zusammenführung von Wissen und Gewissen und zu Erkenntnis der diffus geworden Schuld kommen.

Das reale Ding als geschichtliches Ereignis

Hermeneutik oder geschichtliches Verstehen hatte sich als wissenschaftliche Methode aus der Exegese von heiligen Schriften, Rechtsverordnungen oder überhaupt aus der Auslegung bedeutender Texte herausgebildet. Trotz unterschiedlicher Aufgabenfelder war dabei das gemeinsame Bestreben, die Wahrheit des Textes zu erfassen, indem der Text in die gegenwärtige Situation des Lebens übersetzt wurde. Hermeneutik war damit wesentlich als Übersetzerarbeit verstanden.

---

27 Der Begriff des „In-Geschichten-seins" stammt von Wilhelm Schapp und wird unten ausführlich behandelt (Kap. V). Zu diesem Begriff hat Heidegger mit seinem „In-der-Welt-sein" den entscheidenden Anstoß gegeben, wenngleich sein Weltbegriff letztlich doch am Raum und nicht an der Geschichte orientiert ist.

Die Ausweitung von den Texten auf die Erlebnisse selbst und ihres verstehenden Nachvollzuges beginnt mit Wilhelm Dilthey und seiner Heraushebung der Einfühlung, sie wird aber zur besonderen Methode des jungen Heidegger. Wie er zeigen kann, ist schon die Erfahrung alltäglicher Dinge eine geschichtliche Erfahrung, weil Dinge nur in diesem Kontext verstehbar werden.

Wie Heidegger schon in seinen frühen Arbeiten zeigt, kann das Geschehen und Ereignis nicht einfach von der objektiven und sachlichen Seite der Dinge abgelesen werden. In seiner Vorlesung von 1919: *Die Idee der Philosophie und das Weltanschauungsproblem*, geht Heidegger ausführlich auf den Unterschied zwischen Vorgang und Ereignis ein. Am „Kathederbeispiel"[28] stellt er die Vergegenständlichung des Dinges als Prozess heraus, bei dem der Ereignischarakter der Inszenierung „entfernt" wird und am Ende das bloße Ding in seiner Vorhandenheit übrig bleibt: „Das Feststellen als Erlebnis ist nur noch ein Rudiment von Er-leben; es ist ein Entleben. Das Gegenständliche, das Er-kannte, ist als solches ent-fernt, aus dem eigentlichen Erleben herausgehoben."[29] Objektives Erkennen ist damit ein Entfernen und Entleben. Ein solcher Prozess ist keineswegs handlungsfrei, er spielt sich ab innerhalb eines wie immer inszenierten Experiments, wie das Kathederbeispiel Heideggers auch veranschaulichen soll.

Was dieses Experiment von sonstigen Handlungen und Geschichten des Alltags unterscheidet, ist eine vorgängige und implizite Entscheidung, aus diesen Geschichten und Handlungen heraus in eine feststellende und letztlich wissenschaftliche Handlung überzuwechseln und die für die Wissenschaft üblichen Regieanweisungen der Theorie zu befolgen. Auch im wissenschaftlichen Betrieb gibt es kein Außerhalb der Handlung, auch das objektive Wissen ist in Handlungen und Geschichten eingebunden und ist von daher grundsätzlich innerlich, ein In-sein im Sinne eines In-Geschichtenseins oder In-einer-Handlung-vorkommen. Der Unterschied zwischen dem Erlebnis und den entfernenden und entlebenden Feststellungen liegt darin, dass hier die Handlung auf den sachlichen Vorgang selbst reduziert wird und die Geschichte in den Sachvorgang gleichsam eingeht.

---

28 Heidegger (1999) 71f: „In den Hörsaal tretend, sehe ich das Katheder. Wir nehmen ganz davon Abstand, das Erlebnis sprachlich zu formulieren. Was sehe ‚ich'? Braune Flächen, die sich rechtwinklig schneiden? Nein, ich sehe etwas anderes: Ein Kiste, und zwar eine größere, mit einer kleineren daraufgebaut? Keineswegs, ich sehe das Katheder, an dem ich sprechen soll, Sie sehen das Katheder, von dem aus zu Ihnen gesprochen wird, an dem ich schon gesprochen habe. Es liegt im reinen Erlebnis auch kein – wie man sagt – Fundierungszusammenhang, als sähe ich zuerst braune, sich schneidende Flächen, die sich mir dann als Kiste, dann als Pult, weiterhin als akademisches Sprechpult, als Katheder gäben, so daß ich das Kathederhafte gleichsam der Kiste aufklebe wie ein Etikett. All das ist schlechte, mißdeutete Interpretation, Abbiegung vom reinen Hinschauen in das Erlebnis. Ich sehe das Katheder gleichsam in einem Schlag. [...]."

29 Heidegger (1999) 73f.

Heidegger zeigt dies schon am Modus der bloßen „Gegebenheit", die er als „leise, noch unscheinbare, aber doch echte theoretische Reflexion"[30] über das Ereignis wertet: „Die ‚Gegebenheit' bedeutet die erste vergegenständlichende Antastung des Umweltlichen, das erste, bloße Hinstellen vor das *noch* historische Ich. Wird nun der eigentliche Sinn des Umweltlichen, sein Bedeutungscharakter, gleichsam ausgehoben, dann ist das bereits als gegeben Hingestellte zum bloßen Ding verblaßt. Es hat noch Qualitäten, Farbe, Härte, Räumlichkeit, Ausdehnung, Schwere usf., alles aber dinghaft. Der Raum ist der Dingraum, die Zeit die Dingzeit. Dieser Prozeß der fortschreitenden zerstörenden theoretischen Infizierung des Umweltlichen ist phänomenal genau verfolgbar, z.B. eine Reihe: Katheder, Kiste, braunfarbig, Holz, Ding."[31] Hier ist im Ding das „Welten" des Ereignisses ausgelöscht, die Theorie ist schon der Blick von außen, in dem die Ereignishaftigkeit auf das bloße Hinstellen oder Gegebensein reduziert ist. In seinem berühmt gewordenen späteren Aufsatz über das *Ding* modifiziert er diese Analyse und lässt dem Ding im Unterschied zum Gegenstand seinen Ereignischarakter. Hier spiegelt sich im Ding das „Ereignis" der Vereinigung von Himmel und Erde, Sterblichem und Göttlichem. Das Ereignishafte versucht Heidegger darin auszudrücken, dass das Ding „dingt", wie die Welt weltet. In diesem Ereignis des Dingens und Weltens „spiegelt" sich die Einheit dieses „Gevierts" von Himmel, Erde, Sterblichem und Göttlichem: „Die Vierung west als das Welten von Welt. Das Spiegel-Spiel von Welt ist der Reigen des Ereignens."[32] In diesen späteren Versuchen, die im Licht seines so genannten „zweiten Hauptwerkes" zum *Ereignis* stehen,[33] wird die Hilflosigkeit Heideggers deutlich, das Ding als Anwesenheit von Geschichte zu verstehen, wie er es anfänglich in seinem Begriff vom *Zeug* angelegt hatte. Im Ding sind nämlich die Werke der Vorfahren und ihr know-how zum Weiterführen angelegt. Nicht das Ereignis des Gevierts „dingt", sondern die Geschichte, die in jedem „Ding" spiegelt und darin wieder zu finden ist.

Im theoretischen Blick und seinem „Entfernen" von ereignishaftem Geschehen vollzieht sich eine Änderung im Charakter der Handlung, die mit der bewusst eingenommenen Distanz zu dem Ding zu tun hat. Das Ding wird im theoretischen Blick des Beobachters zum Gegenstand, der den Beobachter nichts anzugehen hat.[34] Damit wird ein Grad der Beteilung verändert, es wird eine andere Rolle gespielt, die des weitgehend unbeteiligten Zuschauers, entsprechend der *theoroi* im antiken Theater, die von den am Geschehen Beteiligten klar und vor allem funktional zu unterscheiden

30 Heidegger (1999) 88f.
31 Heidegger (1999) 89.
32 Heidegger [1954] (2000) 173.
33 Heidegger (1989).
34 Diesen Charakter hat Heidegger in dem Aufsatz über das Ding als die metaphysische Haltung der neuzeitlichen Wissenschaft herausgestellt, die das Ideal der Objektivität in denjenigen Dingen sieht, die den Betrachter nichts angehen, im „Ding an sich". In dieser Bezugslosigkeit des neuzeitlichen Menschen sind die Dinge „schon vernichtet, längst bevor die Atombombe explodierte." Heidegger [1954] (2000) 162.

sind.[35] Von daher wird auch im Kathedererlebnis Heideggers ein Rollenwechsel vollzogen, wenn die Betrachtung vom „Anwesen" des Katheders über das Holz zum bloßen Gegenstand wechselt.

Das Ereignis bezieht seinen Erlebnischarakter von dem Bezug zur Geschichte, in der es vorkommt. Hier kann von unterschiedlichen Graden der Verstrickung, also des Verbunden- und Verpflichtetsein geredet werden. Diese Grade sind nicht abhängig von der räumlichen oder zeitlichen Nähe des Ereignisses in der Geschichte, auch nicht davon, ob das Ereignis wirklich oder fiktiv ist, sondern von dem Berührt-werden durch die Geschichte.

So kann bekanntlich jemand von einem Roman oder Film stärker berührt werden als von Ereignissen im näheren Umfeld. Für die Grade der Verstrickung, Beteiligung und Berührung lassen sich keine generellen Maßstäbe finden, sie sind individuell geprägt. Generell festzustellen ist der Umstand des Angesprochenwerdens von einem Ereignis, sei es wirklich oder fiktiv, des Ergriffen- und Berührtseins. Nicht das Ding, sondern seine Geschichte tritt im Ereignis hervor und berührt den Wahrnehmenden, wenn er sich nicht gegen die Berührung entschieden hat und das Ding in seinem bloßen Vorkommen, in seiner bloßen Vorhandenheit nimmt. Doch auch in diesem Fall kommt es zu einer Berührung der Intentionalität des Nicht-berührt-sein-wollens.

Im Falle von Heiligtümern, heiligen Dingen und Reliquien ist die Berührung als Berührtwerden von der Geschichte besonders deutlich zu veranschaulichen, hier ist das Ding explizit Reliquie einer Geschichte. Doch auch Dinge aus dem Alltag haben eine geschichtliche Ausrichtung. So ist der Katheder in Heideggers Beispiel ein geschichtliches Ereignis, weshalb er auch nach Heidegger für Menschen aus anderen Kulturen allenfalls als „brauner Holzkasten"[36] verstanden wird.

Das Ding als Ereignis verstanden wird zur Anwesenheit von Geschichte, weil sich in ihm das kulturelle Gedächtnis ausdrückt. Im handwerklichen oder industriell verfertigten Produkt spiegelt es die Fertigkeit, das Wissen und die Arbeit wider und wird darin zum Ding, das uns insgesamt „angeht". Die Bezugslosigkeit und eingebildete Neutralität ist im Lichte dieser ursprünglichen Betroffenheit bereits als Strategie zu verstehen, diese Betrof-

---

35 Die besondere Aufgabe der theoroi im antiken Kult bestand darin, die Kultveranstaltung zu beobachten. Damit sie diese Beobachterrolle auch genau wahrnehmen konnten, waren sie Fremde, die zu den Festen von anderen Städten anreisen mussten. Dieser dienstliche Aufgabenkreis der Reise, also des Aufbruches aus der Ferne, des Weges, der sachlichen Beobachtung und schließlich der Heimreise umreißt die Bedeutung der Theorie. Sie ist der Sachverständigen- und Gutacherblick auf das Geschehen im Theater. Die eigentümliche Funktion der Theorie im antiken Theater als unbeteiligte Beobachtung des Festgeschehens hat sie auch in ihrer profanierten wissenschaftlichen Bedeutung behalten. Theorie ist nicht die Erfahrung der Wahrheit, sondern ihre Verwaltung. Dazu: Rausch (1982) 18-27.

36 Heidegger (1999) 72.

fenheit zu eliminieren. Unter dem Vorwand eines „voraussetzungslosen“ Blicks wird hier der Anspruch dieses Angehens abgewiesen. Doch diese Abweisung von Betroffenheit ist die Haltung des sich schuldfrei glaubenden „reinen“ Bewusstseins. Das Ding als Objekt wird damit nicht nur jeder Verfügung ausgeliefert, es wird gleichzeitig zum Zeugen eines reinen Bewusstseins, das sich im Umgang mit diesen Objekten keiner Schuld mehr bewusst werden kann. Die „Vernichtung des Dinges“, von der Heidegger spricht, ist deshalb in einer weiteren, von Heidegger nicht herausgestellten Bedeutung wirksam. Das Ding als Objekt verliert nicht nur seinen Spiegel, in dem sich das Geschehene finden ließ, es wird auch zum Garanten einer neuen Sachlichkeit. Vom Ding, das uns angeht, zum neutralen Gegenstand, der uns unberührt zu lassen hat, vollzieht sich eine Entwicklung, die nicht nur den kulturellen Umbruch zeigt, sondern die Veränderung des Bewusstseins des Verpflichtet-, Verschuldet- und Verdanktseins im Kern aufzeigt. Das objektive Erkennen ist nicht nur ein geschichtsloses, das die Welt als sein Konstrukt verausgabt, es ist auch ein schuldloses, das sich nur noch seinen eigenen Maßstäben, denen der Objektivität, verpflichtet weiß.

Verstricktsein in Geschichten

Das bloß Dinghafte des Dinges ist nicht nur von seinem Verlust beim Entleben und Vergegenständlichen her zu betrachten und zu bewerten, es wird bei dieser Verallgemeinerung auch verständlicher, wenngleich nicht in seiner spezifischen Verwendung. Als bloßes Ding hat es den esoterischen Charakter des Ereignisses, das zu einer nur individuell verständlichen Geschichte gehört, die kulturell gebunden ist, verloren und öffnet sich dabei einem allgemeinen Verständnis. So ist der Katheder als brauner Holzkasten allgemeiner verständlich, er büßt dabei aber die Bedeutung seiner spezifischen Verwendung ein.

Diese Bedeutsamkeit ist Ausdruck der Geschichte, aus der ein Ding hervorgegangen ist. Sie ist in ihr noch zu finden. Nicht Dinge selbst, sondern nur ihre Geschichten können berühren, indem sie den speziellen Bezug zu den Ereignissen herstellen, der ihre Geschichte ausmachen. Nicht der bloße Stoff und schon gar nicht die Objektivität ist in dem Sinn bedeutsam, sondern der am jeweiligen Ding entstehende Sog in die Geschichte hinein, der als Ereignis stattfindet. Mit der Bedeutsamkeit eines Dinges werden wir in seine Geschichte hineingezogen, weil wir von dem Geschehen angerufen, angesprochen, berührt und ergriffen werden. Das Ereignis nimmt auf die Geschichte Bezug und ist ihr verbunden und mit ihr verstrickt.

Dieser dynamische Aspekt wurde zum zentralen Anliegen von Wilhelm Schapp und seiner Konzeption des *Verstricktseins*[37] in Geschichten. Im Unterschied zu Heidegger, wenngleich an ihn angelehnt, ist für Schapp das Eingebundensein in die Welt, der Umgang mit den Dingen in der Welt Ausdruck eines Lebens in Geschichten, allerdings auf die Weise, in sie verstrickt zu sein. Damit wird der Bezug zur Geschichte aus seiner eher neutralen Fassung herausgehoben und in eine Verbindlichkeit gebracht, die gegenüber dem Faktischen dominiert. Der Einzelne lebt in Geschichten, er ist aus Geschichten hervorgegangen, aus den konkreten Geschichten seiner Eltern, ihrem Zusammentreffen, das selbst wieder aus Geschichten hervorgegangen ist. Die Geschichtlichkeit seines Daseins ist maßgeblich für die konkreten Ereignisse. Sie gibt den Rahmen ab, innerhalb dessen sich Leben vollzieht. Ihre Dramaturgie, die sich formal in der Abfolge von Geschichten mit einem Anfang, einem Höhepunkt und einem Ende zeigt, das zu einer neuen Geschichte überleitet, gibt allein schon eine Struktur vor, die für das einzelne Ereignis bestimmend wird. Nicht Geschichte überhaupt, diese allgemeine und abstrakte Form des Geschehens, sondern die besonderen Geschichten bilden den Stoff, aus dem dann auch der größere Zusammenhang einer umfassenderen Geschichte gewebt ist.

Koselleck weist in *Vergangene Zukunft* auf die begriffsgeschichtliche Entwicklung von Geschichten zu Geschichte im deutschen Sprachgebiet hin und zeigt, wie diese „Verdichtung" zu einem „Kollektivsingular"[38] eine eigene, der Geschichte innewohnende Macht konstruiert habe.[39] Diese Erklärung verkennt die Macht der Geschichten, ohne die eine Macht und ein „Plan" der Geschichte im Großen nicht denkbar und auch nicht konstruierbar wären. Deshalb ist – was Koselleck nicht leistet – von der Macht der Geschichten auszugehen, um ihrer Verdichtung im Kollektivsingular nachzuspüren. Dabei wird auch deutlich, warum der Mythos als Erzählung, Tragödie oder Evangelium eine heilsgeschichtliche Wirkung hat.

In dem grundlegenden Buch *In Geschichten verstrickt* (1953) zeigt Schapp, wie dieses In-Sein über Heidegger hinausgehend die konkrete Geschichte des Einzelnen ist. Indem wir in einem Raum, in der Welt sind, sind wir in eine Geschichte eingebunden, andererseits gibt es zu jeder Geschichte die in die Geschichte verstrickten Menschen. Mensch und Geschichte gehören eng zusammen.[40]

---

37 Wilhelm Schapp kommt aus der Husserl-Schule, er wurde von ihm 1905 mit Beiträge zur Phänomenologie der Wahrnehmung promoviert, hat aber dann nach der juristischen Promotion 1922 als Jurist gearbeitet und 1931/32 ein Werk über Die neue Wissenschaft des Rechts geschrieben.

38 Koselleck (1979) 51.

39 Koselleck (1979) 54.

40 Schapp (1976) 1: „Zu jeder Geschichte gehört ein darin Verstrickter. Geschichte und In-Geschichten-verstrickt-sein gehört so eng zusammen, dass man beides vielleicht nicht einmal im Gedanken trennen kann."

Das In-der-Welt-sein ist für Schapp genauer als In-Geschichten-verstrickt-sein zu fassen. Im Verstricktsein soll deutlich werden, dass man nicht einfach aus den Geschichten heraustreten, also auch nicht zur theoretischen Betrachtung von außen übergehen kann. Allenfalls können, und das auch nur mit Mühe, die Geschichten gewechselt werden. In Geschichten verstrickt sein heißt, alle Fakten als Teil einer Geschichte zu verstehen. Die Hinwendung zu den Fakten hebt diesen Status nicht auf. Natürlich wenden wir uns im Alltag den Dingen direkt zu, nicht ihren Geschichten, doch ist gerade die Sachlichkeit und Funktion eines Dinges seine verkörperte Geschichte. Auch in Anlehnung an Heidegger ist für Schapp ein Hammer das verkörperte und versachlichte Hämmern.

Schapp nennt diese Dinge *Wozudinge*: „Mit Wozuding haben wir die von Menschen geschaffenen Dinge wie Tische, Stühle, Tassen, Häuser, Paläste, die Werke der Menschen im Auge. Der Zusammenhang zwischen den Wozudingen und den Geschichten ist nicht schwer zu erkennen. Man könnte diesen zunächst darin festlegen, dass jedes Wozuding gleichsam auch eine Geschichte hat. Es ist von einem individuellen Menschen geplant zu irgendeinem Zweck, in einem Sinnzusammenhang, wie wir vorläufig sagen können."[41] Das Ding tritt nicht isoliert auf – als bloßer Katheder oder bloßes Ding eben – sondern hat seinen Stellenwert in einem Geschehenszusammenhang: „Wir hören eine Stechmücke, die uns angreift. Wir hören, wie jemand an die Tür klopft, wir hören einen Wagen über die holprige Straße fahren, wir hören ein Automobil über die Straße sausen. Wir sehen Menschen, wir sehen Häuser, Bäume. Wer uns nun darauf erwidert, eigentlich hörten wir doch nur Töne oder eigentlich sähen wir doch nur Farben, der zeigt damit, daß er vollständig der Gefahr erlegen ist, von der wir sprechen. Wir meinen demgegenüber, daß wir niemals in der Vereinzelung Töne hören oder Farben sehen, sondern immer nur als Momente einer auftauchenden Welt in all den Zusammenhängen, um deren Klarstellung wir uns bemühen."[42] Zwar haben wir die Härte, die Farbe, das Geräusch des Dinges, aber im Grunde genommen ist das schon die Einbindung in eine Geschichte, in der ein Geräusch ertönt oder eine Farbe auftaucht. Der Ursprung des Dinges ist aber auch nicht der Stoff, das Material, weil das ebenfalls in die Geschichte eingebunden ist: „Das Wozuding kann aber gar nicht anders auftauchen, als in seiner Geschichte. Das ‚Auswas' des Wozudinges ‚fleckige Leinwand' tritt als Moment dieses Dinges, als Charakter dieses Dinges ‚mit' auf."[43] Der Stoff, aus dem es ist, die Eigenschaften, das, was wir Substanz nennen, das tritt in dieser Geschichte mit auf, es ist Teil dieser Geschichte.

Der Umgang mit den Dingen wird so zur innersten Begegnung mit ihrer Geschichte. Es ist zunächst kein sachlicher oder besorgender Umgang. Erst im Heraustreten aus diesem Umgang kann dann die Sache auch festgestellt werden. Die Außenperspektive ermöglicht die Theorie, die Schau des In-

41 Schapp (1976) 3.
42 Schapp (1976) 74f.
43 Schapp (1976) 80.

einandergreifens, der Verzahnung, Verflechtung, Verbindung und Verstrickung mit diesen Dingen, die eigentlich Geschichten sind.

Diese Dynamik des Ineinandergreifens erzeugt die Dramaturgie der Geschichten. Sie sind keine unbegrenzten oder durch ihr biologisches oder sachliches Dasein begrenzte Verläufe, sie haben einen eigenen, geschichtlichen Anfang und ein ebensolches Ende. Die Eigenart dieses Anfangs und Endes besteht darin, dass sie keine faktischen Begrenzungen sind. Jede Geschichte hat eine Vorgeschichte, die auf den Anfang hinführt. Insofern ist der Anfang nicht absolut. Desgleichen hat auch das Ende eine Nachgeschichte, welche die Geschichte auf modifizierte Weise weiterleben lässt. Anfang und Ende von Geschichten sind damit fließend, und doch kann man nicht sagen, dass die Geschichten grenzenlos wären. Was die Grenzen bestimmt, sind die Knoten und Verbindungen und ihre Lösungen, durch die Geschichten aneinandergeknüpft und voneinander gelöst werden.

Für die Wirksamkeit von Geschichte und geschichtlicher Schuld ist das Ineinandergreifen und -übergehen der Geschichten von fundamentaler Bedeutung. Die in der Objektivität des Dinges „festgestellte" Bedeutung ist ein durch den Begriff zum künstlichen Stillstand gebrachtes Ereignis, das im Worum und Wozu seine geschichtliche Verbindung zu öffnen ermöglicht. Diese Möglichkeit ist sowohl im Dingbegriff Heideggers als auch im Konzept der „Wozudinge" Schapps aufgezeigt. In beiden Ansätzen wird der Ereignishintergrund festgestellter Fakten wieder aktiviert. Im kausalen Begreifen wird diese Verbindung zum Ereignis auf einen Funktionalismus reduziert, der – wie schon gezeigt – ihren ethischen Charakter, der in der Verbindlichkeit liegt, nicht aufscheinen lässt. Damit wird das Denken auf den Modus der Unverbindlichkeit eingeschränkt, der ihm aber zugleich die Freiheit einräumt, vom Nullpunkt der Voraussetzungslosigkeit aus zu entwerfen und zu konstruieren.

Faktisches Denken wird damit zum voraussetzungslosen Denken, als das es sich gegenüber allem vorurteilshaften Denken hervorhebt. Schon im bloßen Begriff des Dinges als Objekt ist die Geschichte unsichtbar geworden. Damit verschwindet aber auch das Bewusstsein der Verstrickung. Das Leben in der Objektivität wird zu einem relationalen und unverbindlichen Nebeneinander von Menschen und Dingen, das nur durch moralische Vorschriften geregelt ist. Der Wert einer Sache ist dabei nicht mehr in ihr selbst zu erkennen, sie ist unverbindlich geworden.[44] Die Sichtweise Heideggers und Schapps ermöglicht dagegen eine Wiedergewinnung des geschichtlichen und damit ethischen Bewusstseins. Allerdings wird hier wieder, besonders bei Schapp, die Möglichkeit der grenzenlosen und geschichtlichen

44 Hierauf bezieht sich auch Heideggers Bemerkung oben, dass die Dinge schon lange vor der Explosion der Atombombe vernichtet seien.

Verschuldung eröffnet. Indem zu leben eine Verstrickung bedeutet, werden die innerweltlichen Bezüge am Maßstab der Schuld deutlich. Was für Heidegger im Dingbegriff und seinem Ereignischarakter angelegt war, wird zur konkreten Verstrickung des Einzelnen in seine Geschichte und in die seiner Vorfahren.

Der geschichtliche Bezug zu dem Ding ist also offenbar ein dialogischer, da hier das Ding im Ereignis seine Geschichte zurückruft oder von ihr angerufen ist. Dieser Zusammenhang ist letztlich wieder nur dramatisch zu verstehen.[45] Gegenstände treten durch „Ausblendung" ihrer Geschichte hervor, wobei diese niemals verschwindet, sondern nur in den Hintergrund tritt. Entscheidend ist aber, dass diese Geschichte des Gegenstandes immer die letztlich maßgebliche Geschichte des Menschen ist.[46]

Schapp führt seine Analysen nur bis zu dem Punkt, an dem alle Geschehnisse in ihrer Verstrickung aufleuchten. Immerhin wird bei ihm deutlich, dass die Dinge und Gegenstände nur illusorisch aus der Geschichte herausgestellt werden können und gleichsam für sich gelten sollen. Sein Ansatz stellt die Nähe des Menschen in der Geschichte zu Gegenständen und Dingen heraus, die sie zum intimen Spiegel des eigenen Lebens werden lässt. In der theoretischen Betrachtung wird dieser Spiegel ausgeblendet. Indem Schapp aber nicht die Hintergründe der Verstrickung ausleuchtet, bleibt sein Konzept des Verstricktseins in letzter Hinsicht formal und abstrakt. Allein schon der Begriff lässt aber deutlich werden, dass die Eingebundenheit in die Geschichte keine freiwillige und ausschließlich selbst bestimmte sein kann. Sie ist bestimmt von der Auseinandersetzung mit der Geschichte, bei der es darum geht, ein Erbe offen gebliebener Ansprüche und „Rechnungen" zu begleichen. Die Geschichten üben darin eine Macht aus, die auf das Leben des Einzelnen eine starke Wirkung haben. Um diese Macht zu erkennen, müssen die Grenzen und Brüche der Geschichten, ihrer Anfänge, Enden und inneren Abbrüche und Wechsel thematisiert werden. Geburt, Tod und die von der Leiblichkeit und Natürlichkeit des Daseins eingeleiteten tiefen Veränderungen bewirken die Besinnung auf die Geschichtlichkeit selbst und damit auf die Eigenthematik des Lebens. Indem das In-Geschichten-sein seine eigene Geschichtlichkeit reflektiert und damit

45 Schapp (1976) 178: „Mit dem Denken des Satzes taucht der Sachverhalt auf. Hiervon bleibt für uns nur, dass mit den Ausdrücken des Satzes, mit der Sprache, die Geschichte auftaucht. Das Auftauchen der Geschichte ist aber nicht an die Sprache gebunden."

46 Schapp (1976) 179: „Man könnte uns vielleicht entgegenhalten, ob wir dann nicht besser von der Geschichte eines Domes, der Geschichte eines Hauses, eines Tisches, einer Tasse redeten. Wir erwidern darauf, daß bei all diesen Geschichten im Hintergrund der Mensch steht. Ebensogut könnten wir allerdings sagen, er steht im Vordergrund und vielleicht auch, er steht uns so nahe, daß wir ihn zunächst übersehen, wenn wir versuchen, von dem Gegenstand Dom oder Haus zu reden."

das Leben als Geschichte und als Abfolge von Geschichten aufzeigt, stellt es den Stoff der großen Lebensthemen vor, der sich mit der Besinnung und Bewältigung der Grenzen und Brüche befasst.

Jedes einzelne Ding, erst recht jedes individuelle Leben hat nicht nur eine Geschichte, sondern ist eine Geschichte, die sich wiederum aus einzelnen Geschichten zusammensetzt. Der Unterschied zwischen dem Haben einer Geschichte und dem Geschichtensein ist grundsätzlich. Während das Haben von Geschichte zur Ausstattung einer biologischen Substanz gehört, ist das Sein in Geschichten der umfassendere Rahmen, zu dem auch biologische Eigenschaften gehören können. Die unterschiedliche Verbindlichkeit des Geschichtlichen wird bei der Frage nach den Grenzen des Lebens deutlich. Der biologische Anfang von individuellem Leben fällt nämlich nicht mit dem geschichtlichen zusammen. Während der biologische Anfang – wenngleich auch umstritten – mit Verschmelzung von Eizelle und Samen beginnen soll, reicht der geschichtliche in die Vorgeschichte hinab und ist unergründlich. Sein Anfang liegt vor der biologischen Verschmelzung im sexuellen Akt oder der künstlichen Befruchtung, die wiederum ihre Vorgeschichten haben.[47] Eminent ist hier, wie Schopenhauer sagte, der allererste Blick der Eltern, der, soweit er den Beginn einer Liebesgeschichte oder einer anderen Form der Beziehung ausdrückt, durchaus als „Keim" neuen Lebens gesehen werden kann.[48]

Soweit sich Menschen für den Anfang ihrer Geschichte interessieren, interessieren sie sich normalerweise nicht für die biologische Verschmelzung, sondern für die Umstände, die zu dem ersten Zusammentreffen der Eltern geführt haben mögen. Im Vergleich zur Intimität solcher Geschichten, die die wichtigsten für jeden Menschen sind, weil ohne sie nichts wäre, ist der biologische Befund nichts sagend. Doch gerade in der Bedeutsamkeit dieser Geschichten gegenüber den wissenschaftlich erkennbaren Fakten liegen tief verankerte Motive für die unterschiedlichen Arten der Forschung. Die Fakten sprechen nicht für sich, sondern nur die Geschichten, die Fakten sprechen gar nicht, sie sind stumm. Natürlich bestehen die Geschichten auch aus Fakten, aber das Interesse an den Fakten ist von anderer Art.

Das Faktum einer Geschichte muss sich als Stoff für die Geschichte bewähren, sonst wird es weggelassen. Die Geschichte bestimmt, was an Fakten aufgenommen wird, nicht die Fakten selbst. Wenn eine Tür zufällt, dann ist das ein Faktum, aber normalerweise kein Stoff für eine Geschichte. Das kann es aber durchaus sein, wenn dieses Türzuschlagen eine wichtige Rolle in einer Geschichte bekommt. Die Wirklichkeit der Geschichten geht über die Wirklichkeit der Fakten hinaus. Deshalb ist es auch nicht primär wich-

47 Siehe oben § 9.
48 Schopenhauer (1966) 613f.

tig, ob die Geschichten in allen Details stimmen, ja ob sie überhaupt Wirklichkeit im Sinne von faktischer realer Wirklichkeit erzählen. Ob etwa Romeo und Julia wirklich gelebt haben ist gegenüber der tiefen Wirklichkeit ihrer Geschichte belanglos.

Die Wirklichkeit der Geschichte bestimmt, was zum Stoff der Geschichte gehört und was nicht. Wird die Wirklichkeit der Fakten gesucht, dann dreht sich dieses Verhältnis um. Hier wird aus Fakten Geschichte gemacht, doch diese Geschichte ist keine Geschichte mehr, sondern eine Abfolge von Daten und Fakten ohne Dramaturgie und Gestalt. Dabei verliert sich dasjenige, was Geschichten zu Geschichten macht, nämlich in sie verstrickt zu sein und diese Verstrickung als Belastung zu erfahren. Das zeigt sich gerade an der umfassenden Geschichte, der Zeitgeschichte, in die alle verstrickt sind. Fakten sind hier entlastend, zumindest immer für einen Teil der Beteiligten, weil Fakten zwischen Schuldigen und Nicht-Schuldigen zu trennen scheinen. Von den geschichtlichen Verstrickungen her ist diese Trennung nicht zu vollziehen. Hier ist jeder in die Geschichte hineingezogen bzw. in sie verstrickt. Von dieser umfassenden Belastung geht die Macht der Geschichten aus, die sich dann zur umfassenden Geschichte formieren.

§11 Die Macht der Geschichten

Die Lebenskrisen

Heidegger und Schapp haben wesentliche Elemente des In-Geschichten-seins herausgestellt, die allerdings durch die eigene Dramaturgie des Lebens zu ergänzen sind, gerade wenn es darum geht, die Eigentümlichkeit der Geschichten und des In-Geschichten-seins des Lebens von dem Verlauf faktischer Ereignisse zu differenzieren. Indem sich die Bedeutsamkeit des Lebens im Ansatz mit dem geschichtlichen Begründetsein und Verfasstsein auseinandersetzt, wird eine Art Urstoff des Lebens formuliert, der sich in jeder individuellen Lebensgeschichte wiederholt. Heideggers entscheidende Differenzierung des Ereignisses vom Vorgang hat am Kathederbeispiel das Ding-sein als geschichtliches Ereignis herausgestellt. Das Ding ist nur demjenigen als Katheder verständlich, der in einem geschichtlichen Zusammenhang steht. Für andere hat das Ding auch eine andere Bedeutung, sei es die eines anderen Möbels oder auch die eines bloßen Stück Holzes. Schapp hat, indem er die Zugehörigkeit jedes Dinges zu einer Geschichte heraushob, diese Phänomenologie des In-Geschichten-seins zwar präzisiert, aber nicht weiter vertieft, da er den eigentlichen Grund der „Verstrickung“ im Bewusstsein der Schuld nicht herausgehoben hat.

Immerhin hat er auf wesentliche Punkte hingewiesen, die bei Heidegger nicht explizit zu finden sind. So hat jede Geschichte für Schapp eine Gestalt, die entsprechend einer Melodie schon an Stichworten, Bruchstücken und Zitaten erkennbar wird.[49] Weiterhin hat Schapp auf das offene Ende jeder Geschichte hingewiesen und damit die Eigentümlichkeit der Begrenzung von Geschichten deutlich gemacht.[50]

Entscheidend ist aber sein zentraler Begriff der Verstrickung, der die Verbindlichkeit des In-Geschichten-seins deutlich macht. Gerade dieser Aspekt aber, der von Schapp nicht weiter verfolgt wurde, weist über das In-Geschichten-sein hinaus auf den Urstoff aller Geschichten. Hierbei wird nicht nur die Gestalt und Endlichkeit von Geschichten deutlich, sondern auch das Erbe, das sie an ihre Nachwelt weitergeben. Dieses Erbe ist, wie immer es inhaltlich und konkret aussehen mag, vom Charakter der Schuld, welche die Frage nach dem Woher und Wohin einem diffusen Verdankt-, Verschuldet- und Verpflichtetsein gegenüberstellt. Die Antwort auf dieses offene, aber nicht leere Verbundensein zu den Vor- und Nachgeschichten wird in der inhaltlichen Ausgestaltung dieser Herausforderung gefunden. Dabei wird der Urstoff aller Geschichten in erzählte und dargestellte Geschichten gebracht und dramatisiert.

Der Stoff dieser Geschichten sind jene Themen, in denen das Leben selbst vorgenommen wird, in denen es um das Leben geht. Sie manifestieren sich als Übergänge in der Geschichte oder als Wechsel und Änderung des Szenarios und werden als Lebenskrisen erfahren. In ihnen wird das In-Geschichten-sein selbst zum Thema. Allem voran sind es die Übergänge in der individuellen Lebensgeschichte, die Übergänge vom Kindsein in das Erwachsenensein, vom Einzelleben in die Partnerschaft, vom Erwachsenensein in das Alter und schließlich vom Leben in den Tod, die als dramatische Wechsel oder als große Lebenskrisen gelten. Hier liegt ein typischer, fast archetypischer Stoff für Geschichten vor, der alle betrifft.

Dieser Aspekt wird aus der individual-psychologischen Perspektive her nicht beleuchtet. Für Sigrun-Heide Filipp steht das Individuum im Blickpunkt, dessen Krisen sich differenzieren lassen nach „ontogenetischen“ (Geburt, Heirat, Tod), „soziokulturellen“ (Wirtschaftskrisen, Kriege) und „non-normativen“ (Schicksalsschläge).[51] Diese Reihung verschleiert den grundsätzlichen Unterschied zwischen schlimmen Ereignissen, die, meist unvorhersehbar, Einzelne betreffen und heimsuchen, und den großen Krisen, die zur Dramaturgie des Lebens gehören und nicht nur alle betreffen, sondern von allen erwartet und begangen werden. Beides ist nicht vergleichbar oder gar unter einen Begriff von „kritischen Lebensereignissen“ subsumierbar. Vielmehr wäre zu differenzieren, was sich aus der kulturellen Vernachlässigung der allgemei-

---

49 Schapp 1976, 114f.
50 Schapp 1976, 91f.
51 Filipp (1995) 76.

nen Begehung großer Krisen ergibt. Darin liegt auch die Bedeutung der rituellen Begehung solcher Krisen. Van der Leeuw stellt heraus, dass die Begehung ursprünglich keinen „ornamentalen" Charakter hatte, wie unsere heutigen Feste zu Taufe, Kommunion oder Hochzeit, sondern der Erneuerung des Lebens galten: „Die Riten, die das menschliche Leben erneuern, sind also das Gegenteil von bloßen Ornamenten. [...] Daß die Heirat ein Sterben und Auferstehen ist, wußten die Griechen, die sie ein telos, eine Weihe nannten; die Mysterienweihe aber war eine Wiedergeburt. Das kann nur belächeln, wer fade Witze über den Ehestand liebt und nicht einmal bemerkt, daß eben diese uralten Witze nichts anderes sind als ein kümmerlicher Rest des Schreckens, der die völlige Vereinigung zweier Menschen zu einem neuen Leben von jeher begleitet hat. Heirat ist Übergang, ist Krisis. Und jede Krisis ist im heiligen Leben eine Krisis zum Tode. Das griechische Hochzeitsritual ist bis auf Einzelheiten demjenigen der Mysterien gleich."[52]

Die Religionswissenschaften haben verschiedentlich darauf hingewiesen, dass die Initiationsriten archaischer Kulturen immer der Erneuerung der gesamten Gemeinschaft dienen.[53] Es geht hier also nicht, wie in einem modernen Verständnis der Initiation, um die persönliche Härteprüfung als Qualifikation für eine höhere Aufgabe, wenngleich die Initiation des „Helden" den Typus aller Initiationen darstellt. Die Bedeutung der „zweiten Geburt" liegt in der Erfahrung der Daseinsschuld, die durch die „erste" oder natürliche Geburt entstanden ist und die vergolten werden muss.[54]

Für Eliade ist mit der christlichen Religion die Initiation weitgehend weggefallen: „Gewisse Initiationsthemen bestehen zwar im Christentum noch fort, aber die verschiedenen christlichen Konfessionen erkennen ihnen keinen Initiationswert mehr zu. Die Rituale, die Bilderwelt und die Terminologie, die den Mysterien entlehnt wurden, haben, sofern sie von den verschiedenen christlichen Konfessionen bewahrt wurden, ihren Initiationscharakter verloren: seit fünfzehnhundert Jahren bilden sie einen integrierenden Bestandteil der Symbolik und des Zeremoniells der Kirche."[55] Warum sie mit dieser Integration ihren „Initiationscharakter" verloren haben sollen, bleibt aber unklar und ist zudem fragwürdig. Vielmehr hat der Zyklus der Feste im Kirchenjahr grundlegend einen solchen Initiationscharakter, wie van der Leeuw herausstellt: „Das tempus, der Einschnitt in den Zeitverlauf, ist aber nie die Ziffer der Uhr; er bedeutet den kritischen Punkt, der, durch die Begehung markiert, die Mächtigkeit der Dauer an den Tag bringt. So entsteht der Kalender, nicht der Kalender, wie er im Konto hängt, sondern der Festkalender, nicht das ‚bürgerliche' Jahr, sondern das Kirchenjahr, nicht der Messer der Zeit, sondern die Deutung des in der Zeit erscheinenden Heils."[56]

---

52 Van der Leeuw (1933) 181f.

53 Eliade [1958] (1989) 232: „In der Tat ist die Initiation eine Wiederholung der heiligen Geschichte der Welt und des Stammes. Bei dieser Gelegenheit taucht die ganze Gesellschaft in die mythische Zeit des Ursprungs ein und geht erneuert daraus hervor."

54 Siehe unten § 15.

55 Eliade (1989) 239.

56 Van der Leeuw (1933) 363.

Die Möglichkeit zur Erneuerung einer „zweiten Geburt“ ist mythisch und ergibt sich nur aus der Gewissheit, in Geschichten zu sein und mit dem großen Stoff der Verfluchung und Erlösbarkeit befasst zu sein. Sie ist aber weder eine persönliche Leistung noch eine Folge des Glaubens an Mächte und Kräfte.

So spricht van der Leeuw grundsätzlich nur von „Mächten“[57] und ist darin noch der präanimistischen Weltsicht verbunden (was allerdings der Qualität seiner Beobachtung keinen Abbruch tut). Wie Walter Friedrich Otto klar ausdrückt, führt von „Kräften – ob wir sie nun als ‚magisch‘ bezeichnen oder mit religiös klingenden Namen schmücken – kein Weg zu Göttern.“[58] Kein Mensch hat je zu Kräften gebetet. Gebete wenden sich an die erscheinenden Götter: „Im Mittelpunkt aller Religion steht die Erscheinung des Gottes. Daß er gekommen, daß er gegenwärtig ist, gibt allen ihren Urformen den Sinn und das Leben. Damit sind wir bei einem primären Geschehen angekommen, das nicht mehr als Produkt menschlicher Gedanken, Formgebung und Lebensumstände begriffen werden kann, sondern die Voraussetzung für sie bildet.“[59] In Bezug auf die Kontinuität der Geschichte gerät das Deutungsmuster van der Leeuws an seine Grenze, wie gerade die Auslegung des oben angesprochenen Kalenderphänomens zeigt: „Jede Periode, jeder Zeitpunkt hat eigene Individualität, Mächtigkeit. Diese Mächtigkeit lebt nicht ‚von selbst‘ weiter; ihr muß die Begehung helfen. So verstehen wir, was uns im primitiven Gedankengang anfänglich so wunderlich scheint: daß die Zeit, deren Fortschreiten uns unerbittlich und selbstverständlich deucht, nicht von selbst fortdauert. Sie hat eben Macht, und an dieser Macht soll etwas geschehen; sie wird nicht ‚hingenommen‘. Der Kalender greift ein. Und natürlich an den Stellen, wo die Macht sich zeigt.“[60] Diese in jeder Hinsicht ungenügende und obendrein irreführende Erklärung für den möglichen Stillstand der Geschichte lässt das Macht-Paradigma obsolet werden. Denn es ist natürlich gerade – wenn überhaupt dieser Begriff Verwendung finden sollte – die Machtlosigkeit, die an den kritischen Punkten zutage tritt. Machtlos sind die Toten, ihr Leben weiterzuführen. Ihre Kontinuität muss aber gewahrt werden, damit die Lebenden ihre Schuld zurück- und weitergeben können. Der Stillstand der Geschichte wäre das Verbleiben der Schuld auf einer Generation, ein untragbarer Gedanke. Die Nachkommen erfüllen an den kritischen Punkten die Pflicht, die Schuld der Vorfahren aufzunehmen und weiterzugeben.

Die mythische Rechtfertigung als Rechtfertigung des In-Geschichten-seins ist deshalb nicht nur in archaischen Kulturen mit ihrer Naturverbundenheit zu finden. Sie nimmt ihren Ausgang auch von großen Krisen und Übergängen, die aus der Komplexität des modernen Alltages und seiner Probleme herrühren und damit nicht an biologische, sondern an existentielle und gesellschaftliche Umbrüche und Krisen gebunden sind. Alle Brüche und Ab-

57 Van der Leeuw (1933) §§ 1-21.
58 Otto (1933) 15.
59 Otto (1933) 29.
60 Van der Leeuw (1933) 363.

schlüsse sind der Abschluss einer Geschichte und bedeuten einen kleinen Tod und damit die Problematik eines Weitergehens der Geschichte bei faktischem Ende. Die Überlegenheit des Geschichtlichen gegenüber dem Faktischen wird in jedem Tod deutlich, weil er das Faktische gegenüber dem Geschichtlichen in Rückstand versetzt. Der Tod, auch der kleine Tod am Ende von persönlichen und gemeinschaftlichen Krisen, bricht nur die faktische Kontinuität ab und hinterlässt den unüberschaubaren Bereich des nicht gelebten und nicht verwirklichten Lebens, das als Entzug und Opfer manifest und aufdringlich wird. Dieses nicht gelebte Leben meldet sich als Anspruch, der nicht mehr einlösbar ist und der deshalb nur in einer großen Erlösung und Wiederherstellung aller miterlöst werden kann. Die kleinen Übergänge an den Brüchen und Krisen im Leben werden dabei zu Zeichen des großen Überganges Tod, der selbst das In-Geschichten-sein und damit die Erlösungsbedürftigkeit des Anfanges durch das Ende zur Besinnung bringt.

Übergänge und Brüche brechen damit nicht nur Geschichten ab und reißen sie auseinander, sondern sind im besonderen und vorzüglichen Maße der Kitt des Geschehens und der Kontinuität. Die große Zähigkeit und Nachhaltigkeit der Geschichte gegenüber dem Faktischen verpflichtet die Gegenwart gegenüber der Vergangenheit, unabhängig davon, wie weit diese Verpflichtung dann im Andenken auch wirklich praktiziert wird.

So sind die Brüche die eigentlichen Initiationen des Andenkens und Gedenkens, durch die die vertikale, aber auch die horizontale Kontinuität des Lebens gewahrt wird. Die vertikale Kontinuität des Andenkens zur Erlösung hin wird dabei durch die horizontale Praxis des solidarisch-gemeinschaftlichen Gedenkens vorgenommen.

Erinnerung des Ursprungs

Mit der stofflichen Umsetzung der am biologischen Zyklus orientierten Lebenskrisen beschäftigen sich die mythischen Erzählungen. In einem engeren Sinn versteht man unter Mythos normalerweise eine alte, sagenhafte Geschichte über die Entstehung der Welt, der Lebewesen und auch des Menschen, also eine Art Ursprungsgeschichte.[61] Diese Geschichten dienen der Herleitung und Verwurzelung einer Gemeinschaft, eines Stammes, eines Volkes und damit auch der Identifikation dieser Gemeinschaften.

An dieser Bestimmung des Mythos macht sich schon ein Merkmal geltend, das zur begrifflichen Abgrenzung dessen dient, was Mythos nicht ist. Mythos ist keine Fiktion, auch wenn er literarisch in dieses Genre gehört und ihm die historischen Quellen fehlen.

---

61 Angehrn (1996) 46ff.

Der Bedeutung des Mythos ist eher im Sinne Paul Ricoeurs zu folgen, für den er die „Vermittlerrolle" zwischen Zeit und Erzählung im Sinne einer Refiguration der Zeit übernimmt. Ricoeurs großes Projekt von *Zeit und Erzählung* besteht darin, dieser Vermittlerrolle von der „präfigurierten Zeit" bis zur „refigurierten Zeit" nachzugehen.[62] Er will damit zeigen, „daß zwischen dem Erzählen einer Geschichte und dem zeitlichen Charakter der menschlichen Erfahrung eine Korrelation besteht, die nicht zufällig ist, sondern eine Form der Notwendigkeit darstellt, die an keine bestimmte Kultur gebunden ist. Mit anderen Worten: daß die Zeit in dem Maße zur menschlichen wird, in dem sie sich nach dem Modus des Narrativen gestaltet, und daß die Erzählung ihren vollen Sinn erlangt, wenn sie eine Bedingung der zeitlichen Existenz wird."[63] Die Erzählung leistet damit aber nicht nur eine Refiguration der Zeit, sie bindet auch die aktuelle Erzählzeit in die Geschichte ein und integriert damit das individuelle Dasein in seine Vor- und Nachgeschichte.

Mythen gehen auch nicht auf einen Autor zurück, der sie erfunden hätte, sie sind das kollektive und kulturelle Gedächtnis einer Gemeinschaft, an dem diese Gemeinschaft das ‚Woher?' ihres Ursprungs festmacht. Im Unterschied zur Historie orientiert sich die Erinnerung nicht an den zu Quellen erklärten Fakten, sondern an den Geschichten und ihren Bildern. Der Mythos erweckt die Erinnerungen nicht durch das Studium der Fakten oder historischen Daten, sondern durch die rituelle Darbietung der Ursprungsgeschichten. Mythen sind damit Geschichten, die den Ursprung und das Ziel des Lebens thematisieren. Sie haben dabei die Funktion einer Rechtfertigung des Lebens.

Im Mythos wird die Geschichte des Lebens erzählt, um das Leben, an dem jedes Lebewesen teilhat, zu rechtfertigen. In dieser Rechtfertigung liegt die Macht des Mythos.

Dies zeigt sich gerade auch an politischen Mythen. Der Mythos des Nationalsozialismus war keineswegs ein falscher Mythos, er war ein echter, weil er als mythisches Bewusstsein wirksam war. Selbst die offensichtliche Unsachlichkeit seiner Rassenideologie konnte an dieser Wirkung nichts ändern. Der Mythos sucht, gerade auch mit Hilfe von Fakten, die er aber in seine Geschichte einbaut, die unvordenklichen Anfänge der Geschichten und von Geschichte überhaupt, er thematisiert damit zentral die spezielle Frage der Vorgeschichte. Die Lebenswelt wird dabei ihrem Ursprung und Schöpfer unterstellt. Die daraus erfolgende Hingabe an den Ursprung ist von der Macht des Mythos diktiert.[64]

---

62 Ricoeur [1983] (1988) 89.

63 Ricoeur (1988) 87.

64 Sünner (1999). Siehe oben § 6.

Diese Macht leitet sich dabei ab aus dem Ungenügen des Daseins am bloß Faktischen seines Leib-seins. Dieses Ungenügen, das sich nicht aus einem Erlebnishunger begründet, sondern von der impliziten Aufdringlichkeit der Vorgeschichten herrührt, fordert die Suche und Rekonstruktion des Grundes heraus und macht das Begründen zur Pflicht. Der Mythos hat von daher bereits den Charakter einer Rechtfertigung des Daseins, mit dem Unterschied allerdings zu allen nicht-mythischen und nicht-religiösen Rechtfertigungen, dass er die offene und direkte Aufarbeitung des Urstoffes der Erbschuld und seiner Herausforderung ist. In den großen Erzählungen der Mythen und Religionen geht es um die Rechtfertigung des Lebens gegenüber dem Urverbrechen, welches das Leben als bloßes Leben schon zu erkennen gibt, indem es immer Leben auf Kosten anderer Leben ist.

Mythologisch geht das Leben aus einem Verbrechen – der Tötung eines Urwesens – hervor, das die gesamte Geschichte überschattet, weil die Gegenwart noch von diesem Verbrechen profitiert. So ist die Materie aus dem Leib des gemordeten Urwesens hervorgegangen, wie in den Mythen von Tiamat, Typhon, Purusha, Uranos oder Ymir. In allen Fällen wurde das Fleisch dieser Urwesen zu Erde, die Knochen zu Gebirgen, das Blut zu Wasser usw. Leben und Leib ist hier – durchaus nicht freiwillig – die Grundlage des Lebens für die jetzt Lebenden geworden. Leben setzt den Mord anderer voraus und bedeutet damit nicht nur die Inanspruchnahme eines unfreiwilligen Opfers, es fordert selbst zum Opfer auf, um dieses Verbrechen, das Leben heißt, zu sühnen. Der Mythos vom Ursprung bindet die Daseinsschuld an die leibliche Existenz, die nicht nur die sichtbare Geschichte des Verbrechens ist, sondern in der Selbsterhaltung das Verbrechen der Tötung auch immer wiederholt. Deshalb wird auch die Sühne immer leibhaftig vollzogen, auch im sog. Ersatzopfer.[65]

Das vor dem Hintergrund des durch dieses Urverbrechen profan gewordene Leben sucht dabei die Wiederherstellung seiner ursprünglichen Heiligkeit, indem es dieser einstigen Heiligkeit gedenkt und sie in der aktuellen Profanität feiert. Das Eingedenken eines mythischen Ursprunges bekommt so die zentrale Aufgabe der Wiederherstellung in kommenden, zukünftigen Zeiten und schafft darin die Verbindlichkeit gegenüber dem Ursprung und dem Ziel der Geschichte. Die geschichtliche Struktur des Mythos bindet kreisartig den Anfang an das Ende und rechtfertigt die Profanität, Sündhaftigkeit und Verlorenheit des gegenwärtigen Lebens mit der möglichen Wiederherstellung eines heiligen Lebens durch die Rückkehr zum Ursprung über die Zukunft. So bürdet die Zeitstruktur der Geschichte den Gegenwärtigen zwar die Last des Vergangenen auf, indem sie das Urverbrechen vergegenwärtigt sein lässt, doch bietet sie auch die Möglichkeit der Wiederherstellung und des Neuanfangs.

---

65 Siehe unten §15.

Die Macht des Mythos leitet sich aus der Selbstthematisierung des In-Geschichten-sein des Daseins ab. Die Macht des Gestern liegt dabei gerade in der geschichtlichen Korrigierbarkeit des Vergangenen, die sich über die faktische Unkorrigierbarkeit hinwegsetzt. Dabei wird die Unvergangenheit des Vergangenen sowohl zur Belastung als auch zur möglichen Entlastung. Das nicht vollendete und damit auch nicht erlöste Dasein der Vorfahren wird hier zur Aufgabe, der sich das gegenwärtige Leben verpflichtet weiß. In dieser vollständigen und „schlechthinnigen" Abhängigkeit vom Ursprung wird das In-Geschichten-sein selbst zum Thema, wobei die Selbstthematisierung nicht nur die Gewissheit unendlicher Schuld, sondern – wie von Schleiermacher schon im Zusammenhang mit der schlechthinnigen Abhängigkeit herausgestellt – Freiheit sichtbar werden lässt.[66] Gerade in seiner Endlichkeit weiß sich das Dasein als unabgeschlossenes. Mag eine Lebensgeschichte zu Ende gehen, so bedeutet dieses Ende ein geschichtliches Ende, an dem eine Geschichte in eine andere übergeht und sich in ihr fortsetzt.

Jede Geschichte ist Vorgeschichte einer anderen und führt das faktisch gelebte Leben als geschichtliches Leben weiter. Die mythische Solidarität fordert dabei von den Hinterbliebenen, das faktisch, aber nicht geschichtlich beendete Leben, das nun nicht mehr aus eigener Kraft erlösbar ist, stellvertretend zu erlösen. Die Rechtfertigung mit dem Ziel der Wiederherstellung Aller wendet sich deshalb gerade den Vergangenen zu, die nur im Andenken der Hinterbliebenen stellvertretend erlöst werden können. Die Macht der Toten liegt also in ihrer Machtlosigkeit, nicht mehr faktisch, sondern nur noch geschichtlich anwesend zu sein. Sie sind die Erlösungsbedürftigen, da sie selbst nichts mehr für ihre Erlösung tun können. Vielmehr ist durch ihren Tod ihr Leben für die Nachkommen geopfert worden. Mit diesem Opfer sind sie ihren Vorfahren existentiell verbunden und verpflichtet.

Der Tod ist kein Ende, sondern der große Übergang der Geschichten, von dem sich alle anderen Übergänge und Lebenskrisen herleiten. An ihm wird die Geschichtlichkeit des Lebens manifest, die sich auf die Krisen überträgt. Allem voran ist die Geburt eine Initiation von neuer Geschichte und Erlösbarkeit, aber auch die biologischen Umbrüche im Laufe einer Biografie, die in archaischen Gesellschaften rituell begangen werden, spiegeln den großen Übergang wider und bekommen darin die Aufgabe, Fortsetzung der Erlösung zur Wiederherstellung aller zu sein.

Am Übergang und in der Krise spiegelt sich das Leben als Geschichte in der Geschichte und liefert dabei den großen Stoff aller Geschichten, der zur Besinnung und Erlösung herausfordert. Brüche und Übergänge sind von daher immer Initiationen, von denen her das Leben sich erneuert. Die Erneuerung des Lebens bedeutet dabei die stellvertretende Fortsetzung einer

66 Siehe oben § 9.

faktisch nicht fortsetzbaren Geschichte. Die Krise signalisiert nur das faktische Ende und ist darin Anklage und Herausforderung, Anklage wegen der nicht abgetragenen Schuld und Herausforderung, mit der Erneuerung die Erlösung fortzusetzen.

Brüche und Übergänge

Die durch Riten begleiteten Lebenskrisen werden seit Arnold van Genneps Buch als *Übergangsriten* bezeichnet und untersucht. Für ihn liegen die Übergänge im Leben selbst verankert, es ist das Leben selbst, das mit seinen Brüchen und Krisen Übergänge notwendig macht.[67] Da van Gennep von sozialen Gruppierungen ausgeht und nicht von Geschichten, bleibt das eigentliche Motiv dieser Initiationen verborgen oder bekommt einen eher abschätzigen magisch-rituellen Charakter. Bei aller Bedeutung der sozialen Verbindung sind die sozialen Gruppen aber nur der gegenwärtige und damit der kleine und von den Vorfahren abhängige Teil der Solidargemeinschaft. Die Initiation gilt dagegen der gesamten Solidargemeinschaft und damit gerade denjenigen, die ihre Geschichte nicht mehr selbst fortführen können und deshalb die Initiation der Nachfahren und Lebenden brauchen.

Van der Leeuw hat herausgestellt, dass die Initiationsriten einer Angst vor dem Stillstehen des Kosmos folgen und das Motiv haben, die Welt wieder in Gang zu bringen oder im Laufen zu halten. Hier drückt sich schon eher das geschichtliche Motiv der Initiation aus, die Brüche als Pflicht der Weiterführung von Geschichte durch die Lebenden zu verstehen. Dies zeigt sich besonders bei den Reinigungsritualen. Der Sinn der „Reinigung" liegt in der Erneuerung des Lebens. Allerdings bleibt van der Leeuw auch bei dieser Auslegung ganz der Vorstellung von „Mächten" verhaftet: „'Schmutz' umfaßt im religiösen Sprachgebrauch weit mehr als den bloßen Unflat. ‚Schmutz', das sind alle Hemmnisse und Belästigungen, die den Fortschritt, die Erneuerung des Lebens verhindern. Eine Begehung soll den stockenden Lauf wieder rege mache. Das Mittel braucht nicht zu reinigen in unserem Sinne. Wenn es nur mächtig ist."[68]

Die vertikale und diachrone Kontinuität werden durch die horizontale, synchrone und räumliche Kontinuität in den von van Gennep zuerst und zuoberst genannten „räumlichen Übergängen" zum Ausdruck gebracht. In den unterschiedlichen räumlichen Zonen, die in sakrale und profane Gebiete unterteilt sind, kommt die Geschichte in verräumlichter Form zur Anschau-

67 Gennep [1909] (1999) 15: „Es ist das Leben selbst, das die Übergänge von einer Gruppe zur anderen, von einer sozialen Situation zur andern notwendig macht. Das Leben eines Menschen besteht somit aus einer Folge von Etappen, deren End- und Anfangsphasen einander ähnlich sind: Geburt, soziale Pubertät, Elternschaft, Aufstieg in eine höhere Klasse, Tätigkeitsspezialisierung. Zu jedem dieser Ereignisse gehören Zeremonien, deren Ziel identisch ist: Das Individuum aus einer genau definierten Situation in eine andere, ebenso genau definierte hinüberzuführen."

68 Van der Leeuw (1933) 321.

ung. Die Schwelle trennt räumlich das Heilige vom Profanen, die Riten aber sind als „Trennungsriten“, „Umwandlungsriten“ und „Angliederungsriten“ der zeitlichen Kontinuität gewidmet.[69]

Van Genneps Ausführungen machen deutlich, dass hier die Zeit durch den Raum vertreten wird. Mit der Umwandlung etwa von neuen, unzugänglichen und deshalb tabuisierten Räumen in zugängliche Räume wird Geschichte fortgesetzt. Der empfindliche Punkt liegt im Grenzbereich der Geschichten und ihrem Anfang und Ende, der durch räumliche Grenzen veranschaulicht wird. Ein neuer, unbekannter Raum steht dabei nicht nur für eine neue, unbekannte Geschichte, sondern in erster Linie für das Ende einer alten Geschichte. Sie ist nun zu einer ambivalenten Form geworden, in der sich Geschichten immer befinden, die faktisch beendet sind und doch als Erinnerungen fortleben. Dabei steht das Vergangene mit seiner ambivalenten Bedeutung der anwesenden Abwesenheit, des faktischen Nicht-mehr bei einem geschichtlichen Immer-noch für die sakrale Zone. Sie ist solange tabu, wie sie von der Gegenwart nicht in das neue Leben integriert ist. Das Tabu liegt dabei im ungelebten Leben der von der Gegenwart ausgeschlossenen Vergangenheit. Das Tabu neuer Räume wird nur geschichtlich verständlich als ungelebtes Leben der Vorfahren, das erst dann entlastet und entschuldet ist, wenn die Kontinuität zur Gegenwart hergestellt ist. Daher kommt auch die bis heute im Volksglauben erhaltene Überzeugung, dass ein neu bezogenes Haus einen Sterbefall in der Familie fordert. Mit der Integration durch die „Übergangsriten“ wird die Kontinuität der Geschichten hergestellt und der sakrale Raum profaniert.[70]

An den Übergängen des Lebens, die ihre Bedeutung vom großen Übergang zwischen Leben und Tod haben, berühren sich zwei Zeitzonen, das Sakrale und Vergangene, das als Unvergangenes an das Profane heran und in es hineinreicht. Hierbei geht es aber weder um bloße „Mächte“ noch um „Symbole“, sondern um das Recht der Toten und Ausgegrenzten, welches das Recht der Lebenden bedroht und in Frage stellt.

Besonders Eliade hat das Symbol zur Erklärung solcher ambivalenten Bedeutungen bemüht. Er spricht von der „Struktur“ der Symbole, von „Kohärenz“, „Funktion“ oder gar „Logik“. So sieht er die Funktion in der „Einung“ und Zusammenführung unterschiedlicher Bereiche: „Jedes Symbol offenbart ja, in welchem Zusammenhang es auch stehe, die Ureinheit zwischen mehreren Bereichen des Wirklichen. Man muß dazu nicht eigens an die gewaltige, durch Wasser- oder Mondsymbolik bewirkte ‚Ei-

---

69 Gennep (1999) 28.

70 Gennep (1999) 31: „In einigen Fällen gehören auch Opferhandlungen im Zusammenhang mit der Grundsteinlegung und dem Bau eines Hauses in die Kategorie der Übergangsriten. Eigenartigerweise sind sie immer isoliert untersucht worden, obwohl sie Teil eines homogenen Zeremonialkomplexes sind, nämlich des Wohnsitzwechsels. Jedes neue Haus ist so lange tabu, bis es mit Hilfe entsprechender Riten noa (säkular, profan) gemacht wird.“

nung' verschiedener bio-anthropo-kosmischer Bereiche erinnern."[71] So zutreffend diese Beobachtungen von Eliade auch sein mögen, so unverständlich bleiben diese symbolischen Synthesen, wenn sie nicht aus der Rechtfertigung von Daseinsschuld verstanden werden.

Der große Übergang und von ihm ausgehend alle Übergänge lassen das Recht auf Leben bewusst werden und zwingen zu einem Eingedenken der Toten und Ausgegrenzten. Doch dieser Zwang ermöglicht den Lebenden, ihr Leben als Fortführung der Erlösung und damit als Wiedergutmachung des ungelebten Lebens der Vorfahren zu begreifen und zu führen. Die Zeit wird im Raum zur Anschauung gebracht, der Raum versinnbildlicht die Zeit und lässt dabei die Vergangenheit als gelebtes und die Gegenwart als ungelebtes Leben erscheinen. An den Übergängen grenzen das Heilige und Profane aneinander. Sie werden dadurch zu besonderen „Marksteinen" und „Marken", die infolge ihrer Ambivalenz einen „neutralen" Charakter haben. Van Gennep zeigt die Besonderheit räumlicher Grenzen am Beispiel solcher neutralen Zonen, die sich in modernen Zeiten immer mehr verloren hat: „Bei uns berührt heute ein Land das andere, aber früher, als noch der christliche Boden nur einen Teil Europas ausmachte, war das keineswegs so. Jedes Land war von einem neutralen Streifen umgeben, der in der Praxis in Abschnitte, die so genannten Marken aufgeteilt war. [...] Doch wird die neutrale Zone immer kleiner, bis sie bloß noch durch einen einfachen Stein, einen Balken, eine Schwelle repräsentiert ist (Ausnahmen bilden der *proanaos*, der *narthex*, das *vestibulum* usw.)."[72] Das Verschwinden solcher neutralen Zonen stellt nicht nur ein geographisches Phänomen dar, es zeigt, wie die Bedeutung des Überganges mit seiner gesamten Problematik der Schuld aus dem modernen Bewusstsein verschwunden ist.

Der Übergangsritus stellt eine Kontinuität her, die durch das Leben selbst oder seine Schicksalsschläge und Krisen unterbrochen wurde. Durch den Ritus sollen die Brüche geheilt werden.[73] Ganz im Gegensatz zu dieser ursprünglichen Bedeutung scheint aber der Übergangsritus aus dem kulturellen Leben verschwunden zu sein. Wenn man etwa die kirchliche Praxis der Kommunion oder Konfirmation und ihre schon erwähnte „ornamentale" Bedeutung betrachtet, so handelt es sich hier um rituelle Bewältigungen, die

71 Eliade (1989) 522f.

72 Gennep (1999) 27f.

73 Diese Form von Ritus ist damit ein zentrales Kulturgeschehen, wie auch mittlerweile von verschiedenen Kulturwissenschaften gesehen. Über die Akzeptanz dieser Theorie gibt das Nachwort zu van Genneps Buch von Sylvia Schomburg-Scherff Aufschluss. Dabei wird deutlich, dass erst mit der Entwicklung der Kulturwissenschaften die Bedeutung dieser Theorie erkannt wurde. Gennep (1999) 233 – 253.

aber mehr oder weniger Folklore geworden sind. Dieser Umstand ist ebenso eigenartig wie seine Wirkung unberechenbar wäre.[74]

Dennoch kann von einem vollständigen Verschwinden dieses Ritus keine Rede sein. Seine kulturelle Erscheinungsform hat sich nur verlagert und findet sich jetzt, abgesehen von privaten Ritualisierungen, die aber keinen mythischen Effekt haben, in den Formen des Spiels wieder. Das Spiel, das selbst die dreigliedrige Struktur des Überganges hat, übernimmt auch die kulturelle Bedeutung des Übergangsritus, das Leben selbst zu inszenieren und mit dieser dramatischen Darstellung zur Versöhnung und Heilung der Brüche und Krisen beizutragen.

§ 12 Spiel als Übergangsritus

Entwicklung des Spielbegriffes

Die Übergangsriten und ihre Funktion der Wiederherstellung der Kontinuität hat in modernen Kulturen weitgehend das Spiel übernommen. Das Spiel in seiner anthropologischen Bedeutung – die sich von der metaphorischen grundsätzlich unterscheidet – ist strukturell aufgebaut wie ein Übergangsritus.[75] Es leistet dabei zunächst nicht die Aufgabe, unterbrochene und gebrochene Geschehnisse und Geschichten zu verbinden und zur Kontinuität beizutragen. Vielmehr unterbricht es selbst die Kontinuität fest gefügter Geschehnisabläufe und strukturiert sie neu, indem es einen Neuanfang und eine Angliederung vollzieht. Damit inszeniert es das gesamte Dasein und ist gleichsam sein Spiegel.

Trotz seiner zentralen Bedeutung, die alle wesentlichen Punkte der philosophischen Anthropologie versammelt, ist die Herausarbeitung einer Philosophie des Spiels nur von wenigen Autoren unternommen worden. In seiner anthropologischen Bedeutung ist es vor allem von Eugen Fink gesehen worden.[76] Im Rahmen der „Grundphänomene" Arbeit, Herrschaft, Liebe, Tod ist für ihn das Spiel jenes existentielle Grundphänomen, das alle anderen spiegelt und damit die höhere Form des Selbstverstehens ermöglicht: „Das Verhältnis des Spiels zu den anderen Grundphänomenen ist nicht nur das einer Nachbarschaft und wechselseitigen Bezogenheit wie bei Arbeit und Kampf oder bei Liebe und Tod. Das Spiel umfaßt und umgreift alle anderen, vergegenwärtigt sie im seltsamen Element des Imaginären und leistet damit für das menschliche Dasein eine reine Selbstdarstellung und Selbstanschauung im seltsamen

---

74 Der Psychoanalytiker Luigi Zoja sieht im Wegfall der Initiation den Grund für die große Suchtbereitschaft modernen Kulturen. Zoja [1985] 1997. Siehe unten § 14.

75 Die Dreigliedrigkeit ist von Frederik Buytendijk in Wesen und Sinn des Spieles, herausgestellt worden. Buytendijk weist darauf hin, dass kein Spiel ohne ein Vorspiel und Nachspiel ist. Buytendijk (1933) 153f.

76 Fink (1957); Fink (1960); Fink [1955] (1995).

Spiegel des reinen Scheins."[77] Sind also die Grundphänomene selbst schon Formen des Sichverstehens, in die sich das Dasein hineingestaltet, so kommt es im Spiel zu einer Selbstveranschaulichung, welche die Gesamtheit des Daseins verstehbar macht. Die hohe Bedeutung, die Fink dem Spiel zuspricht, erinnert an die Besonderheit, die Kunst und Ästhetik in der Romantik, speziell bei Schelling bekommen haben. Wie dort durch die Kunst, so kommt hier durch das Spiel das menschliche Leben zur Selbstgestaltung. Tatsächlich besteht eine enge Verbindung zwischen Kunst und Spiel, wenn ihre gemeinsamen Ursprünge im Kult gesehen werden, worauf Fink ebenfalls hinweist. Neben Fink ist es aber auch Helmuth Plessner, der die anthropologische Bedeutung des Spiels unterstrichen hat. Für ihn ist es vor allem das Schauspiel, das die Nachahmung und insgesamt den „imitatorischen Akt" mit der Problematisierung der Nicht-Identität und „Exzentrizität" des Darstellen-müssens verbindet.

Die Spiegelbedeutung des Spiels in der Anthropologie des 20. Jahrhunderts geht wie die moderne Ästhetik auf Kants Erkenntnislehre und sein „freies Spiel der Einbildungskraft" zurück.[78] Die hier gefundene Verbindung von Natur und Freiheit im menschlichen Schaffen wird für Schiller zur Grundlage seiner Anthropologie des Spiels. Für Schiller ist der Mensch „nur da ganz Mensch, wo er spielt",[79] wobei das Spiel auf das Spiel „mit der Schönheit" eingeschränkt wird. Menschliches Spiel ist nur ein solches, das mit der Schönheit spielt. Nur dort ist Schönheit, wo Spiel ist und umgekehrt. Der Mensch kommt unfertig auf die Welt und verwirklicht sich durch das Spiel mit der Schönheit. Eine auf Ziele und Zwecke abgerichtete Dressur würde das Menschsein nicht ausbilden oder nur zur Missbildung führen, selbst wenn dabei die Schönheit das Ziel wäre. Bildung lässt sich nur erspielen.

Das Spiel ist hier die direkte Umsetzung der kantischen „Zweckmäßigkeit ohne Zweck", durch die eine Befreiung von der Natur ohne Ablösung möglich wird. Schon die bloße Reflexion bringt eine Distanznahme zur Natur, in der der Mensch dann seine Rolle als schöpferischer Beherrscher findet: „Die Betrachtung (Reflexion) ist das erste liberale Verhältnis des Menschen zu dem Weltall, das ihn unmittelbar umgibt. Wenn die Begierde ihren Gegenstand unmittelbar ergreift, so rückt die Betrachtung den ihrigen in die Ferne und macht ihn eben dadurch zu ihrem währenden und unverlierbaren Eigentum, dass sie vor der Leidenschaft flüchtet. [...] Aus einem Sklaven der Natur, solang' er sie bloß empfindet, wird der Mensch ihr Gesetzgeber, sobald er sie denkt."[80] Mit der geistigen Beherrschung ist aber die Sinnlichkeit schon verlassen, „die Schönheit, die wir suchen, liegt bereits hinter uns, und wir haben sie übersprungen, indem wir von dem bloßen Leben unmittelbar zu der reinen Gestalt und zu dem reinen Objekt übergingen. [...] Die Schönheit ist allerdings das Werk der freien Betrachtung, und wir treten mit ihr in die Welt der Ideen, – aber, was wohl zu bemerken ist, ohne darum die sinnliche Welt zu verlassen, wie bei der Erkenntnis der Wahrheit

77 Fink (1995) 402.
78 Siehe oben § 6.
79 Schiller [1795] (1959) 618.
80 Schiller (1959) 651f.

geschieht."[81] Die freie Betrachtung macht sich nicht ganz frei von der Welt und vermittelt so die Sinnlichkeit mit dem Denken. Sie richtet ein eigenes Reich zwischen dem physischen Reich der Triebe und dem logischen Reich des Denkens ein, das Reich des Scheins, in dem der Mensch nun unumwunden Herrscher sein kann, ohne sich physischen oder logischen Gesetzen unterwerfen zu müssen: „Dieses menschliche Herrscherrecht übt er aus in der *Kunst des Scheins*, und je strenger er hier das Mein und Dein von einander sondert, je sorgfältiger er die Gestalt von dem Wesen trennt, und je mehr Selbständigkeit er denselben zu geben weiß, desto mehr wird er nicht bloß das Reich der Schönheit erweitern, sondern selbst die Grenzen der Wahrheit bewahren."[82] Die Welt des Scheins ist das dritte Reich neben der Sinnlichkeit und dem Geist, das nicht nur diese Gegensätze verbindet, sondern als die eigentlich menschliche Sphäre das von Natur und Geist nicht bestimmte eigene „souveräne Recht"[83] zulässt. In diesem Bereich ist der Mensch damit nur sich selbst und seinen Produkten verpflichtet.

Die Verklärung, die bei Kant mit der Erhebung des Zweckes zum Selbstzweck beginnt, um die autonome Leistung der Erkenntnis herauszustellen, führt bei Schiller zur Heraushebung eines universellen Schaffens- und Bildungsbegriffs, der die zweckgebundene, aber profane Arbeit mit der zwecklosen, aber heilenden und seligmachenden Kunst verbindet. Das Reich des schönen Scheins, das durch das Spiel erreicht wird, hat in seiner Unverbindlichkeit die Offenheit, die der Freiheit des „nicht festgestellten Tiers", wie Nietzsche dann sagen wird, der menschlichen Freiheit also, angemessen ist.

Das Spiel ermöglicht damit den Übergang in das Reich der Freiheit. Der Zugang zur Freiheit ist für Schiller weder durch die Sinnlichkeit noch durch die Vernunft möglich. Während die Sinnlichkeit an der Faktizität der Welt orientiert bleibt, fordert die Vernunft mit moralischen Imperativen. Die Selbstbildung kann sich unter dem Diktat des physisch-moralischen Solls nicht entwickeln, sie kann für Schiller erst dann einsetzen, wenn im Spiel mit der Schönheit ein freies Verhältnis zu sich selbst eingerichtet ist. Der freie Umgang mit sich ermöglicht ein Sich-Versetzen in den anderen, aber auch die notwendige Distanz, die zur freiheitlichen und damit letztlich moralischen Beurteilung erforderlich ist. Spiel dient hier bereits zur Distanzierung und Ablösung von einer durch physische Zwänge und moralische Regeln determinierten Welt und zur Angliederung an eine freie Welt der Vernunftwahrheiten, durch nichts als autonome Selbstbestimmung regiert.

Bedeutung der Rolle im Spiel

Das Spiel als zweckfreie Tätigkeit, das indirekt dem Zweck der Selbstbildung des Menschen dient, bekommt in der Anthropologie des 20. Jahrhun-

81 Schiller (1959) 653.
82 Schiller (1959) 658.
83 Schiller (1959) 658.

derts in den Untersuchungen über den Zusammenhang von Spiel und Rolle eine zentrale und gleichsam ontologische Bedeutung. Hier werden begriffsgeschichtliche Komponenten aus der antiken Kult- und Theaterwelt mit dem Freiheitsbegriff der Aufklärung zu einer Synthese gebracht.

Als Person ist der Mensch Träger einer „Maske". Er ist damit nie er selbst, sondern immer Spieler einer Rolle, die ihm von Gott, der Gesellschaft und der Erziehung angeboten und angetragen wird und die er in freier Wahl übernehmen und wieder ablegen kann.

Die gern verwendete ethymologische Rückführung von „Person" auf das etruskische *phersu* für „Maske", worauf das griechische *prosopon* und lateinische *personare* als „hindurchtönen" zurückgehen sollen, findet sich auch verkürzt in einer Darstellung bei Robert Spaemann, der anhand dieses Begriffes den „Unterschied zwischen ‚etwas' und ‚jemand'"[84] herausstellen möchte. Durch das Spiel mit der Maske ist der Mensch nicht auf eine Substanz oder Identität fixiert, er kann sich immer wieder neu ausspielen. Spaemann verkennt aber, dass die durch die Maske erzeugte Verdoppelung nicht der bloßen Verkleidung und dem Rollenspiel dient, sondern die Dualität von Leben und Tod und ihre enge, aber problematische, weil schuldbeladene Verbindung darstellt. Insofern ist sein Hinweis auf die Herkunft des Personenbegriffs aus der „Welt des Theaters"[85] irreführend, weil er die Ableitung und Bedeutung des Personenbegriffs auf den Kopf stellt. Das Theater ist nicht der Ursprung der Person, es führt den Kult des Gottes mit der Maske fort. Ursprünglich dagegen ist die Bedeutung der Maske als „lebendige" Darstellung des Toten oder als Double des Toten.[86]

Die anthropologische Vertiefung des Rollenbegriffs geht besonders auf Helmuth Plessner zurück. Schon in seinem frühen Hauptwerk *Die Stufen des Organischen und der Mensch* von 1928 werden die Grundlagen dafür in dem für den Menschen charakteristischen Selbstbezug der „Exzentrizität" gelegt.[87] Der Mensch steht dabei immer in einem Bezug zu sich, der einer externen Beobachtung von außen gleicht. Dieses Außer-sich-stehen erzeugt nicht nur ein Identitätsvakuum, sondern zugleich eine starke Motivation, sich selbst zu gewinnen und zu ergreifen, denn dieses Zentrum, das ich nicht habe, ist doch der, wenngleich nur ideelle Kern des Selbst, das ich mit dem Ergreifen gleichsam zurückgewinne.

Die Exzentrizität soll nun nicht das existentielle Diagramm des Späteuropäers sein, sondern ein Strukturmoment des Bewusstseins, das unabhängig von kulturellen und historischen Bedingungen gilt. Selbstbewusstsein bedeutet immer schon – unabhängig von seinen konkreten Erfahrungen –

84 Spaemann (1998) 30f.
85 Spaemann (1998) 30f.
86 Sieh unten § 15.
87 Plessner (1981) 385: „Der Mensch will heraus aus der unerträglichen Exzentrizität seines Wesens, er will die Hälftenhaftigkeit der eigenen Lebensform kompensieren, und das kann er nur mit Dingen, die schwer genug sind, um dem Gewicht seiner Existenz die Waage zu halten."

ein Neben-sich-stehen, das aus dieser Disposition heraus zur Selbstgewinnung herausfordert.

Die Herausforderung, sich zu erfassen und zu identifizieren, ist an unterschiedliche Strategien von Nachahmung, Verkleidung, Schauspiel und Rollenspiel gebunden, die damit anthropologisch verankert werden. Die theatralen Strategien dienen alle der Identitätsfindung eines außer sich selbst befindlichen Bewusstseins, das die Tendenz hat, die innere Fremde dieser Selbstentzweiung durch eine Harmonisierung abzulösen. Die Hälftenhaftigkeit der eigenen Existenz fordert zur steten Ausbildung und Gestaltung der anderen Hälfte heraus, wobei Dinge von existentieller Gewichtung erarbeitet werden. Der Ausbildung und Gestaltung dieser anderen Hälfte kommt die fundamentale Bedeutung zu, den Menschen zu Ende zu modellieren, indem er sich selbst durch Nachahmung anderer durchspielt. Die Nachahmung ist kein bloßes Nachäffen, weil sie zum Modellieren der anderen Hälfte dient und damit schon auf das Zusammenspiel beider Hälften angelegt ist. Die andere Hälfte ist zunächst die Leere, in die hinein der Mensch seine Rolle spielt, sie ist ihm der leere Raum der Bühne. Aber sie nimmt in der Gestaltung keine definitiven Züge an. Der Doppelgänger der anderen Hälfte bleibt immer Schema.

Das wird besonders deutlich in Plessners Aufsätzen *Zur Anthropologie der Nachahmung* und *Der imitatorische Akt*,[88] in denen er die Exzentrizität am Köperschema festmacht. Das Körperschema, das Selbstbild des eigenen Leibes, ist die von Paul Schilder beschriebene physiologische Festlegung der Körpergrenzen.[89] Plessner sieht das Körperschema als den Ort, an dem der Andere durch Nachahmung im eigenen Leib verkörpert wird. Damit verbunden ist auch die „Freude am Sichverstecken, an der Verstellung und Verkleidung",[90] die Formen der Verkörperung des anderen sind, die wie die Nachahmung die „unerträgliche Hälftenhaftigkeit" kompensieren. Das Körperschema ist damit die innere Bühne, auf der das Ich seine Hälftenhaftigkeit ausspielt. Dieses innere Spiel stellt eine Verkörperung des Ich dar und ist damit dessen Ur-Performanz. Der Körper in seiner gestischen Erscheinung ist die Aufführung dieses Spiels. Die Theaterbühne ist eine Spiegelung und Projektion der inneren Bühne, auf der der Mensch sein eigenes Stück spielt. Sie ist die nach außen verlagerte Selbstfindung und Selbstbildung.

Nachahmungen sind Verkörperungen, die als Inszenierung auf der leeren Bühne des Selbstbildes des Körperschemas stattfinden. Das Spiel auf der physiologischen Bühne findet vor den eigenen Blicken und den Blicken der anderen statt, wie Plessner mit Hinweis auf Sartre und dessen Analyse in *Das Sein und das Nichts* ausführt. Vor dem Blick des Anderen inszeniert

88 Plessner (1982).
89 Schilder (1923).
90 Plessner (1982) 452.

sich der Mensch auf der leeren Bühne seines Körpers und beginnt sein Stück durch Nachahmung Anderer zu spielen.
Die in der Inszenierung des Ich im Leib stattfindende Verkörperung versteht Plessner als Entäußerung, die das Ich durchlaufen muss, um sich selbst zu gewinnen. Ohne Entäußerung wäre eine Selbstbildung aus sich heraus nicht möglich. Das Ich ist sich in der Exzentrizität fremd und muss das Fremde erleben und durchwandern, um sich erfahren und gestalten zu können. Die Annahme einer Einheit des Menschen mit sich selbst und der Natur wird von Plessner abgelehnt. Für Plessner hat die Fremde und vor allem die Entfremdung eine ganz andere Bedeutung als die romantische, die dann von Marx zu einem kulturellen Grundübel stilisiert wurde.

Plessner sieht in der Entfremdungslehre von Marx eine idealistische Theorie, die dem Ideal der Einheit des Menschen verpflichtet ist. Ein solches Grundbild ignoriert die anthropologischen Gegebenheiten, wonach der Mensch exzentrisch veranlagt ist und die Fremde und Entäußerung braucht, um sich selbst performativ erfahren zu können: „Die Marxsche Lehre von der Selbstentfremdung des Menschen hat bis heute ein Prinzip des Idealismus virulent gehalten, daß der Mensch mit sich selbst identisch werden müsse, weil er es einmal gewesen sei und an dieser Grundfigur des Zusammenfallens von Innen und Außen die Voraussetzung seiner geistig-sittlichen Freiheit besitze.“[91] Die Exzentrizität und Hälftenhaftigkeit des menschlichen Lebens, welche die Entäußerung für die Nachahmung und Modellierung des eigenen Selbst voraussetzt, führt zu einer Konzeption vom Menschen, das nicht die Einheit, sondern das Double zum Grundbild hat: „Diesem Theorem stellen wir den Gedanken vom Doppelgängertum des Menschen entgegen: den Menschen als ein Wesen, das sich nie einholt. Entäußerung bedeutet keine Entfremdung seiner selbst, sondern – unter den heutigen Bedingungen einer hochdifferenzierten Arbeitswelt z.B., welcher die soziologische Funktionsanalyse einer Gesellschaft mehr oder weniger entspricht – die Chance, ganz er selbst zu sein.“[92]

Die Kritik von Plessner an Marx täuscht aber nicht darüber hinweg, wie nahe diese scheinbar kontroversen Positionen einander sind. Auch für Marx ist ja die Entäußerung und Vergegenständlichung in der Arbeit noch keine Entfremdung, sondern erst der Missbrauch derselben in der privatrechtlichen Vereinnahmung eines gesellschaftlichen Gutes und Wertes, der durch die Arbeit hervorgebracht wird. Sieht Marx die Arbeit als gesellschaftliches Prinzip des Menschen, so übernimmt für Plessner diese Aufgabe das Spiel, allerdings mit dem bitteren Ernst des durch Exzentrizität aufgenötigten Doppelgängertums. Dieser Ernst der Gespaltenheit wird im Spiel durchgespielt.

Der Unterschied zwischen Marx und Plessner in dieser anthropologischen Frage liegt darin, dass für Plessner der Mensch in diesem aufge-

91 Plessner (1985) 236.
92 Plessner (1985) 237.

zwungenen Spiel an kein Ende kommt und unerlösbare Sisyphosarbeit leistet. Das Spiel ist damit Arbeit, aber keine heilige wie bei Marx, sondern wahnhafte, welche die Verdoppelung des Menschen, die aus der inneren Spaltung hervorgeht und im Doppelgänger umgeht, erträglich und lebbar macht.

Damit soll nicht gesagt sein, dass das Grundbild vom Doppelgänger eine Art pathologische Anthropologie sei. Im Gegenteil, Plessner hat hiermit den entscheidenden Schritt über das idealistische und naturalistische Einheitsdenken, aber auch über die anthropologische Konzeption der „Entlastung" bei Gehlen hinaus geleistet. Wie noch im Zusammenhang mit dem „fröhlichen Tausch" und der Übertragung der Schuld gezeigt wird, ist das Double, der Doppelgänger oder Schatten, die mehr oder weniger realistische Form des Gewissens, das alles Wissen begleitet. Die Hälftenhaftigkeit und das Doppelgängertum im Menschen zeigen damit die konkrete Inszenierung der Schuld an. Hier wird das Wissen und Selbstwissen von seinem Gewissen angerufen, herausgefordert oder heimgesucht. Diese Formen des Rufes verwirklichen sich im inneren Konflikt bis hin zur pathologischen Verfolgung. Sie bedeuten aber den Einbruch des geschichtlichen Seins in das individuelle Leben und in das Drama des Menschen.

Diesen wichtigen Schritt über die formale Disposition der Exzentrizität hinaus in Richtung einer geschichtlichen Verlagerung der menschlichen Existenz ist Plessner allerdings nicht gegangen. Es ist ihm nicht aufgefallen, dass die Hälftenhaftigkeit, auch in der formalen Betrachtung nicht bloß präsentisch sein kann. Schon das exzentrische Verhalten zu sich selbst setzt ein Geschehen in Gang, das durch nichts begrenzt ist und eine vollständige Offenheit darstellt. In diese offene Stelle bricht Geschichte ein. Die Weltoffenheit, ein anderer Grundbegriff der Anthropologie, der noch zu behandeln ist, meint auch eine Offenheit zur Geschichte hin, nicht nur zur Gegenwart.

In der Hälftenhaftigkeit kommt es zu einem Nebeneinander von Sein und Grund, von Gegenwart und seiner Geschichte. Hier wird die Geschichte in die Gegenwart eingespielt und damit das Präsens zur Vergangenheit hin geöffnet. Die offene Stelle zur Welt ist die offene Wunde der Gegenwart zur Geschichte hin. Schmerzhaft meldet sich das Gewissen eines nach dem Grund und der Ursache forschenden Wissenwollens, weil der Grund als Schuld erkannt wird. Das Double ist das Gewissen, das jedes Wissen begleiten muss.[93]

---

93 Entsprechend Kants berühmter Formulierung zu Beginn des § 16 der Kritik der reinen Vernunft (B 131), wonach allerdings das „Ich denke" alle meine Vorstellungen begleiten können muss. Damit hat Kant das cartesische cogito und dessen Selbstbezug zur Grundlage des Verstehens gemacht.

Plessners Bedeutung liegt in der Kritik eines Einheitsdenkens, dessen letzte Fassung in der ideologischen Zuspitzung des Entfremdungsgedankens zu finden sein mag. Der Mensch ist nicht entfremdet, er ist immer der sich selbst Fremde, der diese Fremdheit im Rollenspiel, in dem er sich selbst zum Doppelgänger wird, überwindet. Als Doppelgänger ist er nicht der Spiegel seiner selbst, sondern überhaupt erst das Original der im Rollenspiel und der Nachahmung gefundenen Verleiblichung des Gewissens. Da es vor dieser Wirklichkeit keine ursprünglichere, natürliche Wirklichkeit gibt, wie die Entfremdungstheorie meint, gehört die Rolle und das Rollenspiel zur Natur des Menschen. Im Rollenspiel wird seine Leiblichkeit erst verkörpert. Einen Leib vor diesem Leib gibt es nicht, auch der biologische Leib wird erst in und mit der Verkörperung der Leibgeschichte wirklich.

Plessner ist mit seinem Konzept der Verkörperung und des im Rollenspiel angelegten Doppelgängertums einen wichtigen Schritt zum geschichtlichen Verständnis leiblicher Gegenwart gegangen. Der Leib ist – wie in der vorliegenden Untersuchung mehrfach gezeigt – die zur Gegenwart gewordene Geschichte, an der sich die Spuren des Vergangenen, zwar nicht für das Wissen aber für das Gewissen erhalten haben. Dabei wird die Schuld deutlich, die der Leib seiner Geschichte gegenüber hat. Im Double tritt diese Schuld hervor, es ist der Schatten, der sich von der Vergangenheit her über die Gegenwart legt, vor allem dann, wenn die Geschichtlichkeit des Leibes nicht bewusst gemacht wird und sich als unbewusste zu vergegenwärtigen hat.

Weltoffenheit und Welttheater

Das Nebeneinander von Einsichten und Verzerrungen in der philosophischen Anthropologie Gehlens und Plessners ist in erster Linie aus ihrem erbitterten Kampf zu erklären, den sie gegen den Naturalismus und Biologismus ihrer Zeit gefochten haben. So wichtig dieser Kampf auch war, aus heutiger Sicht war er erfolglos und ist verloren gegangen. Die Thesen, gegen die Scheler, Plessner und Gehlen gekämpft haben, sind heute mehr denn je zum Credo der Wissenschaften vom Menschen geworden. Ein entscheidender Grund dieser wissenschaftlichen Niederlage liegt unter anderem in der bei aller Schwerpunktsetzung ungenügenden Herausstellung der Spielkategorie.[94] Der von Schiller unternommene Versuch, das Spiel als Übergang vom Reich der Zwecke und Zwänge zum Reich der Freiheit zu verstehen, ist in dieser Konsequenz nicht weitergeführt worden. Spiel hat

---

94 Eine Ausnahme stellen die christlich orientieren Ansätze von Gustav Siewerth und Ferdinand Ulrich dar. (Siewerth 1957; 1964), Ulrich (1970). Hier hat das Spiel eine dramatische Bedeutung für die Erfassung der „Freiheit des Ursprungs“ (Siewerth) und des Lebens aus dem „Umsonst“ (Ulrich).

damit nicht mehr die entscheidende Funktion der Vergegenwärtigung von Welt und Selbst, die es noch bei Schiller hat. Zwar wird der Weltbegriff aus der Weltoffenheit des Subjekts heraus entwickelt, das Leben bleibt dabei aber ein physiologischer Vorgang ohne theatrale Struktur und Dramatisierung.

Der Begriff der „Weltoffenheit" wurde aus der Theorie der Biologie Jakob von Uexkülls heraus entwickelt. Danach setzen sich die Umwelten der Tiere aus ihrer artspezifischen „Merk- und Wirkwelt" zusammen und bilden somit eine für jede Spezies typische Welt aus. In der Natur mit ihrer Artenvielfalt gibt es keine gemeinsame Welt, wie es aus der menschlichen Perspektive vielleicht den Anschein haben könnte, vielmehr hat jedes Lebewesen seine eigene und spezifische Umwelt.[95] Uexküll vereinnahmte damit den ursprünglich geistigen oder gar geistlichen Begriff der Welt für die empirische Wissenschaft und wies eine Welt auf, die – an dem bekannt gewordenen Beispiel der „Zecke" – aus Buttersäure, Haaren und Wärme besteht.[96] Sein Ziel war, dem Tier ein Subjekt zukommen zu lassen, das mit seiner Welt, auch wenn sie nur aus drei Merkmalen besteht, in einem Funktionskreis verbunden ist und in ihr lebt. Damit wurde die Konzeption eines „tierischen Mechanismus" entkräftet. Für die Anthropologie war diese Entdeckung eines tierischen Subjekts von großer Bedeutung. Uexküll hatte damit den Beweis geliefert, dass das Subjekt nicht nur als der geisteswissenschaftliche Begriff der Introspektive, sondern auch als ein naturwissenschaftlicher Begriff gelten kann.[97]

Scheler hat den Weltbegriff, wie er aus der Biologie kommt und die Spezialisiertheit der arteigenen Umwelten der Tiere charakterisiert, zu einem philosophischen Grundbegriff gemacht, der seine Bedeutung in der negativen Abhebung zur speziellen Umwelt der Tiere hervorkehrt. Die Weltoffenheit ist zunächst Mangel oder gar Gefahr für das biologische Überleben, sie ist aber gerade die Grundvoraussetzung für alle menschlichen Eigentümlichkeiten.

In einer an Nietzsche orientierten Formulierung, nach der der Mensch das „nicht festgestellte Tier" ist, versuchte Max Scheler diesen Unterschied an der Unspezialisiertheit des Menschen nachzuweisen. Das menschliche Leben in seiner Umwelt ist im Unterschied zum Tier durch mangelhafte Anpassung seiner Funktionskreise gekennzeichnet. Die Sonderstellung des Menschen ist deshalb für Scheler nicht in seiner Intelligenz und Fertigkeit begründet, weil er diese seiner Ansicht nach mit den Tieren teilt und hierbei

---

95 Uexküll [1928] (1973) 150ff.

96 Uexküll/Kriszat (1956) 28f.

97 Das gilt auch für den ursprünglichen geisteswissenschaftlichen Begriff der „Zeit". Hier zeigt Uexküll, dass für den Menschen ein Moment etwa 1/18 Sekunde lang ist, während er für eine Zecke 18 Jahre dauern kann, nämlich die Zeit, die sie ohne Nahrung auf ihre Beute zu warten in der Lage ist. Uexküll schließt daraus, „daß das Subjekt die Zeit seiner Umwelt beherrscht. Während wir bisher sagten: Ohne Zeit kann es kein lebendes Subjekt geben, werden wir jetzt sagen müssen: Ohne ein lebendes Subjekt kann es keine Zeit geben." Uekül/Kriszat (1956) 30.

aufgrund der Unspezialisiertheit sogar im Hintertreffen ist. Vielmehr ist es die auch aus dem Mangel hervorgehende „Weltoffenheit“, die eine Sonderstellung des Menschen hervorruft.[98] Die Weltoffenheit lässt einen „sachlichen“, nicht durch die Funktionskreise festgestellten Bezug zur Welt zu. Die Welt des Menschen ist eine geistige Welt, weil sie sachlich ist.[99] Nicht die Intelligenzleistung des Menschen, die nur graduell vom Tier unterschieden ist, sondern die Art seiner Intelligenz, die sich in der weltoffenen Sachlichkeit ausdrückt, bildet den Unterscheid zwischen Mensch und Tier.

Arnold Gehlens Bemühen für die Anthropologie bestand darin, sie in Fortführung des Konzeptes der Weltoffenheit von Scheler als biologisch-anthropologisches Faktum nachzuweisen. Die biologische Unspezialisiertheit ist für Gehlen das Indiz einer eigenen stammesgeschichtlichen Herkunft des Menschen. Er kann nicht vom Affen abstammen, sondern hat seine eigene Vorgeschichte, die parallel zum Affen verläuft. Für Gehlen ist es nämlich biologisch unmöglich, dass sich ein Wesen vom spezialisierten (Affen) zurückentwickelt zum unspezialisierten (Menschen). Der Mensch ist ein „hocharchaisches Wesen“, das nicht wie die Haustiere die Spezialisierung durch Domestizierung verloren hat.[100]

Die Unspezialisiertheit des Menschen drückt sich in seinem Infantilismus aus, den der Mensch aus seiner biologischen Frühgeburt (extrauterines Frühjahr) mitbringt, und die ihn zwingt, sein Leben und Dasein zu spezialisieren, will er überhaupt überleben. Der Infantilismus lässt ihn biologisch ein Kind bleiben, das spielen muss und sich in den von seiner Natur offen gelassenen Spielräumen spielerisch weiterentwickelt. Die Kindlichkeit des Menschen, sein biologischer Infantilismus, der bis in sein Alter nachweisbar erhalten bleibt, ist Grundmerkmal seines Wesens, das sich darin als von der Natur entbunden zu erkennen gibt. Im generellen Infantilismus des Menschen begründet Gehlen deshalb auch die Bedeutung des menschlichen Spiels.

Das Spiel hat damit beim Menschen eine ganz andere Funktion als beim Tier. Es dient nicht nur der Einübung und Vorbereitung lebensnotwendiger Verhaltensweisen und damit der Perfektionierung der Merk- und Wirkwelt in den Funktionskreisen, wie etwa das spielerische Erlernen der Jagd bei Raubkatzen. Es bewältigt in erster Linie die Weltoffenheit, indem es Ausdruck der durch die Weltoffenheit bedingten „Unstabilität“ ist. Während das Tier im „Spiel“ eine Funktion und damit den Funktionskreis perfektio-

98 Scheler (1995) 32.
99 Scheler (1995) 32.
100 Gehlen (1993) 136f.

niert, spielt der Mensch mit der Unstabilität seiner Weltoffenheit. Sie selbst wird zum Inhalt des Spiels.[101]

Die biologische Disposition zur Weltoffenheit ist von daher nicht schon die menschliche Freiheit per se, sie ist eine Herausforderung und Beanspruchung, die Unstabilität zu bewältigen. Da sich die Welt des Menschen nicht, wie Umwelten der Tiere, aus dem spezifischen Ineinandergreifen von Reiz und Reaktion in den Merk- und Wirkwelten gestaltet, sondern vielmehr eine unspezifische Außenrezeption hat, kommt es in der menschlichen Wahrnehmung für Gehlen zu einer Reizüberschwemmung. Die Bedeutung der Phantasie und damit indirekt auch wieder des Spiels liegt darin, diese Erhöhung und Verdichtung der Reizsphäre zu entspannen und zu „entlasten".

Die „Entlastung" ist der zentrale Begriff Gehlens. Dabei werden die Reize in Symbole und Zeichen übersetzt und das Erkennen wird aus der direkten Unmittelbarkeit des sinnlichen Erlebens herausgehoben: „Unsere Sinnenwelt ist also symbolisch, was heißt: Andeutungen, Verkürzungen, Vorderseiten und Überschneidungen, Schatten, Glanzlichter, auffallende Farb- oder Gestalteigenschaften genügen zur Andeutung der realen Gegenstandsmassen."[102] Die Entlastung von dem unmittelbaren und durch die Weltoffenheit gegenüber den Tieren erhöhten Reizdruck führt zur allgemeineren und schnelleren Übersicht über die Welt, wobei die Grenzen des Hier und Jetzt gesprengt und in die Zukunft hinein geöffnet werden: „Der Mensch wird dadurch ‚Prometheus', vorsehendes und tätiges Wesen zugleich."[103]

Die durch die Phantasie entlastete Welt ist dem Ansturm der Reize gewachsen, indem sie die Weltoffenheit durch Symbole und Zeichen einschränkt. Die Zeichen gewähren die Übersicht über die aktuelle und die Vorschau auf die zukünftige Welt, die vergangene Welt bleibt ihnen aber verschlossen. Die befreiende Arbeit der „Entlastung" mit ihrer Bewältigung anstürmender Reize geht auf Kosten des Gedächtnisses als Andenken und Eingedenken des Geschehenen und seiner Geschichte.

Die menschliche Freiheit ist damit nicht nur in der Unspezialisiertheit nachweisbar, sie ist auch der wesentliche Zweck und Inhalt des Spiels, das der Mensch deshalb ein Leben lang spielen muss. Das Spiel ist keine Vorbereitung auf oder Einübung in den Ernst des Lebens, es ist die Art und Weise, wie ein weltoffenes, nicht spezialisiertes Wesen seine nicht vorher festgelegten Interessen einer konkreten Richtung und Gestalt zuführt, an

---

101 Gehlen (1993) 240f: „Diese Unstabilität ist überhaupt eine Jugendform von Bewegungen, insofern feste und automatisierte Strukturen Spätresultat sind: daher die Ähnlichkeit des ‚Spiels' der Tiere mit dem menschlichen. Hier aber ist die Unstabilität ein ganz anderer, viel tieferer Sachverhalt: das ‚nicht festgestellte Wesen' mit seiner plastischen, weltoffenen und variablen Antriebsstruktur erlebt sich im Spiel selbst, oder die ‚Unstabilität' ist wesentlicher Inhalt des Spiels."

102 Gehlen (1993) 199.

103 Gehlen (1993) 51.

deren Ende die Welt die Sachlichkeit gewonnen hat, die zum Überleben notwendig ist.[104] Im Spiel zeigt sich das „Unfertigsein“ des Menschen und unterstreicht den Aspekt der Selbstbildung einer bis in den biologischen Bereich hineinreichenden Schöpfung des Menschen durch sich selbst und seine Kultur.[105]

Weltoffenheit als Ausdruck einer für den Menschen unspezifischen Umwelt, biologischer Infantilismus als Zeichen der Unstabilität der Gegenstände dieser Welt, Entlastung als kompensierendes Verfahren, um der Masse unspezifischer Reize Herr zu werden, das sind die anthropologischen Merkmale des Seins in einer offenen Welt. Dazu bietet die Exzentrizität die Möglichkeit, die Nicht-Identität des Subjekts leben und ausleben zu können. Die Anthropologie zeichnet die menschliche Welt und das Dasein als ein unfestgestelltes und nicht feststellbares Geschehen.

Die anthropologischen Merkmale der Weltoffenheit, Entlastung und Exzentrizität sind aber allenfalls als Dispositionen zu sehen, sie lassen nicht verstehen, wie im Spiel die Schuldproblematik des Existierens, da zu sein ohne Grund, in Angriff genommen und bewältigt wird. So bleibt offen, wie das Geschehen und Erleben durch das Spiel gestaltet und bedeutsam werden kann. Erst die an der Hermeneutik orientierte Anthropologie von Victor Turner stellt dieses Problem ins Zentrum. Nach Turner wird ein Ereignis erst dann bedeutsam, wenn es abgeschlossen wird. Der Abschluss wird aber durch die Performance erreicht, in der das Geschehen selbst noch einmal dargestellt wird: „Ein Erlebnis ist gerade ein Prozeß, der nach abschließendem ‚Ausdruck‘ verlangt. Hier kann uns die Etymologie des Wortes ‚Performance‘ weiteren Aufschluss geben. Das Wort hat nichts mit ‚Form‘ zu tun, sondern leitet sich vom altfranzösischen *parfournier* ‚abschließen, vollenden‘ oder ‚sorgfältig durchführen‘ her. Eine Darstellung (performance) ist also der geeignete Abschluss eines Erlebnisses.“[106] Das Leben ist damit – auch in seiner Weltoffenheit und der daraus notwendigen Entlastung – solange noch nicht bedeutungshaft, wie seine Erlebnisse und Geschehnisse nicht darstellend durchgespielt werden: „Ein solches Erlebnis ist

---

104 Gehlen 1993, 243: „Man kann daher das Spiel weder als verkappten Ernst ansehen, noch es auf einen besonderen ‚Spieltrieb‘ zurückführen, sondern man muß die besonderen menschlichen Strukturen suchen, die sich darin ausleben: die Entwicklung entlasteter Interessen an Umgangsprozessen, die Entfaltung der kommunikativen Phantasie an unstabilen Inhalten, das Hineinwachsen dieser Inhalte in vorübergehende Interessensstrukturen und endlich die allmähliche Eingrenzung und Versachlichung, die im game, im sozialen Spiel zu einer ‚Regel‘ gerinnt, in der das Spiel sich weniger in die Ebene des Ernstes, als in die der gegenseitigen Verpflichtungen transformiert.“

105 Gehlen (1993) 30: „Es ist dies nicht Luxus, der auch unterbleiben könnte, sondern das ‚Unfertigsein‘ gehört zu seinen physischen Bedingungen, zu seiner Natur, und in dieser Hinsicht ist er ein Wesen der Zucht: Selbstzucht, Erziehung, Züchtung als In-Form-Kommen und In-Form-Bleiben gehört zu den Existenzbedingungen eines nicht festgestellten Wesens.“

106 Turner [1982] (1995) 18.

jedoch so lange unvollständig, solange nicht eines seiner ‚Momente' die ‚Darstellung' – d.h. ein Akt kreativer Rückbesinnung – ist, durch die den Ereignissen und Teilen des Erlebnisses ‚Bedeutung' zugeschrieben wird, selbst wenn die Bedeutung die ist, daß ‚es keine Bedeutung gibt'."[107] Zur Weltoffenheit gehört demnach das Welttheater, das diese Art des In-der-Welt-seins zur Darstellung bringt.

Die fundamentale Bedeutung der Darstellung für das Verstehen zeigt sich für Turner darin, dass sie „liminoide", also den Übergangsriten analoge Funktionen der Trennung, Umwandlung und Wiederangliederung übernimmt. Mit dem Verlust der „Liminalität", der ritualisierten Form der Bewältigung großer Übergänge und Brüche des Lebens, haben die „industriellen Mußegattungen"[108] wie Theater, Sport oder Popkultur die Aufgabe der Performanz und damit der Schwellenbewältigung übernommen, allerdings ohne die einheitliche religiöse Gestalt des Ritus zu haben und, wie man über Turner hinausgehend sagen kann, sich dieser Aufgabe bewusst zu sein. Die Zersplitterung des Übergangsritus in unübersehbare Formen des Spiels bringt es mit sich, dass der Ernst des Spiels und seine Verankerung im kultischen Übergangsritus nicht gesehen werden kann. Das Spiel ist Übergangsbewältigung, aber seine Zersplitterung in die Vielfalt der Freizeitbeschäftigungen lässt diese Bedeutung unsichtbar werden.

Turners Heraushebung des Theaters als „die stärkste, wenn man will, *aktive*, kulturelle Darstellungsgattung"[109] macht deutlich, welches „Stück" im Spiel gespielt wird. Es geht im Spiel um die Spiegelung des Lebens, eine Aufgabe, die wegen der Komplexität des modernen Lebens nur mit dem Bild eines „Spiegelsaals"[110] verdeutlicht werden kann. Doch auch oder gerade in dieser dem modernen Leben und seiner Komplexität angepassten Spiegelform leistet das Spiel Bewältigung, auch wenn dies nicht mehr ausdrücklich als Ritus thematisiert ist.

Mit dieser Konzeption einer umfassenden Spiegelung des Lebens im Spiel kommt Turner auf einen Ansatz zurück, der in dieser grundlegenden Form schon von Eugen Fink vertreten wurde.

Das Spiel „schenkt Gegenwart", wie Eugen Fink hervorhebt, es ist die „Oase" des Daseins, das die „Kontinuität unterbricht", „den endzweckbestimmten Zusammenhang unseres Lebensganges."[111] Das Spiel erzeugt eine eigene Welt, welche die wirkliche Welt vertritt, um in dieser

107 Turner (1995) 25.
108 Turner (1995) 137.
109 Turner (1995) 164.
110 Turner (1995) 165.
111 Fink (1957) 25.

Wirklichkeit dann Herr sein zu können.[112] Es hat dabei die Funktion des archaischen Festes, das nicht nur dem Andenken der Toten und der Heroen gewidmet war, sondern eine starke gemeinschaftsbildende Kraft hatte: „Das Spiel ist uranfänglich die stärkste bindende Macht, ist gemeinschaftsstiftend – anders zwar als die Gemeinschaft zwischen den Abgeschiedenen und Lebenden, anders als die Herrschaftsordnung und anders als die elementarische Familie. Die frühmenschliche Spielgemeinschaft umgreift alle diese genannten Formen und Gestalten des Miteinanderseins und bewirkt eine Gesamtvergegenwärtigung des ganzen Dasein; sie schließt den Kreis der Lebensphänomene zusammen als die Spielgemeinde des Festes.“[113]

Wie für Turner, so ist auch für Fink das Spiel das Erbe und die Fortsetzung des „archaischen Festes“, „wo der Mensch die Nähe der Götter, der Heroen und der Toten verspürt und sich in Gegenwart aller segnenden und fruchtbaren Mächte des Weltalls gestellt weiß.“[114] In seiner Nähe und, wie in der Tragödie, in seiner direkten Nachfolge zum Kult, steht das Spiel im Bann der Wiederholung von Geschichte. Einerseits bedeutet dies eine starke Fixierung, weil es Geschichte wiederholt und weiterführt, andererseits aber entbindet und befreit das Spiel vom Zwang der Gegenwart und ihrer Determinierung.[115] So kommt es zur „Ekstase des Menschen zur Welt“,[116] die allerdings keine ungebundene und hemmungslose Rauschhaftigkeit bedeutet, sondern die Spiegelung der geschichtlichen Situation des Seins und Existierens. Das Spiel kann zum Welt-Symbol werden, weil es, wie schon von Schiller gesehen, die fixierte Bindung an die Gegenwart aufhebt, um die Weltoffenheit zur Bühne des Daseins zu erheben.[117]

Eugen Finks Spieltheorie ist von Lévinas als Typus einer verantwortungslosen und unverbindlichen Ethik gebrandmarkt worden.[118] Während Spiel für Beliebigkeit und Austauschbarkeit stehe, ist für Lévinas die Stellvertretung des Anderen als ethische Grundhaltung von „Nichtaustauschbar-

---

112 Fink (1957) 38f: „Der Spieler fühlt sich als der ‚Herr‘ seiner imaginären Produkte – Spielen wird zu einer ausgezeichneten, weil wenig eingeschränkten Möglichkeit der menschlichen Freiheit.“

113 Fink (1957) 41.

114 Fink (1957) 42.

115 Fink (1960) 193: „Der Kult ist das ausgezeichnete Lebensphänomen, in welchem das Spiel gerade nicht in dem allzu-gängigen und allzu-bekannten Charakter des ‚Spielerischen‘ begegnet, [...] im Kulte hat es den bedrängenden, unheimlichen und bannenden Grundzug der Verzauberung, der Entrückung des Menschen aus der Eindeutigkeit und fixen Bestimmtheit.“

116 Fink (1960) 231.

117 Fink (1960) 239: „Das Menschenspiel ist also Welt-Symbol. Das Hineinragen der Züge der Grundlosigkeit, Sinnlosigkeit und Zwecklosigkeit in das menschliche Verstehen beschwingt dieses zur sorglosen und traumhaften Leichtigkeit des Spielvollzuges. Weil wir weltoffen sind, und weil in dieser Weltoffenheit des menschlichen Daseins ein Wissen um die Grundlosigkeit des waltenden Ganzen umgeht, können wir überhaupt spielen.“

118 Lévinas (1992) 257.

keit" gekennzeichnet: „Das Sein nimmt nicht deshalb eine Bedeutung an und wird Universum, weil unter den Seienden ein Ich existiert – als Seiendes, das Ziele verfolgt. Vielmehr weil in der Annäherung die Spur des Unendlichen sich einschreibt oder in ihr eingeschrieben ist – als Spur eines Aufbruches, oder als Spur dessen, das, selbst ohne Maß, nicht in die Gegenwart eintritt und die arché in Anarchie umkehrt – deshalb gibt es Verlassenheit des Anderen, Besessenheit durch ihn, Verantwortung und Sich. Das Nichtaustauschbare schlechthin, das Ich, der Einzige steht ein für die Anderen. Nichts ist hier Spiel."[119] Wie aber gezeigt werden konnte, wird hier nicht nur Eugen Fink selbst, sondern die Philosophie des Spiels insgesamt missverstanden. Denn auch im Spiel und gerade dort ist die Stellvertretung kein Akt der Beliebigkeit und Freiheit, sie ist eingebunden in den Spielverlauf und die Spielregeln. In seiner Verfolgung und Beachtung des *fair play* zielt das Spiel auf eine Darstellung und Verwirklichung von Gerechtigkeit. Im Vollzug des Spiels wird der Spieler zum Stellvertreter der spieleigenen Gerechtigkeit, die ein Widerschein der geschichtlichen Gerechtigkeit ist, selbst dort, wo das Spiel nicht nur die Gerechtigkeit thematisiert wie in der Tragödie, sondern wo es bloßes Mannschafts-, Gruppen- oder Einzelspiel ist.

Die Anthropologie des Spiels mit ihren Fragen, wie ein Mensch sein Leben inszeniert, was er verkörpert, welche Rollen er übernimmt, wie er sich verkleidet, wen er vertritt, wofür er sich einsetzt und wie weit er in diesem Spiel mit seinem Selbsteinsatz geht, umreißt die Lebensgeschichte als Verkörperung unterschiedlicher Rollen, die der Selbstfindung und der leiblich-wirklichen Identifikation dienen. Die Identifikation findet damit nicht in einem Substanzvergleich statt, sondern ist gespielte Übernahme des Selbst in einer Geschichte, die über die Lebensgeschichte eines einzelnen Menschen hinausgeht. Die Lebensgeschichte ist danach ein Spiel, in dem der Mensch sich erst einmal selbst verkörpern muss, damit seine Geschichte Körper wird. Auch das leibliche Dasein ist nicht schon mit dem Körper da, sondern wird erst im Spiel mit den Gegenständen, mit den Identitäten und letztlich mit der Geschichte selbst erspielt. Der Leib als natürliches Faktum kommt in diesem Spiel erst dann zum Vorschein, wenn die Positionen und Gegenstände fixiert, die Rolle übernommen und eingenommen und die Anbindung und Einbindung in die Geschichte vollzogen ist. Gespielt wird das Dasein in seiner Geschichtlichkeit, wobei die Übernahme von Geschichte in der Stellvertretung selbst zum Thema des Spieles werden kann, soweit es Darstellung und Theater ist. In diesem Fall wird dann auch die Ethik des Spiels, das Ringen um Gerechtigkeit, das sonst im *fair play* aufgeht, zum ausdrücklichen Gegenstand und Inhalt des Spiels erhoben.

---

119 Lévinas (1992) 257f.

Die Art und Weise, wie im Spiel Gerechtigkeit veranschaulicht und umgesetzt wird, lässt die Bedeutung der Stellvertretung hervortreten und erweitert damit die an die moralische Verantwortung gebundene Vorstellung von Gerechtigkeit, die der modernen Ethik zugrunde liegt. Im Spiel können die Rollen getauscht werden und einer des anderen Schicksal, aber auch „Last" tragen. Das Spiel verdeutlicht damit das christliche Grundgesetz[120] ohne die für heutiges Verständnis damit verbundene Implikation der Bürde und Last einer solchen Übernahme. Die Stellvertretung ist ein Spiel, das veranschaulicht, wie spielerisch die Übernahme einer anderen Rolle, eines anderen Schicksals und einer anderen Schuld ist. Damit wird aber der Ernst des Spiels deutlich, die Tragödie. Die Übernahme der Schuld im Spiel zeigt den Spieler als Stellvertreter. Die Wendung des Spiels zum Ernst ist dabei abhängig von der Rolle, die er übernommen hat. Spielt er nur einen Anderen nach, so ist die Rolle eine Persiflage, bestenfalls der Versuch einer Imitation. Spielt er aber die Rolle eines Toten, so wendet sich das Spiel in Ernst, denn der Tote hat quasi eine neue Verkörperung gefunden. Hier zeigt sich das Wesen der Tragödie, die noch näher zu behandeln ist. In der Tragödie findet der tote Held ein Weiterleben in seinem Stellvertreter, dem Priester oder Schauspieler. Wie noch zu zeigen sein wird, gelingt diese Verkörperung aber nur, wenn die Geschichte des Toten (Helden) weitergeführt wird. Erst in der geschichtlichen Kontinuität, die durch das Bewusstsein des Verschuldet- und Verdanktseins angelegt ist, erlebt der Held und Tote die Auferstehung und Verkörperung.

Das Welttheater ist dann nicht das Spiel vor Gott, wie in den Autosacramentale besonders bei Calderon, es ist die Öffnung des Geschehens und der Welt hin zu den Toten, die im Spiel wieder verkörpert und symbolisch reanimiert werden. Mit ihrer Wiederverkörperung und Belebung im Spiel vollenden sie ihre Geschichte (Performanz), die ihnen der Tod vorenthalten hat. Die Vollendung und Vervollständigung der durch den Tod unterbrochenen oder abgebrochenen Geschichte entwickelt eine Struktur, die dem Typus der Heldengeschichte entspricht, wobei die Vollendung gleichsam die Rückkehr des Helden von dem Abenteuer ist. Der Held oder Heros der Geschichten ist nicht der besondere Mensch oder Übermensch, er stellt den Toten dar, der von seiner Fahrt im Spiel zurückkehrt. Der Typus der Heldengeschichte, der vom Tod zurückkehrende Protagonist, sühnt mit dieser Rückkehr für die Schuld der Lebenden und Zurückgebliebenen. Die Rückkehr gleicht die archaische Schuld aus, die alles Leben gegenüber dem Tod hat. Die Geschichte des Helden ist deshalb die Todesfahrt. Der Tod hat den Gestorbenen ihr Recht auf Leben entrissen, aber das Spiel führt die Fahrt ins Leben zurück. Diese Vollendung hat damit die doppelte Bedeutung, den

120 Gal 6,2: „Einer trage des anderen Last, so werdet ihr das Gesetz Christi erfüllen."

Toten ihre Geschichte zu geben und sie zu vollenden, und den Lebenden, die diese Geschichte spielen, ihre Schuld, die sie gegenüber den Toten haben, zu entsühnen.

Das Spiel, das primär Schauspiel, Imitation, Projektion und Verkörperung ist, dient in der Vollendung der Lebensgeschichten der Kontinuität der Geschichte. Es ist die Verwirklichung von Gerechtigkeit, ein Grundzug, der sich in alle anderen Spielformen bis in den Sport hinein verfolgen lässt. Das Spiel ist grundsätzlich die Verwirklichung von Gerechtigkeit, denn es ermöglicht mit seinen Möglichkeiten der spielerischen Übernahme von Rollen, Positionen und Regeln die Inszenierung von Recht. Immer bleibt dabei der Ursprung des Spiels präsent, die Verkörperung der Toten und die Vergeltung für ihr ungelebtes Leben. Gerade im bloßen Spiel wird dieses Recht wiederhergestellt, das der Tod zu unterbrechen scheint. Das Spiel führt Geschichte fort und erlöst damit die Lebenden von der Anklage, sein zu dürfen gegenüber denen, die nicht mehr sind. Das Spiel ist, wie Lévinas bei seiner Verurteilung Finks wohl ahnt, die Öffnung aus der Verhaftung und Geiselnahme durch den Anderen, es ist das Tor zu Freiheit.

§13 Geschichtliche Kontinuität

Kontinuität des Rechts

Die Darstellung der Zeit als Raum im Übergangsritus und im Spiel führt zu einer Konkretisierung des In-Geschichten-seins, das jetzt von der Räumlichkeit des In-der-Welt-seins her verstanden werden kann. Im mythisch-religiösen Denken wird die Welt in Unterwelt, Mittelwelt und Oberwelt aufgeteilt. Die Unterwelt als das Reich der Toten steht für die Vergangenheit, die als Geschichte weitergeht. Die Sakralisierung der Erde als heiliges Reich ist ein fundamentaler Ausdruck dieses geschichtlichen Raum- und Weltverständnisses. Hier wird die Vertikalität des Geschichtlichen auch zur räumlichen Anschauung gebracht. Die Erde ist dadurch die Anwesenheit des Abwesenden, der Vergangenheit gewordene Leib, der als Leib der Vergangenheit sinnlich wahrnehmbar ist. Der Leib der Gewesenen kann als Materie angeschaut, geschmeckt, gerochen und sogar gehört werden, die Materie wird Zeichen und Stimme der Gewesenen. Mit der Sakralisierung der Erde sind die Toten und Vergangenen anschaubar, schmeckbar, riechbar und hörbar geworden. Erde als materialisierte Vergangenheit ist das Medium eines lebendigen Dialoges der Lebenden mit ihren Toten und damit eines lebendigen kulturellen Gedächtnisses.

Die primäre Bedeutung der Erde als Reich der Toten bezieht, indem sie nicht nur die Vergangenheit, sondern mit ihrer erfahrbaren Materialität auch die Gegenwart und das Unvergangene des Vergangenen zum Ausdruck bringt, das Recht der Lebenden auf das Recht der Toten. Mit seinen Thesen zum „Mutterrecht“ hat Johann Jakob Bachofen in diesem Recht der Erde die primäre und ursprüngliche Rechtsform erkannt.

Bachofen hat seine Thesen vor allem in zwei Werken vorgetragen, die nahezu gleichzeitig entstanden sind, die *Gräbersymbolik* (1859) und das *Mutterrecht* (1861), wobei die Thematik der *Gräbersymbolik* primär und wegweisend war für sein bekannteres Hauptwerk, das erst aus dieser Beschäftigung mit der Grabsymbolik hervor gegangen ist. Im hier untersuchten Zusammenhang ist das Werk über die *Gräbersymbolik* von Interesse, weil es den bisher singulär gebliebenen Versuch darstellt, in der Grabsymbolik ein Recht zu erkennen, das todübergreifend die Kontinuität des Lebens bezeugt und sichert. Die Arbeiten von Bachofen sind von der wissenschaftlichen Welt mit Skepsis und Ablehnung aufgenommen worden, was letztlich in der Unhaltbarkeit seiner Idee einer „weltumfassenden Urkultur“ begründet ist.[121] Davon unberührt bleiben aber seine Auslegungen der Grabsymbolik, die ihn nicht als Historiker, der er allerdings sein wollte, herausstellen, sondern als genialen Deuter der Symbole. Er zeigt, wie Religion aus dem Totenkult hervorgeht, die Tempel aus Grabstätten und die Kunst aus Grabschmuck. Den Toten wird in alten Kulturen mehr Ehre und Aufmerksamkeit entgegengebracht als den Lebenden. Sie bekommen Steinhäuser, während die Lebenden in Lehmhütten wohnen. Dabei erkennt Bachofen den Tod in seiner dem Leben innewohnenden Form und entwirft damit das Gegenbild zum modernen Verständnis, das den Tod vollständig ausgegrenzt und verdrängt hat.

Bachofen sieht im Mutterrecht das *jus naturale* Ulpians und definiert es als Recht einer umfassenden Rechtsgemeinschaft von Menschen und Tieren. „Aus diesem Zusammenhang ergibt sich die rein physische Natur des mit dem weiblich-stofflichen Prinzips verbundenen Rechts. [...] Das Gesetz der natürlichen Freiheit und Gleichheit bildet seinen wesentlichen Inhalt. Das ist jenes *jus naturale*, dessen die römischen Juristen gedenken. Zufällig ist es gewiß nicht, daß besonders der aus Phönizien stammende Ulpian das physisch-natürliche Recht am bestimmtesten hervorhebt und ganz im Sinne der alten Mutterreligion definiert. [...] Diesem war das *ius naturale* mehr als bloße philosophische Abstraktion. Es erschien ihm, was es wirklich war, als das ursprüngliche Recht, als Ausfluß einer Kultidee, die den weiblichen gebärenden Stoff an die Spitze des physischen Lebens stellt. [...] Von Seite der Stofflichkeit hat das *jus naturale* innere Verwandtschaft mit dem, was man im Gegensatz zum formellen Recht als Materiale Gerechtigkeit bezeichnet. [...] Der Begriff des Rechts ist also keineswegs auf die Menschen beschränkt, sondern auf die ganze Schöpfung ausgedehnt. Das gleiche stoffliche Gesetz durchdringt alles. Rechtsgemeinschaft verbindet

121 Howald (1954) 559f.
Eine aktuelle Einschätzung von Bachofens Thesen zum Mutterrecht gibt:
Wesel (1985), 207ff.

Menschen und Tiere."[122] Im Mutterrecht oder dem Recht der Materie ist das Recht auf Leben und Dasein durch die Vergänglichkeit und Erneuerung gerechtfertigt. Für die Materie, die Mutter, gibt es kein Ende und keine Vernichtung, sondern nur Wandlungen. Entsprechend ist auch die Unsterblichkeit des Lebens zu differenzieren. Im Unterschied zum modernen Verständnis des sterblichen Lebens ist die Unsterblichkeit von der Regeneration bestimmt. „Sisyphos wälzt ewig den Stein, der ewig mit unüberlistbarer Tücke zu des Aides Wohnung [Reich der Toten] herabrollt. So erneuern sich die Blätter, die Tiere, die Menschen in ewiger Arbeit der Natur, doch ewig umsonst. Das ist des Stoffes Gesetz […] Wie die Blätter nicht aus einander, sondern aus dem Stamme, also entspringen auch die Menschen nicht einer aus dem anderen, sondern alle aus der Urkraft des Stoffes, aus Poseidon ‚dem Ernährer' oder ‚Erzeuger', dem Stamme des Lebens. […] Die Vergänglichkeit des stofflichen Lebens und das Mutterecht gehen Hand in Hand. Andererseits verbindet sich das Vaterrecht mit der Unsterblichkeit eines überstofflichen Lebens, das den Lichtregionen angehört."[123]

Auch die existentielle Bedeutung der Sorge und Angst verändert sich, wenn sie vom materialen Recht geprägt sind. Die Todesangst besteht hier nicht vor dem eigenen Ende, wie im heute verbreiteten Verständnis des Todes, sondern vor den Toten, die ihr Leben an die Lebendigen weitergegeben haben. Die Erde macht die Schuld offenbar, die die Lebenden gegenüber den Toten haben. Die Lebenden, soweit sie, wie Goethe gesagt hat, „zum Sehen geboren und zum Schauen bestellt" sind, bleiben mit der Schau der Vergangenheit ihrer eigenen Vergangenheit zugewandt und schließen damit gleichsam einen Bund, der von den Toten durch die Zeugung gestiftet wurde. Den Bund zu schließen und daraus einen neuen Bund zu stiften für die Kinder und Enkel, das ist der Sinn des talionischen Rechtes. Es ist das Recht einer Ordnung, die den symbolischen Tausch mit den Toten zur Grundlage nimmt und daraus das Leben und Weiterleben rechtfertigt.[124]

Dieses Urrecht, welches das Recht der Materie oder Mutter, das Mutterrecht ist, ist damit Ausdruck des Gestiftet- und Geschenktseins des Lebens.[125] Das Recht geht auf den stofflichen Reichtum der Natur zurück, aus

---

122 Bachofen [1861] (1948) 375ff.

123 Bachofen (1948) 95ff.

124 So auch Baudrillard zum Wesen des symbolischen Tausches: „die Gruppe der Ahnen ‚verschlingt die Koy' (die jungen Kanditaten der Initiation), die symbolisch sterben, um wiedergeboren zu werden. Das ist nicht in unserem degradierten Sinn zu verstehen, sondern in dem Sinn, daß ihr Tod zum Einsatz in einem reziprok/antagonistischen Austausch zwischen den Ahnen und den Lebenden wird und anstelle eines Bruches ein gesellschaftliches Verhältnis zwischen den Partnern errichtet, eine ebenso bedeutsame Zirkulation von Gaben und Gegengaben, wie die Zirkulation von Luxusgütern und von Frauen – ein Spiel unaufhörlicher Erwiderungen, in dem der Tod sich nicht mehr als Ende oder als Instanz installieren kann." Baudrillard (1982) 206f.

125 Bachofen [1859] (1954) 199f: „Wie aus dem weiblichen Naturprinzip alles stoffliche Leben und aller stoffliche Reichtum hervorgeht, also knüpft sich an dasselbe auch die Idee und der Ursprung des Rechts. Das Recht ordnet die Verhältnisse des Güterlebens auf Erden. Es gehört ganz der Materie, bezieht sich ganz auf den Stoff. Es ist also selbst ganz stofflicher Natur und darum seinem innersten Wesen nach weiblich."

dem das schauend-denkende Lebewesen hervorgegangen ist und dem es sich verbunden und verdankt sieht.

Als Gesetz für die Gegenseitigkeit des Lebens drückt es auch die Gleichsetzung der Unterwelt mit dem Reichtum der Erde aus, wie in den eleusinischen Mysterien, aber auch in Goethes *Faust* (V. 5521ff). Für die Gegenseitigkeit der Bedeutungen Reichtum und Erde steht in der griechischen Mythologie der Gott Pluto, der nicht erst durch eine „Vermischung“ mit Hades diese Rolle bekommen kann. So ist aber die seit Nilsson typische Lesart: „Die Form Pluton erscheint erst bei den Dichtern des 5. Jahrhunderts. Es mag dahingestellt bleiben, wie alt die Gestalt des Pluton ist; er vermutlich älter als Homer, der ihn ebenso wie die Demeterreligion überhaupt vernachlässigt. Es ist aber nicht glaublich, daß Homer aus dem Bilde des Hades so konsequent die auf Pluton passenden Züge ausgemerzt hat, daß nicht einmal die leiseste Spur davon vorliegt, sondern das homerische Hadesbild bietet vielmehr eine ältere Stufe, auf der Hades noch nicht mit Pluton identifiziert worden war.“[126] Diese Vermutung Nilssons geht von einem modernen Begriff des Todes und der Toten und seiner Einseitigkeit als Vernichtung aus. Der Tod und die Toten sind aber immer und überall, außer in der modernen Deutung, die Quelle des Reichtums, aus der heraus sich das Leben erneuert. Dagegen ist die Trennung von Reichtum und Tod von der Logik eines individualisierten Lebens diktiert, das den Tod und die Toten ausgrenzt oder verdrängt und ihn deshalb fürchtet.

Mit dem materialen Ursprung des Rechtes hat Bachofen die Geschichtlichkeit als rechtlichen Bezug herausgestellt, der am Schnittpunkt der Geschichten deutlich wird. Dieser Schnittpunkt symbolisiert und umfasst die Bedeutung des großen Überganges in allen Momenten, der zeitlichen Aufschichtung des Gegenwärtigen auf dem Vergangenen, der räumlichen Versinnbildlichung und Bedeutung dieses schichtenden Geschehens und der verpflichtenden Verbindlichkeit des Vergangenen für das Gegenwärtige, das sich als Naturrecht und Mutterrecht ausdrückt.

Am großen Übergang zwischen Leben und Tod wird die Schuld offenbar, welche die Gemeinschaft als Rechtsgemeinschaft zusammenhält und verbindet. Er ist als Schwelle von besonderer Bedeutung, weil er zeiträumlich den profanen Bereich des gegenwärtigen Lebens vom sakralen Bereich des Vergangenen abgrenzt, zugleich aber das Tor und die Öffnung zu diesem Abgrund und Ungrund der Vorgeschichten darstellt. An der Schwelle wird deshalb nicht nur das In-Geschichten-sein als solches bewusst, es wird auch die konkrete Verbindung und Verbindlichkeit zur Vorgeschichte in der Schuld zum Ausdruck gebracht. In dieser Verbindung mit ihrer Verpflichtung zur Erlösung des unvergangenen und ungelebten Lebens der Vorfahren und der gesamten Vorgeschichte ist der große Übergang das Symbol des Ursprunges schlechthin, das alle sonstigen Übergänge von

126 Nilsson (1955) 453.

Geschichten übernimmt. Übergänge und Brüche von Geschichten zwingen zum Anschluss und setzen hierin sowohl einen Neuanfang, als sie auch gleichzeitig die Vorgeschichte weiterführen.

Im Anschluss und der Verbindung der Geschichten wird die Kreativität in den Dienst der Schuld und Verpflichtung gestellt. Die schöpferische Leistung eines Neubeginns ist auf die Krise des großen Überganges zurückzuführen und bezieht von daher ihre Kraft. Der Tod als Verpflichtung zur Schöpfung, zur Weiterführung und Erneuerung der mit ihm faktisch beendeten Geschichte, ist damit Quelle des In-Geschichten-seins und aller Geschichten.

Als großer Übergang verwandelt der Tod das Sein zu einem In-Geschichten-sein und entfaltet die Grundstruktur der Geschichten mit ihren jeweiligen Vor- und Nachgeschichten. Die zeitliche Differenzierung der Geschichte ist damit in der gängigen Zeiteinteilung in Vergangenheit, Gegenwart und Zukunft wieder zu finden. Sie sind Sinnbilder und Zeichen der mit der Nachgeschichte verbundenen Vorgeschichte.[127]

Das Band der Schuld

Der Übergang und die Schwelle zwischen heiligem und profanem Raum stehen für den Tod und sind sein Zeichen. Die Schwelle ist der versinnbildlichte Zwischenbereich, in dem sich die Geschichten berühren und in dem das Unvergangene in die Gegenwart übergehen und sie belasten kann. Zugleich ist dieser Zwischenraum der Inbegriff und das Symbol der unvergangenen Vorgeschichte, die durch den Tod nur faktisch, nicht geschichtlich erledigt ist, die Quelle der Befreiung und Erlösung. Als Pflicht zur Weiterführung und Erlösung ist die Vorgeschichte damit die Verpflichtung zur Kreativität, zur schöpferischen Neugestaltung und zur Neudeutung der Vorgeschichte. In dieser Pflicht liegt auch der große Stoff aller Mythen und Geschichten, die sich direkt mit dem Leben als Rechtfertigung auseinandersetzen, in denen also das Leben in seiner leiblichen Existenz gegenüber allen, die für dieses leibliche Existieren verbraucht werden, gerechtfertigt wird.

Dieses umfassende Gegenüber sind zunächst die Vorfahren der leiblichen Existenz, die Ahnen. Ihre unmittelbare Nähe im eigenen Leibsein, in dem die Vorgeschichte mit der aktuellen zusammenstößt, kontaminiert den Leib selbst zum geschichtlichen und damit zu einem grundsätzlich sakralen

127 Heideggers „Ekstasen der Zeitlichkeit“ (Heidegger 1967, 328f.) bringen diese Einheit des Zeitraumes zwar zum Ausdruck, jedoch mit dem Tribut eines auf die Zukunft ausgerichteten Daseins. Heideggers „Sein zum Tode“ enthüllt sich hier als Verleugnung, aus Geschichten hervorgegangen zu sein, um ein „Freisein zum Tod“ als dem eigenen Tod hörige, aber sonst unverbindliche Freiheit entwickeln zu können. Diese Freiheit wäre aber eine Illusion, da sie vom schlechten Gewissen heimgesucht würde.

Gegenstand. Die unmittelbare Gegenwart der Ahnen im Leib ist aber nur ein Teil der vorgeschichtlichen Anwesenheit aller Opfer, die für das Jetzt-sein und Hier-sein der Gegenwärtigen erbracht wurden. Letztlich umfasst dieser Bereich die gesamte Erde als Inbegriff der zu Materie gewordenen Geschichte. Die Erde ist damit nicht nur Sinnbild oder Zeichen, sondern lebendige Gegenwart des Gewesenen in Form von Hingabe und Opfer und damit im eigentlichen Sinn Symbol.

Heidegger hat in seinem Aufsatz *Der Ursprung des Kunstwerkes* die „Erde" im Gegensatz zur „Welt" gesehen. Erde – seine deutsche Übersetzung für das griechische Wort *physis* – ist das „wesenhaft Sich-verschließende", das als solches, als Sich-verschließendes durch das Kunstwerk ins Offene der Welt gestellt wird.[128] Das Kunstwerk bringt das Verschlossene der Erde zur Darstellung. Es ist damit im Unterschied zu den bloßen Dingen der Welt eine Erinnerung der *physis*, des Ursprunges und der Erschaffung der Dinge selbst und der Welt überhaupt. Mit der Herstellung des Kunstwerkes ist eine Wiederherstellung des Ursprunges verbunden, der mit der gleichzeitigen „Darstellung" und „Ausstellung" desselben als Kunstgegenstand – innerhalb der Welt und als Welt – in Widerstreit gerät. „Indem das Werk eine Welt aufstellt und die Erde herstellt, ist es eine Anstiftung dieses Streites."[129] Heidegger bleibt allerdings bei dieser formalen Bestimmung der „Erde" und konkretisiert sie nicht als materiale Anwesenheit der Abwesenden der Toten und ihrer Vergangenheit. Deshalb bleibt auch sein zentraler Begriff der *aletheia*, der Wahrheit als Unverborgenheit, sonderbar nebulös. Zwar setzt Heidegger die *aletheia* von einem modernen Verständnis von „Wahrheit als Richtigkeit"[130] ab und zeigt dagegen das eigentliche Geschehen der Wahrheit im „Ins-Werk-setzen" der Wahrheit, etwa in der „staatsgründenen Tat" oder im „Opfer" auf.[131] Damit bereitet er aber nur ein Verständnis von Wahrheit als Entbergung vor. Der Mensch – als das sich verstehende und auslegende Dasein – lebt nämlich nur dann in der Wahrheit, wenn er sich seines geschichtlichen Bezuges nicht nur bewusst wird, sondern sich ihm darüber hinaus verdankt und verpflichtet sieht. Das in dem Bewusstsein und in der Verpflichtung entstehende Werk ist dann zugleich das Geschehen des Vergangenen und die Fortsetzung der Geschichte. Nur darin kommt der Erde, aus der der Leib hervorgegangen ist und die er verbraucht, Gerechtigkeit zu, dass sie als Anwesenheit der Abwesenden, der Ahnen, erkannt und als Schöpfung und Neuschöpfung – sowohl in der Zeugung selbst, als auch in dem ihr analogen Kunstschaffen –

---

128 Heidegger (1994) 32f.
129 Heidegger (1994) 36.
130 Heidegger (1994) 38.
131 Heidegger (1994) 55.

ins Werk gesetzt wird. In dieser Gestaltung wird das umfassende Werk der Geschichte weitergeführt.

In der mythischen und geschichtlichen Rechtfertigung sind sich die Lebenden dieser geschichtlichen Verbundenheit mit den Vorfahren bewusst. Dieses Bewusstsein ist die Grundstruktur des Mythos und auch aller Religion, unabhängig davon, wie dieser Mythos dann ausgestaltet und gelebt wird. Im Bewusstsein dieser innigen Verbindung ist der Mythos deshalb wiederum grundsätzlich die Rechtfertigung der Lebenden vor den Toten, nicht nur in einem stillen Gedenken und Gebet, sondern – und hier kommt dann die Vielfalt der Mythen zum Tragen – durch das In-Geschichte-gehen in Form von Geschichten, die erzählt, gespielt oder rituell aufgeführt werden. Diese Geschichten, die das In-Geschichte-gehen selbst vornehmen, stiften die Gemeinschaft zwischen den Lebenden und den Toten, geben den Toten ihren festen Platz im Leben der Nachfahren und beschränken damit die diffuse Anwesenheit, welche die Vorfahren im Leib der Lebenden und die gesamte Vorgeschichte als Erde manifestieren.

Die von den Toten übernommene geschichtliche Schuld ist nur übernehmbar, wenn sie auch auf die Nachfahren weiter gegeben werden kann. Die Schuld, die das gegenwärtige Dasein gegenüber dem vergangenen hat, haben auch schon die Vorfahren übernommen und weitergegeben. Die Schuld ist damit vom Ursprung her übernommen und muss letztlich allein gegenüber dem Ursprung gerechtfertigt werden. In diesem Sinn ist die mythische und religiöse Rechtfertigung an den Ursprung gerichtet, der in den meisten Mythen als Bruch einer natürlichen und heiligen Ordnung verstanden wird. Das Materie und Leib gewordene Dasein erinnert an dieses Urverbrechen, indem es das Leben regeneriert und die Lebewesen dabei in eine gegenseitige Verschuldung setzt. Der Mythos greift die zwingende Logik dieses Verschuldetseins auf und erstrebt eine Wiederherstellung, indem er die Urschuld gegenüber dem Leben auf alle Lebewesen und Generationen überträgt und mithilfe der geschichtlichen Solidarität sühnt. Da alle gegenüber dem Leben und seinem Ursprung schuldig sind, kann die Last der Schuld auch von allen übernommen werden.

In der mythischen Rechtfertigung stellt sich damit ein Grundmythos heraus, der die Schuld in ihrer geschichtlichen Dimension und Entfaltung als geschichtliche Schuld erfasst.[132] Der Grundmythos hat die Aufgabe oder Funktion, den Einzelnen in die Gemeinschaft aller Lebenden und Toten einzubinden, indem er die vom Ursprung her gewusste Verschuldung auf

132 Angehrn nennt diese die „schuldlose" Schuld: „Die Aporie der schuldlosen Schuld nimmt im Mythos als erstes die Gestalt der ererbten Schuld an. Nachkommen büßen für die Vergehen ihrer Vorfahren. Dieses Übergehen der Schuld vom Täter auf seine Nachfahren entspricht einem archaischen Rechtverständnis." Angehrn (1996) 374.

alle, die leben, jemals gelebt haben und künftig leben werden, überträgt und damit die Wiederherstellung aller jetzt schon verheißen kann. Voraussetzung dafür ist aber, dass das „Netz der Solidarität" nicht zerreißt, das durch das „Band der Gehugnis"[133] geknüpft ist. Die mythologisch belegte Angst vor einer Unterbrechung der Geschichte[134] ist vor der zwingenden Logik der Schuld verständlich, da ein solcher Abriss nicht nur das eigene Heil verwirkte, sondern auch das Heil aller Vor- und Nachfahren. Dann scheint die Schuld vervielfacht, denn das zerrissene Band lässt nicht nur die Urschuld gegenüber dem Leben ungesühnt, sondern verrät auch diejenigen, deren Vermächtnis zu ihrer Erlösung das solidarische Fortsetzen der Sühne ist. Da die Toten nichts mehr tun können, sind sie die Verratenen, wenn die Solidarität unterbrochen oder aufgelöst wird. Sie stehen daher zuoberst in der Verantwortung der Nachfahren. Reißt hier die Verbindung ab, dann ist der gesamte Heilsplan der mythischen Rechtfertigung verloren.

Das Band, das der Tod im faktischen Leben zerreißt, muss das Andenken und Gedächtnis weiterknüpfen, sonst ist auch das eigene Leben verloren. Der Mythos als Geschichte übernimmt diese Aufgabe des Gedächtnisses, indem er Ursprung und Ziel des Weltgeschehens darstellt und dabei die Last der Schuld der Verantwortung der Nachfahren anvertraut, die sich um die Erlösung der Vorfahren und damit auch ihrer selbst und der Nachkommen widmen. Das Band zu den unmittelbaren Vorfahren, deren Geschichte der sichtbare Leib der Nachkommen ist, wird zum Anknüpfungspunkt für das Netz der Solidarität, das im Sinne der Erlösung und Wiederherstellung Aller über die Generationen geknüpft wird.

Die Gabe

In dem System des Tausches ist die Gabe das zentrale Mittel und Medium. Sie erscheint nur in einem Bewusstsein des Verdanktseins und der Schuld als Zeichen und Symbol des Empfangenhabens und damit des Verschuldetseins. Die Gabe ist das vom Tod gegebene und gestiftete Sein, welches das Leben als endliches und begrenztes Leben verständlich und vor allem lebbar macht. Mit dieser Wendung des Todes zum Leben durch die Gabe ist aber die Verpflichtung der Gegengabe oder des Opfers verbunden. Die „gerechte" Gegengabe für das erhaltene Leben wäre seine Rückgabe, die aber

---

133 Celan (1968).

134 Van der Leeuw sieht die Bedeutung des Festes in der Aufrechterhaltung der Kontinuität der Geschichte: „Die Feste fügen sich in einen Festzyklus. Das ist nichts Nebensächliches. Denn es liegt in ihrem Wesen, daß sie fortsetzen, hinüberführen. Sie stellen den kritischen Punkt dar, aber nicht nur den Punkt, sondern die Begehung, die über den heiklen Punkt hinüberzieht. Feste sind daher nicht bloß Vergnügen. Primitive Völker fassen sie im Gegenteil als Pflicht und nützliche Arbeit auf. Denn ohne sie würde die Mächtigkeit des Lebens ins Stocken geraten." Van der Leeuw (1933) 367.

das Leben wieder vernichten würde. Leben als empfangene und verdankte Gabe soll aber gelebt und weitergegeben werden. Das Opfer kann deshalb nur eine symbolische Rückgabe sein, als sei das Leben zurückgegeben worden. Hierin gründen alle Formen des Ersatzes, des Scheins und sogar des Betrugs, die Opfer charakterisieren und die nicht erst Verfallsformen einer ursprünglicheren Talion sind.

Die Verbreitung des Begriffs vom „Ersatzopfer“ geht wesentlich auf das Buch von René Girard: *Das Heilige und die Gewalt* zurück. Hier wird das Opfer psychologisiert und auf ungestillte Gewalt reduziert. Dabei soll die Bedeutung der Schuld herausgefiltert werden: „Es gibt nichts zu sühnen“, ist die Grundthese von Girard.[135] Gewalt wird als primärer Affekt genommen, der sich immer eine „bekömmliche Nahrung sucht“.[136] Die Ideologie einer solchen blinden Gewalt, die es nicht einmal im Bereich des Physikalischen, geschweige denn im Psychischen und Sozialen gibt, verzerrt die Stellvertretung des „Sündenbocks“ zum bloßen „Ersatz“ und lässt seine symbolische Bedeutung unkenntlich werden.

Die Grundfigur aller Opferhandlungen in Gen 22 macht die Aufhebung der Talion und die Notwendigkeit der Verwandlung der Gegengabe in ein Symbol deutlich. Abraham wird von Gott aufgefordert, seinen Sohn Isaak zu opfern. Als er im völligen Gehorsam dazu bereit ist, verzichtet Gott auf die Talion und schickt einen Widder als Opfergabe. In der Ungleichheit des Widders zum Sohn verdeutlicht sich die Unbezahlbarkeit des Lebens. Das Opfer soll nicht die reale, sondern die symbolische Rückgabe bedeuten, weil Leben in seiner Unbezahlbarkeit nicht zurückgegeben werden kann. Neben diesem fälschlicherweise so genannten „Ersatzopfer“ zeigt auch das ebenfalls falsch bezeichnete „Betrugsopfer“ die notwendige Ungleichheit des Opfers, wie im Prometheusopfer bei Hesiod.[137] Die irreführenden Bezeichnungen „Ersatz“ oder „Betrug“ unterstellen indirekt ein „wahres Opfer“, was es in der „gerechten“ Form der Talion aber nicht geben kann, da im Opfer nie Gleiches mit Gleichem vergolten werden kann. Der Begriff des „Ersatzopfers“ oder „Betrugsopfers“ ist deshalb irreführend und falsch, weil es ein „echtes“ Opfer prinzipiell nicht geben kann. Hier ist der Hinweis von Dorothee Sölle wichtig, „Stellvertretung“ nicht mit „Ersatz“ zu verwechseln.[138] Das Opfer ist immer eine ungleiche Gegengabe, bei der die Bedeutung des erhaltenen Geschenks größer bleibt als dasjenige, was im Opfer überhaupt zurückgegeben werden kann. Jedes Opfer bleibt eine offe-

135 Girard [1972] (1992) 13.
136 Girard (1992) 23.
137 Walter Burkert zeigt in: Kulte des Altertums. Biologische Grundlagen der Religion (1998), das leider wie schon sein Klassiker Homo necans (1997,36f.) vom Aberwitz beherrscht wird, die Kulte auf eine Art biologisches Programm zurückführen zu müssen, eine ganze Reihe solcher Opferriten. Auch er verwendet allerdings die irreführende Begrifflichkeit „Ersatz“ und „Betrug“.
138 Sölle (1982). Siehe oben § 6.

ne Rechnung, in der sich die Restschuld manifestiert, die für die Untilgbarkeit der Daseinsschuld steht. Die Gerechtigkeit des Opfers liegt gerade in der Unzulänglichkeit der Gegengabe, die es darstellt. Dieser Mangel ist aber weder Ersatz noch Betrug, sondern die symbolische Rückgabe des „real“ nicht Rückgebbaren. Doch nur so kann sich Dasein von seiner Schuld lösen.

Der Untilgbarkeit der Daseinsschuld steht die Tilgung der innerweltlichen Schuld durch Bezahlung und Überbietung gegenüber. Hier gelten die Gerechtigkeit der Talion und die Beschämung durch Überbietung im Gabentausch, die im Opfer nicht möglich ist. In den ethnologischen Betrachtungen über die Gabe und den Gabentausch, allem voran die bahnbrechende Arbeit von Marcel Mauss, sind diese zu unterscheidenden Formen der Schuld und der Schulden vermischt worden.

„Wir schlagen vor, den Namen ‚Potlatsch‘ jener Art von Institution vorzubehalten, die man unbedenklicher und präziser, aber auch umständlicher *totale Leistungen agonistischen Typs* nennen könnte. [...] Bisher haben wir Beispiele für diese Institution fast nur in Nordamerika, in Melanesien und bei den Papua angetroffen. [...] In neuerer Zeit indessen fördern eingehendere Untersuchungen eine beträchtliche Anzahl von Übergangsformen zutage [...] So rivalisieren die Franzosen mit Neujahrsgeschenken, bei Festessen, Hochzeitsfeiern und schlichten Einladungen, und wir fühlen uns noch heute verpflichtet, uns, wie die Deutschen sagen, zu revanchieren‘. [...] Verschiedene Motive – Regeln und Vorstellungen – sind in derartigen Systemen enthalten. Der wichtigste dieser geistigen Mechanismen ist ganz offensichtlich jener, der dazu zwingt, das empfangene Geschenk zu erwidern.“[139] Mauss sieht also die Spuren des Potlatsch auch in modernen Ritualen: „Ein großer Teil unserer Moral und unseres Lebens schlechthin verharrt noch immer in jener Atmosphäre der Verpflichtung und Freiheit zur Gabe. [...] Die nicht erwiderte Gabe erniedrigt auch heute noch denjenigen, der sie angenommen hat, vor allem, wenn er sie ohne den Gedanken an eine Erwiderung annimmt. [...] Gleich der Höflichkeit muß auch eine Einladung erwidert werden. Wir finden hier Spuren der traditionellen Basis, des alten aristokratischen Potlatsch.“[140]

Zwar hängt der „Potlatsch“ mit der Daseinsschuld zusammen, allerdings muss zwischen der rituellen Gegengabe, die an das Geschenk des Lebens erinnert, und dem Machtmittel der Demütigung unterschieden werden. Mauss’ Versuch einer Verallgemeinerung und Ausweitung seiner Beobachtung auf moderne Verhältnisse ist deshalb sehr kritisch zu sehen. Ob eine Einladung zu einer Gegeneinladung zwingt, ist höchst fraglich. Der aus der Verschuldung gegenüber dem Leben heraus erwachsende Zwang zum Opfer ist hier jedenfalls nicht zu finden, weil er auf die mythische Verbundenheit und Verbindlichkeit zwischen den Geschichten zurückgeht. Die Ver-

---

139 Mauss [1923/24] (1975) 18.
140 Mauss (1975) 123.

bindlichkeit von Geschenken ergibt sich daher nur aus der Verbindung der Geschichten heraus und ist nicht einfach vom Geschenk als Geschenk her bestimmt.

Das Geschenk ist als Gabe immer Zeichen und Symbol des Lebens und bezieht von hier seine Macht. Deshalb ist es an die Übergänge der Geschichten gebunden, wo es das Übergeben der Daseinsschuld darstellt. Von einer Eigenständigkeit eines davon unabhängigen Geschenks kann nicht gesprochen werden.

Dies gilt besonders für die philosophische Auslegung der Thesen von Marcel Mauss. So täuscht sich George Bataille, wenn er den Gabentausch auf eine bedingungslose Verausgabung und Verschwendung zurückführt.[141] Zwar erkennt er, dass der Potlatsch „bei Gelegenheit einer Veränderung in der persönlichen [!] Situation – Initiation, Heirat, Bestattung“ stattfindet und selbst in entwickelterer Form „niemals von einem Fest abzulösen ist.“ Er sieht darüber hinaus, dass das Geschenk nicht „die einzige Form des Potlatsch“ ist, sondern hierzu auch die Vernichtung gehört.[142] Doch ist die Schlussfolgerung daraus: „Das Geschenk muß als Verlust, und damit als partielle Zerstörung angesehen werden“[143], falsch, da sie den Sinn der Gabe und Gegengabe verkennt. Die Gabe und das ihr zuzuordnende Geschenk ist nicht Verlust oder partielle Zerstörung, sondern Schuld, die nur als nicht erkannte, also unbewusste Schuld zerstörerisch wird.

Der Potlatsch als symbolische Gegengabe wird an den Übergängen vollzogen, weil diese als Brüche der Geschichten an den großen Übergang des Todes erinnern und damit die offenen Stellen für das Schuldbewusstsein darstellen. An den Brüchen wird die Gegenwart mit Vergangenheit kontaminiert und damit in die uneinholbare Schuld versetzt.

Die Gegengabe gegen das Leben ist aber funktionslos, wenn die Kontinuität in der Geschichte nicht besteht und hergestellt ist, wenn also nicht die Brücke zu dem Reich der Toten und der Unterwelt überhaupt, aus der die Natur ihren Reichtum schöpft, hergestellt ist. Als bloßes Opfer ins Blaue hinein sind kein Potlatsch und überhaupt auch kein Geschenk bedeutsam oder gar mächtig. Zwar ist es die Leistung von Bataille, die Einseitigkeit und Hintergründe der merkantilen Ökonomie aufgezeigt zu haben, doch geht seine heilige Ökonomie von einer geradezu absurden Vorstellung eines Energieaustausches auf der Erde aus.[144] Batailles sonst geniale Lesart der

---

141 Bataille [1933] (1985).
142 Bataille (1985) 17f.
143 Bataille (1985) 19.
144 Bataille [1949] (1985) 45: „Ich gehe von der elementaren Tatsache aus: Der lebendige Organismus erhält, dank des Kräftespiels der Energie auf der Erdoberfläche, grundsätzlich mehr Energie, als zur Erhaltung des Lebens notwendig ist. [...] Wenn das System jedoch nicht mehr wachsen und der Energieüberschuß nicht gänzlich vom Wachstum absorbiert werden kann, muß er notwendig ohne Gewinn verlorengehen und verschwendet werden, willentlich oder nicht, in glorioser oder katastrophischer Form.“

Tauschökonomie verkürzt das Geschehen auf die geschichtslose Energetik und verkennt darin die primär geschichtliche Dimension der Gabe und Verausgabung. Hier geht es nicht um das einfache *do-ut-des*, was ja in Bezug auf die eigentliche und wichtigste Gabe des Lebens gar nicht zu leisten wäre, abgesehen davon, dass die Hingabe des eigenen Lebens, etwa im Selbstmord, kein Opfer und damit auch keine Gegengabe wäre. Nur der Einsatz für die Übernahme und Weiterführung der Erbschuld ist ein Opfer, das erst dann erbracht ist, wenn der Einzelne, das Dasein, die Geschichte des Helden übernimmt und spielt und seine Geschichte darin aufgehen lässt.[145]

Immerhin hat Bataille aber mit seiner Bezeichnung des verfemten oder besser verfluchten Teils, *la part maudite*, auf die Sakralisierung der Gabe hingewiesen, durch die sie der Ordnung des Profanen, Alltäglichen, aber vor allem Gegenwärtigen entzogen ist. Damit die Gabe aber diesen sakralen Charakter bekommen kann, reicht es nicht aus, die Nützlichkeit und Zweckmäßigkeit des alltäglichen Lebens zu unterbrechen oder gar zu zerstören. Die bloße Aufhebung und Zerstörung des Nützlichen und Profanen wäre nur verwirrend. Der symbolische Wert der heiligen Dinge und damit der Gabe ist vielmehr durch den Gegenwert des Lebens selbst vorgegeben, der gerechte symbolische Tausch gibt Leben gegen Leben. Bataille verkennt aber, dass dieser Tausch mit seiner Tendenz zur Überbietung nicht von dem Bewusstsein der Verausgabung und Überbietung, sondern im Gegenteil von dem Bewusstsein der Schuld getragen ist.

Deshalb missversteht er auch die Bedeutung des christlichen Opfers, das der bloßen Idee der „Überschreitung" natürlich nicht entspricht: „Wesentlich ist, daß der Charakter der Überschreitung in der Idee des Kreuzesopfers entstellt ist. [...] Aber in der Überschreitung, von der ich gesprochen habe, sind Sünde und Buße, wenn sie hier statthaben, die Folge eines entschlossenen Aktes, der sogar noch fortfährt, seine Absichtlichkeit zu bekräftigen. Diese Übereinstimmung mit dem Wollen macht in unseren Tagen die archaische Haltung unverständlich: sie ist ein Ärgernis für das Denken. [..] *Felix culpa!* singt die Kirche, es ist wahr: die glückliche Schuld. [...] Aber es paßt nicht zur Logik des christlichen Gefühls. Die Verkennung des heiligen Charakters der Überschreitung ist für das Christentum grundlegend."[146] Es ist wohl eher Bataille, der hier die Bedeutung der Schuld und des dazu gehörigen Opfers verkennt. Nicht das Loswerden von zuviel Energie bildet seine Grundlage, sondern das Bewusstsein des Verschuldetseins gegenüber dem Leben. Die von ihm zitierte *felix culpa* ist deshalb auch keine Freude über die losgewordene Energie, sondern das mit dem Verschuldetsein innig verbundene Bewusstsein des Verdanktseins. Schuld ist nicht, wie offen-

---

Desgleichen in: [1957] (1994) 91: „Auf der Ebene der objektiven Wirklichkeit bringt das Leben immer, außer in der Erschöpfung, einen Überschuß an Energie auf, den es verausgaben muß."

145 Siehe unten § 14.

146 Bataille (1994) 87.

sichtlich auch bei Bataille, zu verwechseln mit Sünde und Bosheit, sondern ist das Bewusstsein der Herkunft und damit die Quelle von Demut und „Frömmigkeit" in „schlechthinniger Abhängigkeit", die nur dann zum Bösen wird, wenn sie mit allen Mittel verdrängt wird.

Diesen Zusammenhang mit der Schuld sieht dagegen Jean Baudrillard, der in seinem Buch *Der symbolische Tausch und der Tod* dieses Bewusstsein von seiner Verpflichtung und Reziprozität von Leben und Tod her aufrollt.[147] Der moderne Schuldkomplex wird aus dem Bruch mit diesem Gesetz erklärt.[148] Für Baudrillard führt die Weigerung des symbolischen Tausches beim modernen Menschen zu seinem bösen Unbewussten, seiner Angst vor dem Tode und seiner diffusen Schuld.

Die tiefgehende Einsicht von Bataille, „die Welt krankt an ihrem Reichtum",[149] wird so erst durch Baudrillard verständlich. Der moderne Mensch, der nicht mehr tauscht im Sinne des symbolischen Tausches mit dem Leben, sondern Leben als Eigentum und Reichtum anhäuft, akkumuliert damit zugleich ein unberechenbares Potential an Schuld. In erster Linie verweigert er sich dem Tod durch Verdrängung und Hinausschieben. Die Verweigerung einer positiven Haltung zum Tode wird aber erkauft durch die Todesangst, die keineswegs, wie etwa Blumenberg behauptet, archaisch ist und für ihn den Ursprung des Mythos darstellt.[150] Sie ist die Folge einer modernen Lebensanschauung, die Leben als Besitz versteht, den es umsonst gibt und den es zu erhalten und zu bewahren gilt. Dieses Besitzdenken steht aber im Angesicht des Todes vor einem Totalverlust und „bezahlt" seine Einstellung durch die Angst, zum „Sein zum Tode" verurteilt zu sein.

Dem Bewusstsein der Angst als Folge des Besitzes von Zeit steht das Bewusstsein der Schuld diametral gegenüber. Hier wird die Lebenszeit auf ihren Ursprung zurückgeführt und aus ihm heraus als Verdanktsein begründet. Dabei kommt es zu einer radikalen Umwertung der Werte, allen voran des Wertes des Lebens. Der Wert des Lebens korrespondiert nicht mehr mit dem Besitz und seinen Attributen und Qualitäten, sondern mit dem Verlust und der Hingabe entsprechend der ursprünglichen Hingabe, die das Leben ermöglicht und „freigegeben" hat. Sein kann nicht festgestellt und gehalten

147 Baudrillard (1982) 212: „Der symbolische Tausch hat kein Ende, weder unter den Lebenden noch mit den Toten (noch mit den Steinen oder den Tieren). Er ist ein absolutes Gesetz: Verpflichtung und Reziprozität."

148 Baudrillard (1982) 212. Siehe § 3.

149 Bataille (1985) 297.

150 Blumenberg (1990) 12: „Die Angst ist auf den unbesetzten Horizont der Möglichkeiten dessen, was herankommen mag, bezogen. Nur deshalb kann sie, in maximierter Größe, als ‚Lebensangst' auftreten."
Blumenberg, der sich mit dieser Aussage ausgerechnet auf die „Opferhysterie" der Azteken bezieht, projiziert ein modernes Zeitverständnis in archaische Kulte und verfehlt damit von vornherein die Möglichkeit, ihren Bedeutung zu erforschen.

werden, sondern lebt in der „Freigabe", in der Sein zu Gabe rückverwandelt wird: „Seinsempfängnis ist nur möglich, wenn das, was das Sein empfangen hat, dieses nicht absolut auf sich hin bezieht, sondern verdankt, indem es sich zum Ursprung zurückbewegt und damit das Sein in seiner Überwesenhaftigkeit ‚freigibt'."[151] Leben als Gabe wird so aus der Schuld heraus verständlich.

So sieht es auch Maria Otto in *Reue und Freiheit*: „Das Sein, das ich überkomme, ist nicht mein eigen, sondern Gabe. Da ich aus dem Nichts komme, bin ich in der Distanz vor dem Sein. Seine Bedingungen sind nicht in mir, sondern vor mir. Es ist mir gegeben, darum bin ich der Schuldner dieser Bedingung. Ich habe die Macht des Seins provisorisch: lasse ich seine Bedingungen unerfüllt, so eigne ich mir an, was mir nicht gehört, ich tue, als wäre ich nicht schuldig."[152] Wenngleich Maria Otto eine existentialistische und keine geschichtliche Deutung der Rechtfertigung gibt, wird hier die Bedeutung der Gabe aus dem Schuldigsein des Daseins verständlich. Dennoch erweist sich diese Lesart letztlich als Verkehrung der Sicht, weil Maria Otto den Ursprung der Gabe in der Zukunft verortet und damit der typischen Abkehr von der Vergangenheit anhängt: „So erschließt sich aus der Gabe des Seins, wenn sie als Gabe genommen wird, zweifache Orientierung: die Herkünftigkeit der Gabe weist auf den Geber, denn die Gabe ist nur dann verstanden, wenn in ihr ein Akt des Gebens herausleuchtet. Und die Zukünftigkeit der Gabe als die herankommende Möglichkeit, sie zu gebrauchen als dasselbe, was sie ist. Die Herkunft der Gabe aber ist die Richtung der Zukunft, sie liegt nie im Vergangenen – dort liegt das der Existenz eigene Nichts -, sondern vor ihr, als Aufgabe."[153]

Die Gabe wird auch und gerade dann aus der Schuldigkeit heraus verständlich, wenn das Dasein sich nicht als geworfenes, sondern als geborenes sieht. Gerade hier kommt die große Verbundenheit mit dem Anfang und der Vorgeschichte zum Ausdruck, wodurch überhaupt das Sein als Geschichte deutlich wird.[154]

Allein das Opfer ist das Mittel der Gegengabe, aber auch nur dann, wenn es symbolischen und stellvertretenden Charakter für die Gesamtheit des Lebens hat. Diese Bedeutung hat es aber gerade dann, wenn es im so genannten „Betrugsopfer" oder „Ersatzopfer" die Unmöglichkeit der Rückgabe und deshalb die Offenheit der Schuld zu erkennen gibt. Das wahre Opfer bricht mit der Talion und ist deshalb immer Stellvertretung oder „Ersatz".

Die Vollständigkeit des Opfers kann deshalb nur symbolisch und stellvertretend vollzogen werden. Bei diesem symbolischen Vollzug hat die „Geschichte des Helden" eine besondere Bedeutung. Sie soll nicht verstan-

151 Ulrich [1961] (1998) 402.
152 Otto [1961] (1987) 67.
153 Otto (1987) 68.
154 So Hannah Arendt [1958] (1981) 15: „Dabei ist aber das Handeln an die Grundbedingung der Natalität enger gebunden als Arbeiten und Herstellen. Der Neubeginn, der mit jeder Geburt in die Welt kommt, kann sich in der Welt nur darum zur Geltung bringen, weil dem Neuankömmling die Fähigkeit zukommt, selbst einen neuen Anfang zu machen, d.h. zu handeln."

den werden als Opfer des Helden, sondern seiner Geschichte. Durch dieses Opfer wird die Gegenwart und aktuelle Geschichte mit der Vorgeschichte, der es zu opfern gilt, verbunden. Der Einsatz des Helden wird zum stellvertretenden Opfer für alle. Das religiöse und rituelle Opfer ist also eine Synthese zwischen der Heldengeschichte und der aktuellen Geschichte, die in einem symbolischen Akt vorgenommen wird. Dieser symbolische Akt wird in der Opfermahlzeit vollzogen. Sie ist das Symbol der Gabe schlechthin.

Philosophisch ist dieser Zusammenhang von Ferdinand Ulrich dargestellt worden. Die Gabe wird hier verstanden als „Durchnichtung". In der Durchnichtung ist das Sein nicht vernichtet, sondern für seine Erhörung „geöffnet", die Ulrich als „Empfängnis" des Seinssinnes versteht.[155] Trotzdem wird diese Durchnichtung als „Hinrichtung" offenbart und zur Aufgabe im Sinne von Selbstaufgabe und Opfer erklärt. Damit wird das Sein als Gabe nur in der Hinrichtung verständlich: „Weil aber das Wesen aus dem Sein hervorgeht, so ist diese ‚Hinrichtung' des Seins durch das Wesen auf sich selbst hin nicht Vernichtung des Seins, sondern das Sich-behaupten des Seins im Sinne des Sich-aufrichtens zur Subsistenz als Endliches, sofern es sich im endlichen subsistere nie als ipsum esse einholt, obwohl es restlos gegeben ist. [...] Die Hinrichtung des Seins durch das Wesen ist nichts anderes als der Gehorsamsvollzug des Seins in seiner Verendlichung und Begrenzung."[156] In dieser Auslegung der Passion Jesu wird nicht nur die Bedeutung des Opfers schlechthin sichtbar, sondern auch die Bedeutung der Leiblichkeit, die als Verendlichung des Seins begriffen werden kann. Leiblichkeit als bewusste Leiblichkeit ist keine Substanz, weder eine stoffliche noch eine geistige, sondern die Transsubstantiation der Subsistenz in der Verendlichung des Seins, die Ulrich als Subsistenzbewegung begreift.[157]

Van Gennep weist in seiner Studie über *Übergangsriten* darauf hin, dass Opfermahlzeiten Angliederungsriten sind.[158] Die Mahlzeit als innigste Verbindung mit dem Stoff wird in der symbolischen Verspeisung des Helden zur Verinnerlichung seiner Geschichte. Damit wird die Nahrung als Zeichen der profanen Erhaltung auch zum Symbol der Erhaltung des Heils und ist Zeichen der körperlichen und geistigen Erneuerung. Hierdurch vollzieht sich das Wunder, dass das Opfer zur Regeneration wird, die Hingabe also mit Erneuerung belohnt wird.

Der religiöse Sinn des Opfers liegt also darin, durch das sakrale Mahl als Verinnerlichung des Helden und seiner Geschichte die Verbindung zu den

---

155 Ulrich (1998) 84.

156 Ulrich (1998) 84f.

157 Grätzel (2004 c).

158 Van Gennep (1999) 37: „Das gemeinsame Mahl bzw. der Ritus des gemeinsamen Essens [...] ist eindeutig ein Angliederungs- bzw. Binderitus im körperlichen Sinne und als ‚Sakrament der Kommunion' bezeichnet worden."

Toten, die diese Verbindung mit der Stärkung und Erneuerung im Mahl segnen, aufzunehmen. Die seelische, aber auch leibliche Begeisterung, die durch Nahrung und alkoholische Getränke, die bei vielen Opfermahlzeiten üblich sind, hervorgerufen werden, ist Zeichen des Überganges ins Totenreich und der geglückten Rückkehr.

V. Verarbeitung von Schuld

§ 14 Die stellvertretende Verarbeitung

Geschichte und Protagonist

Der große Stoff der Geschichten besteht in der Weiterführung, Umschreibung und Neugestaltung der Vorgeschichte, die bis zur Schwelle der Gegenwart geführt hat und von dort ab als unvollendet, unfertig und belastend erscheint. Die Anbindung an die Gegenwart und die Übernahme der Geschichte hat die Vollendung der durch den Tod unvollendeten und abgebrochenen Vorgeschichte zum Ziel und die Wiederherstellung der Kontinuität und damit der gesamten Zeit. Da der Tod nicht nur Bruch, sondern Übergang ist, an dem die Geschichte der Vorfahren gleichsam übergeben wird, ist er das zentrale Ereignis nicht nur des In-Geschichten-seins, sondern aller Geschichten, die sich mit der Geschichtlichkeit auseinandersetzen und darin der Rechtfertigung der Lebenden dienen, allen voran die Mythen, Märchen und Sagen. In diesen Geschichten hat der Tod die zentrale Aufgabe, für die Hinterbliebenen Herausforderung und Angebot zugleich zu sein.

In dieser Ambivalenz werden die Nachfahren in ihrem Dasein angeklagt und erlöst. Doch zwischen Anklage und Erlösung liegt die Zuwendung und Hingabe an die Gewesenen und an das Gewesene in der Rechtfertigung. Diese Zuwendung verlangt das Hineingehen in die Geschichte, das heißt die Aufsuchung des Totenreiches. Die erlösende Geschichte ist also die Geschichte des Ganges in die Unterwelt.

Der große Stoff der Geschichten handelt von diesem Gang in die Geschichte und ist darin die Zuwendung der Geschichte zu ihrer Vorgeschichte. Die Handlung dieser Zuwendung erzählt vom Gang in das Reich der Toten oder stellt sie dar. Zwischen der Anklage des durch den Tod abgebrochenen Lebens der Vorfahren und der Erlösung von dieser Anklage liegt also der Gang in die Geschichte als Gang in die Unterwelt, durch den letztlich auch die Anklagenden, die Toten und ihr ungelebtes und versagt gebliebenes Leben erlöst werden. Die Wiederherstellung liegt in der Anbindung, im „Band der Gehugnis“, das in der Rechtfertigung durch den Gang in das Reich der Toten geknüpft wird. Mit der Verbindung zur Vorwelt wird aber auch die Last der Vergangenheit und Schuld aufgebürdet, die letztlich für die Lebenden untragbar wäre, wenn nicht die Gewissheit bestünde, ihrerseits von den Kindern und Enkeln erlöst zu werden.

Diese Aufgabe der Versöhnung knüpft sich an die Figur des Erlösers, der als „Held“ zum Protagonisten der Geschichte aller Geschichten, der Heldengeschichte als Typus der Erlösungsgeschichte wird. In der protagonistischen Geschichte geht es darum, den Tod durch Versöhnung zu besiegen. Die Heldengeschichte ist die Geschichte der Höllen- und Todesfahrt des Helden. Im Zentrum der Geschichte steht der Eintritt in das Reich der Toten mit dem Ziel, den Tod zu überwinden, indem die Toten und ihr „Neid" auf die Lebenden beruhigt werden.

Die Struktur aller Heldengeschichten und damit auch moderner Abenteuergeschichten und Märchen ist identisch, soweit sie von Befreiung und Erlösung des Menschen handeln. Erstmals hat Wladimir Propp eine solche Struktur der Geschichte bei Märchen festgestellt: „Die konstanten und unveränderlichen Elemente des Märchens sind die Funktionen der handelnden Personen, unabhängig davon, von wem oder wie sie ausgeführt werden. Sie bilden die wesentlichen Bestandteile des Märchens. Die Zahl der Funktionen ist für das Zaubermärchen begrenzt. [...] Die Reihenfolge der Funktionen ist stets ein und dieselbe. [...] Alle Zaubermärchen bilden hinsichtlich ihrer Struktur einen einzigen Typ."[1] Propp hat herausgestellt, dass nicht der Inhalt der Märchen, sondern ihre Struktur wirksam ist. Dieser Ansicht muss hier teilweise widersprochen werden, weil, wie gezeigt werden soll, der Inhalt nicht bedeutungslos ist. In diesem Sinn hat auch Paul Ricoeur Kritik an Propp geübt, die in der Bemerkung gipfelt, dass die „narrative Zeit nicht mehr die bloße Abfolge von Segmenten ist, die einander äußerlich sind, sondern die spannungsreiche Dauer zwischen einem Anfang und einem Ende."[2] Die Kritik von Ricoeur ist aber nur zum Teil zutreffend, da die Struktur der Geschichte sehr wohl eine Auswirkung auf den Inhalt hat. Der Inhalt ist die Struktur und umgekehrt, weil im typischen Märchen als Heldengeschichte die Geschichtlichkeit des Daseins selbst mit seiner sensiblen Struktur der Vor- und Nachgeschichte zum Thema wird. Präziser in dieser Hinsicht ist Josef Campbell, der eine Typologie des Mythos überhaupt entwickelt.[3] Diese Typologie ist zum Muster für Drehbuchautoren geworden. Der Erfolg dieses Musters zeigt an, dass hier eine grundsätzliche Dramaturgie entworfen ist.[4]

Der genuine Typus der Heldengeschichte als Geschichte der Höllen- und Todesfahrt spiegelt sich in unterschiedlichen Formen wider und reicht bis zu den Abenteuern der modernen Helden. Die Faszination ihrer Geschichten liegt in dem Stoff der Geschichte, der immer gleich ist und die Überwindung des Todes bezeugt. Diese Überwindung ist aber als Überwindung der Schuld zu verstehen, die gegenüber den Toten besteht und welche die Hinterbliebenen zum Andenken und Gedächtnis in jedweder Form verpflichtet. Die Überwindung des Todes liegt damit in der Überwindung der Gestalten, die als Sinnbilder oder Boten das „Leben" der Toten repräsentieren. Sie sind es, die der Held bei seiner Todesfahrt bezwingt.

1 Propp [1928] (1972) 27ff.
2 Ricoeur [1984] (1989) 67.
3 Campbell [1948] (1999).
4 Vogler (1999).

In der griechischen Mythologie ist Herakles der Inbegriff des Helden. Von den berühmten zwölf Aufgaben gelten zehn der Überwindung des Todes oder der durch den Tod und die Toten gestellten Problematik.

Dieser Todesbezug ist vor allem von Karl Kerényi in *Die Mythologie der Griechen* herausgestellt worden.[5] Der „Löwe von Nemea", die „Schlange von Lerna", die „Hirschkuh von Keryneia", der „Eber von Erymanthos", die „Vögel vom Stymphalossee", die „Rosse des Diomedes", die „Rinder des Geryoneus" und der „Hund des Hades" stehen unmittelbar für den Tod. Die „Stallungen des Augeias", die Herakles reinigt, und die „Äpfel der Hesperiden" vertreten den Tod indirekt, indem sie für den Reichtum des Lebens stehen, der durch den Tod gespendet wird. Das wird besonders im Reinigungsmotiv[6] deutlich, bei dem die Ambivalenz von Schmutz und Reichtum herausgestellt wird. Kerényi vermutet, dass es sich bei den anderen beiden Aufgaben, die nicht das Todesmotiv tragen, dem „Stier des Minos" und dem „Gürtel der Amazonenkönigin", wahrscheinlich um spätere Hinzufügungen handelt.[7] Das würde bedeuten, dass bereits hier die ursprüngliche Bedeutung der Heldentat sich zu verlieren beginnt.

Angefangen bei der Überwindung des „Löwen von Nemea" bis hin zum „Höllenhund Kerberos", den Herakles aus dem Hades heraufführt, geben die Aufgaben und ihre Lösungen den Stoff der Geschichte aller Geschichten, die Konfrontation der Lebenden mit den Toten, die daraus entstehende Schuldproblematik und die Überwindung und Heilung von der Schuld in der Vollendung durch die Todesfahrt. Nach der Lösung der Aufgaben und seiner Rückkehr aus der Unterwelt erhält Herakles den Beinamen „Kallinikos", weil er den schönsten aller Siege, den Sieg über den Tod errungen hat.[8]

Zur Bedeutung der Heroen gibt es eine lange Auseinandersetzung. So schreibt Nilsson: „Der primitivste und massivste Glaube ist der an den wiederkehrenden Toten, der in voller Körperlichkeit aus dem Grabe emporsteigt, um Freunden zu helfen und Feinde zu schädigen, wie es die Landesheroen tun. [...] Das ist der Schlüssel zum Verständnis des Kultes der Heroen, der aus dem Totenkult entstanden ist. [...] Anfänglich ist der Heroenkult nichts als der Kultus eines Toten, der nicht nur die Angelegenheit der Familie sondern des Volkes ist. Wenn man sich in die Verhältnisse der Ritterzeit zurückversetzt, wird man verstehen, daß das Wort *heros* ursprünglich und noch bei Homer ‚Fürst', ‚Adelsmann' bezeichnet – ‚Herr' ist die beste Übersetzung, wenn unter ‚Herr' Mitglied des Herrenstandes verstanden wird. [...] Der Heroenkultus ist dem Glauben an das körperliche Fortleben eines mächtigen Toten entsprungen." Nilsson ist hier weitgehend Spencers Theorie über den Ursprung der Religionen verpflichtet. Dazu bemerkt Usener einschränkend: „An sich sind *heroen* die seligen geis-

5 Kerényi (1958) 155-198.
6 Kerényi (1958) 167.
7 Kerényi (1958) 175.
8 Kerényi (1958) 199.

ter der abgeschiedenen, vorab der ahnen.“[9] Des Weiteren kritisiert Usener allerdings die „Spencersche theorie“ wegen ihrer Ausschließlichkeit: „Weil die verehrung der toten eine reiche und wichtige quelle religiöser und abergläubischer vorstellungen ist, darum muß sie doch nicht die einzige sein.“[10] Er kommt zu dem abweichenden Ergebnis, dass die Heroen „ursprünglich götter waren“, die durch die „macht der sage“ herabgesunken seien.[11] Diese Überzeugung hat Usener zu seinem Konzept der „Sondergötter“ gebracht, die als Gründer und Erfinder mit Tätigkeiten des „lebendigen geistes“[12] – im Unterschied zum Totenkult – in Verbindung stehen. Damit war der Heroenglaube vollständig bagatellisiert. An späterer Stelle schreibt Nilsson dazu: „Den Beweis dafür, daß die wirklichen und ursprünglichen Heroen gestorbene Menschen sind, liefern einmal der eingewurzelte Brauch der geschichtlichen Zeit, verstorbene Menschen zu Heroen zu erheben, der nicht hätte Platz greifen können, wenn er nicht auf einer in die Vorzeit zurückreichenden Tradition beruht hätte, und zweitens die Art des Heroenkultes, der mit dem Totenkult in seinen ursprünglichen Formen identisch und von dem Götterkult scharf getrennt ist.“[13]

Die Handlung der Heldengeschichte ist vom Typus her immer gleich. Sie handelt von der Befreiung der Lebenden, die der Held durch die Erlösung der Toten bringt. Als typischer Held ist er kein allmächtiges Individuum wie *Superman* oder andere moderne Helden, wenngleich der moderne Held sein Vorbild im mythischen Helden hat. Die im Prinzip unlösbare Aufgabe, die Toten zu erlösen und damit die der Lebenden zu befreien, ist nicht durch persönliche Stärke, sondern durch die Mächtigkeit des Lebens selbst gewährleistet, das durch die Verbindung der Geschichten und die davon ausgehenden Verbindlichkeiten geschichtlich ist. Nicht die Persönlichkeit des Helden lässt diesen im Grunde aussichtslosen Kampf gegen den Tod gewinnen, sondern die Schwäche des Todes, die er sich in den Aufgaben leistet, indem er hier zu einer konkreten Gestalt in einer Geschichte wird. Die Befreiung vom Tod ist die Integration dieser Gestalt in die Geschichte der Lebenden, indem der Tod, der immer auch der Tote ist, „heimgeholt“ wird. Dies zeigt sich in der Lösung der Aufgaben durch Herakles. Die Lösung des eigentlich Unlösbaren liegt auch hier in der Heimholung des Todes, wobei König Eurystheus, der die Aufgaben gestellt hat, als Erzfeigling die Perspektive des sterblichen Menschen einnimmt, der selbst gegenüber dem gezähmten und besiegten Tod noch Angst empfindet.

Der Kampf gegen das Böse und dessen Vernichtung, der zum Zentrum vieler, auch gerade moderner Heldengeschichten gehört, zeugt allerdings schon von einer Weltanschauung, welche die Toten in die Unterwelt ver-

9 Usener [1896] (1948) 248.
10 Usener (1948) 254.
11 Usener (1948) 255.
12 Usener (1948) 254.
13 Nilsson (1955) 186.

bannt hat. Das Ziel der mythischen Geschichte besteht aber darin, das Leben zu seiner Einheit mit dem Tod zu führen, um darin die Geschichtlichkeit und Kontinuität des Lebens aufzuzeigen und zu lösen.

Die Heldengeschichte hat nun folgenden typischen Ablauf.[14] Der Held wird aus seiner gewohnten Welt, die für die profane Welt steht, herausgerissen, er folgt einem Ruf oder einem Auftrag und begibt sich auf eine Reise, die ihn in die Unterwelt führt. Bevor er diesen sakralen und tabuisierten Bereich betritt, muss er eine oder mehrere Prüfungen oder Kämpfe bestehen und überschreitet dabei jeweils die Schwellen des Vertrauten, Alltäglichen und Profanen. Das Betreten der sakralen Zone ist also nicht ohne Weiteres möglich, sondern fordert übernatürliche geistige und körperliche Kräfte. In der Unterwelt begegnet er dem Namenlosen und Unsagbaren, das in Gestalt eines Ungeheuers bekämpft und besiegt wird. Kommt dem Ungeheuer auch gerade in den modernen Heldengeschichten die Rolle des Bösen zu, so ist doch diese Moralisierung nicht zwingend mit der Geschichte selbst verbunden. Der Ursprung des Bösen ist, wie im Zusammenhang mit der gnostischen Weltdeutung deutlich wird, eine Folge des Dualismus der Welten und damit der nicht geglückten Vermittlung zwischen Unterwelt und Oberwelt, zwischen Vorgeschichte und Geschichte. Dagegen ist die geglückte Vermittlung und Integration ein Sieg über den Tod in seiner Bedeutung als Vergangenheit, die unvergangen ist. Es ist damit ein Sieg über die Schuld durch ein In-den-Dienst-treten für das ungelebte Leben der Vorzeit, das mit der Vermittlung nun angenommen werden kann. Der Sieg liegt im Empfangen-können der Vergangenheit.

Da dem Helden das Betreten der Unterwelt und der Sieg über den Tod gelingt, ist er Herrscher beider Welten und vermittelt die Unterwelt mit der Oberwelt. Er kommt aus der Unterwelt mit einer frohen Botschaft zurück und übergibt den Reichtum an die Oberwelt. Der Reichtum der Oberwelt, das Leben, ist jetzt gerechtfertigt. Erst mit der Wiederherstellung der Unterwelt ist die Oberwelt erlöst und in ihr Recht gesetzt. Der Gang in die Unterwelt befreit beide Welten von dem Übel der Schuld und gibt erst damit den Lebenden auf der Oberwelt ihr Recht auf Leben.

Der Held ist insofern ein Protagonist, als er die Geschichte des In-die-Geschichte-gehens und damit überhaupt das In-Geschichten-sein spielt. Die Geschichte des Helden ist die Geschichte der Geschichten und stellt die

---

14 Vogler (1999) 54. Hier wird eine Tabelle der Stationen entworfen, welche die Anweisungen für das Drehbuch mit der Strukturierung Campbells vergleicht. Die Fassung Voglers zeigt dabei die grundlegendere Dramaturgie. Der Ablauf der Geschichte ist wie folgt: „1. Akt: Gewohnte Welt, Ruf des Abenteuers, Weigerung, Begegnung mit dem Mentor, Überschreiten der ersten Schwelle; 2. Akt: Bewährungsproben, Verbündete, Feinde, Vordringen zur tiefsten Höhle/zum empfindlichsten Kern, entscheidende Prüfung (Feuerprobe) Belohnung 3. Akt: Rückweg, Auferstehung, Rückkehr mit dem Elixier, (das für das Leben steht)."

Aufgabe und Pflicht heraus, die Unterwelt mit der Oberwelt zu verbinden und zu versöhnen. Wenn im Mythos die Zeit durch den Raum repräsentiert wird, ist die sakrale, unzugängliche Zeit der Vorgeschichte – *tempus* – einem heiligen Bezirk – *templum* – zugeordnet. Der heilige Bezirk des Tempels ist von der profanen Welt abgetrennt, weil er für das tabuisierte Reich der Toten und ihrer Geschichte steht. In dieser symbolischen Übertragung der Zeit auf den Raum ist die Geschichte und das In-Geschichten-sein räumlich inszeniert. Die zeitliche Zerteilung des In-Geschichten-seins in Vor- und Nachgeschichte wird in der räumlichen Aufteilung versinnlicht und veranschaulicht.

Die vielfältige Bedeutung von *templum* als „Kreuzung, Zeitmesser, Kultstätte und Versammlungsort“[15] war für die Wissenschaft immer schon rätselhaft, da hier völlig unterschiedliche Bedeutungen zusammengeflossen sind. Hermann Useners Deutung hat dann etwas Licht in die Angelegenheit gebracht: „Die grundworte temnos (tempus) templum bedeuten nichts anderes als schneidung, kreuzung: zwei sich kreuzenden dachsparren oder balken bilden noch im mund der späteren zimmerleute ein templum; in natürlichem fortschritt hat sich daraus die bedeutung des auf solche weise geteilten raums entwickelt, in tempus ist der himmelsabschnitt (z.b. osten) in die tageszeit (z.b. morgen) und dann allgemein in die zeit übergegangen.“[16] Mircea Eliade, der auf diese Deutung Useners hinweist, zieht daraus einen allerdings gewagten Schluss: „Alle diese Tatsachen scheinen folgende Bedeutung zu haben: für den religiösen Menschen der archaischen Kulturen erneuert sich die Welt jedes Jahr, mit anderen Worten, sie gewinnt mit jedem neuen Jahr ihre ursprüngliche Heiligkeit zurück, die sie besaß, als sie aus den Händen des Schöpfers hervorging.“[17] Warum es für diese schöne Erneuerung eines tabuisierten Bereichs bedarf, wird aus der Erklärung Eliades allerdings nicht deutlich. Obwohl Eliade seinen Vorgängern, die von Mächten und Kräften sprechen, mit seinem Symbolismus überlegen ist, erschließt sich das templum und seine raum-zeitliche Bedeutung nicht aus dem bloßen Symbol der Erneuerung und Wiedergeburt, da hierbei die Schuldthematik, welche die Übergänge zur heiklen und bedrohlichen Situation werden lässt, nicht zur Sprache kommt.

Die Reise des Helden in die Unterwelt ist ein Gang in die Vorgeschichte. Er erfüllt damit die wichtigste Aufgabe einer mythisch, also geschichtlich gegründeten und verankerten Gemeinschaft, die Kontinuität der Geschichte zu gewährleisten. Diese Aufgabe kann nur mit der Lösung der Schuldfrage erfüllt werden, indem die Toten von der Schuld entlastet und damit erlöst werden. Diese Pflichterfüllung des Helden geschieht stellvertretend für die Gemeinschaft. Doch die Gemeinschaft trägt die aus der Unterwelt gebrachte Last und realisiert darin die Reise des Helden als für sie geschehene Erlösung.

---

15 Müller (1938) 39.
16 Usener (1948) 191f.
17 Eliade [1957/1965] (1984) 68f.

Die sakrale Welt der Vorgeschichte als der mit Schuld kontaminierte Bereich ist für „normale“ Sterbliche unzugänglich. Sie können nicht zu Mittlern der beiden Welten, der Ober- und Unterwelt, berufen werden. Die mythische Rechtfertigung braucht also einen Helden, der als Stellvertreter die Unterwelt und die Welt der Schuld aufsucht. Um diese Besonderheit des Rufes und die Lösung der Aufgabe ranken sich die konkreten Mythen in ihrer Vielfalt der Geschichten. Der Ruf ist in jedem Fall der Ruf des Gewissens und der Schuld, der das alltägliche Leben durchdringen und vernichten kann.[18] Er bildet die Grundlage für die „Berufung“ als diejenige Aufgabe, die auch für den modernen Menschen zum Beginn seiner Lebensgeschichte werden kann.

Die archaische Form dieses Rufes und der ihm folgenden Handlung ergibt sich aus dem Bewusstsein als Schuldbewusstsein im Verdankt- und Verpflichtetsein des Daseins gegenüber seiner Vorgeschichte. Aus dieser grundsätzlichen Offenheit heraus ist jeder grundsätzlich zum Helden berufen. Darin liegt der Realismus der Stellvertretung. Jedes Bewusstsein ist angerufen und zum Helden berufen. Die mythische Rechtfertigung des Daseins gegenüber der Schuld ist damit nicht nur die Lebensform archaischer oder primitiver Gesellschaften, sondern die primäre und umfassende Rechtfertigung jedes bewusst werdenden Lebens, auch in der modernen Gesellschaft. Die Probleme, die sich hier ergeben, liegen in der Rationalisierung der Lebensbegründung, die keine kulturelle Auseinandersetzung mit der Daseinsschuld mehr kennt, wie sie etwa in der Initiation gesehen werden kann, die den Übergang der Geschichten von Leben zu Tod und von Tod zu Leben inszeniert.

Der Psychoanalytiker Luigi Zoja vertritt hierzu die These, dass das in modernen Gesellschaften stark verbreitete Phänomen der „Sucht“ auf das Verschwinden der Initiation zurück zu führen sei.[19] Der moderne Mensch habe mit dem Verzicht auf diesen Ritus die Fähigkeit verloren, das Alte zu beenden und Neuanfänge zu setzen. Deshalb gerät er in einen Wiederholungszwang, wenn er, wie im Rausch, Erfahrungen der Selbstentgrenzung macht. Diese These ist allerdings nur psychologisch untermauert, wenngleich die Psychologie von C. G. Jung, die hier vorherrschend ist, Verbindungen zur Mythologie herstellt. Der Held wird hier fälschlich als Typus für die individuelle Selbstwerdung des Menschen verstanden. Entsprechend sieht Zoja im Süchtigen einen „negativen Helden“,[20] der die Selbstwerdung nur auf dem Weg der Zerstörung erfahren kann. Der Held der Initiation ist aber nicht der Protagonist des Ich und seine Mission nicht das Abenteuer der Selbstwerdung, sondern er ist der Erlöser der Schuld. Selbstwerdung ist nur möglich, wenn der Held diese Aufgabe der Erlösung

18 Es sei hier an Heideggers Auslegung des „Rufes“ erinnert (siehe oben § 9). Ob der Ruf im „Modus des Schweigens“ ertönen kann, wie Heidegger behauptet, ist fraglich.
19 Zoja [1985] (1997).
20 Zoja (1997) 31ff.

erfüllt hat. Sieht man von dieser psychologischen Verkennung ab, dann wird hier eine tiefe Bedeutung der Initiation und ihres Ersatzes in modernen Gesellschaften durch die Sucht deutlich. Der Süchtige ist aber dann deshalb der negative Held, weil er die Erlösung gerade auf eigene Faust sucht. Insofern ist er der Protagonist des unerlösten Menschen, der wie Sisyphos vergeblich den Stein aus dem Hades wälzt.

Der Mythos rechtfertigt das Leben, indem er die Schuld der Vorfahren übernimmt und an die Nachfahren weitergibt. Die konkrete Inszenierung der Hingabe und des Opfers in der Geschichte des Helden erfüllt die umfangreichen Ansprüche, welche die Schuld an die Rechtfertigung stellt, allen voran die Geschichtlichkeit der Schuld, die nur in der Übernahme und Weitergabe der geschichtlichen Schuld auf das gesamte Geschlecht abgetragen werden kann. Die Schwierigkeit dieser Aufgabe fordert eine Heldentat übernatürlichen Ausmaßes, denn sie verlangt die Aufsuchung des Reiches des Vergangenen und des Todes. Die Heldengeschichte ist damit zugleich Nacherzählung und Vorbild, weil sie als Grundmythos stellvertretend für die Geschichte des Lebens selbst steht und damit zugleich Geschichte und Verheißung, Bericht und Auftrag ist. Der Held ist Stellvertreter für jeden Einzelnen der Gesellschaft und seine Geschichte ist die Geschichte des gesamten Geschlechts, an der jeder Einzelne mitzuwirken hat.

Die Anerkennung und rituelle Umsetzung der geschichtlichen Schuld verheißt eine Heilung und Wiederherstellung Aller, auch der Verbrecher und Erzverbrecher.[21] Wiederherstellung ist erst dann erreicht, wenn keine, auch keine vergangene Schuld mehr aussteht. Die Schuld wird damit zur Verheißung, dass am Ende Alle erlöst sein können, wenn Alle die Schuld getragen haben und darin zu Helden an der Geschichte geworden sind. Darin besteht der Ruf des Gewissens, der sich in der Berufung zum Helden konkretisiert. In der Berufung des Helden ertönt der Ruf des Gewissens.

Die mythische Rechtfertigung vollzieht sich in der Geschichte des Helden, die stellvertretend für Alle die Geschichte der Wiederherstellung des Heils erzählt. Der Rechtfertigungscharakter liegt hier in der Struktur der Geschichte – vom Ruf über die Prüfungen, der Reise ins Unbekannte mit Besiegung des Ungeheuers und Befreiung vom Bösen bis hin zur Rückkehr mit der frohen Botschaft – nicht in ihrer inhaltlichen Ausgestaltung. Die Struktur zeigt das In-Geschichten-sein als Gefahr und Herausforderung, aber auch als Befreiung und Erlösung. Die erlösende Funktion dieses Aufbaus liegt in der hier vollzogenen Rechtfertigung der Lebenden gegenüber den Ahnen und der gesamten Schöpfung, die sich für die Lebenden hingibt und verbraucht wird. Die konkrete Ausgestaltung des Mythos ist von sekundärer Bedeutung, denn die Struktur ist nicht nur allgemeingültig, sie

21 Siehe § 3 und § 17.

kann und muss auch von jedem Einzelnen als persönliche Geschichte und deren Ideal übernommen werden.

Die sekundäre Bedeutung der konkreten Geschichte gegenüber der Struktur der Heldengeschichte überhaupt sollte nicht darüber hinwegtäuschen, dass die Faszination dieser Geschichten auch in der Vielfalt der Gestaltung des Grundmotivs liegt. Wie das Leben nur in seinem konkreten Geschehen, so lebt die Geschichte von ihrer Erzählung und der Art der Darstellung. Mit der Herausstellung des Protagonisten und seiner Geschichte als Geschichte aller Geschichten soll aber das Motiv derselben deutlich werden, Leben von seiner Schuld zu erlösen. Die Erzählung bietet die Möglichkeit zur Versetzung oder gar Entrückung, sie ist das Medium der Versetzung. Da Leben Geschichte oder Lebensgeschichte ist und sich nicht außerhalb dieses geschichtlichen Geschehens abspielt, ist die erzählte Geschichte immer eine Anknüpfung an gelebtes Leben und entwickelt erst in dieser Verstrickung ihren „realistischen" Gehalt.

In diesem Sinn ist die Heldengeschichte universell. Ihre Schlüsselfunktion liegt in der Rechtfertigung des Einzelnen und seines gesamten Geschlechts. In der Thematisierung des Schuldproblems und seiner Lösung ist die Rechtfertigung in der Wiederherstellung der Kontinuität der Geschichte vollzogen. Der große Übergang des Lebens zur Vergangenheit hin wird überschritten, damit die Gegenwart und Zukunft eingebunden werden und in der Einbindung ihre Erlösung erfahren.

Leibliche Gegenwart von Geschichte

Der Leib des Helden, der in der Opfermahlzeit verzehrt wird, ist seine Geschichte, die zur Gegenwart und zur Verinnerlichung der Gegenwart von Vergangenheit der Ahnen wird. Durch die Verinnerlichung des Helden werden sie mit den Lebenden verbunden. Der Leib ist als Materie zugleich Geschichte und damit Vergangenheit, er ist die inkarnierte Geschichte der Ahnen, die mit der Verzehrung aufgenommen und angenommen wird. Die Verinnerlichung nimmt den Leib als das, was er geschichtlich ist, als Fleisch gewordene Geschichte. Im Leib kreuzt sich die horizontale und vertikale Linie der Solidargemeinschaft, ihre geschichtliche, von der Vergangenheit in die Zukunft reichende und ihre gegenwärtig gemeinschaftliche Achse. Der Leib ist sichtbare Anwesenheit der Ahnen und damit der faktisch Abwesenden. Er ist als Gegenwart und zugleich Spur das Symbol für die geschichtliche Schuld, die von den Ahnen übernommen und an die Nachkommen weitergegeben wird. Der Leib ist darin Pflicht zum Dasein und Vollbringen des Unsichtbaren im Sichtbaren und selbst das Zeichen der Berührung der Geschichten. Von daher ist er nicht nur der lebendige Körper, sondern auch das lebendige Symbol der Abwesenden, die seine Anwesenheit ermöglicht haben. Dieses Berührtsein von Vergangenheit macht ihn zum Träger, zum Subjekt der Schuld, das durch das Verdankt- und Verpflichtetsein gebunden ist. Seine Gegenwart der eigenen Vergänglichkeit ist durchsetzt mit Vergangenheit, der vertikalen Achse des Verdankt- und Verpflichtetseins.

Der Leib wird zum „Tempel" in der oben genannten Bedeutung der „Kreuzung". Das Symbol des Kreuzes bringt die Kreuzung der Geschichten als Zeichen des Verdankt- und Verpflichtetseins zum Ausdruck. In der wissenschaftlichen Auseinandersetzung mit dem Kreuz als nichtchristlichem oder vorchristlichem Symbol finden sich die Hinweise auf die kosmische Dimension[22] dieses Symbols oder auf seine Bedeutung als „Urzeichen".[23] Eliade, der bemüht war, allgemeine religiöse Symbole zu definieren, erwähnt es erstaunlicherweise nur kurz in Verbindung mit dem Lebensbaum.[24]

Die Einträge in theologischen und religionswissenschaftlichen Handbüchern sind auch der Bedeutung dieses Symbols nicht angemessen.[25] Eine Ausnahme bildet die umfassende Darstellung von Hugo Rahner in *Symbole der Kirche*, die eine Verbindung von heidnischer und christlicher Symbolik herzustellen vermag.[26] Rahner verdeutlicht dabei besonders die nautische Herkunft des Kreuzsymbols. Die häufig gezogene Parallele zwischen dem an den Mast gefesselten Odysseus und dem ans Kreuz geschlagenen Jesus nimmt er zum Ausgangspunkt seiner symbolgeschichtlichen Untersuchung des Kreuzes: „Der Grund, warum die Väter für die Symbolik der christlichen Meerfahrt aus dem Reichtum der odysseischen Abenteuer gerade den Sirenenmythos bevorzugt haben, liegt nicht nur in der Beliebtheit des Motivs in hellenistischer Zeit. Vielmehr war gerade die seltsame Doppelgestalt der Sirenen als schöne und zugleich gefährliche Wesen, als tiefwissende und zugleich sinnenreizende Dämonen, geeignet, ihren genuin christlichen Gedanken von dem kalòs kíndynos, der ‚herrlichen und zugleich gefährlichen' Meerfahrt der Kirche Ausdruck zu geben."[27]

In Rahners Deutung wird der allegorische Gebrauch des Bildes vom Kreuz in einer Weise hervorgehoben, die vielleicht schon zum ideologischen Rüstzeug der alten Kirche gehört haben mag, die aber keineswegs mehr den Symbolcharakter dieses Bildes trifft. Denn die „Doppelgestalt" der Sirenen und ihre gefährliche Schönheit ist ein Grundzug aller Totengeister, für die auch sie bildhaft stehen. Keine moderne Psychologie der Faszination und Angst ist in der Lage, diese Begegnung mit dem Tod rational auszudeuten.

---

22 Rahner (1992) 63-66.
23 Lanczkowski (1990), Ziehr (1997), Müller (1938).
24 Eliade (1989) 337ff.
25 Der Grund dafür mag in dem Alleinanspruch der christlichen Religion liegen. So etwa in der früheren Auflage vom Lexikon für Theologie und Kirche: „Im Hinblick auf die Einzigartigkeit des christlichen Kreuz-Mysteriums tritt die Frage nach dem Verhältnis des christlichen Kreuzes zu seinen religionsgeschichtlichen Vorstufen und Parallelen zurück." LThK (1961) 6/606.
26 Rahner (1964) 239-405.
27 Rahner (1964) 252.

Der Mythos stellt nicht die Todesangst dar, sondern die Verlockung des Todes. Die Gebundenheit an das Kreuz, die im Odysseus-Mythos zum glücklichen Verlauf der Fahrt führt, steht im Widerspruch zur Ungebundenheit des Lebens, das mit seiner Herrschaft des „Rohfressenden", des Todes und dessen ethischer Gleichgültigkeit und Schuldlosigkeit lockt. Der hörende, d.h. der wissende Mensch widersteht der Verlockung, der Gebundenheit an den Leib zu entkommen, erst, wenn er sich fest kettet. Er stellt sich damit dem Leben und seiner Verpflichtung, statt in die Freiheit des Todes zu fliehen.

Der Leib vergegenwärtigt aber nicht nur die Spur der Ahnen, er ist auch das alltägliche Gegenüber, die sichtbare Gegenwart des Selbst und der Anderen. Leibsein heißt also auch, der Gegenwart verpflichtet zu sein, die Gegenwart zu pflegen, um der Vergangenheit und Zukunft gerecht zu werden. Das Recht auf Leben, das sich das Leibsein genommen hat und das in der Gegenwart mit den Anderen ausgelebt wird, ist im Nu des Augenblickes durchkreuzt von der Gegenwart der Vergangenen, die allein dieses Recht geben und damit die Empfänger zu Verschuldeten machen. Der Leib wird so zum Rechtsträger und Schuldträger, zum Rechtssubjekt und Schuldsubjekt, weil er eine sichtbare Geschichte ist, die aus einer Vorgeschichte herkommt und von ihr geschichtlich durchdrungen ist. Der Leib ist zugleich Ding und Geschichte und damit auch das Kreuz der Zeitachsen. Aus der Perspektive des Leibsubjekts ist er etwas, das dem Subjekt gehört und für das das Subjekt ein Recht auf Leben beansprucht und ausübt. Darüber hinaus gehört der Leib dem Subjekt nicht an, er ist ohne Besitzrechte nur verliehen mit der Verpflichtung, die Kontinuität der Geschichte zu erhalten. Mit den Zeitachsen kreuzen sich im Leib auch Recht und Pflicht und spiegeln damit die Dimension der Solidargemeinschaft und ihr In-Geschichten-sein wider.

Der Leib ist so das lebendige Symbol des In-Geschichten-seins. Die Problematik der Überlagerung von Geschichten und ihrer Schnittstellen an den Übergängen ist hier veranschaulicht und gleichsam vergegenständlicht. Die symbolische Lebendigkeit des Leibes, die ihn zum Träger von Zeichen macht, ist nicht eine auf die Gegenständlichkeit und Fleischlichkeit des Leibes zurückgehende Bedeutsamkeit. Der Leib ist vielmehr selbst das Zeichen für die Geschichtlichkeit und damit Träger einer Realität, welche die Vergangenheit und ihre Abwesenheit vertritt.

In der Opfermahlzeit wird der Held und mit ihm der Protagonist der Vorgeschichte und ihre Anbindung verinnerlicht. Sie ist eine Verinnerlichung von Geschichte in ihrem sensiblen Punkt der Anbindung und Weiterführung, die durch den Helden gewährleistet ist.

In diesem für heutige Gefühle abstoßenden Vergleich des Sakraments mit Kannibalismus sieht van der Leeuw den Zugang zur Bedeutung des sakramentalen Mahls. Allerdings bleibt ihm infolge seiner präanimistischen Vorstellungen der eigentliche Sinn der Verschlingung verborgen. Jedenfalls ist die von ihm gegebene Erklärung der Einverleibung von Macht zwar nicht falsch, aber auch nicht ausreichend: „Kannibalismus und Sakrament mögen wohl als eine merkwürdige Kombination erscheinen, doch ist dies gar nicht so seltsam. Menschenfleisch essen hat in erster Linie den Erwerb, die Aneignung im ganz buchstäblichen Sinn des ‚Seelenstoffes' zum Ziel, die Lebensmacht eines anderen."[28] Warum durch die Einverleibung des Fleisches Macht übernommen wird, bleibt hier ein Geheimnis. Die Macht – wenn überhaupt davon die Rede sein soll – geht nämlich nicht von der Substanz, sondern von der Geschichte aus, die sich im Fleisch und als Fleisch materialisiert hat.[29] Es werden auch verschiedene Bräuche verständlich, die van der Leeuw in diesem Zusammenhang aufführt. So erwähnt er die „*cathedra*, das Mahl, das die Angehörigen am Todestag der verschiedenen Gläubigen auf den Gräbern anrichten. Der Verstorbene wird als Gastgeber vorgestellt. Er liegt auf einer Ruhebank, die Speisen stehen auf dem Tisch vor ihm. Die Teilnehmer sind bekränzt, damit ist ausgedrückt, daß sie das Zeichen des Sieges tragen, denn der Sterbetag ist eigentlich ein Geburtstag, *natalicium*. Das ist ein heidnischer Brauch, wohl aber mit viel Christlichem gemischt, wenn die Gemeinschaft mit den Toten sakramental verwirklicht wird."[30] Dieses Beispiel zeigt aber nicht nur die von van der Leeuw nur angedeutete Vermischung oder eher Überdeutung von heidnischem durch christliches Denken, sie zeigt in erster Linie, dass es im Opfermahl nicht um das Verschlingen des Leibes selbst und der mächtigen Substanz geht, sondern um die Übergabe der Geschichte von den Ahnen an die Lebenden. Das Opfermahl ist, wie dieses Beispiel der „cathedra" eigentlich zeigt, das gemeinsame Mahl der Toten und Lebenden.

Im Opfermahl sind alle Elemente der gegenseitigen Rechtfertigung von Lebenden und Toten zu finden: die Hingabe – die keine blinde Vernichtung ist, sondern die Bereitschaft, die geschichtliche Schuld zu übernehmen, also eine Öffnung zur Vergangenheit und Zukunft bedeutet – und die Anbindung der Geschichte an die Gegenwart, ihre Durchkreuzung und Aufrichtung der vertikalen Achse des In-Geschichten-seins. Das Opfer als Rechtfertigung stellt die Einheit der Geschichte her, indem es an Brüchen der Geschichten die Übergänge schafft. Die Versöhnung mit den Ahnen durch die Vereinheitlichung der Geschichte wird zur mythischen Gemeinsamkeit mit den Göttern, die Ursprung und Ziel der Geschichte sind. In der Einheit sind die Götter wie die Ahnen präsent und versöhnt, aber auch das Unterwegssein in der Geschichte verheißt schon das glückliche Ende in der Wiederherstellung Aller in der Gemeinsamkeit mit den Göttern.

---

28 Van der Leeuw (1959) 123.
29 Zur Problematik des substanzialistischen Verständnisses des Opfers: siehe oben § 3.
30 Van der Leeuw (1959) 132.

In dieser Hinsicht hat Spencers These vom Ursprung aller Religion in der Ahnenverehrung[31] eine große Plausibilität. Die im Opfermahl erreichte Versöhnung ist nicht nur Ziel allen Heils, sondern Grundbedingung für das Leben überhaupt. Ohne die Versöhnung mit den Ahnen und der Vergangenheit ist kein sinnvolles Leben möglich. Deshalb ist die mythische Opfermahlzeit sowohl Erinnerung wie Verheißung des gemeinsamen Mahls mit den Göttern. Schon jetzt im Unterwegssein in der Geschichte, die im Opfer zur Geschichte des Helden geworden ist, kann im Opfermahl die ehemalige und künftige Gemeinschaft am Tisch der Götter verkündet werden. Die Einheit der Geschichte schließt nicht nur den Kreis der Zeit, sondern rechtfertigt auch das jetzige Dasein mit seinem ganzen Verbrauch und gibt ihm sein Recht auf Leben. Die im Kreis vollzogene Rückbindung an den Ursprung entwirft mit der Erlösung der Gegenwart zugleich die Zukunft.

Wege der Versöhnung und Heilung

Die fundamentale Bedeutung des In-Geschichten-seins für das Verständnis von Freiheit und Erlösung zeigt sich gerade am Beispiel des Helden und Heros schlechthin, an Dionysos. Nietzsche hat die These vertreten, dass die antike Tragödie ausschließlich eine Darstellung des Leidens und der Erlösung Dionysos' behandele.[32] Dionysos sei der Protagonist aller Geschichten und damit der Geschichte des Lebens selbst. Sein Drama sei das Drama des Lebens in seinen Abschnitten, in seinem Kommen und Gehen, in den Gegensätzen von Leben und Tod, Freude und Leid als den notwendigen Komponenten der Geschichte. Doch nicht diese Gegensätze, sondern der Konflikt in der Stellvertreterschaft kennzeichnet den Rollenkonflikt.

Die Bedeutung von Nietzsches *Geburt der Tragödie* liegt in der existentiellen Deutung des Theaters der Antike, die in einer völlig neuen Weise das Sein nicht vom Wesen oder Über-Wesen, sondern von seiner Dramaturgie her auslegt. Wahrheit kann dem entsprechend nicht bloß gesagt oder festgestellt, sie muss aufgeführt und als ein Geschehen gezeigt werden. Diese Aufgabe kommt dem Theater zu, das deshalb für Nietzsche eine zentrale Bedeutung hat. Das Theater wird zum Prüfstein des „Problems Sokrates". Im sokratischen Prinzip der distanzierten Besserwisserei ist bereits der paradoxe Standpunkt vertreten, dass nur derjenige das Leben kennt, der sich nicht daran beteiligt. Wahrheit wird danach nur im Fernhalten und Versach-

---

31 Siehe oben § 5.

32 Nietzsche (1980) 1/71: „Es ist eine unanfechtbare Überlieferung, dass die griechische Tragödie in ihrer ältesten Gestalt nur die Leiden des Dionysus zum Gegenstand hatte und dass der längere Zeit hindurch einzig vorhandene Bühnenheld eben Dionysus war. Aber mit der gleichen Sicherheit darf behauptet werden, dass niemals bis auf Euripides Dionysus aufgehört hat, der tragische Held zu sein, sondern dass alle die berühmten Figuren der griechischen Bühne Prometheus, Oedipus u.s.w. nur Masken jenes ursprünglichen Helden Dionysus sind."

lichen von Wahrheit erfahren. Nietzsche hat hierin ein Zeichen der Dekadenz gesehen, ohne auf die kultische Bedeutung der Theorie einzugehen. Im Vordergrund und allein maßgeblich war für ihn die Wahrheit, die im Drama des Lebens unmittelbar gespielt wird und nur hier gesucht werden kann. Diese Wahrheit wird in der protagonistischen Rolle des Dionysos vorgeführt. Wahrheit kommt nicht vom und aus dem Faktischen, sie kommt aus der wechselseitigen Erfahrung des Seins als Zuschauer, Schauspieler und auch Dichter des Seins.

Jede individuelle Handlung ist so auch immer eine Beteiligung an einer umfassenderen Handlung einer Geschichte, in die nicht nur viele eingebunden sind, sondern die darüber hinaus auch immer als Mythos die Geschichte des Lebens überhaupt ist. Um die Wahrheit dieser Geschichte zu erfahren, muss sie inszeniert und aufgeführt werden. In der Inszenierung und Aufführung spielt das Leben seine eigene Geschichte, indem das Drama des Lebens am Drama des leidenden, sterbenden und wiederauferstehenden Dionysos dargestellt wird.

Das Leben und Miterleben des Schicksals des Dionysos in den Mysterien und im Theater bietet für Nietzsche den alleinigen Zugang zur Wahrheit, nicht die bloße Betrachtung von außen durch die Theorie. Was die Theorie nicht leistet, geschieht durch die Inszenierung und Aufführung: Sie zieht den Zuschauer nicht nur in das Geschehen hinein, sie lässt auch die Mitschuld am Drama des Lebens und seiner Tragik hervor scheinen. Das Mit-Leid am dionysischen Geschehen erweitert sich zur Mit-Schuld, die sich aber letztlich in einem solidarischen Mit-Tragen und gemeinsamem Ertragen der Schuldlast ausdrückt.

Der seit Nietzsches für die Wissenschaft skandalösem Werk *Die Geburt der Tragödie* entbrannte Streit um Herkunft, Alter und überhaupt Art des Kultes zeugt von einem grundsätzlichen Unterschied in den Möglichkeiten, ihn zu verstehen und auszulegen. Zwar scheinen diese Differenzen das Verständnis von Religion überhaupt zu betreffen, doch ist gerade der Dionysos-Kult ein besonderer Fall, an dem sich die Geister scheiden. So schreibt Nilsson in seiner *Geschichte der griechischen Religion*: „Mit dem Buch von W. F. Otto, Dionysos, 1933, kann ich mich nicht befreunden, weder mit den versteiften Anschauungen noch mit dem Zusammenwürfeln von Zeugnissen aus allen Zeiten. [...] Demgegenüber gestatte ich mir nur zu bemerken, daß die Wissenschaft nicht ein geschichtliches Verständnis für eine Uroffenheit preisgeben kann und daß Religion wie alles Menschliche eine Entwicklung durchgemacht hat.“[33] Das kritisiert Karl Kerényi in *Dionysos*: „Mein Standpunkt ist, zugleich mit dem des Historikers, der des strengen Gedankens. Darunter verstehe ich differenziertes Denken über die konkreten Realitäten des menschlichen Lebens. Das summarische Denken, das in der Beschäftigung mit den Religionen der Völker des Altertums unter dem Einfluß von Sir James Frazer, mit der Religion der Griechen besonders unter M. P.

33 Nilsson (1955) 564f.

Nilsson und Ludwig Deubner herrschend geworden ist, versagt gegenüber diesen Realitäten."[34] Offenbar wird an dieser Religion, ungeachtet der Schwierigkeiten im historischen Aufarbeiten, die Grundproblematik von Religiosität überhaupt deutlich. Es ist kein Zufall, dass Nietzsche seinen Dionysos gegen Christus setzt, um damit der Entartung von Religion ihre wahre Gestalt gegenüberzustellen. Seitdem wird in Dionysos das Symbol des Lebens gesehen, was zu Missverständnissen anderer Art Anlass gegeben hat. Noch Eliade spricht von Dionysos als einem „Vegetationsgott",[35] obwohl Walter Otto, dem er sonst weitgehend zu folgen scheint, diese Allegorisierung schon als moderne Projektion entlarvt hat.[36] Die bleibende Bedeutung von Nietzsches Auslegung liegt nicht in diesen Polarisierungen, sondern in der protagonistischen Form der Heldenfigur.

Im Leiden und Auferstehen von Dionysos wird die Geschichte des Helden in einer archetypischen Form vorgestellt. Archetypisch deshalb, weil die natürlichen Geschehnisse des Gebens und Nehmens hier zum Stoff des Dramas gemacht sind. Daran ändern auch die lokalen und geschichtlichen Differenzen innerhalb des Kultes nichts.[37] Die Heldengeschichte ist unendlich variierbar, aber es ist immer nur ein Thema, das hier variiert wird: die Erlösung durch den Gang in die Unterwelt.

Im Drama des Dionysos steht dieser Gang im Zentrum. Archetypisch von der Geschichte her sind auch die Umstände seiner Höllenfahrt. Er ist der Sohn einer irdischen Mutter und des Göttervaters Zeus, von seiner Herkunft ist er dem Reich des Irdischen und dem Reich des Göttlichen zugehörig. Seine Geschichte ist die der Vermählung der Reiche, die aber nicht problemlos durch Verschmelzung oder Synthese geschieht, sondern in der Art der Berührung von Geschichten, als Übergangs- und Angliederungsgeschehnisse. Nicht erst seine Geburt, schon seine Empfängnis hat den Tod seiner Mutter zur Folge. Seine eigene Zeugung und damit sein Leben war todbringend für seine Mutter, doch er fährt zur Hölle und löst die so entstandene Schuld ab. In seinem Drama oder seiner Heldengeschichte wird er sie aus der Hölle zurückholen. Er erlöst seine Mutter, die seinetwegen sterben muss – wie alles Leben aus dem Tod hervorgeht – und rechtfertigt darin das Dasein der Lebenden vor den Gestorbenen, die für dieses Dasein ihr Leben lassen mussten. Indem die Mutter zur Heroine und Göttin erhoben wird, ist die Versöhnung vollzogen. Sowohl das Motiv für die Höllenfahrt, die Schuld, eigenes Leben im Tausch gegen den Tod erhalten zu haben, als auch das Ziel, die Sühne, das ungelebte Leben der Toten zu erlösen, kennzeichnen den dramatischen Kern seiner Geschichte. Indem Dionysos die Toten aus der Hölle holt, rechtfertigt er ihren Tod und gibt dem Leben, das

34 Kerényi (1998) 9.
35 Eliade (1978) 329.
36 Otto (1933) 14f.
37 Merkelbach (1988) 121-124.

aus diesem Tod hervorgegangen ist, sein Recht zurück, das es durch die Schuld verloren hatte. Die Verlorenheit des Lebens ohne den Tod und des Todes ohne das Leben ist hier aufgehoben. Dionysos ist als Mittler und Herr beider Reiche ihr gegenseitiger Stellvertreter geworden.

Die Geschichte von Dionysos erzählt, wie er zum „Vertrauten und Genossen der Totengeister“[38] werden konnte. Seine Geschichte ist die des stellvertretenden Leidens und des Opfers, in der er der Held ist.[39] Er kämpft gegen den Tod nicht mit dem Ziel, diesen zu überwinden und die Unsterblichkeit für die Menschen zu erringen. Der Tod ist ja das große Geschenk und die Quelle des Reichtums, den es zu vergelten und zu verdanken gilt. Die Vorfahren haben mit ihrem Tod das Leben an die Nachfahren verschenkt. Da dieses Geschenk unermesslich ist, ist auch die Schuld unermesslich, die auf den Nachfahren lastet. Hierin liegt die Ambivalenz dieses Geschenks. Die Übernahme des größten Geschenks ist deshalb nicht möglich ohne den Tausch in Form einer symbolischen Rückgabe, um die unermessliche Schuld zu begrenzen und übertragbar zu machen. Das Geschenk ist primär Schuld und muss annehmbar gemacht werden. Hierin liegt die Aufgabe des Helden. Er kämpft um die Vermittlung und Versöhnung in diesem ungleichen Tausch, den das Leben zu seinen Gunsten eingehandelt hat. Mit seinem Sieg im Gang in die Unterwelt ist das Leben annehmbar geworden, es darf gelebt werden. Leben soll sogar sein, „Dasein ist Pflicht“, und dieser Imperativ ist die Quelle der grenzenlosen Lebenslust, wie sie auch im dionysischen Taumel zum Vorschein kommt.

Der symbolische Sinn des dionysischen Opfers mit seiner Logik der Vergebung ist allerdings schon in der Antike verloren gegangen. Schon Heraklit missversteht diese spezifisch auf die Erlösung bezogene Vereinigung der Reiche als bloße Einheit der Gegensätze und ihre Ineinssetzung. Für ihn ist „Dionysos derselbe wie Hades“, weil sich die dialektische Logik an dieser Gleichsetzung exemplifiziert.

So wird von Heraklit im Fragment B 15 nach Diels' *Fragmente der Vorsokratiker* überliefert: „Denn wenn es nicht Dionysos wäre, dem sie die Procession veranstalten und das Phalloslied singen, so wär‘s ein ganz schändliches Thun. Ist doch Hades eins mit Dionysos, dem sie da toben und Fastnacht feiern.“[40] In einem aktuellen Kommentar von Geoffrey Kirk und anderen, *Die vorsokratischen Philosophen,* wird dieser Aussage mit Unverständnis begegnet: „Die genauen Gründe, aus denen Hades und Dionysos hier identifiziert werden, sind nicht bekannt. Aber vermutlich repräsentieren ersterer den Tod und letzterer ein üppiges Leben.“[41] Die Hilflosigkeit der Kom-

38 Otto (1933) 49.
39 Nilsson (1955) 186: „Da Dionysos im orgiastischen Kult als gestorben hingestellt wurde, konnte er den Heroen gleichgestellt werden.“
40 Diels (1903) 69.
41 Kirk (1994) 229.

mentatoren zeigt sich auch bei der damit zusammenhängenden Bemerkung: „Ein weiterer Ausspruch Heraklits, den uns Hippolytos aufbewahrt hat, ist sehr dunkel; offenbar hat er eine gewisse Verbindung zu der Lehre von den Gegensätzen, läßt aber an eine Vergöttlichung mancher Seelen [?] denken. [...] (*Unsterbliche Sterbliche, sterbliche Unsterbliche* oder: *sterbliche Unsterbliche, unsterbliche Sterbliche*; oder *Sterbliche sind Unsterbliche* o. dergl. m.; *sie leben ihren Tod und sterben ihr Leben.* [...] Heraklit könnte hier also eine besondere Deutung des Wechsels zwischen Leben und Tod geben, der in exotischen Mysterienkulten mit bakchischer oder orphischer Einfärbung weithin anerkannt war.“[42] Diese Ratlosigkeit ist aber nicht den Kommentatoren vorzuwerfen, sondern gibt nur die Schwierigkeit weiter, die Heraklit selbst mit den Mysterienkulten hatte.

Die Einheit von Leben und Tod ist nicht dialektisch, sondern ereignishaft und geschichtlich und lebt im Wahnsinn des dionysischen Taumels die Widersprüche aus. Hier hat die Konfrontation der Lebenden mit den Toten zur Versöhnung und Einheit gefunden und damit der Geschichte ihre Kontinuität ermöglicht.

Dionysos ist der Mittler der beiden Reiche des Lebens und des Todes und damit der Herr beider Welten. Die Welten sind jede für sich selbst unselbständig, da sie, formal gesehen, jeweils nur die Diskontinuität des Lebens darstellen und damit, inhaltlich gesehen, die Schuld nicht fortführen und übertragen können. Hier bleiben nur die Widersprüche zwischen Leben und Tod, die der Mittler aber beherrscht und zusammenbringt. Diese Widersprüche zeigen sich zunächst in den Eigenarten, die sein Wesen beschreiben, und in seiner Geschichte, die im Kult dargestellt wird. Der exzessiven Lebenslust, die in den Symbolen der Zeugung ausgedrückt ist, steht gleichermaßen die Vernichtungslust gegenüber. Als Stier, Esel und Bock verkörpert er das Leben, als Löwe, Panther und Luchs zeigt er sich als der „Rohfressende“, der Tod. In diesem Widerspruch erleidet er sein eigenes Schicksal, er ist Geber und Nehmer, Opfer und Opfernder, er gibt und nimmt das Leben. So ist an seinem Wesen selbst die Stellvertreterschaft festzumachen, er steht als Leben für den Tod und als Tod für das Leben. Stellvertretend ist immer eine Seite des Widerspruchs für die andere, der Tod bezeugt das Leben und das Leben bezeugt den Tod.

In der Dialektik Heraklits hat die stellvertretende Symbolik ihre inhaltliche Bedeutung des Schuldtausches verloren. Zwar ist der Gott bei Heraklit der Gegensatz und damit Dionysos, wie im Fragment B 67 nach Diels,[43] doch fügt sich im Fragment B 8 der Gegensatz ohne weiteres zur Harmo-

---

42 Kirk (1994) 227.

43 Diels (1903) 76: „Gott ist Tag Nacht, Winter Sommer, Krieg Frieden, Überfluß und Hunger. Er wandelt sich wie das Feuer, das, wenn es mit Räucherwerk vermengt wird, nach eines jeglichen Wohlgefallen so oder so benannt wird.“

nie,[44] von „Bogen oder der Leier“, wie im Fragment B 51.[45] Der entscheidende Punkt der Auflösung der Gegensätze, die Erlösungstat des Gottes und Helden, ist in der Dialektik einer Eigengesetzlichkeit des Logos gewichen, der das Denken durch „Selbsterforschung“ auf die Spur zu kommen glaubt, wie im Fragment B 101.[46] Heraklit steht zwar noch unter dem Eindruck der dionysischen Erlösungstat, er versteht sie aber nicht mehr, wie das aufschlussreiche Fragment B 5[47] belegt: „Aber vergeblich reinigen sie sich von Blutschuld, indem sie sich mit Blut besudeln, wie wenn einer, der in Dreck getreten, sich mit Dreck abwaschen würde. Für verrückt müßte ihn jeder halten, der ihn und sein Verhalten bemerkt[e].“[48] Gerade dieses Fragment ist entlarvend und würde den geheimnisvollen Denker der Gegensätze, den schon die Antike den „Dunklen“ nannte, eher als Positivisten herausstellen, wenn diese Aussage authentisch wäre. Sie bleibt nämlich ohne Verständnis für den Grundwiderspruch zwischen Leben und Tod, der ein Widerspruch zwischen Geben und Nehmen, zwischen Schuld und Sühne ist. Für ihn ist der Widerspruch zur dialektischen Konstruktion geworden, wobei die Gegensätze ihre Harmonie erzeugen sollen, indem sie auseinanderstreben. Doch die beiden Enden des Bogens und der Leier stehen ebenso wenig im Widerspruch zueinander, wie Sommer und Winter, Krieg und Frieden, Tag und Nacht. Zwar sind sie Sinnbilder des eigentlichen und einzigen Gegensatzes, der Klage der Toten, gegen die die Lebenden ihren Widerspruch und ihre Rechtfertigung führen. Doch dieser Widerspruch ist nicht logisch oder dialektisch, sondern anklagend. Leben und Tod widersprechen sich erst, wenn sie zu Sinnbildern und Symbolen der Anklage werden, die der Tod an das Leben heranträgt und damit dem Leben ein eigenständiges Recht entzieht.

Die Widersprüche in der Anklage des Todes gegen das Leben werden nicht ohne weiteres zu „schönster Harmonie“ „aufgehoben“. Wenn Heraklit das Reinigen durch Blut und Schmutz für Wahnsinn erklärt, dann zeigt er sich bereits als „moderner Mensch“, der die durch den Widerspruch zwischen Tod und Leben hervorgerufene Schuld ebenso wenig versteht wie die mögliche Rechtfertigung und Loslösung von dieser Schuld.[49] Gerade dieser Widerspruch gegen die Anklage und die daraus vollzogene Rechtfertigung

44 Diels (1903) 76: „Das auseinander Strebende vereinigt sich und aus den Gegensätzen entsteht die schönste Harmonie und alles entsteht aus Streit.“

45 Diels (1903) 74: „Sie verstehen nicht, wie das auseinander Strebende ineinander geht: gegenstrebige Harmonie wie beim Bogen und der Leier.“

46 Diels (1903) 80.

47 Diels (1903) 67

48 Deutsche Übersetzung nach: Kirk (1994) 229.

49 Modern aber nur in dem Sinn, dass auch das christliche Verständnis einer Reinigung durch Blut nicht mehr besteht, wie es im 1. Brief des Johannis ausgesprochen wird: „Das Blut Jesu reinigt uns von aller Sünde.“ 1. Joh. 1,7.

bildet die Grundlage für die gegenseitige Stellvertreterschaft von Leben und Tod, die in der Geschichte vom Leben, Leiden, Sterben und Wiederauferstehen von Dionysos erzählt wird. Es geht um die Sühne und Buße im Abwaschen von Blut durch Blut oder auch von Schmutz durch Schmutz. Blut kann nur durch Blut und Schmutz nur durch Schmutz abgewaschen werden, wie es die Talion fordert, aber nur deshalb, weil auch in der Talion der fundamentale Schuldtausch zum Ausdruck kommt, bei dem Schuld im Tausch der Schuld gesühnt wird. Hier kommt die Stellvertreterrolle zum Ausdruck, die nicht nur der Moderne und ihrem Unverständnis für den Mythos Mühe macht, wie Walter Otto herausgestellt hat,[50] sondern die eben sogar schon dem „dialektischen" Denken Heraklits und damit der Antike unverständlich ist.

In der Entwicklung „vom Mythos zum Logos" – wenn dieser strapazierte Ausdruck überhaupt verwendet werden sollte – differenziert sich der grundsätzliche Unterschied zwischen Solidarität einerseits und Selbsterforschung andererseits heraus. Die Möglichkeit, dass einer des Anderen Schuld, einer des Anderen Last trage, ist nur denkbar vor dem Hintergrund der wechselseitigen Vertretung von Leben und Tod. Ohne dies bekommt das Opfer den rationalistisch konstruierten Charakter einer „bedingungslosen Vernichtung", wie bei Georges Bataille. Eine bedingungslose Vernichtung bedeutet aber die gleiche Verdrängung des Todes wie die Ökonomie der Lebenserhaltung. Auch sie würde das Geschenk nicht annehmen, das die Vorfahren durch ihren Tod hinterlassen haben. Die Verausgabung im Opfer ist aber vielmehr daran geknüpft und nicht bedingungslos. Sie zeigt sich als Rechtfertigung gegen die Anklage, die im Geschenk zunächst liegt, aber durch den Helden gesühnt wird.

Dionysos als Herrscher beider Reiche hat Tod und Leben zusammengeführt und damit die Grundlage für die Stellvertretung geschaffen. Tod und Leben sind hier so zusammengeführt, dass ihre Widersprüche erhalten bleiben. Sie werden nicht aufgehoben und zur beschaulichen Einheit geführt, wie es dann die religiöse Vorstellung, besonders die der mystischen Verschmelzung des Daseins, gern sieht. Leben und Tod können nie dasselbe werden, das Leben kann aber auch nicht vom Tod befreit und erlöst werden. Der Tod ist nicht biologisch zu besiegen – wie sollte ein solcher Sieg auch aussehen? – er kann nur in der Heldengeschichte symbolisch besiegt und mit dem Leben versöhnt werden. Die Rechtfertigung gilt nicht dem Tod als

50 Otto (1933) 40: „Von ganz anderer Art sind Opferungen von Menschen oder Tieren, denen die Sündenlast der ganzen Gemeinde aufgebürdet ist. [...] Was sie aber von den eigentlichen Kulthandlungen unterscheidet, ist eine Idee, die dem wissenschaftlichen Geiste unserer Tage ebenso absurd erscheinen muß, wie alles Kultische: die ungeheure Idee der Erlösung durch ein Leben, das die Schuld aller auf sich genommen hat."

solchem, sondern der Schuld, die durch den Tod heraufbeschworen wird und besiegelt erscheint.

Dionysos ist der typische Held und Heros, der zum Vorbild anderer Heldengeschichten wird, weil er das Unmögliche möglich macht, die Reiche des Lebens und des Todes zu verbinden. Er ist der Held aller Helden, der selbst in der Maske des Prometheus, dem Vorbild aller Selbsterforscher und Selbstbekenner, noch für andere kämpft.

In den nachgelassenen Schriften Nietzsches findet sich ein Fragment, das Prometheus die Rolle zuweist, Dionysos zu zerreißen. Hier ist Prometheus keine Maske des Dionysos, sondern sein Vernichter: „Prometheus – einer der Titanen, der den Dionysos zerrissen hat, darum ewig leidend, wie seine Geschöpfe, und gegen Zeus im Gefühl einer kommenden Weltreligion. Nur durch die Zerreißung, durch das Titanenwerk ist die Kultur möglich, durch Raub wird die Titanenart fortgesetzt. Prometheus – der Zerreißer des Dionysos und zugleich Vater der prometheischen Menschen.“[51]

Nietzsche lässt auch seinen Helden Zarathustra für die „schenkende Tugend“ kämpfen und gibt darin die Verankerung seines Erlösungsdenkens in der dionysischen Wechselseitigkeit der Stellvertretung zu erkennen. Das Leben ist aus der Gnade des „Umsonst“ gespendet, die allerdings nur von den „edlen Seelen“ erkannt wird und deren „Art“ es erfordert, dem Leben diese Gabe zurückzugeben: „Also will es die Art edler Seelen: sie wollen Nichts *umsonst* haben, am wenigsten das Leben. Wer aber vom Pöbel ist, der will umsonst leben; wir Anderen aber, denen das Leben sich gab, – wir sinnen immer darüber, *was* wir am besten *dagegen* geben.“[52] Das Leben ist ein Geschenk, das nicht ohne Weiteres angenommen werden kann. Die edlen Seelen werden also beschämt von dem Leben und geben das zurück, was dem Recht auf Leben angemessen ist, die Liebe. Die einseitig nehmende Haltung zum Leben ist danach schmarotzerhaft: „und das widrigste Thier von Mensch, das ich fand, das taufte ich Schmarotzer: das wollte nicht lieben und doch von Liebe leben.“[53] Sie kann aber auch wechselseitig nehmend und schenkend sein: „Ihr zwingt alle Dinge zu euch und in euch, dass sie aus eurem Borne zurückströmen sollen als die Gaben eurer Liebe. Wahrlich, zum Räuber an allen Werthen muss solche schenkende Liebe werden; aber heil und heilig heisse ich diese Selbstsucht.“[54]

Dionysos ist der Rohfressende, der das Leben raubt, um es wieder zu verschenken. Der moderne Held dagegen kämpft nicht mehr stellvertretend für Alle und zuerst für diejenigen, die nichts mehr oder noch nichts tun

51 Nietzsche (1980) 7/157.
52 Nietzsche (1980) 4/250.
53 Nietzsche (1980) 4/244.
54 Nietzsche (1980) 4/98.

können, die Toten und Ungeborenen, er kämpft nur noch für sich und seinen Ruhm.

Stellvertretung im Mitleid

Stellvertretung ist für heutiges Verständnis ein juristischer, politischer, aber auch symbolischer und semiotischer Akt, bei dem Macht und Bedeutung auf eine Person oder ein Zeichen übertragen werden. Die Übertragung verwandelt die Personen und Zeichen in Botschaften, die Macht und Bedeutung zugleich sind und repräsentieren. Dieser formale Aspekt der Stellvertretung lässt aber einen wichtigen Bestandteil unbeachtet, ohne den die Möglichkeit zur Stellvertretung nicht gegeben ist: das Leiden. Für die Stellvertretung ist das Leidenkönnen die entscheidende Grundvoraussetzung. Dabei wird das Leiden im speziellen Sinn des Mitleidens gefordert, eines Leidens also, das nicht direkt, sondern durch die Übernahme eines fremden Leides entstanden ist. Die Stellvertretung ist ein Mitleiden, bei dem der Stellvertreter, also der Held, fremdes Leid übernimmt.

Im Gegensatz zu Nietzsche, der im Mitleid eine christliche Erfindung gesehen hat, sieht Hölderlin im Mitleiden eine Form der Stellvertretung, die sich auch in der christlichen Botschaft verwirklicht. Der Botschafter Christus wird hier den anderen Helden gleichgestellt, die solche Stellvertreteraufgabe übernommen haben, den „Halbgöttern". Hölderlin hat die Stellvertreterrolle dieser Helden Dionysos, Herakles und Christus exemplarisch hervorgehoben, um ihre Aufgabe des stellvertretenden Leidens und Mitleidens herauszustellen und sie der Tätigkeit des Dichters gleichzustellen. Der Dichter ist Stellvertreter und trägt damit das Los der Halbgötter und Helden, weil er, wie sie, auch Mensch ist und damit zum Leiden fähig.

Da die Götter selbst nicht leiden können, brauchen sie den Menschen als Stellvertreter für das Leiden. In dem Gedicht *Der Rhein* leidet der Mensch, weil er das Wesen ist, das überhaupt leiden kann, stellvertretend für die gesamte Natur und den Kosmos: „Denn weil / Die Seligsten nichts fühlen von selbst, / Muß wohl, wenn solches zu sagen / Erlaubt ist, in der Götter Namen / Teilnehmend fühlen ein Andrer / Den brauchen sie".[55] Die kosmischen und natürlichen Mächte sind stark und gewaltig, aber ihrem eigenen Geschehen gegenüber gefühllos und damit auch ohne Wahrnehmung und Bewusstsein.

Der Kosmos und die Natur haben keine Geschichte. Im Leiden- und Erleidenkönnen des Menschen aber wird das Naturgeschehen zur Geschichte und damit aus der Anonymität und Kälte des bloßen Naturvorganges erlöst. In seinem Leidenkönnen ist der Mensch Stellvertreter für den Kosmos, der in seiner Gefühllosigkeit sich selbst nicht zum Ausdruck bringen kann und

55 Hölderlin (1989) 358.

damit unerlöst bleibt. Der leidende Mensch erlöst im Leidenkönnen den Kosmos aus der Kälte der Objektivität und integriert ihn in die gemeinsame Geschichte aller Lebewesen. In dieser Protagonistenrolle wird er zum Mischwesen, zum Halbgott und Heroen, wie das „Kleeblatt“ Dionysos, Herakles und Christus im Gedicht *Der Einzige* (dritte Fassung).[56] Die Protagonisten sind die Leidenden schlechthin, die mit ihrem Leid dem Leid der Natur eine Stimme und damit eine Sprache gegeben haben. Sie sind darin Protagonisten des menschlichen Dramas, das wiederum stellvertretend für das Leiden der Natur steht und dies zum Ausdruck bringt. Natur ist also ein erhabener, göttlicher, aber zeit- und geschichtsloser Vorgang, der erst im menschlichen Leid aus dieser zeitlosen Starre erlöst werden kann.

Hölderlin hat die Stellvertreterrolle und damit die Heldenrolle umgekehrt, indem er den Menschen zum Stellvertreter des Göttlichen macht. Gott kann nur in und durch den Menschen die Natur leidend erfahren. Die göttliche Allmacht erstreckt sich nicht auch auf das Leiden, das aber zur ausschließlichen Möglichkeit des Verstehens aus Mitleid wird. Ohne Leiden gibt es kein Erkennen, keine Einsicht in das Leben, es bleibt sich selbst äußerlich. Der Mitleidende nimmt den Schmerz der Natur auf sich und erleidet ihre Kälte und Grausamkeit, aber auch ihre Schönheit, die ebenfalls schmerzlich ist.

Stellvertretend für die Menschen steht der Dichter, der in seiner Rolle zum Halbgott und Heroen wird. Seine Stimme und Sprache ist die leidende und erlittene Natur. Natur wird in der Sprache an- und erfühlbar, sie wird gefühlte und ausgedrückte Natur. Die Sprache selbst ist das Leid und Pathos, in dem Natur gesehen, gehört, gefühlt, geschmeckt, sinnlich gemacht wird, ihre Geschichte bekommt und damit überhaupt zu existieren beginnt.

In der Stellvertretung für die Natur liegt die Berufung des Dichters, die eine Berufung zum Opfer ist. Der Dichter stellt Natur nicht dar, sondern erleidet ihren Schmerz und bringt ihn zur Sprache. Er ist der „große Schmerzensmann,“ der der Natur eine Stimme gibt. Durch ihren zu Sprache gewordenen Schmerz wird sie selbst verwandelt, sie verliert ihre abweisende Äußerlichkeit und wird erlebbare und erlebte Natur.

Natur wird durch die Sprache der Dichter aus der Gefühllosigkeit ihrer Mechanik erlöst. Für Hölderlin markiert diese Erlösung den „Abend der Zeit,“[57] an dem sich Götter und Menschen wieder zum gemeinsamen Mahl zusammenfinden. Das gemeinsame Mahl ist auch hier der Kern des Mythos und verheißt das Ende aller Schuld, die sich aus dem bloßen Regenerationsvorgang, dem Leben, das zu seiner Erhaltung töten muss und diese Morde bewusst erleidet, ergibt. Vom gemeinsamen Mahl am „Abend der

56 Hölderlin (1989) 378.
57 Hölderlin (1989) 365ff.

Zeit“ und der verheißenen Versöhnung von Mensch, Natur und Gott kommt die Ahnung her, dass Sprache als erlittene Natur das Sein aufgebrochen und die Schuld, die aus der natürlichen Erhaltung kommt, erfahrbar gemacht hat. Essen, Trinken und Zeugung haben ihre scheinbare und trügerische Unschuld abgelegt und sind als die leidvollen und Schuld erzeugenden Vorgänge erkannt, aber die Ahnung vom gemeinsamen Mahl am Abend der Zeit, die im „gelungenen Gedicht“,[58] das den Dichter zum Gott macht, verheißen wird, führt im „Gesang“, der das „Gespräch“, das wir „von Morgen an“[59] sind, erhöht und vollendet, zur Erlösung von diesem Leid und dieser Schuld. Hier ist aller Schmerz versammelt und erlöst. Der „Seele“ wird das „göttliche Recht“ zwar im Leben nicht gegeben,[60] es bleibt Leid, Grausamkeit und Ungerechtigkeit, aber im gelungenen Gedicht und Gesang wird der Dichter zum Schmerzensmann und Stellvertreter für das Leid und darin zum Bundesgenossen der Götter, der Natur und des Lebens, die ihn für dieses Opfer brauchen und die er durch das Opfer erlöst. Im Gesang ist das göttliche Recht auf Leben verheißen, weil er Opfer ist und alles Leid trägt und austrägt. Deshalb vernichtet das Gedicht auch den Dichter, er selbst brennt in der Flamme, die er in seinem Gedicht entzündet hat.

Mit diesem Opfer ist das Leid gerechtfertigt und damit das Leben überhaupt. Darin liegt die Bedeutung aller großen Geopferten, Dionysos, Christus, Herakles und Empedokles. Wer ihnen nachfolgt, erleidet ihr Schicksal, ist Dichter und lebt „einmal wie Götter“, aber die im Gedicht und Gesang sprechend und singend gewordene Natur verbrennt ihren Sänger. Als „kühner Getöteter“[61] hat er aber das Leben gefunden.

Hölderlins Mythosverständnis der Stellvertreterrolle des Menschen für die Natur und Götter, durch die eine nicht fühlen und leiden könnende Natur Gefühl und Sprache bekommt, bringt die Opferrolle des Dionysos zum Ausdruck, der die Toten bei den Lebenden und die Lebenden bei den Toten vertritt. Trotz ihrer Umkehrung ist Stellvertretung hier dionysisch die Verbindung und Kommunikation der Welten, das Zur-Sprache-Bringen des Leides derer, die sich nicht mehr selbst äußern können. Der Dichter ist der Mittler, der das sprachlose Leid zur Sprache bringt und damit den Bund stiftet zwischen Lebenden und Toten. Sein Opfer wird zum Fest, zum „Brautfest“,[62] an dem alles Schicksal „ausgeglichen“ ist.

58 Hölderlin (1989) 219.
59 Hölderlin (1989) 368.
60 Hölderlin (1989) 219.
61 Hölderlin (1989) 280.
62 Hölderlin (1989) 360.

§ 15 Die Metaphern der Schuld

Doppelgänger

Die wechselseitige Stellvertretung von Leben und Tod ist als Kern der Heldengeschichte zugleich und primär das Drama jeder menschlichen Biografie, da sie als persönliche Geschichte mit ihrer Vor- und Nachgeschichte konfrontiert ist. Der Einzelne lebt ja nicht nur seinen Leib als Substanz, sondern mit ihm die Geschichte, die sich hier materialisiert hat und durch diesen Leib hindurchgeht. Jede Biografie ist durchdrungen von ihrer Vorgeschichte und herausgefordert von ihrer Nachgeschichte. So kommt es zu einer eigenartigen Verteilung der Rollen, bei der einerseits das aktuelle Szenario im Mittelpunkt steht, andererseits aber die Rolle in der geschichtlichen Kontinuität übernommen und gespielt wird. Bei dieser Aufteilung spielt der Mensch einerseits seine konkrete Rolle im Alltag und Beruf, andererseits die geschichtliche Rolle, bei der die Schuldfrage in Vor- und Nachgeschichte der Biografie abgehandelt wird.

Diese Verteilung zeigt sich vor allem an der Rätselhaftigkeit des Doppelgängers. Er ist keineswegs nur eine mythologische Figur, sondern die konkrete Erfahrung des Ich in seiner Doppelung, die im heutigen Sprachgebrauch unter verschiedenen Titeln, einerseits neutral als „Unbewusstes" oder „Unterbewusstes", andererseits dramatisch als „Unheimliches", „Schatten", „Spiegelbild" und dergleichen geführt wird. Die Reflexivität des Ich ist hier zur Gestalt geworden, die das innere Gegenüber des Ich darstellt. Doch ist diese innere Konfrontation keineswegs bloß eine formale Gegenüberstellung oder eine „innere Begleitung aller Wahrnehmung", wie die Philosophie seit Descartes und Kant versichert, sie ist die dramatische Auseinandersetzung des Selbst mit sich, mit diesem Teil des Ich, der ein anderer ist.

Der Doppelgänger ist in der Neuzeit zum Gegenbild des mit sich identischen Ich geworden und in dieser Form literarisch, nicht philosophisch, genau zu dem Zeitpunkt massiv behandelt worden, als philosophisch die Transzendentalphilosophie die „synthetische Einheit" des Ich mit sich selbst herausgestellt hat. Sie ist in der Romantik eine Gegenfigur gegen den Monozentrismus des Ich und die damit zusammenhängende Identitätskonzeption geworden. Deshalb spielt hier der Doppelgänger zumeist eine finstere Rolle, er ist die Erscheinung des abgetrennten, des verdrängten und verleugneten Teils des Ich, seines Unbewussten, das zumeist auf grauenvolle Weise sich sein Recht zurückholt.

Doch stellt diese romantische Figur des abgetrennten und verleugneten Teils nur eine Bedeutung des Doubles dar. Darüber hinaus ist die ursprünglich zu nennende Bedeutung des Doubles die des Schutzgeistes oder Genius. Hier hat der Doppelgänger mythische Dimensionen, bei denen es nicht um die Wiederkehr von Verdrängungen abgespaltener Ich-Teile geht, sondern um die Ergänzung und Vereinheitlichung des Lebens durch den Tod. In der mythologischen Bedeutung vertritt der Doppelgänger die fehlende Seite des Lebens, das ungelebte Leben der Toten.

Otto Rank stellt in seiner bis heute maßgeblichen Studie über den *Doppelgänger*[63] die pathologischen Züge des Motivs heraus, wobei er zunächst auf die Literatur seit Jean Paul zurückgreift, die er in Verbindung zur Psychopathologie ihrer Autoren setzt. In allen Fällen findet sich dabei eine gleichartige Symptomlage vor, bei der die Liebesunfähigkeit des Autors und seines Protagonisten mit starker Egozentrik verbunden ist. Im Rückgriff auf „ethnographische, folkloristische und mythologische Überlieferungen" zeigt sich für Rank aber auch eine ganz andere und gegensätzliche Bedeutung dieses Motivs. Hier ist der Doppelgänger der Schutzgeist, der dem Genius vergleichbar ist. Dabei führt die Spaltung nicht zur feindlichen Konfrontation mit dem Double. Der Genius, der in der römischen Mythologie als *genialis* die persönliche Fruchtbarkeit vertritt, steht für Rank dem Motivkreis der dionysischen Symbolik nahe.[64] Der Schatten steht hier nicht nur für den Tod als bloßen Vernichter, sondern ist Symbol der Fruchtbarkeit. Auf die Doppeldeutigkeit des Genius von Tod und Fruchtbarkeit weist auch Wissowa in *Religion und Kultur der Römer* hin.[65] In der römischen Mythologie hat der *Genius* sein weibliches Gegenüber in *Juno*, welche die weibliche Fruchtbarkeit vertritt. Ihre Zugehörigkeit zum Festkult der *Lupercalien* lässt die dionysische Symbolik besonders hervortreten.[66]

In der psychopathologischen Bedeutung des Doppelgängers ist sein genialer Zug verloren gegangen. Der Tote ist nicht mehr Genius, sondern wird zur Bedrohung und zum Feind des Lebenden, weil er aus dem lebendigen Geschehen und der erinnernden Geschichte verbannt ist. In der Bedeutungsverschiebung des Doppelgängermotivs findet sich also die Problematik des Schuldkomplexes wieder. Der Genius ist für das sich unschuldig haltende Bewusstsein zum bedrohenden Schatten geworden. Die Schuld inszeniert sich im Doppelgänger als das umgehende schlechte Gewissen.

Als Genius ist der Doppelgänger der Herr in der Maske, der Schatten, der Spiegel oder das Porträt und komplettiert die aktuelle leibliche Erscheinung um ihren geschichtlichen Anteil. Er ist darin der Stellvertreter von Vergangenheit und Zukunft. Die Gleichzeitigkeit von Fruchtbarkeit und Tod, die sich hier findet, ist kein dialektisches Spiel, sondern die Anwesenheit der Zukünftigen und Vergangenen. In der Verdoppelung der leiblichen Erscheinung wird die Geschichtlichkeit des Leibes und seine Inkarnation zum realen Spektakel der zwei Seelen, die mit dem „zweiten Gesicht" im-

63 Rank (1925).
64 Rank (1925) 92.
65 Wissowa [1912] (1971) 175ff.
66 Wissowa (1971) 209ff.

mer sichtbar sind. Neben die leibliche Erscheinung der Lebensseele (*thymos*) tritt dabei der sogenannte „Totengeist", die „*psyche*".

Die Bedeutung der mit der Erscheinung des Wiedergängers verbundenen Totenkulte hat Erwin Rohde in seiner Arbeit über die *Psyche*[67] herausgearbeitet. „Der Mensch ist nach homerischer Auffassung zweimal da, in seiner wahrnehmbaren Erscheinung und in seinem unsichtbaren Abbild, welches frei wird erst im Tode. Dies und nichts anderes ist seine Psyche. Eine solche Vorstellung, nach der in dem lebendigen, voll beseelten Menschen, wie ein fremder Gast, ein schwächerer Doppelgänger, sein anderes Ich, als seine ‚Psyche' wohnt, will uns freilich sehr fremdartig erscheinen. Aber genau dieses ist der Glaube der sogenannten ‚Naturvölker' der ganzen Erde. (Auch der civilisierten Völker alter Zeit. Nichts anderes als ein solches, das sichtbare Ich des Menschen wiederholende *eidolon* und zweites Ich ist, in seiner ursprünglichen Bedeutung, der *genius* der Römer, die *Fravaschi* der Perser, das *Ka* der Ägypter)."[68]

Walter F. Otto weist in seinem Buch über die *Manen* darauf hin, dass die gängige – und trotz der Widerlegungen eigentlich auch bis heute unerschütterte – Vorstellung über den „Doppelgänger" auf einer missverständlichen Deutung der „zwei Seelen" beruht. Der Doppelgänger wird demzufolge fälschlich zum geheimnisvollen Schatten und zweiten Ich des lebenden Menschen, das so lange schläft, wie der Mensch wacht, um dann im Schlaf seine Aktivität zu entfalten und nach dem Tod in das Reich der Geister einzugehen. Otto sieht hier ein Produkt der animistischen Theorie, insbesondere Spencers, die von Erwin Rohde in *Psyche* dem Verständnis des Totenglaubens zugrunde gelegt wurde. Das Double tritt aber nicht als lebendige zweite Seele zum Vorschein, etwa im Schlaf oder Traum, sondern ist vielmehr der „Totengeist" (*psyche*), der im Unterschied zur „Lebensseele" (*thymos*) als schemenhafte Gestalt des Körpers erscheint. „Die Behauptung, daß der lebende Mensch ein Doppeldasein führe, ist, wie wir wissen, willkürlich. [...] Die Psyche ist ja nur das gewissermaßen entmaterialisierte Nachbild des Körpers. Aber nach seiner Vernichtung tritt sie allerdings nicht mehr bloß als sein beweglicher Doppelgänger auf, sondern vertritt und ersetzt ihn und gibt von nun an ganz allein noch den Menschen selbst wieder. [...] Die Seele des Lebendigen heißt bei Homer *thymos*. Ihr gegenüber, ja in schroffen Gegensatz zu ihr, steht die Psyche, insofern sie ausschließlich der Sphäre des Todes angehört. Der Mensch ist nach homerischer Anschauung nicht, wie Rohde meint, ‚zweimal da, in seiner wahrnehmbaren Erscheinung und in seinem unsichtbaren Abbild, welches frei wird erst im Tode', sondern er hat gewissermaßen zwei verschiedene Seelen, eine für

---

67 Rohde [1893] (1925).
68 Rohde (1925) 5f.

das Leben, die andere für den Tod, wenn man das Eidolon, den materielosen Körper, überhaupt ‚Seele' nennen will."[69] Diese spezifische Verteilung der Seele auf Leben und Tod sei in allen Kulturen zu beobachten, wenngleich sie für modernes Denken „unerträglich" sei, da die Psyche neben dem Leichnam als dessen schemenhafte Verdoppelung auftritt.

Unterstützt wird die Überzeugung von der Verbreitung dieser Anschauung im germanischen Totenglauben, der vom Einzug der toten Seelen in Walhall erzählt. Die Bedeutung dieses Reichs der Toten, das mit dem griechischen „Elysium" zu vergleichen ist, liegt in der eigentümlichen Lebendigkeit dieser Toten, die Odin für seine letzte Schlacht gegen den Weltuntergang um sich schart. Der Tote ist auch hier ein Wiedergänger, eine lebende Leiche, die nicht nur nahezu alle Eigenschaften des Lebendigen behält, sondern auch mit allen den Verletzungen, die ihm den Tod gebracht haben, nach Walhall eingeht.[70]

Diese Verletzungen aus der Schlacht als Bedingung für den Einzug nach Walhall erklären wiederum den Brauch der rituellen Speerritzung: „Da der Walhallgast im Kampf gefallen sein mußte, war die blutende Wunde gewissermaßen sein Eingangspaß. [...] Odin selbst, der dies festgesetzt hatte, ließ sich sterbend mit der Speerspitze ritzen und dann verbrennen."[71] Auch dieses Zeichen der Speerritzung findet sich in der christlichen Leidensgeschichte wieder: „Als sie aber zu Jesu kamen, da sie sahen, daß er schon gestorben war, brachen sie ihm die Beine nicht, sondern der Kriegsknechte einer öffnete seine Seite mit einem Speer."[72] Es wird verständlich als Stigmatisierung des Helden, der mit dieser Berufung das Reich der Toten erlösen kann.

Doch nicht nur die Schlachttoten wurden im germanischen Glauben in diese Form des Nachlebens geführt, vielmehr leben die Toten in eingeschränkter Weise weiter. Dies bezeugen auch hier die von modernen Begriffen unterschiedenen Vorstellungen von der Seele: „Sieht man näher zu, so können diese Wörter nur bestätigen, daß es den Germanen bis zur Einführung des Christentums fern gelegen hat, das Fortleben nach dem Tode als ein vom Körper erlöstes Seelendasein und ‚Leib' und ‚Seele', ‚Körper' und ‚Geist' als Gegensätze aufzufassen. [...] Ihre Toten waren weder Hauch noch Schatten oder Abbilder. Sie lebten, *obgleich* sie ausgehaucht hatten."[73] Sowenig wie das Sterben als „aushauchen" denkbar war, konnte die Vorstellung eines Weiterlebens als körperloses Geistwesen vorgestellt werden. Es fehlen hier, wie im griechischen Mythos, die dazu notwendigen Spirituali-

69 Otto (1983) 35f.
70 Neckel (1913) 37ff.
71 Neckel (1913) 47.
72 Joh. 19, 33f.
73 Neckel (1913) 48-51.

sierungen des Seele-Begriffes, wie sie erst durch die philosophische und theologische Umdeutung des Todes möglich wurden.

Das Double ist also immer der Doppelgänger der Leiche. Hieraus erklärt sich der Volkglaube: „Wer seinen Doppelgänger sieht, sieht seinen Tod", wenngleich die Bedeutung dieses Zusammenhanges verloren gegangen ist. Die vor allem durch das Christentum verbreitete Spiritualisierung des Begriffes der Seele, die in der Seele ein vom Körper getrenntes Geistwesen sieht, hat mit der Verwendung der Bezeichnung *psyche* die Vorstellung vom Toten und damit auch von Tod grundsätzlich verändert. Die *psyche*, die Erscheinung des toten Leibes, wurde zum Geistwesen umgedeutet, das auch schon den lebendigen Leib bewohnt und seinen unsterblichen Anteil darstellt. Das vollständige Aufgehen von *psyche* als der ursprünglichen Bedeutung für den Totenleib in einer Vorstellung von einem unsterblichen Wesen als Kern des irdischen Leibes degradierte die ursprüngliche Religion der *psyche* zum Gespensterglauben. In der modernen Kultur wird die Erscheinung des Gespenstes dann zur „unheimlichen Erfahrung," weil das Double nicht mehr als Erscheinung des Todes verstanden werden kann. Im modernen Verständnis tritt das Double unversöhnt und gewalttätig als frei flottierende Todesangst auf.[74]

Diese Unheimlichkeit und Gewalttätigkeit gehört also nicht zur ursprünglichen Vorstellung des Doppelgängers, sie ist die Folge der Ausgrenzung der Toten und der Spiritualisierung des Seele-Begriffs. Der Doppelgänger ist eigentlich nicht der unheimliche oder steinerne Gast, sondern der Stellvertreter der Toten und deshalb ein „guter Geist", der die Kontinuität und Versöhnung der Geschichten bewirken kann.

Georg Wissowa sieht in *Religion und Kultus der Römer* in der Bezeichnung der Manen als die „guten Götter" einen „Euphemismus". Damit verkennt er aber die Ambivalenz der Rolle, die von den Totengeistern gespielt wird. Sie sind zwar die Schuldträger, die Subjekte der Schuld, sie entlasten aber auch, indem ihre Klage bei den Lebenden Gehör findet. Schuld wird von ihnen also nicht nur übergeben, sondern auch vergeben. Als solche sind sie die Quelle des Guten schlechthin.[75]

Als Untoter spielt der Doppelgänger die Vermittlerrolle überhaupt, denn er steht zwischen den Reichen und trägt die Anzeichen der Lebenden und der Toten, die Beweglichkeit des lebendigen Körpers und die Starre des toten Antlitzes. Der Doppelgänger ist die Larve,[76] der Maskierte, der als schon

74 Baudrillard (1982) 224: „Unsere ganze Kultur ist voll von dieser Furcht vor dem abgetrennten Double, bis hin zu jener subtilsten Form, die Freud ihm in Das Unheimliche gibt."

75 Wissowa (1971) 238.

76 Otto (1983) 69f: „Mit den lemures hat man in klassischer Zeit die laruae gleichgesetzt. [...] Es kann kein Zweifel sein, daß auch dieser Name ursprünglich eine allgemeine Bezeichnung für gespenstige Unholde gewesen ist. [...] Von diesen nächtlichen Schreckgespenstern erhielt die Maske

Toter noch die Rolle des Lebenden spielt und darin als „Person“ zum Urbild des „Schauspielers“ wird.

Auch im dionysischen Kult hat die Maske die grundlegende Bedeutung des Doppelgängers. Dionysos erscheint abwechselnd mit und ohne Maske, je nach seiner Rolle als Herr der Unterwelt oder Herr der Oberwelt. Er ist darin immer seinem Double verbunden und sieht seinen Tod in seinem maskierten Gegenbild, das die Totenstarre darstellt, aber mit dem Leben verbunden ist und vom Leben getragen wird.

Der Doppelgänger spielt deshalb immer schon die Geschichte der Verbindung der Reiche, die Heldengeschichte. Sie konzentriert sich in der Auseinandersetzung mit dem eigenen Bild, welches als Totenbild das Gegenstück zur leiblichen Erscheinung darstellt. In der Maskierung stellt sich das lebende Bild ganz in den Dienst des Todes. Ziel ist aber dabei die Zusammenführung der Bilder, nicht ihre Trennung. Die Maske des abgetrennten Doubles ist nur so lange grauenvoll und unheimlich, wie sie noch nicht die Einheit der „Person“ zeigt, sondern den Tod im krassen Abseits stehen lässt. Doch gerade auch diese Einheit der Person ist keine Synthese, sie ist die Heldengeschichte im Kern, deren Beginn mit der unvermittelten Erscheinung des Doubles beginnt. Diese Erscheinung ist die Mahnung, die den Helden dazu beruft, seine Geschichte aufzunehmen. Das Aufnehmen der Geschichte ist das Ende des „natürlichen“ Lebens, seine „zweite Geburt“ und damit der Beginn der persönlichen Geschichte. Hier wird die Geschichte der Vorfahren aufgenommen und als eigene Geschichte in der Person weitergeführt. Mit der Berufung zum Helden der eigenen Geschichte beginnt also die Biografie, die zur Vereinigung und Einheit mit dem Double in der Maske, dem „bleichen Gesellen“ führt und die deshalb zugleich auch eine Einschreibung des Todes, eine Thanatografie ist.

Die Doppelgängergeschichten seit der Romantik, vor allem bei E. T. A. Hoffmann, A. von Chamisso, E. A. Poe, F. Dostojewski und Anderen zeigen ausschließlich einen anderen Verlauf, indem hier die Protagonisten nicht zum Frieden oder gar zur Einheit mit ihrem Double finden. Die Geschichten sind deshalb Erzählungen des Scheiterns, der Verfolgung und Verzweiflung, die von der Stimmung des Unheimlichen getragen sind. Freud macht in seiner Untersuchung über *Das Unheimliche* darauf aufmerksam, dass hier nichts Fremdes, sondern etwas sehr Vertrautes und damit „Heimliches-Heimisches“ zum Problem geworden ist, das allerdings verdrängt wurde. Dabei unterscheidet er zwischen der eigentlichen Verdrängung infantiler Komplexe beim „Unheimlichen des Erlebens“ und dem Überwundensein „primitiver Überzeugungen“ beim „Unheimlichen der Fiktion“. Infolge der hier und auch sonst von Freud vertretenen Überzeugung, die Weltanschauung der „Primitiven“ sei der Ausdruck infantiler Neurosen, kommt es aber wieder zu einer „Verwischung der Abgrenzung“, wenn-

---

frühzeitig den Namen larva. Und zu ihnen wurden schon in alter Zeit die Toten gerechnet, ja man verstand bald unter dem Namen larva fast allein noch sie.“

gleich der Begriff der Verdrängung hier an seine Grenzen gerät.[77] Tatsächlich ist „Verdrängung“, aber auch „Überwundensein“ keine zutreffende Charakterisierung für die spezifische Ausgrenzung des Todes und der Toten, die den Doppelgänger zur grauenvollen Erscheinung macht. Hier geht es nicht um verdrängte Libido, wie Freud glaubt, sondern um die Verweigerung der Verpflichtung, die mit dem eigenen Dasein aufgebürdete Schuld zu sühnen, um zu einer Versöhnung mit sich selbst, also seinem inneren Bild oder Doppelgänger, zu kommen.

Die Begegnung mit dem Double ist der Auftakt der Geschichte, an deren Ende die Versöhnung und Vereinigung stehen muss, soll die Schuldfrage gelöst werden. Das Ich wird durch den Doppelgänger zur Person, also zum vom Tod durchdrungenen und gezeichneten Leben berufen. Die Person ist das Ich und sein Double mit der Maske. Seine Biografie ist zugleich eine Thanatografie, indem sie die Geschichte der Erlösung des Todes durch das Leben und umgekehrt darstellt.
Das Unheimliche der gespenstischen Anwesenheit des Todes und der Toten ist damit nicht das Ende der Geschichte, sondern ihr Kern, der als Mittelpunkt der Heldengeschichte von der Vermittlung von Tod und Leben handelt. Im Doppelgängererlebnis ist die Heldengeschichte die Geschichte der individuellen Personwerdung, die nur mit der Begegnung des Todes und der Versöhnung mit den Toten als lebendige Geschichte weitergeht.

Die Erscheinung des Doppelgängers ist zunächst die Gegenwart der Toten und Vergangenen, die durch die Maske schauen. Die Maske ist das Zeichen des Angerufen- und Verfolgtseins. Die vertikale Gegenwart des gelebten Lebens mit seiner Präsenz des Ungelebten macht das Jetzt zur Schuld des Einst und ruft den einstigen Verzicht auf, damit er im Spiel erfüllt und aufgehoben wird. Das Ungelebte der Ahnen, ihr Nicht-mehr-sein, schließt sich so mit dem Noch-nicht-sein der Kinder und Enkel zusammen. Die Maske des Doppelgängers ist das Symbol dieser Geschichte und ihres Spiels, das als Heldengeschichte Vergangenheit, Gegenwart und Zukunft zusammenbindet, indem es so die Einheit von Leben und Tod veranschaulicht. Von der Maske als Inszenierung des Spiels von Leben und Tod geht eine Macht aus, die sowohl grauenvoll wie auch erregend ist. Als Zeichen der Verbindung des Totenreichs mit dem Reich der Lebenden ist sie die Einheit aller Gegensätze.

Dionysos trägt als Gott die Maske selbst und ist darin zugleich sein Double. Die Maske ist damit nicht nur für den Priester bedeutend, der als maskierter Stellvertreter den Gott vertritt, wie meistens behauptet. Hermann Usener schreibt in einer klassisch gewordenen Arbeit zum Thema *Heilige Handlung*: „Die außerordentliche Bedeutung, welche bei unzivilisierten Völkern allgemein Masken und Maskentänze haben, beruht lediglich darauf, daß die Maske ihren Träger zu dem Dämon umwandelt, den sie an-

77 Freud (1982 c) 271.

deutet."[78] Diese Auslegung, welche die Bedeutung der Maske und des Maskentragens auf die Repräsentation eines Dämons reduziert, ist seither unhinterfragter Bestandteil der Religionswissenschaft. So schreibt van der Leeuw in seiner *Phänomenologie der Religion*, dass das Rollenspiel „amtlicher" Funktionäre in der Vertretung der Macht zu suchen sei. Könige, Priester und überhaupt „Geweihte" seien Vertreter dieser Macht und repräsentierten sie durch die Maskierung und Verkleidung.[79] In dieser Rolle spielten sie gleichsam die Macht und stellten sie dar, wobei die Maske den Darsteller hinter der Darstellung verschwinden läßt: „Ein *dromenon* ist immer abhängig von einer dem Menschen überlegenen Tat, es ist immer ‚vorgetan' oder ‚wiedergetan'. In *diesem* Sinn ist kultisches Handeln ‚darstellendes Handeln'. [...] Kultisches Handeln ist immer Amt, Vertretung. Der Priester tut und spricht ‚im Namen Jesu'. In zahllosen Tänzen, heiligen Spielen usw. der primitiven Völker sind es die Götter, Dämonen und Geister, die handeln und sprechen. Die Priester oder sonstigen Darsteller sind eben nur Darsteller der heiligen Macht."[80] Dabei ist es die Maske, die den „kultisch Handelnden zum Vertreter" macht: „In den Maskentänzen so mancher primitiver Völker re-präsentieren die Tänzer im buchstäblichen Sinne die Dämonen oder Götter und das Ereignis, das vorgeführt wird; d.h. sie stellen jene von neuem dar, dieses machen sie aufs neue gegenwärtig, sie sind die Geister oder Dämonen, und das Ereignis findet wiederum statt. Wenn die Herleitung des Wortes *persona* von etruskisch *phersu* richtig ist, so deutet auch das auf denselben Sachverhalt: die Masken sind dann Tote oder Totengötter, der Name der Toten wurde zu demjenigen der Maske."[81] Bis in die neuesten Auslegungen der Religionswissenschaft, Ethnologie und Volkskunde hat sich dieses Verständnis der Maske als Repräsentation erhalten, wie ein Handbuchartikel belegt: „Im rituellen Rahmen ist die Maske als ein Darstellungsmittel kollektiver Repräsentationen zu sehen."[82] Dabei taucht die Frage nicht auf, wieso durch Verkleidung und Repräsentation Macht erzeugt wird. Dies wird erst deutlich, wenn sie zum Stellvertreter des „Starren"[83] und damit des Toten wird.

Die Bedeutung und Funktion der *Maske* und ihrer möglichen etymologischen Verbindung mit *Person* erschöpft sich nicht in der Stellvertretung der unsichtbaren Götter in der Maskierung im Sinne einer Vorführung oder Performation. Diese Auslegung sieht in der Maske nicht den Doppelgänger, sondern nur die Repräsentation, die als Scheinwelt die echte vertreten und darstellen soll. Stellvertretung ist hier auf die Performanz und Vorführung reduziert, wobei das entscheidende Moment des Schauspiels, die im Doppelgänger ermöglichte Stellvertretung der Toten, unterdrückt bleibt. Der Sinn der Maske und damit auch ihre kultische Funktion und Rolle bis in die Folklore hinein aber liegt darin, dass der Gott selbst maskiert ist, nicht erst sein Vertreter, weil der Gott die Toten vor den Lebenden vertritt. Auch der

---

78 Usener (1913) 424.
79 Van der Leeuw (1933) §§25 – 29
80 Van der Leeuw (1933) 421.
81 Van der Leeuw (1933) 422.
82 Metzler Lexikon Religion. Artikel Maske/Maskierung (1999) 2/390ff.
83 Olschanski (2001) 37ff.

Priester als sein Vertreter „repräsentiert“ nicht einen dahinter steckenden Dämon. Wenn er sich maskiert, so übernimmt er die Rolle des Gottes oder Helden in der Leidensgeschichte, die ihn wie sein Vorbild in das Reich der Toten hinein- und wieder zurückführt. Er wird selbst zum Mittler, der die Reiche verbindet und damit auch die Integration des Ich mit seinem Double veranschaulicht.

Das Aufsetzen der Maske verlangt den Mut zum Übergang und damit zur Übernahme der Schuld der Ahnen, wie es in der Heldengeschichte geschieht. Stellvertretung kann nur die Wiederholung der Heldengeschichte sein, nicht die Repräsentation oder gar Illusionierung einer anonymen Macht.

Aus der wechselseitigen Vertretung von Tod und Leben bezieht der Doppelgänger seine unheimliche Macht. Walter Otto fordert in dem bereits zitierten Buch über die Manen, die Frage nach dem Ursprung des Glaubens an den Totengeist völlig neu zu stellen. Die bisher für selbstverständlich genommene Erklärung, dieser sei die ins Totenreich gewanderte Seele, steht für Otto nicht nur im Widerspruch zu den griechischen und römischen Quellen, auf die er sich zumeist bezieht, sondern auch zu allen sonstigen ethnologischen Beschreibungen. Dies sei ein weiteres Beispiel für die häufig zu findende Verkehrung, dass nicht die Beobachtung zur Theorie finde, sondern umgekehrt eine Theorie alle Beobachtung in ihrem Licht erscheinen lasse. So sei die animistische Seelenlehre für diese fälschliche Darstellung des Totenglaubens verantwortlich. Dieser bis heute zutreffende Vorwurf ist sonst nirgendwo korrigiert worden. Grund dafür ist die für modernes Denken abstruse Vorstellung vom Doppelgängertum, bei der „der ganze Mensch als bewegliches Schemen weiterlebe. Und dieser äußerst paradoxe Gedanke ist Gemeingut aller Völker, aller Zeiten, aller Stufen der Kultur!“[84]

Der Rationalismus der animistischen Theorie kennt deshalb genau genommen keinen Doppelgänger, sondern nur die moderne Trennung von Körper und Seele. Damit ist aber nicht erklärt, dass der Tote „bei allen Volkern und zu allen Zeiten“ gefürchtet ist,[85] also auch im modernen und aufgeklärten Zeitalter. Die Furcht leitet sich nicht von der Doppelnatur von Körper und Seele und dem Weiterleben der Seele nach dem Tod ab, sondern von der lebendigen Eigengestalt des Totengeistes. Er ist vor allem im Gespensterglauben und seinen Varianten des Gruseligen zu finden. Der Doppelgänger ist nicht das Double des Lebenden, denn daran wäre nichts Grauenvolles zu finden, und sein Erscheinen zu Lebzeiten wäre auch nicht Vorbote oder Anzeichen des nahen Todes, wie der Volksglaube meint. Er verbreitet Grauen, weil er das Double der Leiche ist. Deswegen ist die

---

84 Otto (1983) 88.
85 Otto (1983) 102.

Furcht vor dem Double eine – rational gesehen – grundlose, aber damit auch namenlose Angst, die gerade von der sonderbaren Kraftlosigkeit und mangelhaften Materialität des Doppelgängers ausgeht: „Der Gedanke an den ‚Odem', den ‚Lebensgeist', die ‚Seele', sie alle haben nichts an sich, was an die Sphäre gemahnt, in der jenes elementare Grauen zu Hause wäre. Wohl aber das ‚Gespenst'. Seltsamerweise ist das verkannt worden. Die Totenangst, meint man, setze ein kraftvolles, im gewöhnlichen Sinn gefährliches Wesen voraus, während das Gespenst ein ohnmächtiges und gar besinnungsloses Schemen ist. Aber der echte Schauer vor Toten ist von ganz anderer Art als die Furcht vor konkreten Nachstellungen und Beschädigungen. Solche Furcht muss zweifellos für sekundär gelten gegenüber der gewissermaßen grundlosen Angst. Das ist aber ein Gefühl, das mit der gespenstigen Vorstellung vom Totengeist auf das erstaunlichste übereinstimmt."[86]

Im Doppelgänger erscheint das Reich des Todes in der schemenhaften Wiederholung des Lebens. Erst mit dieser Erscheinung ist das Leben vollkommen. Der abgetrennte Schatten dagegen zeigt die Auflösung dieser Integrität und ist von daher der Ursprung des Grauens. So ist nicht der Doppelgänger erschreckend, sondern sein abgetrenntes und isoliertes Erscheinen, das die Auflösung der Einheit von Leben und Tod signalisiert.

Entsprechend wird der Verlust des Schattens oder des Spiegels zum größtmöglichen Unglück, denn er bedeutet den Verlust der Erneuerung und damit des Lebens. Deshalb ist die Abspaltung des Doubles zum Inbegriff der Verfluchung geworden. Der Schatten als Lebensspender und Genius ist die Wiedererneuerung des Lebens aus dem Tod, mit seinem Verlust wird das Leben mit der Qual der Endlichkeit überzogen.

Nicht erst in den Doppelgängergeschichten der Romantik ist der Verlust des Schattens eine Verfluchung, die zum Ursprung des namenlosen Grauens wird. Bereits in der Schöpfungsgeschichte der Bibel führt der Verlust des Spiegels, der göttlichen „Ebenbildlichkeit" durch die Sünde zum Anlass der Verfluchung und Vertreibung aus dem Paradies (Gen 3). Mit dem Verlust des Ebenbildes ist die Rückkehr ins Paradies und zum „Baum der Lebens" versperrt.

Hier kündigt sich der Kern der Tragödie an, die sich nicht im tragischen Konflikt erschöpft, sondern zunächst das Rechtsverhältnis zwischen Leben und Tod, zwischen Lebenden und Toten zum Ausdruck bringt. Der Konflikt entsteht dort, wo dieses Recht nicht mehr gewahrt werden kann. Dieses Recht behandelt die Stellung und Bedeutung der Toten in der Gemeinschaft. Bleibt der Tote Teil der Gemeinschaft, wie es im Totenrecht archaischer Gesellschaften selbstverständlich ist, dann besteht kein Konflikt. Das

---

86 Otto (1983) 105.

Recht des Toten und die kulturelle Wandlung dieses Rechts ist damit Gegenstand der Tragödie: „Der Ausgangspunkt und auch weiterhin der springende Punkt des Totenrechtes ist die Totenpflege, die Gemeinschaft mit dem Toten. [...] Er verlangt, daß man ihn pflege, sonst kommt er und mahnt. Hier setzt von seiten der Überlebenden die Totenabwehr ein. Um den Toten von der Wiederkehr abzuhalten, wird er gefesselt, zerschmettert, geköpft, gepfählt, mit Steinen verschüttet, ins Moor versenkt und mit Dornen bedeckt, verbrannt. Solange der Tote im Hause begraben wird, kann er gar nicht ‚wiederkommen'. Er ist ja überhaupt nicht fortgegangen. Und umgekehrt ist nicht zu denken, daß er da eine unerwünschte Erscheinung wäre. Man würde ihn dann nicht im Hause lassen. Die Wurzel alles Totenrechtes aber, durch die Jahrtausende hindurch bis heute, liegt im Totenfrieden, in der – zunächst häuslichen – Gemeinschaft mit den Toten, dem gemeinsamen Hausfrieden."[87] Der tragische Konflikt entsteht erst mit der Änderung des Totenrechtes und ist in dieser Form dann auch zum Thema der literarischen Tragödie, wie in der *Antigone* des Sophokles, geworden.

Tragödie

Die Schuldverdrängung infolge der Ausgrenzung der Toten ist das zentrale Thema der Tragödie. Sie gibt einerseits den aus dem Umbruch der Rechtsvorstellungen hervorgehenden Konflikt in der griechischen Antike zu erkennen, wofür gerade die *Antigone* von Sophokles als Beispiel gesehen werden kann. Darüber hinaus ist sie aber auch der Ausdruck des grundsätzlichen Konflikts aller mit Bewusstsein Lebenden, die ihr Recht auf Leben gegenüber den Lebewesen, von denen sie sich ernähren, aber auch gegenüber den Toten, die im konkreten und symbolischen Sinn ihr Leben „gegeben" haben, behaupten müssen. In diesem überzeitlichen und überhistorischen Konflikt liegt die Rätselhaftigkeit der Tragödie und ihre andauernde Bedeutung. Die Tragödie ist dabei zunächst nicht schmerzlich oder „tragisch", weil sie den „fröhlichen Tausch" zum Ausdruck bringt, der in einer Solidargemeinschaft zwischen Lebenden und ihren Ernährern vollzogen wird. Sie drückt das notwendige Geben und Nehmen aus, das die Grundbedürfnisse des Menschen nach Nahrung, Liebe und Geborgenheit erfordern.

Das Verständnis und die Definition des Tragischen ist damit nicht aus der Unlösbarkeit des „tragischen Konflikts" ableitbar, da dieser Konflikt selbst schon das Scheitern des Tausches zum Ausdruck bringt.

Deshalb ist es auch problematisch, das „Wesen" oder die „Struktur" der Tragödie allein aus den literarischen Zeugnissen abzuleiten, wie bei Hans-Dieter Gelfert: „Eine Theorie der Tragödie, die wirklich überzeugen will, müßte dreierlei leisten. Zum ersten müßte sie das Strukturmerkmal beschreiben, das Tragödien zu Tragödien macht.

87 Schreuer (1916) 146f.

Zum zweiten müßte sie erklären, weshalb Tragödien nur in ganz bestimmten Epochen geschrieben wurden. Und drittens müßte sie zur Erhärtung der zweiten Erklärung auch noch die Bedingungen nennen können, unter denen Tragödien nicht zu erwarten sind."[88] Die hier von Gelfert geforderten Bedingungen richten sich nicht an die Tragödie, sondern an die Zeitumstände, die zum Verlust des kulturellen Gedächtnisses und damit zum tragischen Konflikt führen. Die von Gelfert gestellte Frage, warum Tragödien nur zu gewissen Zeiten geschrieben worden sind, kann deshalb nicht zur Beantwortung der Frage nach der Bedeutung des Tragischen herangezogen werden. Die literarischen Tragödien von Aischylos bis Beckett zeugen vom tragischen Konflikt, der sich aus dem Scheitern der Tragödie als fröhlichem Tausch ergibt. Dieses Scheitern hat Gründe, die mit dem Tragischen als „fröhlichem Tausch" nichts zu tun haben.

Das Tragische ist kein Scheitern, im Tragischen gelingt vielmehr die Übertragung von Schuld. Die Tragödie ist deshalb eine frohe Botschaft. Erst mit einem einseitig beanspruchten Recht auf Leben wird der Stoff der Tragödie, das schuldlose Übernehmen von Schuld, zum tragischen Konflikt, der unlösbar ist. Ist von Tragödie die Rede, so muss also unterschieden werden, ob in ihr die Schuld bewältigt und verarbeitet ist, wie im ursprünglichen Sinn, oder ob sie geradezu zum Ausdruck unbewältigter Schuld geworden ist. Entsprechend muss unterschieden werden, ob der tragische Konflikt, der in jedem Fall ein logisch unlösbarer ist, in seiner Ungelöstheit bleibt oder ein Zeichen der Erlösung ist, das die Tragödie zur „frohen Botschaft" verwandelt. In der griechischen Tragödie mit ihrer Nähe zu den Dionysien ist die Botschaft erlösend, sie handelt deshalb nicht vom unlösbaren tragischen Konflikt, der eher eine moderne Erscheinung ist, sondern von der Gewalt der Schuld, die Generationen übergreifend den „Schuldlosen", also den von persönlicher Verfehlung freien Menschen ergreift, ihm aber Entsühnung verheißt.

Darauf weist Albin Lesky hin, wenn er die sittliche Bedeutung der tragischen Schuld zurückweist und einen auch schon bei Aristoteles festzustellenden Schuldbegriff herausarbeitet, der einen eigenen Charakter hat: „Für uns aber stellt sich die Frage, was Aristoteles mit der tragischen Verfehlung meinte, wenn er die moralische Deutung des Begriffes mit solcher Entschiedenheit ablehnte. [...] Es ist nicht einfach so, daß *harmartía* als schuldloser Irrtum dem sittlichen verdammenswerten Frevel gegenüberstünde, wir müssen vielmehr antikem Denken folgend eine Schuld annehmen, die subjektiv nicht anrechenbar ist und doch objektiv in aller Schwere besteht, Göttern und Menschen ein Greuel ist und ein ganzes Land verpesten kann. Man braucht nur an Oidipus zu erinnern, um das Gesagte mit durchaus konkretem und durchaus griechischem Gehalt zu füllen."[89] Das Phänomen des Tragischen ist deshalb zunächst als eine Rechtsvorstellung zu verstehen, die das Recht der Toten zum Ausdruck bringt.

---

88 Gelfert (1995) 7.
89 Lesky (1984) 33f.

In der tragischen Erkenntnis werden die Grundbedürfnisse nach Nahrung und Liebe nicht mit Schuld verbunden. Ihre Befriedigung wird nicht schamhaft empfunden, da sie auf einem Tausch beruht. Dies bedeutet jedoch nicht, dass die Schuld aufgehoben wäre. Die Nahrung als Tötung und Zerreißung von Leben ist und bleibt die primäre Vergegenwärtigung der Schuld. Mit jedem Bissen geht Unschuld verloren und macht das bloße Überleben zur Schuld an der Tötung und Zerfleischung anderen Lebens.

Die Lösung und Erlösung von dieser unaufhebbaren Schuld liegt in der Rolle des Helden der Tragödie, der im Tausch geopfert wird und darin den Tausch zu einem „fröhlichen" verwandelt. Die Rolle des Helden und seiner Todesfahrt verwandelt die notwendige Einseitigkeit allen grundbedürftigen Nehmens in eine Doppelseitigkeit, die dem Nehmen auch den Charakter der Rückgabe verleiht. Die „Tragik" des Helden verleiht den Grundbedürfnissen des Lebens eine zweiseitige und dialogische Symbolik, die am Nehmen immer das Geben als freiwilliges und bereitwilliges Geben in der Hingabe erscheinen lässt. Der Tod wird in dieser Symbolik in das Leben integriert, alles Leben ist ein vom Tod gespendetes. Leben wird hier nicht nur vom Tod umfangen vorgestellt und begriffen, es wird gesehen als mitten im Tod und aus dem Tod geborenes Leben.

Dionysos als der Protagonist aller Tragödien ist der Gott der Lebenden und der Toten, der Fruchtbarkeit und Verwesung. Erst in dieser Einheit stellt er das ganze Leben dar. Als Gott mit der Maske ist er mit dieser Duplizität zugleich sein Double und wird in Bildern dargestellt, die als sich ergänzende und spiegelnde Symbole den Doppelgänger zitieren. Das Doppelgängermotiv als gegenseitige Widerspiegelung und Korrespondenz von Leben und Tod findet sich deshalb in allen „dionysischen" Symbolen wieder. Daraus ist die Doppeltheit der dionysischen Symbole, ihr paarweises Auftreten und die Wechselseitigkeit ihrer Wirkkraft herzuleiten. Hier vertritt nicht ein Zeichen ein Bezeichnetes oder verweist darauf, wie in der Allegorie, hier ist das Zeichen in seiner bloßen Zeichen- und Schemenhaftigkeit die Wirklichkeit der anwesenden Toten in Gestalt des Doppelgängers mit der Maske. Die Doppelnatur der Symbole kann insgesamt auf die Anwesenheit und Wirkung des Doppelgängers bezogen werden, da in ihm die Doppeltheit des Lebens wieder zu finden ist. Als Doppelgänger mit der Maske oder „bleicher Geselle" ist der Doppelgänger der anwesende Tote. Ob er visionär im „zweiten Gesicht" schon im Leben erkannt wird und darin den nahen Tod verkündet oder als Körperschema dem Gestorbenen entsteigt, in jedem Fall wird er als sichtbares Pendant des Leibes gesehen und geglaubt. Die Doppelnatur der Symbole wird vor dieser Entsprechung von Tod und Leben als Zeichen der Verbindung beider Reiche verständlich.

Vor allem ist es die Doppeltheit von Wein und Efeu, die als Hitze und Kälte entgegengesetzte Erscheinungen darstellen. Walter Otto sieht ihre enge Verwandtschaft, die bis in die Botanik hineinreicht, in ihrer kriechenden und rankenden Ausbreitung. Er weist aber auf ihren Gegensatz hin, der sich in dem versetzten Rhythmus, aber auch in dem unterschiedlichen Lebensraum zeigt: Während der Wein die Wärme braucht, sucht das Efeu die Kühle und Feuchte. Der Mythos drückt auch ihre gegenseitige Beanspruchung aus, indem „der Efeu gleich bei der Geburt des Dionysos erschienen sei, um das Knäblein vor den Blitzflammen, in denen die Mutter verbrannte, zu schützen.“[90] Pinie und Feigenbaum sind weitere Symbole des „doppelgestaltigen Gottes“, die Pinie steht wie der Efeu für die immergrüne Feuchte der Nacht, der Erde und des Todes, die Feige als Ebenbild des weiblichen Geschlechts für die Gegenseite des Lebens. Aus Feigenholz wurde auch der Phallus geschnitzt, der zu den dionysischen Prozessionen getragen wurde. W. Otto nennt weiterhin die Myrte, die als Pflanze der Feuchte stellvertretend für die Ganzheit des Lebens gestanden hat.[91]

Die Symbole sind Zeugnisse der Gegenseitigkeit von Leben und Tod. In ihrer wechselseitigen Verweisung und Ergänzung stellen sie die Ganzheit der Geschichte dar, sie bilden einen Kosmos, in dem Leben und Tod, also das Recht der Lebenden mit dem Recht der Toten, ausgeglichen sind. Da Leben als In-Geschichten-sein das Sein als Gerechtfertigtsein und Gerechtigkeit erfährt oder diese herstellen muss, zeugen die Symbole von einem Ausgleich in der Vollendung und Vollbringung der Geschichte. Sie sind Verheißungen, aber nicht Erfüllungen, da die Erfüllung erst im Geschehen, das die Geschichte auf sich nimmt, eintritt. Das Geschehen wird durch die Geschichte und die Geschichte wird durch das Geschehen erlöst. In dieser Gegenseitigkeit von Geschichte und Geschehen stehen auch die Symbole des Lebens, sie sind Rechtfertigungen des einen durch das andere und werden in dieser gegenseitigen Rechtfertigung bedeutsam.

Die Geschichte aber, in der sich diese Wechselseitigkeit der Rechtfertigung ausführt, ist die Leidensgeschichte, und damit jener Teil der Heldengeschichte, die den Übergang und die „Schwellenphase“ darstellt. Obwohl der Held hier zum Opfer wird, ist er in seiner Leidensphase nicht ausschließlich Opfer, sondern bleibt immer auch Täter, weil er ja sich selbst erleidet, das Schicksal des Lebens. Die Wechselseitigkeit der Symbolik spielt damit auch auf die Gegenseitigkeit der Schuld bei Tätern und Opfern an. Für die Rechtfertigung gibt es keinen Unterschied zwischen Tätern und Opfern. Die Opfer sind nicht allein durch ihr Opfersein gerechtfertigt, sondern erst dann, wenn sie die Schuld der Täter mit übernehmen und tragen.

Hier ist der Kern der mythischen Rechtfertigung zu finden, die Unmöglichkeit der Schuldentlastung allein durch Abschiebung der Schuld auf den Täter. Auch die Opfer tragen mit an der Schuld. Es gibt keine Schuldigen

90 Otto (1933) 139.
91 Otto (1933) 144.

und Nicht-Schuldigen, da Alle schuldig sind. Die Entsühnung wird erst mit der Vollendung der Geschichte erreicht, und nur dann, wenn die Geschichte kontinuierlich auf die Vollendung und Wiederherstellung Aller zuläuft. Diese Kontinuität, welche die Übergänge der Geschichten zu großen Krisen werden lässt, garantiert die Entsühnung und ist die Verheißung. Die Symbole der Ganzheit, welche die Ganzheit der Geschichte mit der Wiederherstellung Aller ist, zeugen also auch von diesem Ausgleich der Schuld, der Belastung Aller und der Wiederherstellung Aller.

Der Held der Geschichte übernimmt mit seiner Personwerdung die Rolle des Täters und Opfers zugleich. Diese Doppelung der Aufgabe durchzieht den gesamten tragischen Motivkomplex. Neben der Duplizität der Person im Doppelgänger finden sich eine ganze Reihe doppeldeutiger und ambivalenter Motive, die den dramatischen Gegensatz von Leben und Tod zum Ausdruck bringen. Dies zeigt sich vor allem am Symbol des Weins und seiner Fermentation. Die Gärung des Weines ist zugleich Zeugung und Verwesung, aus der Verwesung entsteht das neue Leben und rechtfertigt den Tod und die neue Lebensform. Von diesem Übergang des Todes ins Leben handelt die ganze Symbolik des Weines und seiner Doppeldeutigkeit, angefangen bei der Zerfleischung im Zertreten der Trauben, über Gärung und Zersetzung bis hin zur Trunkenheit im Genuss, in der durch die Verbindung der Welten des Lebens und des Todes die Schuld aufgehoben und bewältigt scheint. Die wechselseitige Vertretung von Tod und Leben im tragischen Motiv ist hier zum so genannten tragischen Konflikt, der Gleichzeitigkeit von Täter und Opfer, geworden. Die Traube wird zertreten und geopfert, aber in der ebenfalls doppeldeutigen Gärung geht sie in neues Leben über. Das bruchlose Aufgehen des Alten im Neuen durch Zerfleischung, Gärung und Verwesung ist das Wunder der Helden- und Heilstat und der Kern der Tragödie. Der bacchantische Taumel, „an dem kein Glied nicht trunken ist“, wie Hegel sagt, zeugt vom Ende der Geschichte und der restlosen Entlastung von der Schuld, aber nicht im langsamen Durchsickern einer inneren Gewissheit des Geistes, sondern im Durchspielen der Doppelrolle des Opfers und Täters in der Tragödie.

In dieser Doppelrolle ist auch der Ursprung des so genannten „tragischen Konflikts“ zu sehen. Kerényi stellt in seiner Studie *Dionysos*[92] diesen tragischen Konflikt als freudiges Ereignis heraus, was nur aus der gegenseitigen Stellvertreterschaft von Leben und Tod, Täter und Opfer zu verstehen ist. Schuld wird nicht auf eine Seite geschoben oder auf einer Seite belassen, wie das dann im späteren Verständnis des „tragischen Konflikts“ gesehen wurde. „Der Sinn des Ziegenopfers *auf dem Lande* in diesem Monat ist uns gleichfalls bekannt. Im März stehen noch die Weinstöcke als kahle, blätterlose Strunken. Sie werden nun das Blut ihres Feindes, des Bockes zu

---

92 Kerényi (1998).

trinken bekommen: ihres fast wesensgleichen, dionysischen Verwandten. Die vorweggenommene Strafe wird einen Sünder treffen, der von seiner Sünde nicht weiß, ja, sie noch nicht beging. Er teilt ein Schicksal, das in der Zukunft, nach *seinem* Schicksal, dem Schicksal des Bockes, des *tragos*, der das grausame Spiel des Lebens mit den Lebewesen in einer festen Zeremonie erleidet, ‚tragisches' Schicksal heißen wird. [...] Die geistige Schöpfung ‚aus dem Anlaß des Bocks' die *tragodia*, hatte *außerdem* noch zwei konstitutive Elemente: den Mythos und den Versuch zu seiner Erklärung. Der Mythos war, daß die Tötung auf Veranlassung eines Gottes, zu seiner *Freude* geschah und daß er *selbst* sie erlitt. Das andere Element kam in der rationalen Sphäre durch die Auffassung des Ziegenopfers als *Bestrafung* des sündigen Tieres zur einfachen Opferhandlung hinzu."[93]

Die gegenseitige Anklage von Leben und Tod führt erst dann zum (unlösbaren) tragischen Widerspruch, wenn der Tod und die Toten aus dem Leben ausgeschlossen sind. Das tragische Motiv ist in seinem Kern ebenso wenig „tragisch" im modernen Sinn von düster, unheimlich und unabwendbar wie das Doppelgängermotiv. Erst unter dem Einfluss diffuser Schuld infolge eines nicht vollzogenen Schuldbewusstseins und Schuldtausches nimmt das Motiv diese Einfärbung an.

Max Scheler kommt dem ursprünglichen Phänomen des Tragischen am nächsten, indem er es auf die „Unlokalisierbarkeit" der Schuld zurückführt: „Überall also, wo die Frage: ‚Wer hat schuld?' eine klare, bestimmte Antwort zuläßt, *fehlt* der Charakter des Tragischen. Erst da, wo es dafür *keine* Antwort gibt, taucht die Farbe des Tragischen auf. [...] Es besteht innerhalb des menschlich Tragischen – gleichwohl nicht einfach ein *Fehlen* von ‚Schuld', sondern bloß die *Unlokalisierbarkeit* der ‚Verschuldung'."[94]

Der tragische Widerspruch, Täter und Opfer zu sein, wird erst durch die Schuld offenbar, aber damit zugleich einer Heilung zugeführt. Die dionysische Tragödie kennt keinen unlösbaren Konflikt. Für sie ist die Lösung im Tausch erfolgt. Zur Unlösbarkeit kommt es erst mit der Rationalisierung des Widerspruchs, die den tragischen Gegensatz zum dialektischen Spiel werden lässt. Der Widerspruch zwischen Leben und Tod verliert dabei seinen dramatischen Kern, die Annahme des Opfers, und wird zum Formalismus einer scheinbaren Harmonie. Dabei ist, wie schon gezeigt, die Anklage der Schuld zur bloßen These geworden, die im „Widerspruch" oder „tragischen Konflikt" mit der ihr innewohnenden Antithese stehen soll.

Die Tragödie und mit ihr das Ur-Drama der Schuldbewältigung stellt keinen „tragischen" Konflikt dar, weil hier im Gegenteil die freudige Erkenntnis gefeiert wird, dass das Leben nur in der solidarischen Gegenseitigkeit des Gebens und Nehmens, des „Fressens und Gefressenwerdens" mög-

---

93 Kerényi (1998) 196.
94 Scheler (1972) 163f.

lich ist. Im tragischen Ereignis wird dies mit Dankbarkeit erkannt. Das Leben wird als „fröhlicher Tausch“ gefeiert, als Gabe, die den Tod des Gebers bedeutet hat. Die uneinholbare Schuld, die in diesem Akt der Schenkung zum Ausdruck kommt, kann als gesühnt und eingelöst gelten, da sie nicht einseitig bleibt, sondern in der Kontinuität des Geschehens und der Geschichte auf Alle verteilt erscheint. Durch diese Verteilung in der mythischen Rechtfertigung ist die Schuld in Freude verwandelt.

Die grundlegende Aussage der Tragödie liegt damit in der Bejahung der Nahrung, des Essens und Trinkens und ihrer notwendigen Tötung anderen Lebens. Die Tötung und Zerfleischung wird von Schuld befreit, indem der Held sich selbst zum Opfer macht und darin zum genießbaren Nahrungsmittel wird.

Der Umgang mit der Tötung und Schlachtung als Voraussetzung der Nahrung ist heute ein Problem, das mit Verdrängung einerseits und mit unterschiedlichen Formen von Essstörungen andererseits den akuten Komplex diffuser, nicht abgetragener Schuld zeigt. Angefangen bei Vegetarismus über abstruse Essvorschriften, bei denen nichts ehemals Lebendes verzehrt werden darf, bis hin zur pathologischen Nahrungsverweigerung wird das Aufnehmen von Nahrung dabei als Belastung von Schuld erfahren, auf die mit Ekel oder Ignoranz reagiert wird. Im Unterschied dazu wird in der Tragödie und ihrer Bejahung der Nahrung die Tötung und Schlachtung nicht nur als notwendiges Übel hingenommen, sondern als Geschenk bewertet. Indem der „Leib des Herrn“ zur Nahrung wird, ist die Speise das in der Tragödie geopferte und bejahte Leben, damit Leben sei. Die Speise ist damit nicht nur genießbar, sie ist auch genussvoll geworden. Im „fröhlichen Tausch“ wird Nahrung ein Opfer, das mit Freude angenommen werden kann, weil die Sühne in der solidarischen Gegenseitigkeit von Leben und Tod – symbolisch im Zu-Erde-werden des Leibes – schon verheißen ist. Die Nahrung ist Genuss, weil der Genießende selbst zu Erde wird und zum Genuss künftig Lebender beiträgt. Die Stellvertretung von Leben und Tod wandelt Schuld in Freude und lässt darin die Nahrung zum Geschenk werden, das dankbar genossen werden kann.

Mit der Bejahung der Nahrung wird ja nicht nur die eigene Schuld aufgehoben, auch die Vorfahren sind hierin bejaht, denn sie werden symbolisch gegessen. Gegenwart ist die verweste Vergangenheit, sie ist transformiert in Nahrung und in dieser Transformation materialisiert. Die Materie wird dann erst überhaupt genießbar, wenn die Verwesung als Gärung verstanden werden kann. Als bloße Verwesung ist Materie noch ungenießbar, denn hier sind die Ahnen noch schuldhaft präsent, ihre Gabe ist noch nicht bejaht. Indem Verwesung unmittelbar zur Gärung wird, ist ihre Gabe bejaht und zur Nahrung geworden.

Dieses Wunder vollzieht sich in Brot und Wein, die beide Produkte der Gärung und Verwesung sind. Die Lebens- und Auferstehungssymbolik, die sich daran gerade auch in der christlichen Religion knüpft, ist aus dieser Verwandlung von Verwesung in Nahrung heraus zu verstehen. Zu dem Symbolkreis der archaischen Lebensmittel gehören darüber hinaus noch Honig und Öl. Der Honig ist als Gärmittel für das Brot der eigentliche Lebensspender. Er gibt dem Sauerteig das „ewige Leben", indem er die Gärung immer wieder erneuert. Als Inbegriff des Lebenserweckers ist er in allen Kulturen heilig, denen das gesäuerte Brot Grundnahrungsmittel war und ist. Gleichbedeutend mit „Nektar" oder „Ambrosia" ist er bis in die Etymologie dieser Worte hinein der „Todesüberwinder". Das griechische *ambrosia* ist wie das lateinische *nectar* das Wort für Unsterblichkeit. In der Etymologie wird aber deutlich, dass es sich weniger um das heutige Verständnis eines ewig weiter geführten Lebens handelt als vielmehr um die Todesabwehr und Todesüberwindung.[95] Auch in der christlichen Symbolik hat sich diese Bedeutung noch erhalten, z.B. in den Honigspeisungen in den Osternachtsfeiern, wobei aber generell, wie auch bei Brot und Wein – vor allem in den protestantischen Kirchen und Sekten – eine Verschiebung in die Allegorik festzustellen ist. Dabei wird der Honig zum Bild für die „Süße" der frohen Botschaft, des Evangeliums, wie auch Wein und Brot zu Bildern und Gleichnissen des Leibes Christi geworden sind. Mit diesen Umdeutungen, die seit Hegel gern als „Vergeistigungen" verstanden werden, verliert sich die Kraft der Symbolik bis zum völligen Verschwinden, denn in der Symbolik geht es nicht um die „geistige" Nahrung, sondern um die leibliche. Die geistige Nahrung verlangt keine Opfer, sie ist gratis und von daher nicht nur harmlos für das Bewusstsein der Schuld, sondern letztlich völlig unbedeutend. Dagegen verlangt die leibliche Nahrung den Tod des Nahrungsspenders und ist darin immer Opfer.[96]

Mit der Zusammenführung der beiden Reiche des Todes und des Lebens in der Tragödie wird die Nahrung genießbar. Die Verwesung, die als Vorgang des Todes auf Anwesenheit des Vergangenen hinweist, wird mit der Gärung wunderbar zur Nahrung, die genossen werden kann. Das Recht zur Nahrung durch die symbolische Umdeutung der Verwesung in Nahrung, des Todes in Genuss wird durch die Tragödie vermittelt. Sie ist insofern die Darstellung einer Rechtsform, die den Toten das Recht einräumt, Gabe zu sein, die angenommen werden kann.

95 Rech (1966) 245.

96 Auch das Öl ist ein Lebenswasser und durchläuft den Kreis der Metaphorisierung, indem es zugleich Grundnahrungsmittel und – wegen der dem Wein analogen Form der Gewinnung durch Zerpressung – Opfer ist. Es gehört damit zu den sakramentalen Lebensmitteln, die daran erinnern, dass Nahrung allein durch den Tod und damit durch ein Opfer möglich ist.

Die Transformation ist nicht durch Bestimmung und Definition von Rechten und Lebensrechten eines Individuums vollzogen, weil das Individuum für sich gesehen immer in der uneinholbaren Schuld der Existenz steht. Das Recht zur Transformation ist ein mythisches oder göttliches Recht, weil es aus der Ganzheit der Geschichte und ihrer Wiederherstellung Aller legitimiert ist. Der Einzelne kann die unfreiwillige Schuld, die allein aus der Erhaltung seines Lebens resultiert und die mit jedem Augenblick die Altschuld des Lebens anhäuft, nicht abtragen oder ablösen, schon gar nicht durch Verzicht auf Fleisch oder durch andere Formen des Vegetarismus, er kann aber die Verheißung einer Erlösung annehmen, die wegen der solidarischen Übernahme der Schuld durch Alle gewiss ist.

Die völlige Gegenseitigkeit von Nehmen und Geben, von Essen und Gegessenwerden löst die Schuld in der wechselseitigen Übernahme, die aber kontinuierlich und ununterbrochen sein muss, auf. Jedes Zurückbehalten von Eigenem potenziert die Schuld über das eigene Vergehen hinaus, weil immer die gesamte Geschichte und ihre Erlösung auf dem Spiel steht. Leben ist nur möglich durch den Tod. Einer ist die Nahrung für den Anderen. Wer Nahrung zu sich nimmt, muss sich auch selbst zur Nahrung hergeben, darin liegt das Recht auf Leben. Die Ziege frisst das Weinlaub, ihr Blut wird dem Weinstock zur Nahrung. Das ist der Kern der Tragödie, die keinen unlösbaren Konflikt darstellt, sondern die Freude der Erlösung im „fröhlichen Tausch" verheißt, in der alle elementare Schuld aufgehoben ist. Die Gegenseitigkeit und die Möglichkeit der Rückgabe durch den Tod, und damit über den Tod hinaus, wandelt die Schuld in ein Recht auf Leben für den Einzelnen.

Die Symbole der Stellvertretung, welche die Gegenseitigkeit und solidarische Gemeinschaft von Leben und Tod veranschaulichen, sind damit Symbole der Wandlung von Schuld in Freude und Glück. Die Verheißung durch die Einsicht in die Erlösung ist gewaltig, geht es hier doch um die Erlösung Aller, nicht des Einzelnen. Der Einzelne ist zwar angerufen durch die Schuld, er findet aber die Erlösung nicht im persönlichen Verdienst. Denn wie kann ein Einzelner erlöst sein, wenn sein Bruder es noch nicht ist? Da die Erlösung nur mit der Wiederherstellung Aller geschieht, sind auch die Toten erlösungsbedürftig und fordern ihr Recht im Schuldgewissen der Lebenden.

Hier liegt die mythische Bedeutung der „Weltoffenheit" (*mundus patet*), den Tagen der „offenen Tür", an denen die Toten die Lebenden aufsuchen. Sie werden ins Gedenken gerufen, um sich nicht gespenstisch dieses Andenken selbst zu verschaffen. Der Kern des Mythos ist die zum Schuldtausch führende Tischgemeinschaft der Lebenden mit den Toten. Im Dionysosmythos steht an den heiligen drei Tagen der Ankunft des Gottes, dem Tag der Fässer (*pithoigia*), dem Tag der Kannen (*choes*) und dem Tag der

Töpfe (*chytroi*), die Welt offen, damit die Totenseelen aus der Unterwelt heraufkommen können und für die Zeit des Festes bei den Lebenden weilen. Ihr Heraufkommen zeigt aber nicht nur die unheimliche Gegenwart des Vergangenen, sondern das Aufblühen des Lebens aus dem Toten. Es ist das Geschehen der Übergabe des Toten an das Lebendige, das im Weizenkorn symbolisiert und gleichsam materialisiert ist. Die Toten und ihr Tod sind darin gerechtfertigt, weil der Tod das Leben der Kommenden ermöglicht hat und die Voraussetzung für Leben ist. Das Samenkorn muss sterben, damit es Frucht bringt. Seine Geschichte erzählt die Übergabe des Todes und der Toten an das Leben und die Lebenden und ist darin die Geschichte der Rechtfertigung des Lebens.

Schelling bezeichnet den Persephone-Mythos als „Keim des theogonischen Prozesses" und versteht darunter den Ursprung des Selbstwissens und Sichwissens, das sich in der Entäußerung des Keims ursprünglich veranschaulicht findet. Da Schelling die Mythologie in sein System der geistigen Entwicklung einbringt, kommt es hier zwar insgesamt zu einer Verzerrung des Mythos, trotzdem zeigen Einzelheiten und Details ein genuines Verständnis mythischer Symbolik. Dazu gehört zuoberst die Bedeutung von Persephone und ihre Stellung im Mythos. „Persephone hat in der Mythologie eine ganz andere, als bloß physikalische Bedeutung, und nur in einem tieferen, als physikalischen Sinne ist sie mit dem Samenkorn zu vergleichen. Als Hauptinhalt der griechischen Mysterien ist bestimmt die Versöhnung der durch den Raub der Tochter erzürnten Demeter, die Versöhnung des durch den Verlust des realen Gottes gleichsam verwundeten Bewußtseins. Diese Versöhnung des Bewußtseins kann nur dadurch geschehen, daß ihm an der Stelle des verlorenen Gottes ein anderer, höherer zuteil wird. Der nächst höhere Gott ist aber der Gott der zweiten Potenz, Dionysos, der noch in der Überwindung begriffen ist."[97] Lässt man einmal das Entwicklungs- und Fortschrittsdenken beiseite, so ist bei Schelling ein selten zu findendes Gespür für die Bedeutung dieses Prozesses zu beobachten, das, in Anbetracht schon antiker Missverständnisse des Mythos, als wertvoll zu gelten hat. Durch die Mysterien, sagt er, sei der mythologische Prozess wahrhaft beendigt: „denn jedes Leben, das absolut betrachtet ein zufälliges ist, [...] wird nur dadurch abgeschlossen, daß es in sich sein eigenes Ende, seinen Tod begreift. So ist das ganze Menschenleben nur ein Teil, ein Abschnitt des menschlichen Gesamtlebens. Zu einem Ganzen wird das menschliche Leben erst dadurch, daß der Mensch den Tod dieses Lebens nicht bloß fürchtet, wie das Tier, sondern als notwendigen Ausgang erkennt und daß ihm mit der Einsicht in dieses notwendige Ende der Begriff Zukunft entsteht."[98] Die Mysterien integrieren den Tod in das Leben und lassen das Lebende zum sichtbaren Zeichen der Todesüberwindung werden: „Wenn man in der Idee der Persephone eine gewisse Analogie oder Beziehung mit dem Samenkorn nicht übersehen kann, so ist dies nicht so zu deuten, als *wäre* Persephone das Symbol und das Samenkorn das durch sie Symbolisierte, weil es überhaupt unstatthaft ist, jene höheren, geistigen Wesen als Symbol

97 Schelling (1992) 278.
98 Schelling (1992) 388f.

sichtbarer und materieller Gegenstände zu denken: überall ist vielmehr das Sichtbare und Materielle Symbol des Unsichtbaren, und so könnte man eher sagen, das Samenkorn sei ein Symbol der Persephone."[99]

Das Samenkorn ist das Zeichen des unsichtbaren, aber bewussten Zusammenhangs von Leben und Tod. Als Materie ist es aber das Produkt und die Frucht des Vergangenen und durchkreuzt die Gegenwart von der Vergangenheit zur Zukunft. Das Samenkorn ist damit das Symbol für die Schuld im Berühren der Geschichten. Die Schuld wird zur Metapher, wenn das Bild die Bedeutung der Übertragung bekommt. Wenn das Samenkorn, wie Schelling sagt, selbst das Symbol ist, dann ist es das konkrete Bild der Schuld, weil es den Vorgang von Sterben als Auferstehen anzeigt.

Das Leben ist gereinigt, wenn das Ungelebte und die Schuld von den Toten auf die Ungeborenen übertragen und damit abgetragen wird. Dies ist der Kern der „Transsubstantiation", der mit der „zweiten Geburt" vollendet wird.

Die Bedeutung der kultischen Frühgeburt ist im Zusammenhang mit dem Tod und der Auferstehung zu sehen, wie Karl Kerényi zeigt: „Der Mythos der zoé näherte sich in dem mit großer Kunst aufgebauten attischen Kalender auf verschiedenen Ebenen seiner Erfüllung. Als eine Ebene darf der Wein aufgefaßt werden, als eine zweite die Erzeugung, der embryonale Zustand, die Frühgeburt und die Geburt des Kindes und als dritte die wieder erlangte Ganzheit eines zerstückelten und entmannten Gottes, der zwölf Monate lang bei den Toten weilte. Das alles mußte auf der Ebene des Sonnenjahres vor sich gehen, das den Inhalt eines Trieteris in sich vereinigte. Das Motiv der Frühgeburt war darin ein so wichtiges Element der Dionysosreligion, daß es auf Grund der frühen Verwandtschaft der zwei Religionen auch in den Osirismythos, wahrscheinlich in dessen jüngste Schicht, aufgenommen wurde."[100]

Die Verwandlung geschieht an den Tagen der offenen Türen, an den Totenfesten, die von der Bedeutung der Schuld her kein „Vegetationsritus" sind, bei dem die Erneuerung der Natur gefeiert wird, sondern die Übernahme und Weitergabe und damit der „fröhliche Tausch" der Schuld. Entscheidend für diese Integrität ist aber nicht nur die Hinwendung zur Vergangenheit und den Toten, sondern die Integration des Todes in die Gegenwart und Zukunft, wie sie am Symbol der „zweiten Geburt" oder Wiedergeburt deutlich wird, durch die erst die völlige Entsühnung geschieht.

Zweite Geburt

Die unabwendbare Schuld, die vom Leben selbst schon ausgeht, indem es grundlos geschenkt erscheint, offenbart sich in den elementaren Lebensbedürfnissen des Essens und Trinkens und geht von hier auf alle Handlungen

99 Schelling (1959) 421.
100 Kerényi (1998) 182.

und Bedürfnisse aus. In diesen Kreis der elementaren Handlungen gehört auch die Fortpflanzung, die unter dem Aspekt des Schuld-seins – nicht des moralischen Schuldig-werdens – eine Fortsetzung der Schuld bedeutet und von daher auch doppeldeutig ist. Einerseits ist die Fortsetzung der Schuld eine Aufrechterhaltung der Schuld und wird in diesem Sinn auch von der christlichen Theologie in ihrer Deutung der Erbschuld als Fortsetzung des Bösen gesehen. Andererseits wird die Schuld gerade in der Übertragung und Fortsetzung erträglich und ertragbar, vorausgesetzt, sie wird bis zum Ende aller Geschichten fortgesetzt und übernommen, weil Schuld in der solidarischen Übernahme durch Alle, die leben und gelebt haben, lebbar wird. Dies ist der positive Sinn der Erbschuld. Beide Verständnisformen der Erbschuld sind an die biologische Fortpflanzung gekoppelt.

Die Fortpflanzung ist für heutiges Verständnis ein ausschließlich biologischer Vorgang. Eine Koppelung der Schuld an die Fortpflanzung im Sinne von Vererbung der Schuld ist für dieses Verständnis deshalb unsinnig geworden. Damit ist aber das eigentliche Wirkungsfeld der Schuld, der die Täterschuld weit überschreitende Konflikt, aus dem Blickwinkel geraten, ohne damit verschwunden zu sein.

Selbst für Augustin, der die geschichtliche Schuld in Verbindung mit der leiblichen Geschlechtlichkeit und damit mit der biologischen Fortpflanzung brachte, war die Vererbung kein im heutigen Sinn biologischer Vorgang. Erst recht ist die mythische Vorstellung der Schuld an das In-Geschichten-Sein des Lebens gebunden und bezieht sich auf die Verbindung der Lebensgeschichten von Einzelnen, Familien, Sippen und Völkern. Sie offenbart in der Kontinuität das gesamte Unheil des notwendigen Schuldigseins und die Erlösung in der Fortsetzung der Schuld und der solidarischen Übernahme durch alle Geschlechter. Die Fortpflanzung wird hier zur Handlung, die Schuld fortsetzt, aber damit auch Erlösung verheißt. Insofern ist sie wie die Nahrung, die das Opfer erzwingen muss, die unendliche Überhöhung des Schuldig-seins durch ein Schuldig-werden, das in der eigenen Hingabe die Möglichkeit zur Sühne bietet. Im Unterschied zur Nahrung ist Sexualität zwar nicht für den Einzelnen zwingend notwendig, um so mehr allerdings wird sie zur Notwendigkeit für das Überleben der Gemeinschaft und überträgt von daher ihre Schuld auf diejenigen, die unfruchtbar sind oder zölibatär leben. Die Unfruchtbarkeit ist ein Fluch, den der zölibatär Lebende „freiwillig" auf sich nimmt, um stellvertretend zu büßen.

Die von der Keuschheit ausgehende Macht im Volksglauben, aber auch im christlich-katholischen Glauben, wird häufig auf die spirituelle Verwendung der zurückgehaltenen Potenz zurückgeführt. Dabei werden jedoch kindliche und jungfräuliche Keuschheit mit kultischer Keuschheit verwechselt. Die Vermischung jugendlicher Keuschheit mit kultischer Enthaltsamkeit in christlichen Reinheitsvorstellungen dient der symbolischen Überhöhung des Priesters.[101] Vor dem Hintergrund des Schuldbegriffes wird aber deutlich, dass es sich bei jugendlicher und kultischer Keuschheit um unterschiedliche Phänomene handelt. Im Unterschied zur jugendlichen Keuschheit ist die kultische eine Handlung, die mit Tötung gleichgesetzt werden muss. Denn auch in der Enthaltsamkeit wird Leben verweigert und ungelebtes Leben ins Gewissen gestellt. Die freiwillige Enthaltsamkeit ist ein freiwilliges Übernehmen von Schuld und damit wie die Tötung die höchste Form existentieller Verschuldung. Sie ist die Schuld, das Leben für sich zu behalten, es nicht weiter zu tragen und darin die Schuld des Selbstseins auf sich zu nehmen.

Scheinbar im Gegensatz dazu werden Tod und Geschlechtsverkehr weit verbreitet als Verunreinigung gedeutet, die durch die Enthaltsamkeit vermieden wird. Enthaltsamkeit scheint hier eine Form der Reinheit zu sein und gerade nicht eine Kontamination im Aufsichnehmen von Schuld. In diesem Gegensatz liegt aber kein Widerspruch vor, sondern eine Doppeldeutigkeit. Sie zeigt den Geschlechtsverkehr als ambivalentes Geschehen, weil er sowohl im Vollzug wie in der Enthaltung eine Überschreitung auf alles Zukünftige und damit eine Berührung mit ungelebtem Leben bedeutet.

Die Ambivalenz des Geschlechtsverkehrs fordert deshalb besondere Keuschheitsregeln, deren scheinbare Widersprüchlichkeit, im Grunde aber konsequente Durchführung, sich z.B. im Umgang mit der Defloration zeigt. Die Defloration hat in vielen Volksbräuchen einen höchst unkeuschen und promiskuitiven Charakter (*jus primae noctis*). Im ersten Geschlechtsverkehr wird die Grenze zur Zukunft hin erstmalig überschritten, er ist daher ein besonders schwerer und von Schuld belasteter Vorgang. Die Übernahme solcher heiklen, grenzüberschreitenden Handlungen gehört seit jeher in das Ressort der Priester.

In Eugen Fehrles *Die kultische Keuschheit im Altertum* wird diese Ambivalenz und ihre kultische Behandlung herausgestellt: „Meine Ausführungen haben gezeigt, daß es zwei Gründe sind, die zur kultischen Keuschheit führen, die Gottvereinigung und der Glaube, daß der geschlechtliche Verkehr verunreinige. Beide sind oft gar nicht zu trennen, sondern gehen vollständig ineinander über. Sie haben ja auch im letzten Grunde denselben Ursprung. Bei der Gottvereinigung im ersten Sinne wie bei der Zeugung wirkt der Mensch zusammen mit einem *daimónion*.“[102] Da Fehrle hier nur im Rahmen von Wundts *Völkerpsychologie* bleibt, wird nicht deutlich, dass die sakrosankte und damit tabuisierte Stellung des Priesters in der grenzüberschreitenden Übernahme der Schuld zu sehen ist, die eine schwere Verunreinigung bedeutet. Denn nicht nur Promiskuität und Opferdienst übernehmen Schuld, sondern auch Enthaltsamkeit von Nahrung und Sex, weil sie eine Verweigerung des Solidarprinzips bedeuten. Die Ambivalenz liegt in der Reinigung durch Verunreinigung und übernimmt

---

101 Fehrle (1910) 54-64.

102 Fehrle (1910) 42f.

damit die Logik des Opfers, Blut mit Blut abzuwaschen. Der Priester ist deshalb gerade nicht rein, sondern sakral, weil er, sowohl in der Promiskuität wie in der Enthaltsamkeit, stellvertretend die Schuld auf sich nimmt.

Wie jeder natürliche Vorgang, so ist auch die Zeugung und Fortpflanzung mit der Ambivalenz der Schuld behaftet. Einerseits ist jede Zeugung und Geburt todbringend für anderes Leben, andererseits kann dieses neue Leben selbst Opfer und damit Lebensspender werden. In vielen Kulturen wird dieser Ambivalenz dadurch Rechnung getragen, dass sie durch eine „zweite Geburt" ergänzt wird, um die Schuld zu sühnen, die das durch die erste Geburt erzeugte todbringende Potenzial hervorgebracht hat. Das Leben wird „vervollständigt",[103] wenn es mit der zweiten Geburt zurückgegeben wird. Mit dieser symbolischen Rückgabe wird auch die erste Geburt entsühnt und das natürliche Leben wird insgesamt zur Gabe. Es überschreitet die Einseitigkeit des bloßen Nehmens und nimmt die Doppeldeutigkeit des toddurchwirkten Lebens an, das in der Hingabe symbolisch geopfert wird.

Die kultische Umsetzung der zweiten Geburt ist in ihrer kulturellen Fülle unübersehbar und reicht bis in die christliche Mythologie vom „Kind in der Krippe". Sie geht zurück auf den Mythos von der „Geburt des Helden", der, vergleichbar dem Mythos vom „Doppelgänger", eine erstaunliche Gleichförmigkeit in den unterschiedlichen Kulturen und Epochen aufweist.

Auch zu dieser Thematik hat Otto Rank eine bis heute maßgebliche Monographie vorgelegt, die als komparatistische Studie von großem Wert ist, auch dann, wenn die psychoanalytische Deutung nicht übernommen wird.[104] Rank stellt heraus, dass die Geburt des Helden immer mit den gleichen Schwierigkeiten verbunden ist und auch die Lösung dieser Schwierigkeiten erstaunliche Analogien aufweist. So wird die Geburt des Helden dem jeweiligen Herrscher im Traum oder in Prophezeiungen angekündigt, worauf alle Neugeborenen im Lande bedroht sind. Der neugeborene Held wird darauf in einem Korb oder Kasten versteckt und ausgesetzt.

Für die Psychoanalyse ist die Aussetzung im Wasser besonders bindend, da Wasser in ihrer Deutung für „Fruchtwasser" steht, ebenso, wie der „Kasten" die Plazenta bedeuten soll. Doch abgesehen davon, dass dieses Bild schief ist, da das Wasser dann ja im Kasten sein müsste und nicht umgekehrt, geht es bei der zweiten Geburt nicht um eine bloße Wiederholung der ersten, weshalb die Allegorisierung der Bilder hier irreführend ist. Rank weiß auch wenig mit der symbolischen Umkehrung der zweiten Geburt, die als Aussetzung den Tod bedeutet, anzufangen und erklärt sie einerseits durch die „Feindschaft" der Eltern, andererseits durch die „Gefährlichkeit" des Geburtsvorganges.[105]

---

103 Siehe oben § 12.
104 Rank (1922).
105 Rank (1922) 108.

Nach seiner Bergung wird der Held von Tieren oder Adoptiveltern einfacher Herkunft erzogen. Der weitere Verlauf divergiert sehr stark, gemeinsam ist aber die Rückkehr zum Ort seiner Geburt, wo seine eigentliche Aufgabe beginnt. Die Psychoanalyse sieht im Motiv der Aussetzung aus Angst vor dem Zorn des eifersüchtigen Herrschers einen Vater-Sohn-Konflikt: „Schon dadurch, daß der Held mit Lösung der vom Vater zu seinem Verderben gestellten Aufgaben (Heldentaten) schließlich an die Stelle des Vaters gelangt (und die Frau für sich gewinnt), erweisen sich seine Leistungen als Ersatz der Vatertötung, woraus sich die Formulierung ergibt, *daß das Heldenhafte eben in der Überwindung des Vaters liegt*, von dem die Aussetzung und die Aufgaben ihren Ausgang nehmen.“[106] Doch diese Deutung trifft weder für Ödipus noch für die Heldengeburt schlechthin zu. Indem die psychoanalytische Deutung den „Familienroman“ auf die aktuelle Familie reduziert, grenzt sie die gesamte Vorgeschichte aus und ignoriert damit die bestimmenden Faktoren des akuten Geschehens. So kommt es zu solchen Verzerrungen wie dem „Ödipuskomplex“, der das Generationen übergreifende Familiendrama auf das angebliche sexuelle Interesse innerhalb der aktuell lebenden Kleinfamilie reduziert und daraus zu deuten versucht.

Der Familienkonflikt, der in der Heldengeburt thematisiert wird, betrifft den die Generationen überschreitenden Schuldkomplex. Denn der durch den Helden bedrohte Herrscher ist nicht der eifersüchtige Vater, der in seinem Sohn einen Rivalen heranwachsen sieht, er ist der Ahne, der sein Leben schon abgegeben hat und dem gegenüber die jetzt Lebenden in der Schuld stehen. Nicht ein moderner Vater-Sohn-Konflikt, sondern der archaische Generationenkonflikt ist hier zum Ausdruck gebracht.

Der klassische Held dieses Konflikts ist Ödipus, der bereits das Los des „modernen Menschen“ trägt, ganz auf die Gegenwart versessen, von Vergangenheit und Zukunft bedroht zu sein. Die Schuld wird hier bereits zum Fluch, der auf dem Geschlecht ruht und sich in dunklen Prophezeiungen ankündigt.

Die Geschichte von Ödipus weist noch deutliche Analogien zu Dionysos auf, beginnend mit seinem Namen „Schwellfuß“, der als Abwandlung von Ödiphallus, „schwellendem Phallus“, die Schenkelgeburt von Dionysos zitiert. In der Analogie zu dem wiederkehrenden und auferstehenden Dionysos ist auch das Motiv der Verstümmelung beibehalten, das an das Schicksal von Dionysos Zagreus, aber auch an seine unterirdische Zeit erinnern soll, während der Dionysos der Liknitäs, das „Kind in der Krippe“ ist. Ödipus wird am Fuß, also am Phallus verstümmelt, von seinen leiblichen Eltern getrennt und zu Adoptiveltern gegeben, die das zweite Leben begleiten, ihn erziehen und damit auf die zweite Geburt oder Wiedergeburt vorbereiten.

106 Rank (1922) 115.

Ödipus wiederholt in Andeutung die Frühgeburt und Doppelgeburt von Dionysos und ihre mythische Bedeutung, Tod und Leben zu versöhnen. Die weiteren Ereignisse seines Lebens, die in der Psychoanalyse bis in die jüngste Zeit hinein zu unterschiedlichen Deutungen des Schuldkomplexes geführt haben, sind eher Dokumente eines nicht mehr gelingenden Verständnisses der dionysischen „frohen Botschaft". Die Schuld ist hier schon blindes und unausweichliches, aber eben auch unabänderliches Verhängnis, das an die kommende Generation weitergegeben wird, ohne dabei abgetragen zu werden. Ödipus ist also nicht mehr der Held, der die Schuld auf sich nimmt, um sie stellvertretend abzutragen, er ist schon „modern" in dem Sinn, dass er blind in die Schuld hineinrennt, sie verständnislos erträgt und als Fluch weitergibt.

Das zeigt sich vor allem in der *Antigone*, wo Schuld zum „tragischen Konflikt" führt, wenn das Recht der Toten nicht beachtet wird. Kreons Verbot, Polyneikes zu bestatten, führt zum Konflikt mit Antigone und ihrem Pflichtgefühl, ihrem toten Bruder das ihm gebührende Recht zukommen zu lassen. Die Konfrontation von positivem und archaischem Recht drückt den Konflikt zwischen den Lebenden und den Toten aus, der in der Tragödie als scheinbar grundlose Feindseligkeit und Unversöhnlichkeit der Götter erscheint.[107] Die Verletzung des Rechts der Toten ist hier noch spürbar, wenngleich das Einholen ihres Rechts durch die Rachegeister und deren Schreckensherrschaft einen deutlichen Unterschied setzt zu den dionysischen Tagen der offenen Welt, an denen noch die Gemeinsamkeit mit den Toten möglich war und als tragisches Fest gefeiert werden konnte. Indem die geschichtliche Schuld jetzt als grundlose Willkür der Götter erscheint, ist sie hier schon zum feindlichen Verhängnis und unlösbaren Rätsel geworden. Es ist aber nicht auszumachen, ob sie in der klassischen Tragödie selbst schon als übles Verhängnis und sinnlose Ausgeburt unmenschlichen Rechts gesehen wurde, wie dies heute der Fall ist.[108]

Die Symbole der dionysischen Frühgeburt und Wiedergeburt, die sich in der Passion von Ödipus noch wahrnehmen lassen, der schwellende Phallus von Ödipus als Zeichen seiner Frühgeburt und die inzestuöse Vereinigung mit seiner Mutter als Darstellung des Samenkorns, das in die Erde gelegt wird, sind Ausdruck des archaischen Rechts des Schuldtausches, der im Tod des Ödipus und seinem versöhnenden Gang in die Unterwelt in der

---

107 Angehrn (1996) 374: „So ist Antigone die schuldlose Teilhaberin an einer unlösbaren Verkettung von Schuld, trägt sie durch ihre inzestuöse Herkunft als eine unlösbare Erblast; Ödipus aber trägt den Fluch seines Geschlechts aus und erfüllt darin eine an seine Eltern ergangene Weissagung, die als durch nichts mehr gegründete, ursprüngliche Feindseligkeit der Götter erscheint."

108 So aber Angehrn (1996) 374: „Diese dem modernen Menschen anstößige Abkoppelung [der Schuld von der Verantwortung] wird auch im mythischen Bewußtsein als Unrecht erlitten, doch gleichzeitig als höheres, dem Menschen nicht zur Disposition stehendes Recht anerkannt."

Tragödie des Sophokles auch zur Erlösung führt. Von daher ist seine Geschichte in der Antike vielleicht noch als frohe Botschaft verstanden worden und die düstere Seite seines tragischen Schicksals erst eine Sichtweise seines Lebens aus unserer Zeit. Immerhin sieht Aristoteles in der Tragödie noch einen „reinigenden Effekt" und spricht damit vielleicht etwas an, was dem modernen Denken völlig fremd geworden ist, die Reinigung von Schuld durch Schuld.

Freuds Fehlinterpretation des Ödipus-Dramas als „Ödipuskomplex" rührt vom Missverständnis der Bedeutung der „Zieheltern" im Dionysosmythos her, die eigentlich die leiblichen Eltern sind, wogegen die leiblichen Eltern im Mythos die Ahnen sind, die auch durch den Gott vertreten werden können.[109] Deshalb kennt Ödipus seinen mythischen Vater, den er tötet, und seine Mutter, die er heiratet, nicht. Der Mythos bringt damit zum Ausdruck, dass es gerade nicht die aktuellen Eltern sind, die Zieheltern, bei denen Ödipus gelebt hat und die er als seine Eltern kennt, die den Konflikt heraufführen, sondern die unbekannten leiblichen Eltern, die als die „Ureltern" das Schuldigsein, das gegenüber den Ahnen besteht, real werden lassen. Die ödipale Schuld kommt damit nicht im lebenden Familienverband zum Vorschein, schon gar nicht als sexueller Interessenskonflikt. Wie schon seit dem 19. Jahrhundert nachgewiesen ist, lebt das sexuelle Interesse genetisch von der Abwechslung und ist deshalb innerhalb einer Familie am geringsten („Westermarck-Effekt", nach dem finnischen Philosophen Edward Westermarck).[110] Damit ändert sich aber auch die Begründung für das Inzestverbot. Es ist nicht mit der Tabuisierung innerfamiliärer Sexualität zu erklären, sondern fällt unter das Opfer.[111]

Die Lebenden stehen, weil sie leben, gegenüber den Toten in der Schuld und sühnen durch ihr Gedenken, durch das sie auch deren Schuld aufgreifen und weiter tragen. Der Verweigerung dieser Sühne droht der Hass und die Verfolgung, die der Mythos vom „Kind der Krippe" mit der Bedrohung der Kindesverfolgung anspricht. Dieses Motiv wird in der Psychoanalyse Ranks ebenso wenig berücksichtigt wie die eigentliche Vaterlosigkeit des Helden. Der Erzeuger des Helden ist im Mythos gerade nicht der Mann der Mutter, der wie auch in der Geschichte Jesu keine Rolle spielt, sondern ein Gott. Mag das zu Vermutungen führen, die auf die besondere Stärke und Auserwähltheit des Helden deuten, so ist der mythische Sinn hier doch ein anderer, denn die Besonderheit dieser Zeugung eines Gottes mit leiblicher Mutter trägt die Züge einer Vereinigung der Reiche von Leben und Tod. Das Leben wird vom Tod befruchtet, damit das Kind Mittler beider Reiche sei.

Die Präsenz der Ahnen ist der Anlass zur Aussetzung des Kindes und seiner zweiten Geburt, die eine Wiedergutmachung ist. Mit der unnatürlichen zweiten Geburt wird also eine Wiedergeburt inszeniert, um die natür-

---

109 Merkelbach (1988) 147ff.
110 Westermarck (1907/1909).
111 Baudrillard (1982) 212.

liche Geburt, die sich das Recht auf Leben genommen hat, zu sühnen. Die Aussetzung nach der ersten Geburt ist als Opfer zu verstehen, das einem Todesgang gleichkommt. Denn die Gefahren für das Kind im Korb sind reine Todesgefahren, bei denen das Kind auch symbolisch stirbt. Deshalb ist für die Aussetzung nicht das Wasser zentral, sondern der Kasten oder Korb, in den das Kind gelegt wird. Zwar ist er der Ort des Todes, er verheißt aber zugleich die Wiedergeburt und das neue Leben.

Als Kind in der Getreideschale sind Dionysos, Moses und Christus Inbegriff der Verheißung des Lebens inmitten des Todes. Dionysos verlor seine Fruchtbarkeit für die Zeit seiner Reise in die Unterwelt und seines Aufenthaltes bei den Toten, die in den trieterischen Riten ein Jahr dauerte. In dieser Zeit war er ganz den Toten zugewandt, sein Phallus wurde während dieser Zeit symbolisch in Form eines geschnitzten Feigenholzes in einem Korb oder einer Schale, die zum Auswerfen des Getreides benutzt wurde, dem *liknon* aufbewahrt. Das Motiv des schlafenden, zur Befruchtung unfähigen Phallus in der Getreideschale führt die Geschichte vor die leben-, aber auch todbringende Zeugung zurück und wiederholt sie als Auferstehung von den Toten. Die zweite Geburt ist die Geburt aus dem Schoß des Todes, die aber zur Sühne für die natürliche Geburt wird. Die bis heute in diesen Zusammenhängen gebräuchliche Rede von den „Vegetationskulten", von Dionysos und Demeter als „Vegetationsgottheiten", erfasst den Sinn der Mythen nicht, wie allein ein Vergleich mit dem biblischen Mythos von der Sintflut zeigt,[112] der keinem Vegetationskult zugeordnet wird, obwohl er dem gleichen Symbolkreis zugehört:[113] Auch Noahs „Kasten", die Arche Noah, ist eine Samenschale, aus der die Frucht der zweiten Geburt hervorgeht. Hier wie dort ist die zweite Geburt Sühne für die erste und dient der Wiederherstellung des Rechts, das durch die natürliche Geburt genommen wurde.

Für den in Solidargemeinschaft mit der Natur lebenden Menschen ist das Leben keine Funktion, sondern das zwischen Geburt und Tod eingespannte Geschehen, das diese Grenzen nicht wie heute als Fakten, sondern als Rechte versteht. Das Recht der Geburt ist nicht angeboren und gleichzeitig mitgeboren, es muss erst von den Toten erworben werden. Auf diese Rechtfertigungen gehen alle mythischen Varianten der symbolischen Frühgeburt zurück. Das durch die zweite Geburt wiederhergestellte Recht auf Leben, das die natürliche Geburt mit ihrer todbringenden Botschaft verwirkt hatte, lässt das Fruchtbarwerden der Fortpflanzung zur Sühne werden. Mit den zwei Geburten werden Tod und Leben also wieder versöhnt und vereint. Leben darf sein, auch wenn es Tod bringend für die Mutter und für die Natur ist, denn das neue Leben bringt sein Leben selbst als Opfer dar.

112 Gen 6-8
113 Jeremias (1930) 157f.

In dem Ritus um die Samenschale zeigt sich die Doppelgestaltigkeit des Helden und seiner Macht über beide Reiche, das Reich der Lebenden und das Reich der Toten. Während der Höllenfahrt ruht der Phallus in der Getreideschale in innigster Verbindung mit dem Samen und verheißt hier das Leben der zukünftigen Geschlechter. Im nicht-trieterischen Ritus ist diese Ankunft und Verheißung im Symbol der Frühgeburt des Gottes zwischen den Schenkeln des Zeus angezeigt. Zeus trägt den dem Schoß seiner toten Mutter entrissenen Dionysos zwischen seinen Schenkeln aus und lässt ihn von hier erstehen. Auch hier ist der Phallus im schlaffen Zustand das Vorzeichen der Fruchtbarkeit, die sich als „Schenkelgeburt" in seinem Anschwellen vollendet. Als „Aufrechtstehender" (*orthos*) wurde Dionysos bei seiner zweiten Geburt gefeiert. Die Schenkelgeburt des Zeus ist damit nicht nur das Zeichen des schwellenden Phallus, sie vollendet auch die dionysische Geburt, die mit dem Tod der Mutter die Schuld auf sich geladen hatte. Der Aufrechtstehende rechtfertigt darin das kommende Leben, das sonst in der Schuld und damit im „Tod verschlungen" wäre. Dieser Advent feiert die Rückkehr des Abwesenden und seine Auferstehung als Versöhnung des Todes mit dem Leben, in dem nicht nur die Zeugungslust gerechtfertigt ist, sondern ebenso die aus ihr hervorgegangene Frucht, die nun leben darf. Dionysos ist zur Verheißung zukünftigen Lebens geworden, weil seine Geburt dem Tod der Mutter nicht nur verschuldet, sondern jetzt auch verdankt ist.

Nahrung und Sexualität sind die elementaren Handlungen, in denen sich das Leben in seiner wechselseitigen Vertretung spiegelt und deutet. Die Erhaltung des Lebens wird immer durch das Opfer ergänzt und durchkreuzt. Alles zur Erhaltung des Lebens Notwendige ist Opfer, das durch die eigene Fruchtbarkeit gesühnt werden kann.

Aus dem Verdanktsein gegenüber der männlichen Potenz erklärt sich auch die ausschließliche Männlichkeit des Helden in Kulturen, die um den biologischen Zusammenhang zwischen Geschlechtsakt und Zeugung wissen.[114] Der aufrechte Phallus ist hier zwar bedrohlich, weil er das Vorzeichen künftigen Lebens ist, andererseits ist er aber der Garant der Fortsetzung, dem sich obendrein auch das gegenwärtige Leben verdankt. Er wird somit zum Kristallisationspunkt schuldhafter Metaphorik und ist mit der Ambivalenz besetzt, die alle Bilder der Übertragung von Schuld haben. Der Tod des Weizenkornes, den der Phallus selbst im schlaffen Zustand darstellt, setzt sich fort in seinem Aufrichten und verheißt darin die Lösung vom Tod. Held und Phallus gehen hier als Bilder ineinander über. Die Todesfahrt des Helden wird zur bildlichen Übersetzung des Geschlechtakts. Der „Tod" in der „Samenschale", der dem Phallus im Geschlechtsakt widerfährt, ist das Vorzeichen künftigen Lebens. Die Zeugung kann so zur

114 Dies ist keineswegs allen Kulturen bekannt gewesen, wie die berühmte Studie Das Geschlechtsleben der Wilden on Nordwest-Melanesien von Bronislaw Malinowski zeigt. Da die Kinder hier „vaterlos" sind, ist der Mythos der Fruchtbarkeit anders gestaltet, wenngleich auch hier ein Korb oder Kasten als Symbol auftritt, jedoch nicht in der Bedeutung der Samenschale: Malinowski [1929] (1979) 128ff.

Sühne für das von den Vorfahren erhaltene Leben werden, wenn es das Leben fortsetzt.

Das Kind in der Krippe ist also die Verheißung der Sühne durch die Zeugung. Auch hier weicht die christliche Auslegung von der dionysischen ab. Die christliche Umdeutung der dionysischen Frühgeburt und phallischen Schenkelgeburt ist dabei von entscheidender Bedeutung, weil hier der Schuldtausch mit den Nachkommen nicht vollzogen wird und sich deshalb eine Ethik der Präsenz und des Gegenwärtigen entwickelt. Die vielen Übereinstimmungen zwischen dionysischem und christlichem Mythos können nicht darüber hinwegtäuschen, dass das wichtige Element des Adventes unterschiedlich verstanden wurde, sicherlich mit dem Ziel, die schon im dionysischen Kult selbst anstößig gewordene Rechtfertigung der Fruchtbarkeit nicht zu assoziieren.

Kerényi weist in diesem Zusammenhang auf solche Verschleierungen bereits im Dionysoskult hin: „Das älteste Idol des Dionysos, von dem die Tradition der Athener wußte, war ein Phallos, bei den Horen aufgestellt, aber die Identität, die sich im Beinamen Orthos, der ‚Aufrechtstehende', kundtat, wurde absichtlich verschleiert durch die Erklärung, den Männern ermögliche die richtige Mischung des Weines das aufrechte Stehen."[115] Im christlichen Mythos ist alles Phallische dann völlig getilgt. Die Theologie der ersten Jahrhunderte war durchweg bestrebt, die Analogien und Spuren zu Dionysos hin zu verwischen. Als Beispiel erwähnt Kerényi das Verbot auf dem 2. Konzil von Konstantinopel, das noch im Jahre 691 die Dionysosrufe der Winzer beim Zertreten der Trauben, dem symbolischen Zerreißen seines Leibes, verbot und stattdessen das „Kyrie eleison" anordnete.[116]

Die Frage der Anstößigkeit stellt sich heute auch unabhängig von der christlichen Moral und gibt dadurch zu erkennen, dass es um das tiefer liegende Problem der Existenzschuld und geschichtlichen Schuld geht. Anstößig ist nicht der Phallus als Teil des Körpers, sondern, in der Ambivalenz von Faszination und Schrecken aller Metaphern der Schuld, der Phallus als Verheißung der Lösung und Erlösung vom Tod. Indem der Phallus zum Helden wird, der den Tod überwindet, wird er auch zum Inbegriff des „Retters", woran sich wiederum eine einseitig männliche Form der Erlösung anschließen kann. Hier hat die christliche Vorstellung die dionysische Schuldmetaphorik überschrieben, um mit den Bildern des Heils durch Fruchtbarkeit eine unphallische Erlösung zu veranschaulichen.

Zwar ist Christus auch von einem Gott mit einer sterblichen Frau gezeugt, er ist aber nicht zu früh geboren und reißt die Mutter auch nicht in den Tod. Er ist zwar auch der Liknitäs, der als das „Kind in der Krippe" in einer Getreideschale liegt, aber das Motiv der Frühgeburt wird unterdrückt.

115 Kerényi (1998) 177.
116 Kerényi (1998) 56; Merkelbach (1988) 82.

Der christliche Advent hat damit jegliche Beziehung zum Phallischen unterbunden. Das Austragen und Vollenden der ersten Geburt durch die zweite in der Schale oder, gleichbedeutend, in den Schenkeln des Vaters als schwellender Phallus, fällt als Sühnezeichen weg. Damit verliert aber das „Kind in der Krippe" seine Bedeutung der Wiedergutmachung und wird zur beschaulichen Folklore des heutigen Christfestes.

Gerade wegen des im Christentum unverständlich gewordenen „Kindes in der Krippe" kann keine Gleichheit zwischen Dionysos und Christus bestehen, wie dies von der romantischen Mythologie vor allem durch Creuzer, Schelling und Hölderlin vertreten wurde.[117] Auch wenn Christus der Held ist, der zur Hölle fährt, den Tod besiegt und die Toten erlöst, der wiederkehrt in der Auferstehung und der in Brot und Wein als der symbolischen Nahrung schlechthin sein lebendiges Andenken stiftet und in diesen Zügen der dionysische Held ist, so bleibt sein Vermächtnis unwirksam für die Ungeborenen, denn die christliche Wiedergeburt nach der ersten Geburt im „Stall von Bethlehem" liegt in einer unphallischen Auferstehung nach dem Tode. Damit bezieht sie sich aber auf das Weiterleben der Person nach dem Tode und nicht auf die Ungeborenen, die deshalb weiterhin unter dem Fluch des Bösen, der nicht abgetragenen und übertragenen Schuld, gezeugt werden. Der Fluch der nicht gesühnten Schuld wird hier zum Fluch der Sexualität, die nur die Schuld, nicht aber die Sühne weiter trägt.

Die Geburt des Helden ist gerade mit ihrer Dramaturgie der zweiten Geburt als Vollendung die Rechtfertigung der Toten und Lebenden durch die Zeugung. Leben soll sein und weitergehen, damit Alle erlöst werden können. Erst dann sind die Toten und ihr Tod vor den Lebenden gerechtfertigt, wenn ihr Tod, der das kommende Leben ermöglicht und zur Voraussetzung hat, von den Lebenden empfangen und an die Kommenden weitergegeben wird. Das Weizenkorn muss sterben, damit es Frucht bringt. Erst in der Frucht ist sein Tod gerechtfertigt, weil es dort verwandelt weiterlebt. Diese Erinnerung ist aber nur dann gelungen, wenn sie an die Kommenden weitergegeben wird. Nicht die Lebenden können den Tod allein rechtfertigen, sondern die Lebenden, die das Leben an die kommenden Geschlechter übergeben und Leben weiterführen. Leben ist nur in der Weiterführung und Fortsetzung gerechtfertigt.

Die Fortsetzung der Schuld durch die Ungeborenen ist damit die dritte Form ihrer Stellvertretung über das einzelne, individuelle Leben hinaus. Die zweite Geburt ist das tragende Symbol dieser Vertretung, indem es die Schuld des natürlichen Lebens durch die Wiedergeburt sühnen lässt. Zusammen mit dem Doppelgängermotiv und der tragischen Gegenseitigkeit bildet es die Gesamtheit der stellvertretenden Symbole, durch die Schuld in

---

117 Frank (1982) 290ff.

jede Richtung übertragbar wird. Die Offenheit der Welt ist hier durch die Öffnung der Zukunft vollendet. Die Schuld der Ahnen wird tragbar, weil sie nicht nur im tragischen Konflikt der Gegenwart, sondern in der Weitergabe an die Nachkommen gesühnt wird.

Die zweite Geburt ist deshalb ein wesentlicher Bestandteil der Schuldtragödie insgesamt. Als Metapher der Schuld schließt sie den Kreis der Übertragungen, indem sie die mit der Zeugung verbundene Schuld rechtfertigt. Zwar ist die Zeugung künftigen Lebens todbringend für das gegenwärtige, aber diese natürliche Schuld wird durch den symbolischen Tod der zweiten Geburt gesühnt und kann weiter gegeben werden. So ist die zweite Geburt als Metapher der Schuld das Sakrament der Sexualität und Zeugung.

Im christlichen Glauben ist die Metapher unwirksam geworden und hat auch keine sakramentale Bedeutung. Das fehlende Sakrament im Symbolkreis der aus den Grundbedürfnissen hervorgehenden Übertragungen der Schuld hat nicht nur dazu geführt, in der christlichen Dogmatik die Sexualität mit der Erbschuld zu belasten. Es hat auch darüber hinaus das kulturelle Klima bestimmt, in dem Sexualität mit Schuld und Scham verbunden ist, weil sie nicht im symbolischen Tausch gerechtfertigt ist. Die durch die Sexualität hervorgerufene Schuld ist aber keine moralische Angelegenheit, die durch aufgeklärten und liberalen Umgang verschwindet. Keine noch so liberale Aufklärung kann den „fröhlichen Tausch“ ersetzen, der im Sakrament der zweiten Geburt vollzogen wird.

Die im Symbolkreis zusammen geschlossenen Metaphern rechtfertigen die Grundbedürfnisse des Menschen nach Nahrung und Liebe. Sie stellen die Konflikte dar, die sich aus dem Leben-wollen und seinem Nehmenmüssen ergeben, sie geben aber auch die Lösung in der Übertragung der Schuld. So ist auch die zweite Geburt als symbolische Rückgabe des Lebens eine Handlung, deren Charakter der Wiederholung die gleiche sakramental zu nennende Bedeutung hat wie die mit dem Tod und der Nahrung verbundenen Metaphern: Sie sind Handlungen der Wiedergutmachung einer nicht persönlich verschuldeten Schuld in Form einer protagonistischen, mythischen Geschichte. Wie das Wiederkommen des Toten und seine Wiederherstellung in der Tragödie, so ist auch die Wiedergeburt das Zeichen der Verzeihung, durch die allein die Gemeinschaft des Lebens möglich ist.

Gehen diese Zeichen verloren oder werden nicht mehr verstanden, wie es heute selbst in den Religionen weitgehend der Fall ist, dann wird die „frohe Botschaft“ zur „Tragödie“. Die Metaphern der Schuld sind hier zu Bildern des Grauens geworden, die den Menschen in Angst, Verzweiflung und Entfremdung versetzen. In dieser Form haben sie ihren Status als Metaphern verloren und sind zu einer Realität geworden, die für die Unübertragbarkeit und damit für die Unsühnbarkeit der Schuld steht.

VI. Recht auf Leben

§ 16 Rechte der Ausgegrenzten

Recht der Toten

Der bisherige Gang der Untersuchung hat gezeigt, wie und in welcher Form existentielle Schuld auftritt und bewältigt wird. Schuld ist dabei immer mit einem Rechtsbegriff verbunden, der das Leben des Einzelnen und der Gemeinschaft legitimiert und rechtfertigt. Die Rechtfertigung oder gar die Erlösung von Schuld untersteht einer Rechtsanschauung, die solange mythisch und religiös konnotiert ist, wie sie eine Gemeinschaft umfasst, die über den Kreis der Lebenden hinausgeht. Im modernen Rechtsleben hat sich dieser Bezug radikal verkürzt. Die Bindung des Rechts an das tätige Subjekt und seine „Interessen“ hat nicht nur den Rechtsbegriff maßgeblich geändert, sie hat auch dazu geführt, die Rechte lebenden Personen vorzubehalten. Mit dem Eintritt des Todes erlöschen nahezu alle Persönlichkeitsrechte. Der Tote genießt daher weder einen zivilrechtlichen noch einen strafrechtlichen Schutz.

Zu den wenigen Untersuchungen über das Recht der Toten gehört eine Arbeit aus dem Jahr 1931 von Walter Tietz: *Der Schutz der Toten im Recht der Gegenwart.* Tietz kommt zu dem Ergebnis, dass der Leichnam keine Sache im Rechtssinne sei: „Denn er ist zwar Körper, aber nicht Gegenstand, da er nicht Objekt dinglicher Rechte, insbesondere des Eigentums sein kann.“[1] Die Begründung sieht Tietz in der religiösen und sittlichen Anschauung, die es für viele verbiete, den toten Körper als Sache überhaupt, letztlich aber auch als Sache im Rechtssinn zu verstehen. Im Ergebnis weist Tietz darauf hin, dass die Fortwirkung der Persönlichkeit zu berücksichtigen sei, die sich anschaulich in den Werken der Toten und ihren Nachwirkungen zeigt, die oftmals stärker ist als die Wirkung von Lebenden.[2] Diese Nachhaltigkeit des Personenrechts fordert auch der Schweizer Jurist und Religionsphilosoph Robert Kehl, der in einer aktuellen Studie den Verfall der Rechte mit dem Ableben analysiert und im Gegenzug ein Recht der Toten fordert. Seine Untersuchung gilt im Wesentlichen dem Schweizer Recht, aber auch der im Deutschen Recht gültige „postmortale Persönlichkeitsschutz“ entspricht nicht den Ansprüchen von einem notwendigen Rechtsschutz der Toten.[3] Die Studie belegt das Ausmaß der Entrechtung durch den Tod in modernen Gesellschaften, sie zeigt aber in Lösungsvorschlägen, etwa der unrealis-

1 Tietz (1931) 17.
2 Tietz (1931) 95.
3 Kehl (1991) 54.

tisch erscheinenden Einrichtung eines Instituts der „Totenanwaltschaft“,[4] auch die gegenwärtige Aussichtslosigkeit und Unlösbarkeit dieser Problematik.

Schuld expliziert sich im Bewusstsein der Nachfahren als das Recht der Toten und Ungeborenen auf Sein. Seinsbewusstsein ist dabei zugleich ein Bewusstsein des Rechts auf Sein. Die existentielle Schuld konkretisiert sich in dem Leben-dürfen, das der Vergangenheit verschuldet ist und zugleich in der Erfüllung des Rechts der Toten die Schuld sühnt oder sühnbar erscheinen lässt. Indem die Ansprüche nicht mit dem Tod erloschen sind, überträgt sich das Recht grundsätzlich auf die folgenden Generationen und stellt damit eine Kontinuität der mythischen oder religiösen Gemeinschaft her. Recht ist hier noch ein grundsätzlicher Anspruch des Lebens, soweit es bewusstes und damit verdanktes und verschuldetes Leben ist.

Mit dem Rechtsanspruch des fundamentalen Rechts auf Leben über Generationen hinweg ist die Schuld übertragbar, die dem Leben-dürfen gegenüber besteht und die mythische und religiöse Gemeinschaften ausformt. Mit der Restriktion des Rechts auf lebende Subjekte vollzieht sich ein grundsätzlicher Wandel, der diese Solidarität und Stellvertretung nicht mehr zulässt. Der Seelen- und Subjektbegriff, wie er sich seit der Reformation mit ihrer Revolutionierung der Rechtfertigungsvorstellung durchzusetzen beginnt, führt zu einer neuen Form des Wissens und Gewissens, bei der das Subjekt von seiner Tätigkeit und Selbstverantwortung her verstanden wird. Damit wird aber nicht nur ein neues Feld des Bewusstseins und Gewissens eröffnet, es gehen auch alte Moral- und Rechtsvorstellungen zugrunde, die – soweit es überschaubar ist – jahrtausendelang kulturbildend waren. An die Stelle von Solidarität und Stellvertretung tritt die Rechtfertigung des Einzelnen vor Gott und vor sich selbst. Die Selbstbezogenheit der Rechtfertigung fördert aber nicht nur die neue Ethik der Selbstverantwortung, sie führt auch zu tief greifenden Änderungen im theoretischen Denken, stützt sie doch hier alle Prinzipien auf die Ideale der Zeitlosigkeit der Präsenz und der Neutralität der externen Beobachtung. Im ethisch-praktischen wie im theoretischen Rechtfertigen wird ein Subjekt konstruiert, das autonom und autark handelt oder zu handeln aufgerufen ist und das sich vollständig aus sich und seiner kulturellen Gegenwart heraus zu erkennen und zu verantworten in der Lage ist.

Mit dieser grundlegenden Orientierung am tätigen und verantwortlichen Subjekt hat sich das Recht auf Leben neu konstituiert, es ist das Recht des bewusstseinsfähigen und vor sich selbst rechenschaftsfähigen Subjekts. Diese Verlagerung und Neubestimmung des Lebensrechts auf das selbstbezogene Subjekt führt zu Diskriminierungen und Ausgrenzungen solcher

4 Kehl (1991) 55ff.

Träger und Rechtssubjekte, die diesen Status des Selbstbewusstseins, der Selbstverantwortung und Rechtfertigung nicht haben. Welche Problematik das mit sich bringt, zeigt die „Hirntodverabredung", welche die Entnahme von Organen aus lebenden Körpern erlaubt. Da mit dem Tod das Recht erlischt, ist durch diese Erklärung ein Eingriff in den nunmehr rechtlos gewordenen Körper erlaubt.

1968 wird als Reaktion auf die geglückte Herztransplantation von Christian Bernard das „Howard-Komitee" gebildet, das den Tod neu als „Hirntod" definiert. Der Ausschuss geht aus von der Feststellung, dass die Fortschritte der Medizin bei der Wiederbelebung zu erfolgreichen Rettungen Schwerstverletzter geführt haben, wobei diese Anstrengungen manchmal nur zum Teil Erfolg hätten, wenn bei einem Menschen das Gehirn irreversibel geschädigt sei. In diesen Fällen sei die Belastung sowohl für die Patienten, die ihre geistigen Fähigkeiten für immer verloren haben, als auch für ihre Familien und für die Krankenhäuser, die ihre Betten mit komatösen Patienten blockieren, groß. Auf der anderen Seite gebe es in der Transplantationsmedizin einen großen Bedarf an Geweben und Organen, das Patienten, deren Großhirn unwiederbringlich geschädigt sei, bereitstellen könnten. Deshalb sei eine Änderung des Kriteriums für das Ableben dringend erforderlich. Diese Begründung, die offensichtlich in erster Linie wirtschaftlich motiviert ist, führte zur Neudefinition des Todes. Für den australischen Biologen Peter Singer hängt diese Verlegenheitslösung, an der nicht einmal die Kirchen Anstoß nahmen, mit der „alten Ethik" zusammen. Für sie ist ein Sterbender noch am Leben und damit zu schützen, ein Toter dagegen hat kein Recht mehr und ist deshalb zur Organ- und Gewebeentnahme freigegeben. Dies zeigt die grundsätzliche Übereinstimmung auch konträrer Positionen in der Bindung des Rechts an lebende Subjekte und die damit verbundene Entrechtung der Toten. Singers Alternative für die Festlegung des Todeszeitpunktes bedeutet aber eine Radikalisierung der von ihm abgelehnten Ethik, da er eine weitere Einschränkung der Rechte auf leistungsfähige und selbstbewusste Subjekte fordert.[5]

Doch unabhängig von der politischen Brisanz solcher Themen, die einen modernen Freiheitsbegriff zugrunde legen und weiter fördern, führt die Verschiebung der Rechtfertigung des Daseins- und Lebensrechtes zugunsten autonomer Begründungen – ein Prozess, der sich nicht erst seit der Reformation abzeichnet – zu einer tiefen Inhomogenität im Selbstverständnis des Subjekts, bei der eine selbstgerechte Oberfläche einen schuldempfindlichen Kern nur schwach überdeckt. Die Rechtfertigung des selbstgerechten Subjekts, vor allem in seiner säkularen Gestalt, hat zu einem Komplex geführt, bei dem die ausgegrenzten Rechte nicht selbstbezüglicher und präsenter Subjekte als schlechtes Gewissen des autonomen Subjekts zurückkehren. Dies zeigt sich allem voran an den psychologischen und kulturellen Folgen der Ausgrenzung der Toten.

5 Singer [1994] (1998) 28ff.

Die Verdrängung des Todes wird vor allem in Auseinandersetzungen der Psychologie und Soziologie beobachtet.[6] Sie scheint im Widerspruch zu stehen zu der allgegenwärtigen Präsenz des Todes in den Medien, die auf ein Interesse am Tod schließen ließe. Doch ist gerade dieses scheinbare Interesse das primäre Indiz der Verdrängung, weil hier der Tod ohne Bezug zur eigenen Existenz behandelt wird. Es ist der anonyme Tod, der im scheinbaren Interesse kultiviert wird, ein Tod, der seine Abstraktheit darin zeigt, vom Hinterbliebenen nichts zu fordern und keine Ansprüche zu stellen. Der Bezug zum Tod wird durch seine Präsenz in der Unterhaltungsindustrie nicht gefördert, da er die persönliche Auseinandersetzung mit dem Tod im Familien- und Freundeskreis durch ein anonymes Sterben ersetzt.

Verdrängung des Todes in der modernen Kultur bedeutet Ausgrenzung des Sterbens und der Toten. Diese Ausgrenzung führt zu einer tiefgreifenden Umschichtung in der Dramaturgie des individuellen Lebens. Individualität wird gerade nicht mehr als Anschluss an früheres Leben verstanden, es ist nicht mehr die Fortführung einer Geschichte, Individualität inszeniert sich selbst als Neuanfang. Der Beginn und Ursprung des individuellen Lebens steht gegenüber seiner Geschichte im Verhältnis der „Geworfenheit", wie dies Heidegger formuliert hat.[7] Heidegger hat damit das moderne Subjekt in seiner Beziehungslosigkeit zur Vorwelt beschrieben. Der Einzelne hat demzufolge dem Leben nichts zu verdanken. Es erfährt sich als unbehaustes Wesen inmitten einer bedrohlichen und unheimlichen Welt, aus der es nur in eine blinde Geschäftigkeit fliehen kann.[8] Heideggers Begriff des geworfenen, zu seinem Tod hin entwerfenden Daseins stellt die philosophische Konzeption einer Dramaturgie dar, die sich gegenüber der Vergangenheit und der Vorgeschichte entpflichtet hat. Doch diese Form der Verdrängung durch Entpflichtung ist keine Befreiung, sondern führt zu Konflikten grundsätzlicher Art, wie sie, neben pathologischen Zwangsformen, im „tragischen Konflikt" typisiert sind.

Der tragische Konflikt, der ursprünglich nicht „tragisch" ist, sondern den „fröhlichen Tausch" bedeutet, bei dem Leben gegen Tod und Tod gegen Leben ohne Schuld getauscht werden kann, wird mit dem Verblassen der solidarischen Rechtsformen und dem Erstarken individueller Rechte zu einem psychologischen Problem. Der Sieg des individuellen Personenrechts, das an einen lebendigen Träger gebunden ist, wird dabei überschattet und sogar unterminiert durch archaische Rechtsformen, die sich im diffusen

---

6 Nassehi/Weber (1989).

7 Heidegger (1967) 178: „Das Dasein stürzt aus ihm selbst in es selbst, in die Bodenlosigkeit und Nichtigkeit der uneigentlichen Alltäglichkeit."

8 Heidegger (1967) 189: „Die verfallende Flucht in das Zuhause der Öffentlichkeit ist Flucht vor dem Unzuhause, das heißt der Unheimlichkeit, die dem Dasein als geworfenen, ihm selbst in seinem Sein überantworteten In-der-Welt-sein liegt."

Schuldbewusstsein Platz schaffen. Der tragische Konflikt, der schon bei Sophokles als der Konflikt des alten – in Hegels Diktion „göttlichen Gesetzes“ – gegen das neue, „menschliche“[9] behandelt wird, ist zuletzt mit der Rechtfertigung des autonomen Subjekts zu einem inneren Konflikt geworden, bei dem alte, gar nicht mehr existierende Rechte als diffuse Anklagen weiterleben. Hierbei geht es vor allem um die Rechte der Entrechteten, insbesondere der Toten.

Es ist nun interessant zu sehen, wie eine Rechtsgeschichte des Totenrechts einen sukzessiven Prozess dieser Entrechtung beschreibt.[10] Für heutiges Recht erlöschen mit wenigen Ausnahmen, zu denen das Erbrecht und Urheberrecht zu zählen wäre, alle Rechte mit dem Tod. Der Grund für diese Entwicklung liegt in der zunehmenden Spiritualisierung des Rechtssubjekts.[11] Sie führt zu den Seelenvorstellungen, die heute geläufig sind. Bis zu der Verflüchtigung und Auflösung des Seelenbegriffs in der modernen Psychologie gibt es eine Vielzahl von Formen, die zwischen der Materialität archaischer Vorstellung und dem Nichts moderner Anschauungen liegen.

Die Spiritualisierung des Seelenbegriffs ist wesentlich eine Folge des Unsterblichkeitsglaubens der unstofflichen Seele, wobei die Übernahme der *psyche* als ursprünglichen Begriff für die Totenseele diese Vorstellung wesentlich mit geprägt hat.[12] Auch das christliche Dogma hat diese Seelenvorstellung, trotz des Glaubens an die Auferstehung des Fleisches, adaptiert, wenngleich hier Differenzen in den Glaubensrichtungen bestehen. So ist für Paul Althaus der Tod radikal und betrifft auch die Seele, weil er die Strafe für die Sünde ist. Ein halber Tod – des Leibes, aber nicht der Seele – könnte diese Schuld nicht sühnen. „Das Gericht ist der Tod nicht als bloße Auslöschung unserer Existenz, sondern als Erfahrung des Nein Gottes. Diese aber kann nicht auf den leiblichen Tod als solchen beschränkt sein. [...] Wir könnten dann in den Tod fliehen vor Gott.“[13]

Mit der Spiritualisierung der Seelenvorstellung, deren letzter Schritt die von Descartes her bekannte Trennung von Körper und Seele bereits zu Lebzeiten ist, wird das Verständnis von Geschichte und der Bezug zu ihr verändert. Geschichte ist Vergangenheit mit einem unverbindlichen Bezug zur Gegenwart. Gegenwart ist einerseits nicht mehr leibhaftig gewordene Vergangenheit und Geschichte, sie wird zu leibhaftiger Gegenwart, deren Geschichte mindestens vergangen, eigentlich aber schon vergessen ist. Die Vergeistigung der Geschichte bewirkt die Entpflichtung ihr gegenüber, die

---

9 Hegel [1807] (1964) 2/354ff.

10 Schreuer (1916).

11 Schreuer (1916) 33/425: „Die strenge Spiritualisierung der Persönlichkeit nach dem Tode drängt aber nach dem Ausschluß des Toten aus dem Rechtsverkehr. Der Leib ist Asche und die Seele ist nicht von dieser Welt.“

12 Siehe oben § 15.

13 Althaus (1962) 660.

zur Entrechtung der Toten führt. Geschichte ist dann nicht mehr leibhaftige Anwesenheit der Vergangenheit in den Nachkommen und als Nachkommen, sie ist jetzt die geistig gewordene Vorwelt. Gegenüber der Verbindlichkeit in Andenken und Nostalgie ist die Geschichte in der Leibhaftigkeit des Lebens eine überwältigende, aber rechtlose und nicht anerkannte Realität.

Das Subjekt als Rechtsträger legitimiert sich nicht nur von seinem aktuellen oder selbstbewussten, sondern auch und vor allem von seinem geschichtlichen Sein her, das es als leibhaftig gewordene Geschichte darstellt. Rechtssubjekte sind damit nicht auf die autonome, lebendige Person beschränkt. In archaischen Bestattungsriten finden sich Rechtsanschauungen, die den Toten als Teil der Gemeinschaft behandeln und ihm die entsprechenden Rechte und das ihm zukommende Andenken zubilligen.[14] Riten, Rechte und Gedenkformen bezeugen eine Integration der Toten in das aktuelle Geschehen, die unter dem Aspekt der Schuld das Verpflichtetsein und die Rechtfertigung gegenüber der Geschichte zum Ausdruck bringen. Hier zeigt sich das Recht auf Leben im Bewusstsein seiner geschichtlichen Verbundenheit mit der Vorwelt.

Die Verwandlung dieses Bewusstseins zu einem Unbewussten und der daraus entstehende Schuldkomplex ist der Gegenstand der bisherigen Analyse gewesen. Die Toten werden aus dem kulturellen Leben verdrängt und aus den Rechtsvorstellungen ausgegrenzt, sie kehren aber im Grauen der Metaphern der Schuld zurück. Dabei hat sich diese Wiederkehr als Gegensatz des alten und neuen Rechts herausgestellt. Das Recht auf Leben ist zunächst ein Recht, das gegenüber den Toten behauptet wird und hier zum tragischen Konflikt führt. Das Recht auf Leben ist damit kein fragloses Recht der Gegenwärtigen, sondern wird gegenüber der Vergangenheit und den Toten legitimiert. Das Sein ergibt sich daraus als Verdankt-sein gegenüber diesen Ursprüngen und wird deshalb zum Verpflichtet-sein gegenüber den Ungeborenen und der Zukunft. Ein neutrales Sein im Sinne des „leeren Prädikats“ ist zunächst nicht denkbar, Sein ist als Geschehen immer auch Geschichte, die ihren Anfang, Ursprung und Grund hat.

Sein ist keine selbstgenügsame Tatsache, sondern fordert die Grundfrage: Warum ist etwas und nicht vielmehr nichts? Sie ist zunächst keine kausale Frage, sondern die Anfrage einer Gesinnung, die Frage nach dem Plan

---

14 Schreuer (1916) 33/426: „Aber das christliche deutsche Mittelalter kennt auch für den weltlichen Rechtsverkehr die Rechtspersönlichkeit des immateriell fortlebend gedachten Toten. Der Tote ist Eigentümer, Kläger, Beklagter, er unterliegt Ehrenstrafe. Wohl knüpft die Rechtssubjektivität vielfach an die körperlichen Reste des Toten an: die Gebeine des Heiligen, den Leichnam oder wenigstens die tote Hand vor Gericht. Aber die Vorstellung vom fortlebenden Leichnam ist doch stark verblaßt. Handgreiflich dort, wo nur noch bloße Reste des Leichnams – die Gebeine, die abgehackte Hand – in Frage kommen. Das weist schon deutlich auf eine Repräsentation.“

des Schöpfers oder der schöpferischen Absicht, die den Fragenden in das Grundgeschehen einbezieht und sein aktuelles Leben aus unvordenklichen Gründen legitimiert. Als bloß kausale Fragestellung ist diese Frage auf ein Was eingeschränkt, das den Menschen nur äußerlich bestimmt. Damit wird aber der eigentliche Rahmen der Anfrage verlassen, in welcher Geschichte, in welchem Handlungszusammenhang die Anfrage steht.

Der Grund ist nicht nur Schöpfer, *arche*, Prinzip oder einfach Produzent, er ist auch und vor allem als rechtfertigender Grund der Bezug, der sein Produkt in verbindliche Verschuldung versetzt. In diesem Bezug ist der Ursprung oder die Ursache keine unverbindliche Substanz, sondern Herausforderung, die zu Rechtfertigung, Verpflichtung und Verdankung Anlass gibt. Das Bewusstsein des Ursprungs ist deshalb Bewusstsein der Schuld, das, im Unterschied zur Kausalität, das Verhältnis und den Bezug zur Ursache der Sachlichkeit voranstellt.

Im Schuldbewusstsein wird ein persönlicher und sozialer Bezug zum Grund hergestellt. Schuld ist damit nicht nur in der theoretischen Alternative zwischen bloß kausal festgestellter Urheberschaft und dem moralisch fundierten „Dafürkönnen“ zu suchen.[15] Sie ist der Anspruch und die Herausforderung, die sich aus der Einsicht und Erkenntnis des Geschaffenseins ergibt. Der Unterschied zwischen Kausalität und Schuld liegt weiterhin nicht nur in der Anonymität des Geschaffenseins zu der Persönlichkeit des Geschöpflichseins, wie dies Rudolf Otto herausgestellt hat.[16] Vielmehr gibt die eigenständige Sprache des Grundes und sein Sprechen ein Du-sollst zu erkennen, das die Verbindlichkeit des Grundes anzeigt. Dieses Soll des Grundes ist sein Eingedenken im Sinne des Verdanktseins, des dem Grund Verschuldetseins. Das Sollen ist unmittelbar mit der Erkenntnis des Ich-erkenne-mich verbunden, die Lévinas als „Akkusativ“[17] verstanden hat. Die Forderung gilt dem Eingedenken des Grundes. Hier spricht sich das Recht der Toten aus.

Das Recht der Toten zeigt sich damit in der Verbindlichkeit des Grundes, die in der Forderung seines Eingedenkens zum Ausdruck kommt. Diese Forderung zum Eingedenken ist eine Aufforderung, nachzudenken, dass das Denken des Seins, das Denken des Es-ist, zugleich die Frage stellt, warum etwas ist und nicht vielmehr nichts, aber nicht in der unverbindlichen Weise des zureichenden Grundes, sondern in der verbindlichen Weise des rechtfertigenden Grundes, wer dieses Sein gegeben hat und wem es zu verdanken ist. Damit ist die Rechtfertigung dafür zu erbringen, dass die Toten ihr Recht auf Sein dafür gegeben haben, dass das Jetzt sein kann.

---

15 Kaufmann (1976) 128f.
16 Otto [1917] 1991.
17 Siehe unten § 18.

Als Rechtfertigung verstanden, ist der Satz vom Grund also keine Frage nach einer Sache, sei es auch die Ur-sache, sondern die Frage nach dem Grund aller Verpflichtung. Als Teil der Geschichte sieht sich das fragende Bewusstsein der Herkunft und Hinkunft verbunden und verpflichtet. Erkenntnis wird hier unmittelbar zur ethischen Haltung, zur Herausforderung an den Erkennenden, zu seiner Vor- und Nachgeschichte in Beziehung zu treten und ein wie immer gestaltetes Andenken zu entwickeln. Der zureichende Grund ist deshalb von der geschichtlichen Betrachtung her der Grund, vor dem sich der Fragende zunächst zu rechtfertigen hat. In der Grundfrage: Warum ist etwas und nicht vielmehr nichts?" wird nach dem Recht auf Sein gefragt. In der kausalen Fragestellung dagegen ist dieser Aspekt neutralisiert. Hier geht es nicht darum, ob der Grund rechtfertigt, sondern nur, ob er faktisch begründet.

Das Recht der Toten wird in der Grundfrage eingebracht und ist damit ein fundamentaler Anspruch innerhalb des Bewusstseins selbst. Nur deshalb kann es zu einem Konflikt von dem Ausmaß führen, wie er im tragischen Konflikt angelegt ist. Hier zeigt sich aber auch die andere und ursprüngliche Seite der Tragödie, ihre heilsame Wirkung. Bleibt die Frage nach dem Grund, eine Frage nach dem Recht, die ihre Legitimität hat, also nicht wegen der Vorherrschaft der Präsenz im Denken verdrängt und ausgegrenzt wird, dann wird die Antwort auf die Zukunft hin gegeben. Sinn heißt hier, das empfangene Recht weitergeben zu können. Denken als Eingedenken des Grundes wird zur Bedachtsamkeit und Behutsamkeit, die erst in dieser Beziehung den Titel verdient, „Hirt des Seins“[18] zu sein.

Das Recht der Toten ist eine Verbindlichkeit im Bewusstsein der Nachkommen, die sich aus der Frage nach dem Grund ergibt. Diese konkrete Verbindlichkeit verändert sich mit der Spiritualisierung der Seelenvorstellung. Sie wird ersetzt durch ideelle Verbindlichkeiten, wie sie in Traditionen, Bräuchen und Sitte zu finden sind. Indem die Toten hier zur Orientierung des gegenwärtigen Lebens werden, ist zwar ein Rest des archaischen Rechtes zu finden, aber der Anspruch ist aus der direkten Verbindlichkeit abgekoppelt und zu allgemeinen Vorstellungen und Weltanschauungen ideologisiert. Hier herrscht schon ein Geschichtsverständnis, das die Anwesenheit von Geschichte nicht mehr konkret, sondern nur noch „geistig“ in den Spuren von Tradition und Brauchtum sieht. Geschichte ist hier ebenso wie in den Ideologien, die nicht retrospektiv, sondern prospektiv und fortschrittlich orientiert sind, Vergangenheit, deren Vergegenwärtigung durch

18 Heidegger [1946] (1978) 338f: „Der Mensch ist nicht der Herr des Seienden, er ist der Hirt des Seins. In diesem ‚weniger‘ büßt der Mensch nicht ein, sondern gewinnt, indem er in die Wahrheit des Seins gelangt. Er gewinnt die wahrhafte Armut des Hirten, dessen Würde darin beruht, vom Sein selbst in die Wahrnis seiner Wahrheit gerufen zu sein. Dieser Ruf kommt als Wurf, dem die Geworfenheit des Daseins entstammt.“

die Bräuche und Sitten gewährleistet sein soll. Da sich Vergangenheit aber nicht wiederholen und vergegenwärtigen lässt, ist diese spirituelle oder geistige Verbindung weniger eine Vergegenwärtigung, als Zeugnis des Verlustes von Vergangenheit. So werden diese retrospektiven Ideologien zu massiven Schuldkomplexen, die ihre Virulenz aus der nicht zu befriedigenden Einholung von Vergangenheit beziehen.

Die andere Form eines kryptischen Weiterbestehens des Rechts der Toten findet sich in der Nachhaltigkeit ihrer Verbrechen, soweit sie den anfangs beschrieben Rahmen der Völkermorde haben. Diese Schuld ist auch politisch und teilweise sogar juristisch noch nicht erloschen. Obwohl mit dem Tod das Rechtsubjekt und damit die Zuständigkeit erlischt, setzt sich Schuld, jetzt ohne konkrete Zuordnung und Anbindung an Subjekte, fort. In dieser Form wird Schuld diffus, da sie weiter besteht, ohne dass ein Träger, ein Verantwortlicher oder ein Stellvertreter sie übernommen hat. Die Nachhaltigkeit der Schuld in der Diffusion ist die Kehrseite des Rechts der Toten. Sie zeugt von dem Weiterbestehen dieses Rechts trotz des juristischen Erlöschens der Rechtssubjekte.

Recht der Natur

Die Nachhaltigkeit von Rechten über das Erlöschen der Rechtssubjekte hinaus im diffusen Auftreten von Schuld wirkt sich nicht nur retrospektiv, sondern auch prospektiv aus. Das Recht der Toten ist hier eng und unmittelbar verbunden mit dem Recht der Ungeborenen. Das Recht auf Leben ist nicht an das „natürliche“ oder biologische Leben gebunden. Es erlischt nicht mit dem Tod und ist auch nicht durch das bloße Dasein schon bestimmt. Vielmehr leitet sich seine Bestimmung von der Zugehörigkeit zu einer Rechtsgemeinschaft ab und ist von daher sehr unterschiedlich definiert. Im modernen Recht gibt es diesbezüglich große Unsicherheiten, die daraus resultieren, dass Rechte an lebende Subjekte gebunden sind und die Bestimmung dessen, was noch oder schon lebt, der Willkür untersteht. Wie die Hirntodverabredung letztlich auf geschäftliche, bestenfalls soziale Gründe zurückgeht, so ist auch der Beginn des Lebens weltanschaulich legitimiert, auch wenn in beiden Fällen naturwissenschaftliche Belege angeführt werden. Die Grenzen des Lebens sind faktisch nicht feststellbar, sie sind weltanschaulich geleitete Festsetzungen und von daher Ausdruck und Wille der Rechtsgemeinschaften. In diesem Punkt unterscheiden sich moderne Gesellschaften nicht von archaischen, der Unterschied liegt in der Bestimmung der Rechtsgemeinschaft und ihrer Zugehörigkeit.

So ist die Fortsetzung des gesellschaftlichen Lebens über den leiblichen Tod hinaus das primäre Motiv einer Rechtsgemeinschaft, die sich nicht allein auf lebende Individuen beschränkt. Aber mit der Restriktion der Rechtsgemeinschaft auf Lebende ist die Nachhaltigkeit der Schuld zu einer diffusen und unberechenbaren Erscheinung geworden, die sich auch im Hinblick auf kommende Generationen geltend macht. Die Nachhaltigkeit der Schuld wird hier greifbar in der Nachhaltigkeit der Umweltschäden, der Selektion der Föten, aber auch schon der Indifferenz in der Erziehung und Ausbildung. Sind ursprünglich die heranwachsenden und nächsten Generationen der Lebensnerv einer Gemeinschaft und Gesellschaft, so verkommt dieses kulturelle Element in einer Rechtsgemeinschaft, die Lebensrechte an Personenrechte (in ihrem restriktiven Verständnis von Person) bindet, zu einer Nebensache. Dabei kommt es aber wie auch bei der Entrechtung der Sterbenden und Toten zu der Paradoxie einer Lebenserhaltung um jeden Preis. Hier zeigt sich der Schuldkomplex von seiner anderen Seite, das Leben Sterbender und zu früh oder noch nicht Geborener um jeden Preis zu erhalten.

Die Grundrechte westlicher Demokratien auf Leben und Unversehrtheit sind das Ergebnis eines kulturellen Prozesses, in dem sich der ethisch-sittliche Wert der Person von dem leiblich-natürlichen des Lebens differenziert und ein eigenes Personenrecht ausgebildet hat. Das Personenrecht umfasst zwar die eigene leibliche Situation mit dem Recht auf Unversehrtheit des Leibes, gesteht aber dabei dem Leib nicht ein eigenes Recht zu, sondern bindet dieses Recht an die Unversehrtheit der Person. Soweit der Leib mit einer Person verbunden ist, wird er rechtlich geschützt, als natürlicher Körper hat er diesen rechtlichen Schutz nicht.

Leben und Person repräsentieren verschiedene Werte aus unterschiedlichen Kulturstufen. Während die Würde der Person und ihre Schutzbedürftigkeit ein Kulturwert ist, der in seiner heutigen Bedeutung auf das Menschenbild der Reformation und Renaissance zurückgeht, ist die Heiligkeit des Lebens ein archaischer Wert, der auf mythologisch gegründete Gesellschaften und damit auf Solidargemeinschaften zurückgeführt werden kann. Im heutigen kulturellen Leben stehen diese Werte nebeneinander und ergänzen sich zumeist. Ausgenommen sind dabei Grundsatzfragen, bei denen es zu einem Konflikt zwischen diesen Werten, dem Kulturwert und dem archaischen Wert, kommt.

So wird gerade in den Fällen, in denen die Würde der Person empirisch oder faktisch nicht gegeben scheint, etwa dann, wenn ein Fötus noch nicht als Person betrachtet wird oder ein Sterbender nur noch leiblich zu existieren scheint, der Wert des Lebens als Grund für den Schutz der Person herangezogen. Umgekehrt wird das Nicht-Person-sein als Grund für den Entzug des Lebensrechtes angeführt. Wie Ronald Dworkin am Beispiel der Debatte um Schwangerschaftsabbruch und Sterbehilfe gezeigt hat, müsse nicht nur ein grundsätzlicher Unterschied zwischen Personenrechten, die auf Interessen zurückgehen, und Lebensrechten, welche die Heiligkeit des Lebens zum Ausdruck bringen, getroffen werden, die Rechte müssen auch auf die jeweilige Argumentation beschränkt bleiben.[19] Die Heiligkeit des Lebens rechtfertige nicht die Würde der Person, umgekehrt sei die Würde der Person nicht durch die Heiligkeit des Lebens begründet.

Damit bekommt die alte rechtsphilosophische Auseinandersetzung um Naturrecht und positives Recht eine neue Variante. Naturrecht steht für Dworkin neben positivem Recht als dasjenige Recht, das die Heiligkeit des Lebens schützt und der Natur das Recht auf Leben zugesteht. Dieses Recht kann dann aber seiner Analyse entsprechend nicht geltend gemacht werden, wenn es um die Würde der Person und ihren Schutz geht. Das Recht auf Leben und das Recht auf Person ersetzen einander nicht, sondern ergänzen sich bestenfalls, was auch eine gegenseitige Ausgrenzung zu Folge hat.

So können Freiheit und Würde der Person nur durch Ausgrenzung des Lebensrechtes anderer Lebewesen beansprucht und gerechtfertigt werden. Die Freiheit und Würde der Person hat die damit verbundenen Rechte der Natur abgerungen und abgenommen. Die Autonomie menschlicher Rechte ist geradezu dadurch gekennzeichnet, dass sie unter Ausschluss der Rechte der Natur konstituiert sind. Die Würde der Person ist nur auf Kosten der Unwürde der Nicht-Person garantiert, anderenfalls wäre sie mit der Würde des Lebens überhaupt zusammengefallen. Dabei spielt es keine Rolle, ob der Personenstatus, wenn er an die Möglichkeit, Interessen zu haben, gebunden wird, auch Tieren oder gewissen Tierarten zugestanden wird. Damit werden die Grenzen nur zu Ungunsten derer verschoben, die keine Interessen äußern können, wie niedere Tierarten oder Pflanzen, aber auch Embryonen oder Komatöse. Diese Lebewesen haben keinen Anspruch auf Schutz ihrer Würde, weil sie als subjektloses Etwas nicht zum Kreis der wie immer definierten Personen gehören.

So eindeutig dieses Nicht-Recht zu sein scheint, so deutlich stellt sich bei diesem Übergriff der autonomen Rechtsfindung auf das Natursein ein Bewusstsein von Ungerechtigkeit ein, das sich in verschiedenen Arten der Solidarität mit der Natur ausspricht, also in Tierschutz, Umweltschutz, Vegetarismus etc. In diesem Unrechtsbewusstsein meldet sich das schlechte Gewissen gegenüber der Natur und bringt dabei ein dem „guten Gewissen" der Moral fremdes und archaisches Recht zum Ausdruck, das Recht auf Leben.

Da das Recht auf Leben nur für Personen und somit als Personenrecht zum Grundrecht geworden ist, kommt es gegenüber der Natur nur im Unrechtsbewusstsein zum Tragen und entwickelt hier einen eher psychologischen als juristischen Komplex. Als diffuses Unrechtsbewusstsein stellt es eine Bedrohung dar, der letztlich nur durch das selbst verliehene Recht auf Autonomie entgegnet werden kann. Dieses autonome Recht macht sich im Glauben an die Selbstgegebenheit der Person und des Ich fest und verlän-

19 Dworkin [1993] 1994.

gert damit den Rechtsanspruch auf das theoretische Feld der Selbsterkenntnis. Der Selbstbesitz wird dabei auf Selbsterkenntnis übertragen und so das Selbstsein praktisch und theoretisch fundiert.

Der Anspruch der Vernunft oder der Person auf Autonomie schafft ein Unrecht, das sich im Gewissen als „schlechtes Gewissen" niederschlägt. Auch und gerade das Sichwissen der Person ist kein reines Wissen, sondern mit einem Gewissen belastet, auch das Unrecht einer Selbstgesetzgebung zu sein. Hier meldet sich die Natur, soweit sie entrechtete Natur zu sein scheint. Der Anspruch auf Autonomie hat den Rückzug in das Unbewusste, in ein dem Bewusstsein entzogenes Bewusstsein, zur Folge. Das Unbewusste ist darin der Anwalt des entzogenen Anspruchs und Rechts der Natur. In dieser Form des Unbewussten bleibt ihr Recht bewusst, es erhält ein unbewusstes Andenken.

Das Recht auf Leben in seinem umfassenden Anspruch zwingt diejenigen, die dieses Recht beanspruchen, zu einer Auslegung in einer tiefenhermeneutisch zu nennenden Interpretation ihrer eigenen Rechtssituation. Im Bewusstsein des Lebens wird immer das Recht auf Leben ausgelegt, gedeutet und bestimmt. Unmittelbare Folge der Reduktion des Rechts auf Leben ist der Schuldkomplex, der letztlich zu einer Art „Totenanwaltschaft"[20] oder Anwaltschaft der Natur führt. Diesen vorenthaltenen Rechten wird im moralischen und religiösen Gewissen Rechenschaft getragen, hier jedoch, infolge des Freiheitsbegriffs ohne Schuld, in einer diffusen und unbewussten Form. Moral und Religion sind so zu Trägern des schlechten Gewissens geworden, das aus der unabgetragenen Schuld resultiert.

§ 17 Imperative des Rechts auf Leben

Der Imperativ der Wiederherstellung Aller

Der Schuldkomplex hat sich als eine Reaktion des ungeschriebenen, aber im Bewusstsein und als Bewusstsein bestehenden Rechts auf Leben erwiesen, die das Recht auf lebende Personen reduziert und als Personenrechte definiert. Im Unterschied dazu sind moralische, aber vor allem religiöse Auslegungen dieses Rechts vorwiegend von der Rücksicht auf Tote, Ungeborene und Unmündige gekennzeichnet. Auch die Natur bekommt in der moralischen und religiösen Rücksichtnahme ein Mandat, wenngleich das eher nachgeordnet wird. Immerhin werden in Moral und Religion in ihrer Rolle als Korrektiv des positiven Personenrechts die Rechte derer vertreten, die sich nicht, nicht mehr oder noch nicht vertreten können. Mit der Gewissheit des Gewissens zwingen sie zum Andenken und Gedenken solcher

20 Kehl (1991) 55f.

Rechte gerade dann, wenn diese nicht mehr positiv-rechtlich fixiert sind, wie in modernen Gesellschaften. Im schlechten Gewissen gegenüber dem nicht gewährten Anrecht der Toten und Unmündigen äußert sich aber nur diffuse Schuld, kein konkreter Imperativ. Schuld ist eine negative Gewissheit, die Gewissheit einer Irrealität, die in den Gespenstern der Angst und in der Unlösbarkeit des tragischen Konflikts gegen das scheinbar gute Gewissen eines selbstbezogenen Rechts auf Leben antritt. Es hat sich aber gezeigt, dass gewisse kulturelle Techniken dieser diffusen Schuld Rechnung tragen, ohne Imperative zu entwickeln. Dabei ist die kathartische Wirkung der Heldengeschichte als symbolische Todesfahrt sowie deren Inszenierung im Spiel bis in die modernen Formen von Abenteuer und Sport von großer Bedeutung. Doch die tiefe Bewusstlosigkeit dieser Aufarbeitung lässt keine Besinnung im auf selbstgewisse Wahrheiten gestützten selbstherrlichen Bewusstsein zu. Allenfalls bleibt hier eine Ahnung zurück, dass die Wirkung des Helden, selbst als Supermann, in der karitativen Stärke seiner Handlungen liegt und nicht in der persönlichen. Die Anrechte der Entrechteten werden also weitgehend in der religiösen und moralischen Gesinnung zum Vortrag gebracht. Wie weit sie dabei Imperative entwickeln, bleibt die noch zu lösende Frage.

Wie Lyotard gezeigt hat, lösen die Heilsgeschichten die mythischen Erzählungen ab und begründen darin das moderne Zeitalter. Ob dieser Wechsel mit dem Christentum beginnt,[21] sei dahingestellt, in jedem Fall hat aber die christliche Eschatologie den Freiheitsbegriff in ihrem Sinn geprägt. Von Bedeutung sind dabei der Paradigmenwechsel und seine weltanschaulichen Folgen. Die Heilsgeschichte, welche die Zukunft des Menschen nach seinem Tod ins Auge fasst, verlagert die geschichtliche Orientierung des Menschen nach vorn und damit weg von der Vergangenheit.[22] So sind die Heilslehren nicht nur von ihren Inhalten her zu deuten, sondern vor allem von ihrer impliziten Aussage, ein zureichender Grund zu sein, sich von der Vergangenheit zu lösen. Während mythisch orientierte Religionen das Heil in der Vergangenheit und ihrer Weiterführung sehen, liegt es jetzt in der Zukunft. Nicht die Weiterführung der Angelegenheiten der Ahnen, vielmehr die Sicherung der eigenen Seligkeit steht hier im Zentrum des Interesses.

---

21 Lyotard [1986] (1996) 32: „Die ‚Metaerzählungen', von denen im Postmodernen Wissen die Rede ist, sind das, was die Moderne ausgezeichnet hat: progressive Emanzipation von Vernunft und Freiheit, progressive oder katastrophische Emanzipation der Arbeit (Quelle des entfremdeten Werts im Kapitalismus), Bereicherung der gesamten Menschheit durch Fortschritt der kapitalistischen Techno-Wissenschaft und sogar, wenn man das Christentum zur Moderne zählt (also im Gegensatz zum antiken Klassizismus), Heil der Kreaturen durch die Bekehrung der Seelen zur christischen (cristique) Erzählung von der Märtyrerliebe."

22 Vor allem das in Mt 8, 22 überlieferte Gebot: „Folge du mir, und lass die Toten ihre Toten begraben" verführt zu einer Auslegung, die sich ganz vom Totenkult wegbewegt.

Diese Umorientierung musste sich zu einem Individualismus hin entwickeln, dessen theoretische Vertiefung der Selbstbezogenheit und Selbstverpflichtung zu einer Revolutionierung der Ethik, vor allem der Vorstellung von Gerechtigkeit, geführt hat. Gerechtigkeit wird nicht mehr gegenüber dem ungelebten Leben der Ahnen und Nachkommen geübt, sondern wesentlich gegenüber sich selbst. Die Folge dieser Umwertung führt zu einem ethischen Positivismus, der das Heil im Selbst, seinen personalen Werten und seiner Glückseligkeit findet. Er führt zu einem Anthropozentrismus, in der sich der Mensch ethisch nur noch auf seine gegenwärtige persönliche Existenz bezieht und dabei nicht personale Werte abwertet. Davon betroffen sind nicht nur altruistische Werte, sondern auch die außermenschliche Natur, die unter dem Maßstab personaler Werte eine Abwertung erfährt, die sie zu bloßen Sachen erniedrigt und damit der gewissenlosen Verfügbarkeit überlässt.

Die Problematik der christlichen Verheißung aus der persönlich geschenkten Freiheit zeigt sich deshalb auch darin, die außermenschliche Natur in den fröhlichen Tausch nicht mit einzubeziehen. Der christliche Tausch wird, obwohl er ursprünglich das Prinzip der Liebe durch Hingabe und Stellvertretung praktiziert, zur Berechnung im Hinblick auf persönliche Unsterblichkeit, weil er dem Einzelnen sein persönliches ewiges Leben verheißt, statt ihn zur Hingabe und Stellvertretung aufzufordern und damit schuldfrei zu machen. Aus der stellvertretenden Entlastung durch die christliche Passion, die das Leben von Schuld befreit und damit lebbar macht, ist ein Kalkül geworden, welches das befreite persönliche Leben dahingehend berechnet, es auch in Ewigkeit fortsetzen zu können.

Die christliche Freiheit, nicht nur gegenüber dem Gesetz, sondern gegenüber dem Gewissen der Schuld, hat so im Laufe der Geschichte zu einem Individualismus geführt, der in seiner profanierten Form seinen christlichen Ursprung nicht nur ignoriert, sondern bekämpfen kann. In der Rechtfertigung persönlicher Werte, die durch christliche Verheißung in dieser Form erst möglich wurden, werden alle Verpflichtungen abgeschafft, die einen heteronomen Ursprung zu haben scheinen. In einer Radikalisierung des Freiheitsverständnisses ist der Personenwert und seine durch nichts antastbare und hinterfragbare Eigenständigkeit zum höchsten Wert aufgestiegen. Bei diesem Aufstieg hat er nicht nur alle christliche Verbindlichkeit, die sich mindestens im Liebesgebot zu erkennen gibt, hinter sich gelassen, sondern auch alle pseudoreligiösen Verbindlichkeiten gegenüber dem profanierten Schöpfertum, die in den Apotheosen des Künstlers und seiner quasi noch heiligen Innovationen bis in die moderne Kunst hinein noch die Aura der Wahrhaftigkeit als letzten Rest von Religiosität mit sich führte. Als Ausgeburt dieser letzten Befreiung hat sich in den letzten Jahrzehnten des 20. Jahrhunderts ein Trend zur Selbsterfahrung durchgesetzt, der von esoterischen Selbstfindungskulten bis hin zur kreativen Freizeitgestaltung ein breites und unübersichtliches Bild moderner und postmoderner Verwirklichung von Freiheitsvorstellungen abgibt. Freiheit ist hier – außer in den Verbindlichkeiten gegenüber den staatlichen Gesetzen – zur völligen Unverbindlichkeit gediehen.

Der in dieser Form an die Gesetze gebundene, aber sonst unverbindliche Individualismus wird aber nun genau von dieser Unverbindlichkeit heimgesucht, die sich auf den Personenwert selbst zu erstrecken beginnt. Anzeichen dazu bot schon der Existentialismus, besonders französischer Herkunft, der ein Personensein aufzeigt, für das alle Sinnangebote zu spät kommen. Dabei werden Leere, Langeweile und Ekel zu Voraussetzungen der eigentlichen und tiefen Erfahrung des Seins, die sich im Seinsentwurf konstituiert und alles Vergangene und Überkommene zugunsten des Entwurfs und der Machbarkeit relativiert, reduziert oder sogar bekämpft. Diese Form von Kreativität der Selbstgestaltung, die sich am Entwurf orientiert, führt zu einem Individualismus, der sich selbst unterhöhlt, weil er mit den auf das Selbst ausgerichteten Rechtfertigungen alle Formen des Verdanktseins und der Hingabe und damit alle Vergangenheits- und Grundbezüge auflöst.

Leere, Ekel und Langeweile sind Formen einer Heimsuchung des Individuums, das sich zum Selbstsein ermächtigt hat. Das Selbst hat sich in diesen Formen – gewissermaßen vor der Realisierung und dem Genuss dieser Ermächtigung – schon wieder verloren und steht seinem eigenen Nichts gegenüber. Die Konfrontation mit der eigenen Nichtigkeit wird hier zu einem das Selbst zersetzenden Identifikationsprozess, an dessen Ende verzweifelte Strategien stehen, das verlorene Selbst im sadistischen und masochistischen Konsum des anderen Selbst zurückzuholen. Die Doppeltheit des Lebens ist hier zerfallen zu einer Kontroverse um den Seinsbesitz, die sich zu einem bitteren Konflikt und einer gegenseitigen Verfolgung auswächst. Das System des Lebens, die Gegenseitigkeit der Antagonismen, die sich im Nehmen und Geben austauschen, ist der Einseitigkeit eines Kampfes um den Seinsbesitz gewichen, der nicht nur von vornherein zum Scheitern verurteilt ist, weil Sein nie Besitz werden kann. Sein ist eine Gabe, auf die nur dann Anspruch besteht, wenn sie auch wieder verausgabt wird.

Das Leben drückt sich in der Duplizität, im Widerspiel von Leben und Tod, Nehmen und Hingabe, Ich und Du aus. Die Ermächtigung zum Selbstsein ist eine Verweigerung dieser Dualität, nicht aber ihre Überwindung. Die Doppeltheit des Lebens setzt sich auch in der Verweigerung durch. Sie wird zur Heimsuchung des Selbst, das sich auf sein eigenes Recht zu stützen meint. Die Monopolisierung des Sinnes auf das Selbst ist kein abschließender Vorgang, wie an der Doppeltheit der Symbole im Doppelgänger, der Tragödie und der Zweiten Geburt gezeigt wurde. Die Symbole für die Doppeltheit sind zugleich die Zeichen für die Heimsuchung des Einzelnen und der Person. Sie sind selbst doppeldeutig in dem Sinn, dass der Verweigerung der Duplizität des Lebens die Spaltung folgt und damit die Monopolisierung des Sinnes scheitert. Die Alternative zur Dualität und Duplizität des Lebens ist nicht der Monismus des Sinnes, sondern seine Spaltung und das Heimgesuchtwerden von allen Formen des „schlechten Gewissens". Was mit Leere, Ekel und Langeweile beginnt, endet im Verfolgungswahn. Hier setzen sich letztlich diese „Geister" durch, die vor allem das Ziel der Unterdrückung und Verdrängung waren. Der Mechanismus der Durchsetzung ist bekannt: Je mehr diese Geister geflohen werden, umso nachdrücklicher setzen sie nach, sie sind nicht nur nicht abzuschütteln, sondern wachsen im Maß ihrer Verleugnung und Verdrängung.

Die aus der Dualität des Lebens und seinem Geben und Nehmen sich entwickelnden Imperative sind an der Grenzenlosigkeit der Schuld orientiert, sie geben aber zu erkennen, wie diese Schuld annehmbar und übertragbar ist. Die Übertragbarkeit bedeutet dabei nicht nur, die Last der geschichtlichen Schuld aufgebürdet zu bekommen, sie bietet auch die Möglichkeit, diese Schuld weiterzugeben. Die Voraussetzung dafür liegt in dem bewusst gewordenen Leben in der Schuld. Die Schuld gleitet nicht am sich für unschuldig haltenden Individuum vorbei, sie wird tragbar in einer umfassenden Solidarität des Gedenkens, das als „denkenderes Denken" das Verschuldet- und Verdanktsein das Mitwissen des Daseins ausmacht. Schon das lapidare „Handle solidarisch", das Jan Assmann als Kernforderung der altägyptischen Gerechtigkeit, der Ma'at, herausstellt,[23] gibt eine Vorstellung davon, in welcher Form der Imperativ der Schuld das denkendere Denken, das Eingedenken fordert. Konkreter wäre dieser Imperativ in der Formel auszudrücken: „Handle so, dass dein Leben zur Rechtfertigung der Schuld wird, die es als daseiendes und wollendes Leben erzeugt." Das Ziel des Imperativs ist es dabei nicht, Schuld aufzuheben und verschwinden zu lassen. Wie gezeigt wurde, überträgt sich die Schuld auch von selbst und erscheint in ihren Metaphern als Metastasen einer verdrängten Geschichte. Das Ziel ist vielmehr die *apokatastasis*, die Wiederherstellung Aller. Die Suche nach dem Schuldigen verwandelt sich hier in die weitere Suche nach der eigenen Mitschuld, die keine „Gnade der Spätgeburt" kennt, sondern die Schuld der Vorfahren sühnt. Niemand soll mehr Schuld haben als der Andere, und schon gar nicht solle jemand auf seiner Schuld sitzen bleiben.

Wird dieser Imperativ befolgt, dann fügt sich das einzelne Dasein in den geschichtlichen Kontext, aus dem heraus es hervorgegangen ist. Zugleich aber ist es mit dieser Rechtfertigung Vorbild für die kommende Generation und ihre Bewältigung der Schuld. Der Imperativ hat damit eine geschichtli-

23 Siehe oben § 5.

che Dimension wie die Schuld, der er sich widersetzt. Leben als In-Geschichten-sein liegt im Erkennen, Übernehmen und Weiterreichen der Schuld. Er ist deshalb dem Imperativ gleich: „Handle so, dass dein Leben zur guten Geschichte wird."

Der Imperativ der Ehrfurcht

Ein Leben führen heißt, der Doppeltheit des Lebens im Tausch gerecht zu werden. Im Tausch werden die Werte gefunden und festgelegt, nicht nur die niedrigen Werte, sondern auch die höheren. Auch sie werden nach Angebot und Nachfrage ermittelt.

Gerechtigkeit wird, wie Höffe mehrfach herausgestellt hat, nur im Tausch verwirklicht, nicht erst im Tausch der Güter, sondern vorrangig im, wie er sagt, „transzendentalen Tausch" eines gegenseitigen Verzichtes auf Freiheit, soweit Freiheit Gewalt am anderen bedeutet.[24] Dieser transzendentale Tausch, der die Bedingung der Möglichkeit freien Handelns einräumt, fasst aber die Gerechtigkeit und damit den Tausch noch nicht an der Wurzel, da er immer noch vom Nullpunkt eines unschuldig geborenen Individuums ausgeht und damit jenes Menschenbild zugrunde legt, das von einen schuldfreien „Konto" ausgeht. Wie hier gezeigt werden konnte, trifft dies für die Grundschuld des Daseins und die daraus erwachsenen Menschenrechtswerte nicht zu. So gründet die Freiheit nicht auf einem Verzicht, der dem transzendentalen, sondern der dem „fröhlichen" Tausch entspricht, da Freiheit kein Gut ist, das jemand voraussetzungslos in den Tausch einbringen kann. Sie muss zuvor erst (symbolisch) gegeben und geschenkt werden. Dagegen trifft der transzendentale Tausch dort zu, wo strafrechtlich von einer Schuld gesprochen werden kann. Strafe ist danach eine Vergeltung im Sinne einer Heimzahlung, wie Höffe auch zeigt.[25]

Der Wert steigt, wenn die Nachfrage größer wird als das Angebot. Mit der Einmaligkeit und Unwiederholbarkeit ist das Höchstmaß an Wert erreicht, aber nur dann, wenn auch dieser Wert – real oder symbolisch – in den Tausch eingebracht wird. Die Einmaligkeit eines kostbaren Edelsteines in unerreichbaren Tiefen der Erde ist genauso wertlos wie der Wert einer Person in Form einer Eizelle. Auch die ideologische Aufladung solcher wertlosen Einmaligkeiten ändert daran nichts und verdeutlicht nur die Hilflosigkeit einer Kultur, die das Individuum einseitig aufgewertet und zum Höchstwert erklärt hat. Das Individuum ist eine große Kostbarkeit, aber nur dann, wenn es nicht als An-sich und Für-sich, sondern als Für-andere erkannt wird. Der massive Schuldkomplex, der auf solchen Kulturen ruht, die den Individualwert an sich verteidigen, lässt aber diese Form der Solidarität nicht mehr zu. Ein Sterbender muss in einer Art wissenschaftlichem Selbstbetrug für tot – für „hirntot" – erklärt werden, damit sich die Gesellschaft

24 Höffe (2001) 74ff.
25 Höffe (2001) 80.

nicht vorzuhalten hat, sie habe einem noch Lebenden ein Organ entnommen. Einem Sterbewilligen wird sein auch wissenschaftlich anerkannter Wunsch nicht gewährt, weil ein offizielles Töten den Schuldkomplex dieser Gesellschaft auf massive Weise berührt. Diese Empfindlichkeit im bewussten Umgang mit Leben ist aber nur die Kehrseite der vollständigen Unberührtheit und Unverbindlichkeit in allen anderen Umgangsformen mit Leben. Die Freiheit des Individuums und sein selbstgegebenes Recht auf Leben zeigen hier ihre Schatten.

Freiheit ist nicht umsonst zu bekommen, auch und gerade, weil sie, wie vom ursprünglichen christlichen Verständnis her, geschenkt ist. Selbst Nietzsche hat an dieser Form der „geschenkten Tugend“ festgehalten, indem er die „Art edler Seelen“ darin sah, nicht umsonst leben zu wollen, sondern „immer etwas dagegen zu geben.“ Es gibt kein angeborenes Recht auf Leben, sondern nur die Pflicht, die Schuld, in die jeder Einzelne durch das Leben versetzt wird, einzulösen. Zur Einlösung dieser Schuld kann niemand auf angeborene Rechte zurückgreifen und sich von vornherein freikaufen.

Das Recht auf Leben erwächst aus der Gerechtigkeit als Tausch, es ist kein angeborenes Recht, das durch das bloße Personensein bereits garantiert wäre. Die Gleichsetzung von Recht auf Leben mit Personensein wirft all die Probleme auf, die im Zusammenhang mit der Debatte um die Grenzen des Lebens bei Schwangerschaftsabbruch, Pränataldiagnose, Embryonenschutz oder Sterbehilfe diskutiert werden und als Schuldkomplex zum Ausbruch kommen. Da das Recht auf Leben grundsätzlich nicht auf Personen reduzierbar ist, sondern ein Recht ist, das zu leben bedeutet inmitten von Lebewesen, die ihrerseits das gleiche Recht haben, bildet es die Ursache für die Schuld.

Das Recht auf Leben wird erst in der Einlösung der Verpflichtung geltend, dieses Leben selbst als Pflicht und Pflege zu behandeln und zu gestalten. Ohne dies ist es der grenzenlosen Schuld anheim gefallen. Goethes Ausspruch „Dasein ist Pflicht, und wär‘s ein Augenblick“ bekommt von daher eine neue, nicht mehr faustische Bedeutung: Dasein ist Pflicht, die sich in der Hingabe und Weitergabe von Dasein erfüllt. Nicht die prometheisch-faustische Selbst- und Fremdbeherrschung befreit den Menschen, sondern die „Ehrfurcht vor dem Leben“, die in Albert Schweitzers Formulierung des Bewusstseins umsetzt „zu leben inmitten von Leben, das leben will.“

Der von Schweitzer gefundene Imperativ, der sich aus der Einsicht in die „Ehrfurcht vor dem Leben“ ergibt, lautet: „Aus innerer Nötigung, um sich selber treu zu sein und mit sich selber konsequent zu bleiben, tritt unser Wille zum Leben zu unserem eigenen Sein und zu allen Erscheinungen des Willens zum Leben, die ihn umgeben, in ein Verhältnis, das durch die Gesinnung der Ehrfurcht vor dem Leben bestimmt ist."[26] Hier ist Kants kategorischer Imperativ: „Handle so, dass die Maxime deines Willens jederzeit Prinzip einer allgemeinen Gesetzgebung sein könnte" um die Einsicht in den allgemeinen Willen zum Leben, der allen Kreaturen zukommt, erweitert. Doch diese Einsicht führt zugleich zur anderen Einsicht in der Abgründigkeit eines Rechtsbruches, da ich nur leben kann, wenn ich anderen das Leben entziehe. Der kategorische Imperativ Schweitzers führt so in die Schuld hinein, ohne einen Ausweg zu zeigen, wie dieser Respekt ohne schlechtes Gewissen realisiert werden kann. Er ist damit zu erweitern um die „Ehrfurcht vor dem Tod", in der sich nicht nur der Wille der Kreaturen zum Leben manifestiert, sondern die Todbestimmtheit des Lebens, die sich aber in der Bereitschaft der Übernahme der Schuld als Freigabe und Gabe schlechthin zeigt.

Die Ehrfurcht vor dem Leben, die keine Ehrfurcht vor dem Tod kennt, führt nicht nur zur Furcht vor dem Tod, sondern zur Furcht vor dem Leben selbst. Leben ist hier einseitig als Kampf ums Überleben vom Wollen her verstanden. Die Welt als „Wille" ist ein Szenario, in dem man sich nur fürchten kann. In der Einseitigkeit dieses Willens wird die Hingabe des Lebens verkannt. Leben ist nicht nur vom Leben-wollen als Nehmen her zu verstehen, wie es die Evolutionisten und ihre Kampfesideologie lehren, Leben ist als solidarischer Prozess zu verstehen, in dem sich Geben und Nehmen verschränken. In der Ehrfurcht vor dem Tod tritt die Seite des Gebens hervor, ohne die kein Leben sein kann. Der Imperativ der Ehrfurcht gebietet, das Recht auf Leben von dem Tod zu nehmen, der dieses Leben ermöglicht hat. Er ist damit das Gebot, in dem sich das Leben als Geben anbietet. Erst die Missachtung dieses Gebots führt zur Schuld als Last. Die Annahme dieses Gebots dagegen lässt das Leben zum Geschenk werden. Hier offenbart sich das unerschöpfliche Verschenken, das in Nietzsches Vision anklingt: Leben will sich verschenken, aber es will mit Achtung und Ehrfurcht genommen werden.

§ 18 Solidarität des Lebens in der Stellvertretung

Gedenken und Vollenden der Geschichte

Dasein ohne Schuld kann es nur geben, wenn Schuld in ihrer existentiellen Form übernommen und übertragen wird. Schuld kann nicht getilgt, sie kann nur übertragen werden. Zur Übertragung muss sie aber zuerst übernommen werden. Dieser Vorgang der Übernahme ist, wie gezeigt wurde, unabwendbar. Schuld wird immer übernommen, auch dort, wo sie scheinbar abgewie-

---

26 Schweitzer (1990) 89.

sen und verdrängt wird. Die Formen der Abweisung und Verdrängung sind schon Wege der Bearbeitung und Übertragung. Schuld wird hier stellvertretend oder direkt von einem Stellvertreter gesühnt.

Zunächst scheint der Tod die Solidarität allen Lebens zu brechen. Die Toten stehen für einen ungeheuren Verzicht an Leben, denn der Tod hat ihr Leben nicht nur beendet, sondern er hinterlässt ihre unvollendete Geschichte als ungelebtes Leben. Diese Geschichte schreibt sich als ungelebte in das Leben der Nachkommen ein. Der Tod ist ein Bruch der Gerechtigkeit und setzt die Nachkommen ins Unrecht. Ihre Schuld ist der Durst der Getöteten nach Gerechtigkeit. Wo Tod ist, waltet die Schuld in ungeheurem Ausmaß. Deshalb wendet sich die Sühne an die Aufhebung des Todes und seiner symbolischen Macht. Die Sühne führt zur Übernahme und Integration des Todes in das Leben. Der Tod erzeugt Schuld bei den Lebenden, die Sühne aber lässt sehen, wie aus dem Tod Leben erstehen kann. Durch die Stellvertretung wird der Tod zum Ereignis, das keine Schuld mehr hinterlässt.

Die stellvertretende Übernahme der Schuld bedeutet in erster Linie eine Weiterführung und Vollendung des ungelebten Lebens der Toten. Da Leben ein In-Geschichten-sein ist, wird das ungelebte Leben als Geschichte weitergeführt und vollendet. Während aber die Weiterführung ein unabwendbares Geschehen ist, das nicht der Willkür unterliegt, ist die Vollendung das Produkt der Gestaltung. Unwillkürliches und willkürliches Gedächtnis formen sich hier zu dem Komplex der „Geschichte“, die das vergangene Geschehen nicht wiederholt, sondern das Geschehen im Andenken vollendet. Die Weiterführung und Vollendung des Geschehens geht über die Rekonstruktion hinaus, weil es die Gestaltung nicht des gelebten, sondern des ungelebten Lebens der Toten ist.

Paul Ricoeur sieht die Schuld gegenüber den Toten als Motiv der „Refiguration der Zeit“: „Das Vergangensein einer in der Vergangenheit spielenden Beobachtung ist selbst nicht beobachtbar, sondern Sache des Gedächtnisses. Um dieses Rätsel zu lösen, haben wir mit dem Begriff der Repräsentanz oder Vertretung gearbeitet, wodurch angedeutet werden sollte, daß die Konstruktionen der Geschichte die Absicht haben, Rekonstruktionen zu sein, die den Forderungen eines *Gegenübers* Genüge tun. Darüber hinaus haben wir zwischen der Repräsentanzfunktion und dem Gegenüber, das ihr Korrelat darstellt, eine Schuldbeziehung erkannt, die die Menschen der Gegenwart vor die Aufgabe stellt, den Menschen der Vergangenheit – den Toten – das wiederzugeben, was ihnen zukommt. Daß diese – durch das Schuldgefühl verstärkte – Kategorie der Repräsentanz oder Vertretung letztlich irreduzibel ist auf die der Referenz, wie sie in einer Beobachtungssprache oder in einer extensionalen Logik fungiert, wird bestätigt durch die von Grund auf dialektische Struktur der Repräsentanzkategorie: Repräsentanz, so sagten wir, bedeutet nacheinander Reduktion aufs Selbe, Anerkennung von Alterität, analogisierendes Erfassen.“[27] Ricoeur stellt damit heraus, dass die

27 Ricoeur [1985] (1991) 253f.

Zuwendung zur Vergangenheit keine neutrale Beobachterhaltung zulässt, sondern eine Form der Befangenheit oder gar Verstrickung zeigt, die durch die Schuld gegenüber den Toten gekennzeichnet ist. Die Geschichte ist deshalb keine Repräsentanz des Geschehens, sondern eine „Überkreuzung" von Historie und Fiktion. Ricoeur lässt aber in seiner Analyse über diesen Zusammenhang von Zeit und Erzählung offen, was es letztlich ist, das den Toten „zukommt" und worin die „Aufgabe" erfüllt wird, das ihnen Zukommende „wiederzugeben". Die Antwort wird auch nicht durch die wichtige Einführung der „narrativen Identität"[28] gegeben, in der sich Geschichte und Fiktion überkreuzen. Die narrative Identität ersetzt zwar die „gleichermaßen unverständlichen wie unerträglichen Bruchstücke von Geschichten durch eine kohärente Geschichte", sie lässt aber – im Unterschied zur Aufarbeitung der Biografie durch die Psychoanalyse, an der dieses Konzept orientiert ist – die Ursachen für die „Krankheit" und damit den therapeutischen Erfolg nicht sichtbar und wirklich werden. Die narrative Identität kann deshalb nur die „poetische Lösung des hermeneutischen Zirkels"[29] sein, nicht die kathartische, von der er allerdings vornehmlich spricht: „Das Selbst der Selbsterkenntnis ist die Frucht eines Lebens der Selbsterforschung, wie Sokrates in der *Apologie* sagt. Ein erforschtes Leben ist aber in bedeutendem Maß ein gereinigtes und geklärtes Leben – gereinigt durch die kathartischen Wirkungen, die von historischen und fiktiven Erzählungen unserer Kultur ausgehen."[30] Die Heilsfunktion der Geschichte – als „Refiguration der Zeit" – kann nur in der Vollendung und „Performanz"[31] des ungelebten Lebens der Toten und ihres Anspruches gesehen werden. Hier kann eine „poetische Lösung" nur zum Tragen kommen, wenn sie zur Vollendung des gelebten Lebens führen will und deshalb, fiktiv oder historisch, in der Geschichte verankert ist. Doch auch dann übernimmt sie schon ethische Aufgaben, da sie das Gedenken und Andenken nicht aus „mimetischer" Absicht heraus führt. Überhaupt ist das hermeneutische Prinzip des „Nacherlebens von Leben" aus dem Bewusstwerden von Erlebtem nicht von unverbindlicher Beobachterart des Interpretierenden, sondern von verbindlicher Gewissensart des Denkenden.

Das Wissen um anderes Leben, die hermeneutische Innenschau, ist ein ethisches Bewusstsein, eine In-Anspruchnahme, die auf den Anruf oder generell das Angerufensein durch das gelebte Leben, das nicht mehr leben kann oder zu einem schlechten Leben verurteilt ist, reagiert. Der Tod stellt keine Grenze für diesen Anspruch dar, er ist auch nicht erschreckend, weil er keinen Bruch in der Rechtsgemeinschaft bedeutet. Immerhin hat Ricoeur mit seiner Konzeption der Narrativität diese Grenzenlosigkeit aufgezeigt. Seine große Errungenschaft ist, die Einseitigkeit des Historismus kritisiert und dabei die Bedeutung der Fiktion auch für die geschichtliche Erforschung herausgestellt zu haben.

---

28 Ricoeur (1991) 392ff.
29 Ricoeur (1991) 398.
30 Ricoeur (1991) 396.
31 Siehe oben § 12.

Die Formen der Übernahme und Übertragung sind als Kern der mythischen Erzählung erkannt worden. Im Zentrum steht hier der Typus des Stellvertreters, der überpersönliche Schuld übernimmt und abträgt. Erzählung wird hier zur Heilsgeschichte, deren Inhalt die Stellvertretung des Lebens vor dem Tod und des Todes vor dem Leben ist. Die Stellvertretung bestimmt auch den Handlungsverlauf, der das Leben als In-Geschichten-sein erfasst und die Brüche und Übergänge als Schuldproblem aufgreift und bewältigt. Die Möglichkeiten und Wirkungen der Stellvertretung liegen hier in der Möglichkeit der mythischen, rechtlichen und auch moralischen Übertragung der Schuld. Indem bei der Stellvertretung ein Unschuldiger die Schuld trägt, wird nicht nur die schuldlose Schuld vorgestellt und vorgelebt, sie wird auch als erlösbare Schuld verdeutlicht.

Schon der Mythos muss verstanden werden als Lösung der Schuldfrage durch die Übertragung von Schuld. Da das Leben nichts Selbstverständliches ist, sondern eine maximale und nicht abtragbare Verschuldung bewusst macht, die den Menschen in eine unerbittliche, gnadenlose Bringschuld versetzt, ist Existenz aus logischer Sicht nicht zu rechtfertigen und von daher dem Logos unzugänglich. Diese unermessliche Schuld ist nur zu kompensieren und zu ertragen, indem sie auf ein ursprüngliches Vergehen und Verbrechen verwiesen wird, das stellvertretend und voranstellend alle Schuld auf sich zieht und übernimmt. In den Mythen wird diese Geschichte erzählt und im Ritus wiederholt. Dem Mythos liegt kein Denken zugrunde, das für eine Wirkung die Ursache sucht. Hier wird für das Leben die Schuld bezahlt, indem sie auf den mythischen Stellvertreter übertragen wird. Dabei wird die Schuld, dass ich leben will zwischen anderen Lebewesen, die ebenfalls leben wollen, in ihrer Unerbittlichkeit vorgestellt, indem sie aber zugleich in eine Geschichte hinein verlegt und damit auf ein unvordenkliches Ereignis zurückgeführt wird.

Der Mythos ist kein Denken des Ursprungs, das zugleich ein ursprüngliches Denken ist, wie Emil Angehrn behauptet: „Ganz unverkennbar übernimmt der Mythos selber, indem er von der Urzeit berichtet, Erklärungs- und Begründungsfunktion. Er macht nicht nur gegenwärtige Ordnungen verständlich und legitimiert sie über göttliche Einsetzung, sondern geht auf älteste Ursprünge und Schöpfungsprozesse zurück, von denen her er das Sein und die Ordnung der Welt überhaupt begreift. Aus der Retrospektive können solche Fragen nach dem Ersten geradezu als Präfiguration des philosophischen Fragens, kann der Mythos gleichsam als archaische Metaphysik erscheinen.“[32] Obwohl Angehrn in dieser strukturell bisher gründlichsten Arbeit über den Mythos den erzählerischen Charakter des Mythos herausstellt, ist ihm der fundamentale Unterschied zwischen Geschichte (Mythos) und Theorie (Philosophie, Wissen-

32 Angehrn (1996) 26f.

schaft) nicht bewusst. Gerade wegen seiner Erzählstruktur ist der Mythos keine archaische Metaphysik.

Die Funktion des Mythos liegt nun darin, den erkannten Rechtsbruch auf ein Urverbrechen zurückzuführen. Im Mythos geht es um Rechtfertigung des Lebens, eines Lebens, das als Verbrechen offenbar geworden ist und deshalb nur gesühnt, nicht entschuldet werden kann. Das ist der Kern des Mythos, der für alles logische Denken nur skandalös sein kann.

Doch ist das mythische Denken nicht nur ungewöhnlich oder auch anstößig, es ist die Unerträglichkeit des Denkens und Bewusstwerdens überhaupt. Bewusstwerden heißt, sich eines Verbrechens und einer Schuld bewusst zu werden, allein aus der Tatsache, sich selbst als existierend und seiend denken zu können. In diesem Bezug des Denkens auf das Denkenkönnen liegen die Fähigkeit mythischen Denkens. Mythos hat demnach wenig mit Logos zu tun, denn für den Logos ist eine Ursache nur das einer Wirkung vorausgehende Geschehen, ohne dass dabei die ethisch-moralische Dimension dieser Vorgängerschaft in Betracht käme, die im Blickfeld auf die Vorfahren und gelebtes und ungelebtes Leben erscheint, also im Blick darauf, wovon sie nun, da sie nicht mehr leben, ausgeschlossen sind. Im Mythos sind diese Ausgeschlossenen versammelt und präsent. Der Mythos leistet im Andenken und Gedenken eine Solidarität mit den Ausgeschlossen, die er kultisch in der Stellvertretung umsetzt.

Die Stellvertretung versinnbildlicht diesen Vorgang. Hier wird die Übergabe und Übernahme der Daseinsschuld von Gott selbst, dem Inbegriff des Lebens, vollzogen. Gott wird in seinem Stellvertreter getötet. Die symbolische Distanz zwischen ihm und seinem Stellvertreter lässt den Sinn des Opfers deutlich werden. Am Einzelnen vollzogen, bricht es die Totalität des Todes, weil es für das Leben selbst steht.

Reale und symbolische Entsühnung

Geschichtlich gesehen ist nichts vergangen. Alles Gewesene ist in modifizierter Form gegenwärtig, nicht nur in Form von Geschichten und Geschichte, sondern allem voran im Leib, der als Fleisch gewordene Geschichte den Inbegriff der geschichtlichen Gegenwart darstellt. Indem er aus der Geschichte der Ahnen hervorgegangen ist, bildet seine Gegenwart und Vergegenwärtigung die „reale" Form des Andenkens und ist darin das Gegenstück zur erzählten und gedachten Geschichte. Die leibliche Gegenwart ist immer auch die Präsenz dieser Geschichte, die sich mit der eigenen Geschichte vermischt. In der Geschichtlichkeit des Leibes liegt die Voraussetzung für die leibhaftige Übernahme und den Tausch der Schuld, in der das körperliche oder seelische Leiden die Schuld sühnt, aber diese Befreiung von Schuld wird mit dem Tod bezahlt. In Angst, Leid und Krankheit wird der Körper zum Stellvertreter, der „unsere Krankheit schleppt" (Jes

53,4). So wird der nicht vollzogene fröhliche Tausch zum Schrecken und Leid, weil er das nichtpräsente Leben ausgrenzt und verdrängt.

Wie bei der Auseinandersetzung mit der von Dorothee Sölle[33] gefundenen Formulierung für das christliche Verständnis von Stellvertretung schon gezeigt werden konnte, ist die Unersetzlichkeit des Menschen kein Charakteristikum der Stellvertretung. Zwar ist Stellvertretung nicht gleichzusetzen mit Ersatz, worauf besonders in Zusammenhang mit dem Opfer hingewiesen wurde – denn auch beim Opfer gibt es kein „Ersatzopfer", welches ein „echtes" vortäuschen soll, wie ein Missverständnis des im Opfer behandelten Schuldkomplexes meint. Stellvertretung und Opfer sind echte Vertretungen des Unersetzlichen. Von dieser Seite hat Dorothee Sölle eine klare Abgrenzung dieses Phänomens gegeben. Stellvertretung findet allerdings nicht als Liebe statt, wie Sölle meint, sie ist, wie gerade von Lévinas gezeigt wird, im Akkusativ der Selbsterkenntnis – ich erkenne mich – schon angelegt und von daher eine „Vorladung" oder „Heimsuchung". Die schuldlose, nicht durch eigene Verfehlung hervorgerufene Anklage, die, wie Heidegger feststellt, im „Ruf des Gewissens" ertönt, steht vor aller Liebe und Hingabe und fordert den Menschen heraus, auf die Solidarität des Seins zu hören, sie zu erkennen und ihr nachzukommen.

Lévinas hat Heideggers Konzeption des bedingungslosen Rufes aufgegriffen und um den Aspekt der „Stellvertretung" ergänzt. Der Ruf ergeht zwar an den Einzelnen, es meldet sich aber darin die Schuld des Anderen. In Form einer „anachronistischen Störung"[34] fällt der Andere wie eine „Heimsuchung"[35] in das eigene Sein ein und schafft eine Situation vor allem Sein. Diese Heimsuchung findet durch die „Epiphanie des Antlitzes"[36] statt, das als Zeichen nicht für etwas steht, sondern ganz und gar sich selbst darstellt und in diesem Für-Sich-stehen den Anderen verpflichtet: „Das Gesicht fungiert hier nicht als Zeichen für einen verborgenen Gott, der mir den Nächsten aufnötigen würde. Als Spur seiner selbst [...] nimmt es das Subjekt in Beschlag, ohne in eine Korrelation mit ihm einzugehen, ohne mir in einem Bewusstsein gleichzuwerden – in dem es mir, bevor es erscheint, gebietet, nach dem von der Herrlichkeit bestimmten Anwachsen der Verpflichtung."[37]

Da die Konzeption von Lévinas ganz auf die Begegnung des Anderen bezogen ist, grenzt sie weitgehend den Grund der Schuld aus, als Kreatur im Bewusstsein der vollständigen Abhängigkeit vom Tod der anderen zu leben. Sein bekommt bei Lévinas deshalb den Charakter des absurden und

33 Siehe oben § 6.
34 Lévinas (1992) 46.
35 Lévinas (1998) 221.
36 Lévinas (1998) 221.
37 Lévinas (1992) 210.

grundlosen Verfolgtseins, weil der Andere es zu sein scheint, der das Bewusstsein der Schuld in der Anrufung hervorbringt.

Die Stellvertretung gilt aber nicht dem Anderen, der in mein Denken einbricht, sondern allen, von denen das Denken sich geschaffen und „geschöpft" weiß, allem voran den Toten und den Vorfahren. Stellvertretung hat damit eine konkrete Form, sie ist die Übernahme der Schuld, die unwillkürlich und unabhängig von eigener Entscheidung und Verantwortung geschieht.

Zwar hat Lévinas den zwingenden Charakter der Stellvertretung herausgestellt, er hat Stellvertretung aber auf die leibliche Erscheinung des Anderen bezogen und damit das Gegenstück zur Somatisierung der Schuld am eigenen Leibe entworfen. Auch für diese Form der Fleischwerdung der Schuld gibt es keine Erlösung, sie bleibt in der leiblichen Erscheinung des Anderen bloße Anklage ohne Konsequenz oder gar Lösung.

In Anbetracht solcher pathologischen Stellvertretungen in der Übertragung „leibhaftiger" Schuld, die in ihrer misslingenden Form schon an den Komplexen des Doppelgängertums und der Unlösbarkeit der Tragödie gezeigt wurde, stellt sich am Ende dieser Untersuchung die Frage nach den Möglichkeiten gelingenden Lebens. Ist diese Schuld im modernen Leben nur noch in und mit Krankheit, also leibhaftig lösbar und erlösbar, oder gibt es noch Wege der symbolischen Übernahme und Stellvertretung?

Die Leibhaftigkeit der Schuld scheint eine Endstufe zu sein, in der die Schuld nur noch gegen das eigene Leben getauscht werden kann. Die Einzelnen, sowohl als Ich wie als Anderer, sind zum Stellvertreter ihrer selbst wie des anderen geworden. Diese Form des Heroismus wird mit Wahn, Krankheit und Tod bezahlt. Auch die Ethik von Lévinas zeichnet diesen falschen Heroismus nach, denn niemand kann zum leibhaftigen Stellvertreter – weder seiner selbst noch des Anderen – werden. Die Leibhaftigkeit, so wurde gezeigt, ist selbst schon Stellvertretung, sie kann nicht an diese Pflicht gebunden oder noch einmal zur Pflicht gemacht werden. Vielmehr ist der Leib von dieser Bindung symbolisch zu erlösen, indem er auf seine geschichtliche Herkunft bezogen wird, die einerseits die Quelle der Schuld ist, andererseits aber als Erkenntnis der Schuld die Möglichkeit der Übertragung und Weitergabe zeigt.

Im Unterschied zum scheiternden Heroismus der Selbsterlösung und zum Verständnis von Schuld als persönlicher Schuld vertritt schon die christliche Vorstellung von der Erlösungstat die Übernahme der Schuld in der Stellvertretung des Erlösers. Jedoch ist diese Übernahme theologisch als reine Entlastung des Sünders verstanden worden.

Hier sind natürlich immer Ausnahmen zu vermerken, die als theologische Sonderwege gelten können. So weist Christof Gestrich auf die grundlegende Bedeutung der *katalagé* hin, die er leider nicht weiter verfolgt.[38] Sein Hinweis auf die „Säkularisierung des fröhlichen Tausches"[39] ist allerdings sehr wichtig für den theologischen Bedeutungsverlust dieses zentralen Theologoumenon.

So konnte es zu einem Freiheitsbegriff kommen, der sich in seiner falsch verstandenen Autonomie zur modernen Unverbindlichkeit entwickelte. Die erlösende Stellvertretung durch die Geschichte der Passion Jesu ist damit geradezu in ihr Gegenteil verkehrt. Sie ist auf das einmalige, womöglich noch historisch datierbare Opfer beschränkt, das seine erlösende Wirkkraft magisch ausstrahlen und in der christlichen Nächstenliebe wiederholen soll. Der Gedanke der Stellvertretung, die Übernahme und Weitergabe der Schuld, ist damit verschwunden.

So auch bei Karl-Heinz Menke in seiner umfassenden theologischen Auslegung der Stellvertretung: „Juristisch (von außen) betrachtet tritt Christus *‚an die Stelle'* des Sünders, um statt seiner vor den richtenden Vater zu treten; theologisch (von innen) betrachtet tritt Christus so *‚an die Stelle'* des Sünders, daß er ihn nicht ersetzt, sondern durch seine Stellvertretung befähigt, sich selbst aus einem Sünder in einen (Mit)Stellvertreter umzukehren."[40] Diese Interpretation der Stellvertretung als eine Art Mithilfe zu Selbsterlösung des „Sünders" steht – auch wenn in Anlehnung an Hans Urs von Balthasars Konzept der „Theodramatik" ergänzend von einer „katalogen" Stellvertretung die Rede ist[41] – in einer Tradition, die aus dem Stellvertreter Jesus einen Bittsteller vor Gott macht, der Fürsprache hält für das sündige Individuum. Mit solcher Fürsprache wird aber kein Gewissen von Schuld erlöst oder befreit. Eine Erlösung ist nur möglich, wenn Jesus nicht der Stellvertreter der Menschen vor Gott, sondern umgekehrt der Stellvertreter Gottes vor den Menschen ist. Im Tod Gottes, in der entsetzlich vorgestellten Vernichtung seines Stellvertreters durch ein Verbrechen, wird deutlich, dass die Schuld kein persönliches Vergehen, sondern zusammen mit der Hingabe und dem Opfer göttlich ist und deshalb auch nur göttlich gelöst werden kann. Die Heilstat ist dann keine Aufhebung der Schuld, sondern die erlösende Einsicht in das göttliche Gesetz der Nehmens und Gebens. Stellvertretung wird nur im Opfer verständlich, bei dem Gott selbst stellvertretend gemordet wird. Nur darin wird das Opfer dem Bewusstsein der Schuld, das auf Sühne drängt, gerecht.

Wie gezeigt wurde, sind das Bewusstsein und sein Gewissen auf Wahrnehmung und Übertragung von Schuld angelegt. Mit unbestechlichem Gerechtigkeitsempfinden misst es die Handlungen, unabhängig von ihrer historischen Qualität und ihrer möglichen Verjährung. Schuld ist von mythischer Dimension, in der historische Fakten nur eine untergeordnete Rolle spielen. Auch das von Jesus erbrachte Opfer ist ganz im Sinne einer mythischen Heldentat und damit unabhängig von seiner historischen Wirklichkeit zu

38 Gestrich (2001) 122.
39 Gestrich (2001) 122.
40 Menke (1997) 64.
41 Menke (1997) 266ff.

verstehen. Indem es zeigt, dass Schuld – nicht historisch einmalig, sondern über alle Zeiten und entgegen aller Vernunft – übertragbar ist, wird diese zum Vorbild der stellvertretenden Hingabe. Hier wird eine Ethik der Stellvertretung entworfen, welche die Sühnbarkeit der Schuld in der solidarischen Übernahme veranschaulicht. Schuld muss nicht Schuld bleiben, wie es das schlechte Gewissen erfährt, sie kann aufgehoben werden. Aber auch die Aufhebung muss nicht tragisch oder pathologisch sein, wie in der nicht eingestandenen Schuld, sie muss auch nicht unwirksam bleiben, wie in der Selbstzerfleischung, die immer heuchlerisch ist, sie kann durch Übernahme und Übertragung geschehen.

Die Voraussetzung für eine symbolische Übernahme und Weitergabe der Schuld in der christlichen Religion liegt in der Erkenntnis der überhistorischen Wirksamkeit der Schuld wie ihrer Stellvertretung. Hier zeigt sich aber der Konflikt einer solchen überhistorischen Bedeutung mit der aus der christlichen Religion hervorgegangenen profanierten Freiheit, die alle Verantwortung in den Bereich des individuellen Handelns gelegt hat. Das ganz für sich verantwortliche Ich kann, wie gezeigt wurde, nur bedingt Schuld von Anderen übernehmen und eigene Schuld an Andere abtreten. Die Schuld spaltet damit das Individuum in ein bewusst verantwortliches Für-sich-sein und eine unbewusste Stellvertretung, die namenlos und diffus ist.

Eine Ethik der Stellvertretung stellt sich diesem Faktum der Heimsuchung durch die Schuld und ihre Bewältigung. Die Heimsuchung ist unabhängig von einer freiwilligen Hingabe, sie zeigt sich darin, dass jeder Mensch verschiedene Rollen spielt, in denen er sein „Schicksal" übernimmt und weiterführt. In der Übernahme seines „Schicksals" kommt der diffuse Teil zum Tragen, allerdings meist in den beschriebenen pathologischen Formen. Die Freiheit des Für-sich-seins bleibt abstrakt und wird im Wahn und der Krankheit verspielt.

Die Erkenntnis überhistorischer Wirksamkeiten und Wirklichkeiten in den „irrealen Sinngebilden" ist dagegen der erste Schritt einer Ergreifung und Beherrschung der symbolischen Wirklichkeit des Daseins, in der sich die Schuld ausspielt.

Das Leben selbst ist darin ein Spiel, das, wie sein Gegenstück im Theater oder Roman, seine Rolle und Bedeutung in der Erfassung der irrealen Sinngebilde zu ergreifen sucht. Hier sind der Handlungsrahmen und die Dramaturgie vorgegeben, in der das Stück spielt. Die Rolle im Theater, die nur die Rolle im Alltag widerspiegelt, ist ein Teil eines Stückes und einer Geschichte, die insgesamt das Handlungsfeld bestimmt und vorgibt.

Das Theaterstück ist nur das Leben im kleinen Rahmen. Hier wie dort sind die Rollen schon verteilt und die Disposition des Stückes ist weithin vorgegeben. Was fehlt, ist die im Spiel oder im Leben vollzogene Umsetzung und Ausgestaltung der Rolle. In diesem Rahmen wird das Leben der von uns „selbst gemachte Roman“, der die Geschichte der Rechtfertigung fortführt.

Mit der Ergreifung der Geschichte ist der erste Schritt getan, das individuelle Leben in seiner Kontinuität des geschichtlichen Lebens zu verstehen. Die hermeneutische Leistung des Verstehens ist nicht nur der Nachvollzug des Erkannten und Gelebten, sondern die Weiterführung der Geschichte im Sinne der Übernahme und Übertragung existentieller Schuld. Erkenntnis verdankt sich dem Erkannten und Leben dem Gelebten und versucht aus dieser Haltung heraus, die eigene, auch individuelle Rolle in der Geschichte zu finden. Die „Hermeneutik des Daseins“ ist damit, wie Heidegger schon vorgegeben hat, das Sichverstehen als Auslegung des Seins, aber nicht am Leitfaden der „Sorge“, sondern der Schuld, insoweit sie das Dasein als in Geschichten verstrickt erkennt.

Freiheit ist nicht umsonst zu bekommen, wie der Gang der Untersuchung gezeigt hat, sie wird zum Teil mit dem Verlust von Gesundheit und Glück teuer bezahlt und ist damit auch verloren. Freiheit kann es nur in der Rechtfertigung geben, nicht autonom. Rechtfertigung des Daseins gelingt in der Übertragung der Schuld, nicht auf sich oder auf einen Anderen, sondern auf einen Stellvertreter, der zwischen Tod und Leben vermitteln kann und damit die Kontinuität der Geschichte fortsetzt. Diese Übertragung kann nur symbolisch oder poetisch erfolgen durch eine Geschichte. Die reale Übertragung ist schon der Wahn, der den Anderen oder sich selbst mit Schuld belädt oder als beladen sieht. Nicht die reale oder ideale, sondern nur die narrative Identität ist erlösbar von Schuld und zur Freiheit zugelassen. Narrativität, wie Ricoeur sie verstanden hat, ist gebunden an die erzählende, darstellende, insgesamt performative Vollendung der Geschichte der Toten. Hier wird die poetische Fiktionalität zur Weiterführung und damit zur Realität ihres ungelebten Lebens und verbindet sich mit der Realität des gegenwärtig gelebten Lebens zu einem kontinuierlichen Geschehen und einer fortlaufenden Geschichte, die auch von den kommenden Generationen weitergeführt und weitergewebt werden kann.

Schlusswort

Die Untersuchung vertritt die These, dass persönliche und individuelle Freiheit erst dann gewährleistet sind, wenn sich das Ich gegenüber seiner Vorgeschichte gerechtfertigt und gegenüber seiner Nachgeschichte verantwortet hat. Die moralischen und rechtlichen Belange sind nicht auf die Gegenwart beschränkt und können auch nicht ideologisch darauf beschränkt werden. Die Wirksamkeit der Vorgeschichte und die Nachhaltigkeit gegenwärtiger Entscheidungen in die Nachwelt hinein sind jetzt noch und schon jetzt Angelegenheiten des Gewissens, unabhängig von den Konstruktionen einer Makroethik innerhalb einer Kommunikationsgemeinschaft. Die Entgrenzung rechtlicher und moralischer Fragen über den Bereich der Gegenwart hinaus ist keine Folge einer intellektuellen Vertiefung in die Geschichte oder in die Nachhaltigkeit, sie ist die primäre Form von Wissen und Bewusstsein als Gewissen. Gewissen ist zeitlich unbegrenzt und nur dem Vergessen oder der Verdrängung ausgeliefert. Die geschichtliche Verfassung des Lebens, angefangen bei der Biografie des individuellen Lebens bis hin zur Geschichte der Völker und Nationen, lässt eine Ausgrenzung zur Vor- und Nachgeschichte nur unter sachlichen, nicht unter rechtlich-moralischen Gesichtspunkten zu. Doch gerade diese spielen eine Rolle, wenn es darum geht, die Freiheit von Individuen und Nationen zu behaupten und durchzusetzen. Hier gibt es keine Legitimation, die Freiheit zum autonomen Recht erheben könnte. Freiheit ist verschuldet gegenüber der Vor- und Nachwelt.

Unabhängig von diesen Verpflichtungen im Gewissen hat sich ein liberaler Freiheitsbegriff, vor allem auf Grund und mit Hilfe des christlichen Verständnisses der Entsühnung, durchgesetzt. Im Bewusstsein der Moderne kommt es deshalb einerseits zu einer Spaltung zwischen einer weitgehend unverbindlichen Selbstgewissheit, die sich ihre moralischen Regeln zur Koordination von Interessen bildet, und einem Gewissen andererseits, das immer schon weiß, wie weit alle Handlungen mit Schuld belastet sind. Mag die Versachlichung des Lebens und der individuellen Existenz den geschichtlichen Rahmen aller Handlungen auf historische Fakten reduziert und damit ebenfalls versachlicht und vernichtet haben, so kehrt die gewissenhafte Verbindlichkeit doch mit der Vehemenz des Verdrängten in den fanatischen Regressionen wieder, wie sie aktuell in den nationalistischen und religiös-fundamentalistischen Tendenzen zu finden sind. Die Macht dieser Regressionen ist zu verstehen als Gegenbewegung zu einer Ethik moderner Freiheitswerte und deren Ignoranz gegenüber den Rechten der Vor- und Nachwelt. Die Gewalt dieses Wertesystems, das sich nur der persönlichen Freiheit, der Freiheit des Einzelnen und seiner Interessen, verpflichtet weiß, ist die eigentliche Ursache regressiver Tendenzen in Politik und Religion. Hier wird das Gewissen gegenüber dem Gewesenen missachtet, indem hinter dem Schleier des Unwissens immer wieder neue moralische Nullpunkte konstruiert werden. Damit wird eine Kultur entworfen, die sich gewissenlosen, sich selbst verpflichteten und kalkulierenden Individuen in abstrakten Urgesellschaften verbunden weiß.

Doch die ethische Realität ist eine andere. Sie beginnt nicht am moralischen Nullpunkt, den es nicht gibt, weil jedes Leben ein Vorleben und jede Geschichte eine Vorgeschichte hat. Sie hat kein Datum und keine Grenze und reicht ins Unvordenkliche. Diese Unbestimmtheit macht es den liberalen Wertsystemen einerseits leicht, sich selbst zu behaupten, andererseits droht gerade von daher, vom Nicht-Festgestellten der Schuld, die Bedrohung und Gefahr. Eine Ethik, die vollständig die Vorwelt und weitgehend die Nachwelt ausgrenzt und in der Gegenwart alle Rechte nur an Interessen von Personen bindet, provoziert die Spaltung, die sich durch die Individuen und Kulturen zieht. Die geschichtliche Regression ist hier die fanatische Antwort auf eine Ethik der Präsenz.

Ist die Regression als Abwehr einer solchen Ethik erkannt, dann gilt es, die Lehre zu ziehen aus dem, was auch im humanistisch geglaubten Europa des 20. Jahrhunderts an fanatischen Tendenzen zu finden war. Nicht die Re-Barbarisierung der Zivilisation war hier die Ursache, sondern die durch die Zivilisation herbeigeführte Umwertung der Lebenswerte zu einer Ethik der Präsenz, die es den Ideologen leicht gemacht hat, die Rache der Toten zu beschwören und eine eigene Blut- und Bodenreligion daraus zu entwerfen. In Anbetracht des gegenwärtigen Phänomens des Terrorismus, dessen Anfänge wir erst erleben, sollten diese Zusammenhänge erkannt werden. Der regressive Fanatismus gilt nicht dem Materialismus der westlichen Kultur, sondern der Gewissenlosigkeit ihrer Ethik der Interessen, die aus einem Begriff von Freiheit entsteht, der weder Ehrfurcht vor dem Leben noch Ehrfurcht vor den Toten kennt. Diese Freiheit ist aber schwach, weil sie in ihrer Selbstverpflichtung und Selbstvertretung nicht das Opfer der Selbsthingabe und Selbstaufgabe leisten kann. Sie hat keine charismatische Bedeutung mehr, wie noch in der Aufklärung, wo sie der Inbegriff von Mündigkeit und Fortschritt war. Freiheit kann heute nur verteidigt werden, wenn sie wieder aus den Verpflichtungen heraus verstanden wird, wenn sie als Entsühnung aus der Schuld herausführt. Dies ist auch und gerade für westliche Kulturen möglich, die in ihren religiösen Anschauungen Freiheit immer so verstanden haben. Freiheit ist als Grundwert nur gewährleistet, wenn die geschichtliche Schuld entsühnt und die Verantwortung für die Schuld gegenüber den kommenden Generationen übernommen wird. Nur so kann der einzelne Mensch, der sich schuldhaft seiner selbst bewusst wird, zu einer ethischen Haltung der Solidarität finden, in der Dasein ohne Schuld gelebt werden kann.

Literatur

Adamaszek, Rainer: Familien-Biographik. Therapeutische Entschlüsselung und Wandlung von Schicksalsbindungen. Heidelberg 2001
Agamben, Giorgio: Homo sacer. Frankfurt/Main 2002
Althaus, Paul: Die christliche Wahrheit. Gütersloh 1962
Angehrn, Emil: Überwindung des Chaos, Frankfurt/Main 1996
Apel, Karl-Otto: Das Apriori der Kommunikationsgemeinschaft. Transformationen der Philosophie II. Frankfurt/Main 1981
– : Diskurs und Verantwortung. Frankfurt/Main 1990
Arendt, Hannah: Vita activa oder vom tätigen Leben (1958). München 1981
Assmann, Jan: Ma´at. Gerechtigkeit und Unsterblichkeit im Alten Ägypten. München 1995
– : Das kulturelle Gedächtnis. München 1999
– : Tod und Unsterblichkeit im alten Ägypten. München 2001
Augustinus: Strafe und Nachlassung der Sünden und Taufe der Kinder. Schriften gegen die Pelagianer, Bd. 1. Hg. v. Adolar Zumkeller. Würzburg 2000

Bachofen, Johann Jacob: Versuch über die Gräbersymbolik der Alten (1859). Gesammelte Werke, Bd. 4. Hg. v. Ernst Howald. Basel 1954
– : Das Mutterrecht (1861). Gesammelte Werke, Bd. 2. Hg. v. Karl Meuli. Basel 1948
Barth, Heinrich: Erkenntnis der Existenz. Basel 1964
–: Sühne und Versöhnung. Existenzphilosophie und neutestamentliche Hermeneutik. Basel 1967
Barthes, Roland: Die Sprache der Mode (1967). Frankfurt/Main 1985
Bataille, Georges: Der Begriff der Verausgabung (1933). In: Die Aufhebung der Ökonomie. Hg. v. Gerd Bergfleth. München 1985
– : Der verfemte Teil (1949). In: Die Aufhebung der Ökonomie. München 1985
– : Die Erotik (1957). München 1994
Baudrillard, Jean: Der symbolische Tausch und der Tod (1976). München 1982
Baur, Jörg: Frei durch Rechtfertigung. Tübingen 1999
Benjamin, Walter: Der Ursprung des deutschen Trauerspiels. Gesammelte Schriften, Bd. 1. Frankfurt/Main 1974
– : Das Kunstwerk im Zeitalter seiner technischen Reproduzierbarkeit. Gesammelte Schriften, Bd. 1. Frankfurt/Main 1974
– : Charles Baudelaire. Gesammelte Schriften, Bd. 1. Frankfurt/Main 1974
– : Über Sprache überhaupt und über die Sprache des Menschen. Gesammelte Schriften, Bd. 2. Frankfurt/Main 1977
– : Das Passagenwerk. Gesammelte Schriften, Bd. 5. Frankfurt/Main 1982
Blankenburg, Wolfgang: Biographie und Krankheit. Stuttgart 1990
Blumenberg, Hans: Arbeit am Mythos (1979). Frankfurt/Main 1990
– : Die Legitimität der Neuzeit. Frankfurt/Main ²1999
Braun, Kathrin: Menschenwürde und Biomedizin. Frankfurt/Main 2002
Brinkmann, Karl: Grundrecht und Gewissen im Grundgesetz: Bonn 1965
– : System der Rechtsphilosophie. Bonn 1975
Burkert Walter: Homo necans. Berlin 1997
– : Kulte des Altertums. Biologische Grundlagen der Religion. München 1998
Buytendijk, Frederik: Wesen und Sinn des Spieles (1933). New York 1976

Campbell, Josef: Der Heros in tausend Gestalten (1948). Frankfurt/Main 1999
Cassirer, Ernst: Substanzbegriff und Funktionsbegriff. Berlin 1910

– : Versuch über den Menschen (1944). Frankfurt/Main 1990
Celan, Paul: Fadensonnen. Frankfurt/Main 1968

Dawkins, Richard: Das egoistische Gen (1976). Reinbek 1996
Derrida, Jacques: Randgänge der Philosophie (1972). Wien 1988
Descartes, René: Meditationes de prima philosophia (1641). Hamburg ²1977
Diels, Hermann: Fragmente der Vorsokratiker. Berlin 1903
Dworkin, Ronald: Grenzen des Lebens (1993). Hamburg 1994

Eliade, Mircea: Die Religionen und das Heilige (1949). Frankfurt/Main ²1989
– : Das Heilige und das Profane (1957/1965). Frankfurt/Main 1984
– : Das Mysterium der Wiedergeburt (1958). Frankfurt/Main ²1989
– : Geschichte der religiösen Ideen Bd. 1. (1976/1992). Freiburg 1978
Engels, Friedrich: Anteil der Arbeit an der Menschwerdung des Affen. Marx-Engels-Werke, Bd. 20. Berlin 1972

Fehrle, Eugen: Die kultische Keuschheit im Altertum. Gießen 1910
Filipp, Sigrun-Heide (Hg.): Kritische Lebensereignisse. Weinheim 1995
Fink, Eugen: Grundphänomene menschlichen Daseins (1955). Hg. v. Eugen Schütz und Franz-A. Schwarz. Freiburg ²1995
– : Oase des Glücks. Freiburg 1957
– : Spiel als Weltsymbol. Stuttgart 1960
Frank, Manfred: Der kommende Gott. Frankfurt/Main 1982
Freud, Sigmund: Neue Folge der Vorlesungen zur Einführung in die Psychoanalyse. Studienausgabe, Bd. 1. Frankfurt/Main 1982 (b)
– : Das Unheimliche. Studienausgabe, Bd. 4. Frankfurt/Main 1982 (c)
– : Totem und Tabu. Studienausgabe, Bd. 9. Frankfurt/Main 1982 (d)

Gadamer, Hans-Georg: Wahrheit und Methode. Tübingen ⁴1975
Gebsattel, Viktor Emil v.: Prolegomena einer medizinischen Anthropologie. Berlin 1954
Geertz, Clifford: Dichte Beschreibung. Frankfurt/Main ⁵1997
Gehlen, Arnold: Der Mensch. Gesamtausgabe, Bd. 3. Frankfurt/Main 1993
Gelfert, Hans-Dieter: Die Tragödie. Theorie und Geschichte. Göttingen 1995
Gennep, Arnold van: Übergangsriten (1909). Hg. v. Sylvia Schomburg-Scherff. Frankfurt/Main 1999
Gerhardt, Volker: Der Mensch wird geboren. München 2001
Gestrich, Christof: Christentum und Stellvertretung. Tübingen 2001
Girard, René: Das Heilige und die Gewalt (1972). Frankfurt/Main 1992
Gogarten, Friedrich: Der Mensch zwischen Gott und Welt. Stuttgart 1956
Goldhagen, Daniel Jonah: Hitlers willige Vollstrecker (1996). Berlin 1998
Goodrick-Clarke, Nicholas: Die okkulten Wurzeln des Nationalsozialismus (1982). Graz 2000
Grätzel, Stephan: Organische Zeit. Die Einheit von Erinnerung und Vergessen. Freiburg 1993
– : Verstummen der Natur. Würzburg 1997
– : Metaphysische Schuld und ihre Begrenzung bei der Aufarbeitung von Großverbrechen. In: Grenzen und Grenzüberschreitungen. Hg. v. Wolfram Hogrebe. Berlin 2004 (a)
– : Die Hinwendung zur Spur. Valéry und Benjamin über Wahrnehmung. In: Perspektiven der Komparatistik. Hg. v. Werner Nell / Bernd Kiefer. Wiesbaden 2004 (b)
– : Ferdinand Ulrichs Begriff der Gabe. In: Zwischen Glauben und Wissen. Der Mensch auf den Spuren des Mitmenschen. Hg. v. Karen Joisten / Josef Rauscher. Würzburg 2004 (c)
Grewel, Hans: Lizenz zum Töten. Stuttgart 2002
– : Recht auf Leben. Göttingen 1990

Habermas, Jürgen: Theorie des kommunikativen Handelns. Frankfurt/Main 1981
– : Erläuterungen zur Diskursethik. Frankfurt/Main 1992
– : Faktizität und Geltung. Frankfurt/Main 1994
Halm, Heinz: Die Schia. Darmstadt 1988

– : Schuld und Buße im Ritual der Schiiten. In: Schuld. Hg. v. Tilo Schabert / Detlev Clemens. München 1999
Harris, John: Der Wert des Lebens. Berlin 1995
Hart, Herbert Lionel Adolphus: Der Begriff des Rechts (1961). Frankfurt/Main 1973
– : Der Positivismus und die Trennung von Recht und Moral. Recht und Moral. Hg. v. Norbert Hoerster. Göttingen 1971
Hegel, Georg Wilhelm Friedrich: Phänomenologie des Geistes (1807). Sämtliche Werke. Hg. v. Hermann Glockner (Jubiläumsausgabe), Bd. 2. Stuttgart-Bad Cannstatt 1964
– : Grundlinien der Philosophie des Rechts (1821). Sämtliche Werke, Bd. 7. Stuttgart- Bad Cannstatt 1964
– : Vorlesungen über Ästhetik (1835-38). Sämtliche Werke, Bd. 12. Stuttgart- Bad Cannstatt 1964
Heidegger, Martin: Gesamtausgabe, Bd. 56/57. Frankfurt/Main 1999
– : Phänomenologie des religiösen Lebens. Gesamtausgabe, Bd. 60. Frankfurt/Main 1995
– : Beiträge zu Philosophie (Vom Ereignis). Gesamtausgabe, Bd. 65. Frankfurt/Main am Main 1989
– : Sein und Zeit (1927). Tübingen ^{11}1967
– : Brief über den „Humanismus" (1946). Wegmarken. Frankfurt/Main ^{2}1978
– : Erläuterungen zu Hölderlins Dichtung. Frankfurt/Main ^{5}1981
– : Holzwege. Frankfurt/Main ^{7}1994
–: Was heißt Denken? Tübingen ^{4}1997
– : Vorträge und Aufsätze (1954). Stuttgart ^{9}2000.
Hersch, Jeanne (Hg.): Das Recht ein Mensch zu sein. Basel 1968
Hölderlin, Friedrich: Sämtliche Werke und Briefe, Bd. 1. Hg. v. Günter Mieth. München ^{5}1989
Höffe, Otfried: Gerechtigkeit. München 2001
Hofmann, Hasso: Repräsentation (1974). Berlin 1998
Honnefelder, Ludger: Zur Philosophie der Schuld. Theologische Quartalsschrift (155). München 1975
Howald, Ernst: Nachwort zu: Bachofen, J. J.: Versuch über die Gräbersymbolik der Alten. Gesammelte Werke, Bd. 4. Basel 1954
Hübner, Kurt: Glaube und Denken. Dimensionen der Wirklichkeit. Tübingen 2001

Janowski, Bernd: Stellvertretung. Stuttgart 1997
Janowski, J. Christine: Allerlösung. Annäherung an eine entdualisierte Eschatologie. Neukirchen-Vluyn 2000
Jaspers, Karl: Die Schuldfrage. Heidelberg 1946
– : Philosophie, Bd. 3. Berlin ^{4}1973
Jeremias, Alfred: Das alte Testament im Lichte des Orients. Leipzig 1930
Jonas, Hans: Das Prinzip Verantwortung. Frankfurt/Main 1979
– : Gnosis und spätantiker Geist. (1. Teil 1934). Göttingen 1993
– : Gnosis. Die Botschaft des fremden Gottes (1958). Frankfurt/Main 1999
Jüngel, Eberhard: Das Evangelium von der Rechtfertigung des Gottlosen als Zentrum des christlichen Glaubens. Tübingen 1999

Kaegi, Dominic: Was ist metaphysische Schuld? In: Selbstorganisation (10). Berlin 1999
Kant, Immanuel: Kritik der reinen Vernunft (1781). Immanuel Kants Werke, Hg. v. Ernst Cassirer, Bd. III. Berlin 1913
– : Grundlegung zu einer Metaphysik der Sitten (1886). Immanuel Kants Werke, Bd. IV. Berlin 1913
– : Kritik der praktischen Vernunft (1788). Immanuel Kants Werke, Bd. V. Berlin 1914
Kaufmann, Arthur: Das Schuldprinzip. Heidelberg 1976
Kelsen, Hans: Vergeltung und Kausalität (1941). Wien 1982
– : Reine Rechtslehre (1960). Wien 1992
Kerényi, Karl: Die Mythologie der Griechen II. Die Heroen-Geschichten. Zürich 1958
– : Dionysos. Stuttgart 1998
Kierkegaard, Sören: Der Begriff Angst (1844). Hg. v. Emanuel Hirsch. Düsseldorf 1952
– : Die Krankheit zum Tode (1849). Düsseldorf 1954
Kirk, Geoffrey u. a.: Die vorsokratischen Philosophen. Stuttgart 1994
Korsch, Karl: Geleitwort zu Karl Marx: Das Kapital. Berlin 1969
Koselleck, Reinhart: Vergangene Zukunft, Frankfurt/Main 1979

– (Hg.): Der politische Totenkult. München 1994
Kuhn, Helmut: Begegnung mit dem Sein. Meditationen zur Metaphysik des Gewissens. Tübingen 1954

Lanczkowski, Günter: Kreuz, religionsgeschichtlich. Theologische Realenzyklopädie Bd. 19. Berlin 1990
Leeuw, Gerardus van der: Phänomenologie der Religion. Tübingen 1933
– : Sakramentales Denken. Kassel 1959
Lesky, Albin: Die griechische Tragödie. Stuttgart 1984
Lévinas, Emmanuel: Jenseits des Seins (1978). Freiburg 1992
– : Die Spur des Anderen. Hg. v. Nikolaus Krewani. München [3]1998
Lexikon für Theologie und Kirche (LThK). Hg. v. Josef Höfer / Karl Rahner. Freiburg 1957ff
Liszt, Franz v.: Der Zweckgedanke im Recht. Strafrechtliche Aufsätze und Vorträge, Bd. 1. Berlin 1905
Lübbe, Hermann: Ich entschuldige mich. Das neue politische Bußritual. Berlin 2001
Lukács, Georg: Die Zerstörung der Vernunft (1953). Berlin 1955
Lyotard, Jean-Francois: Postmoderne für Kinder (1986). Wien 1996

Malinowski, Bronislaw: Das Geschlechtsleben der Wilden in Nordwest-Melanesien (1929). Frankfurt/Main 1979
Marx, Karl: Das Kapital (1890). Marx-Engels-Werke 23. Berlin 1962
– : Grundrisse der Kritik der Politischen Ökonomie (1939/41). Berlin [2]1974
– : Ökonomisch-philosophische Manuskripte (1844). Frühe Schriften, Hg. v. Hans Joachim Lieber. Darmstadt [3]1962
Mauss, Marcel: Die Gabe. Form und Funktion des Austausches in archaischen Gesellschaften (1923/24). Soziologie und Anthropologie, Bd. 2. München 1975
Melanchthon, Philipp: Loci communes (1521). Hg. v. Horst Georg Pöhlmann. Gütersloh 1993
Menke, Karl-Heinz: Stellvertretung. Freiburg 1997
Merkelbach, Reinhold: Die Hirten des Dionysos. Die Dionysos-Mysterien der römischen Kaiserzeit und der bukolische Roman des Longus. Stuttgart 1988
Metzler Lexikon Religion, Band 2. Hg. v. Christoph Auffarth, Jutta Bernard, Hubert Mohr. Stuttgart 1999
Müller, Werner: Kreis und Kreuz. Berlin 1938

Nassehi, Armin: Weber, Georg: Tod, Modernität und Gesellschaft. Entwurf einer Theorie der Todesverdrängung. Opladen 1989
Neckel, Gustav: Walhall. Studien über germanischen Jenseitsglauben. Dortmund 1913
Neue juristische Wochenzeitschrift (NJW), Heft 30. München 2001
Nietzsche, Friedrich: Kritische Studienausgabe (KSA). Hg. v. Georgi Colli / Mazzino Montinari. München / Berlin 1980
Nilsson, Martin: Geschichte der griechischen Religion. Bd. 2. München 1955
Noll, Peter: Die ethische Begründung der Strafe, Tübingen 1962

Olschanski, Reinhard: Maske und Person. Zur Wirklichkeit des Darstellens und Verhüllens. Göttingen 2001
Otto, Maria: Reue und Freiheit. Freiburg [2]1987
Otto, Rudolf: Das Heilige (1917). München 1991
Otto, Walter Friedrich: Die Manen oder von der Urform des Totenglaubens (1958). Darmstadt 1983
– : Dionysos. Frankfurt/Main 1933
Peters, Albrecht: Rechtfertigung. Handbuch systematischer Theologie, Bd. 12. Gütersloh 1984
Pico della Mirandola: De hominis dignitate / Über die Würde des Menschen (1496). Hamburg 1990
Plessner, Helmuth: Die Stufen des Organischen und der Mensch. Gesammelte Schriften, Bd. 4. Frankfurt/Main 1981
– : Zur Anthropologie der Nachahmung (1948). Gesammelte Schriften, Bd. 7. Frankfurt/Main 1982
– : Der imitatorische Akt (1961). Gesammelte Schriften, Bd. 7. Frankfurt/Main 1982
– : Soziale Rolle und menschliche Natur (1960). Gesammelte Schriften, Bd. 10. Frankfurt/Main 1985
Propp, Wladimir: Morphologie des Märchens (1928). München 1972

Pyper, Jens Fabian (Hg.): „Uns hat keiner gefragt“. Positionen der dritten Generation zur Bedeutung des Holocaust. Berlin 2002

Radbruch, Gustav: Gesetzliches Unrecht und übergesetzliches Recht. Gesamtausgabe, Bd. 3. Heidelberg 1990
Rahner, Hugo: Symbole der Kirche. Salzburg 1964
– : Griechische Mythen in christlicher Deutung (1966). Freiburg 1992
Rank, Otto: Der Mythus von der Geburt des Helden. Wien 1922
- : Der Doppelgänger. Leipzig 1925
Rausch, Hannelore: Theoria. Von ihrer sakralen zur philosophischen Bedeutung. München 1982
Rech, Photina: Inbild des Kosmos II. Salzburg 1966
Rickert, Heinrich: Die Grenzen der naturwissenschaftlichen Begriffsbildung, Tübingen ^{5}1929
Ricoeur, Paul: Symbolik des Bösen. Phänomenologie der Schuld II. (1960). Freiburg 1971
– : Zeit und Erzählung I (1983). München 1988
– : Zeit und Erzählung II (1984). München 1989
– : Zeit und Erzählung III (1985). München 1991
– : Das Selbst als ein Anderer (1990). München 1996
Ritschl, Albrecht: Die christliche Lehre von der Rechtfertigung und Versöhnung. 3 Bde. Bonn ^{2}1882-1883
Rohde, Erwin: Psyche. Seelencult und Unsterblichkeitsglaube der Griechen (1893). Tübingen 1925
Rosenau, Hartmut: Allversöhnung. Ein transzendentaltheologischer Grundlegungsversuch. Berlin 1993

Sartre, Jean Paul: Das Sein und das Nichts (1943). Reinbek 1998
– : Der Existentialismus ist ein Humanismus (1945). Reinbek 2000
Schabert, Tilo /Clemens, Detlev (Hg.): Schuld. München 1999
Schapp, Wilhelm: In Geschichten verstrickt (1965). Neuauflage von Hermann Lübbe. Wiesbaden 1976
Scheler, Max: Zum Phänomen des Tragischen (1919). Gesammelte Werke, Bd. 3. Bern ^{5}1972
– : Vom Sinn des Leides (1923). Gesammelte Werke, Bd. 6. Bonn ^{3}1986
– : Die Stellung des Menschen im Kosmos (1927). Gesammelte Werke, Bd. 9. Bonn ^{2}1995
– : Über Scham und Schamgefühl. Schriften aus dem Nachlaß, Bd. 1. Bonn ^{3}1986
Schelling, Friedrich Wilhelm Josef: Philosophie der Offenbarung (1858). Schellings Werke. Münchner Jubiläumsdruck. 6. Ergänzungsband. Hg. v. Manfred Schröter. München 1959
– : Urfassung der Philosophie der Offenbarung (Wachtl-Abschrift, 1831/32). Hg. v. Walter E. Ehrhardt. Hamburg 1992
Schilder, Paul: Das Körperschema. Berlin 1923
Schiller, Friedrich: Über die ästhetische Erziehung des Menschen, in einer Reihe von Briefen (1795). Hg. v. Gerhard Fricke / Herbert G. Göpfert. Sämtliche Werke, Bd. 5. München 1959
Schleiermacher, Friedrich: Der christliche Glaube (1831). Berlin 1960
Schlink, Bernhard: Vergangenheitsschuld und gegenwärtiges Recht. Frankfurt/Main 2002
Schmidhäuser, Eberhard: Vom Sinn der Strafe. Göttingen 1971
Schmidt, Hajo: Eine verdrängte Kategorie der Praktischen Philosophie? Versuch über ‚Schuld‘. In: Archiv für Rechts- und Sozialphilosophie. S. 313-330, Karlsruhe 1989
Schnädelbach, Herbert: Der Fluch des Christentums. Die sieben Geburtsfehler einer alt gewordenen Weltreligion. Eine kulturelle Bilanz nach zweitausend Jahren. ZEIT vom 11. Mai 2000
Schomburg-Scherff, Sylvia: Nachwort zu: Gennep, Arnold van: Übergangsriten (1909). Frankfurt/Main 1999
Schopenhauer, Arthur: Die Welt als Wille und Vorstellung. Hg. v. Arthur Hübscher. Sämtliche Werke, Bd. 3. Wiesbaden 1966
Schreuer, Hans: Das Recht der Toten. Zeitschrift für vergleichende Rechtswissenschaft. Bd. 33, S. 333-432; Bd.34, S. 1-208. Stuttgart 1916
Schweitzer, Albert: Kultur und Ethik (1923). München 1990
Siewerth, Gustav: Metaphysik der Kindheit. Einsiedeln 1957
– : Wagnis und Bewahrung (1958). Einsiedeln ^{2}1964
Simmel, Georg: Philosophie der Mode (1905). Gesamtausgabe, Bd. 10. Frankfurt/Main 1995
– : Philosophie des Geldes (1900). Gesamtausgabe, Bd. 6. Frankfurt/Main 1989
Singer, Peter: Leben und Tod – Der Zusammenbruch der traditionellen Ethik (1994). Erlangen 1998

– : Praktische Ethik. Stuttgart ²1994
Sölle, Dorothee: Stellvertretung (1965). Stuttgart ²1982
Spaemann, Robert: Personen. Versuch über den Unterschied zwischen ‚etwas' und ‚jemand'. Stuttgart 1998
Spencer, Herbert: Principles of Sociology. London 1877-1896
Spengler, Oswald: Der Untergang des Abendlandes (1918/1923). München 1972
Stoessel, Marleen: Aura. Das vergessene Menschliche. München 1983
Sünner, Rüdiger: Schwarze Sonne. Entfesselung und Mißbrauch der Mythen im Nationalsozialismus und rechter Esoterik. Freiburg 1999

Theologische Realenzyklopädie. Hg. v. Gerhard Müller. Berlin 1976ff
Tietz, Walter: Der Schutz der Toten im Recht der Gegenwart. Breslau 1931
Turner, Victor: Vom Ritual zum Theater. Der Ernst des menschlichen Spiels (1982). Frankfurt/Main 1995

Uexküll, Jakob v.: Theoretische Biologie (1928). Frankfurt/Main 1973
– / Kriszat, Georg: Streifzüge durch die Umwelten von Tieren und Menschen. Hamburg 1956
Ulrich, Ferdinand: Homo abyssus. Freiburg ²1998
– : Der Mensch als Anfang. Zur philosophischen Anthropologie der Kindheit. Einsiedeln 1970
Usener, Hermann: Götternamen (1896). Frankfurt/Main 1948
– : Kleine Schriften, Bd.4. Leipzig 1913

Vogler, Christopher: Die Odyssee des Drehbuchautors. Über die mythologischen Grundmuster des amerikanischen Erfolgskinos. Frankfurt/Main 1999

Weber, Max: Die protestantische Ethik und der ‚Geist' des Kapitalismus (1904/05). Bodenheim 1993
Weizsäcker, Viktor v.: Medizin und Logik. Gesammelte Schriften, Bd. 7. Frankfurt/Main 1987
– : Pathosophie. Göttingen 1956
Wesel, Uwe: Frühformen des Rechts in vorstaatlichen Gesellschaften. Frankfurt/Main 1985
Westermarck, Edward: Ursprung und Entwicklung der Moralbegriffe. Leipzig 1907/1909
Wissowa, Georg: Religion und Kultus der Römer (1912). München 1971

Ziegler, Jean: Die Lebenden und der Tod (1975). München 2000
Ziehr, Wilhelm: Das Kreuz. Symbol, Gestalt, Bedeutung. Stuttgart 1997
Zoja, Luigi: Sehnsucht nach Wiedergeburt (1985). Einsiedeln 1997
Zumkeller, Adolar: Einleitung zu: Augustinus, Schriften gegen die Pelagianer, Bd. 1, Würzburg 2000

Register

Personen

Sachwörter